中國知青半個世紀的血淚史

血淚史（一）

青春沸騰的瘋狂

自由兄弟 編纂

序言
一代人血淚凝聚的青春追問

　　中華人民共和國的前三十年，將以其層出不窮的政治運動載入人類的史冊，這其間，知識青年上山下鄉運動應是一場延續時間最長的運動。它始於上個世紀五十年代初期，至六十年代初掀起波瀾，「文化大革命」十年中走向高潮，八十年代中期才近尾聲，足足延續了近三十年之久。但是，這近三十年間，到底有多少知識青年被下放到農場農村？本人搜尋了許多資料，至今也找不到一個準確的答案。有說一千六百多萬的，有說一千八百萬的，還有說兩千萬或三千萬的，這恐怕要成為一個千古之謎。

　　現有據可查的是，從一九六八年至一九七八年，「文革」期間，中國有一千六百四十七多萬知青上山下鄉。但廣義的知識青年上山下鄉動員，應從一九五五年八月到一九八○年底，前後經歷二十六年之久。所以，如果再加上「文革」前以種種名義動員下放的各界知青，總數應達兩千萬人左右。這些人連同他們的父母祖輩、兄弟姐妹、配偶子女合併計算，全國與「上山下鄉知識青年」有關聯的人數約為一億五千萬至兩億人之多。

　　而大規模的知青回城風潮，可以說是直到一九八五年方才平息。也就是說，知識青年上山下鄉，從一九五五年至一九八五年，在曾經的三十年間都是一個牽動國家和民族千家萬戶的名詞，也是一個鎔鑄在國家和民族磨滅不了的記憶。在這場轟轟烈

烈、浩浩蕩蕩的人口大遷徙運動的幕前，是無數家庭的骨肉分離，淚飛如雨；而在幕後，則是許多知青飽受凌辱的血淚和許多家庭日夜憂心牽掛的關注。

自上山下鄉運動結束以來，又是三十多年過去了。當年意氣風發的一代知青，早已不再年輕。對他們大多數人來說，從「下放」到「下崗」，從「抗爭要求回城」到「訴求醫保養老」，這幾乎就是人生的主旋律。回顧這段近兩千萬的城鎮知識青年在上山下鄉的浪潮席捲下走向農村和邊疆，這段不僅對中國社會造成極大的震動和深刻影響，而且在世界範圍內也是極不尋常的歷史，從中汲取教訓，對於今天的人們來說，仍具有重要的意義。

因為在將公民人為地分為農業和非農業人口「二元化」的國度，誰都明白這一非農業人口的戶籍，就是城鎮居民的命根子。只要在城鎮戶口本上屬於他們的那一頁被註銷，其就沒有了從生到死在城鎮中所享有的一切生活福利待遇，並且也將失去作一個要在城市生活下去的人所必需的證明與保障！那種相對於農業人口的優越感也就蕩然無存。

如果要強行返回城市生活，就必須要忍受隨時被驅趕的種種「黑人黑戶」的歧視，而這一生存方式，在長期「以階級鬥爭為綱」形成的嚴密人口管制制度下，是很難繼續下去的。因為稍有運動或過失，就會被拘押遣返。由此，想方設法重新獲得或恢復被註銷的城鎮戶口，便成了每個知青及其家人後來爭取回城的頭等大事和真正意義所在。

儘管在這一漫長歲月中，高層領導採取了熾熱的思想教育，如紮根邊疆、紮根農村等，以及許多誘導措施，如先進典型、安家補貼等，千方百計想使知青這一龐大群體在農場農村安家落戶，以達到縮小城鄉「三大差別」、減輕城市就業壓力等目的。

但是，與歷史上被遷徙的人群不同，知識青年不是有罪名流放的犯人或剝奪故土的子民，他們的下放是頭頂著炫目的光環和榮譽，在其他人群的鮮花與掌聲歡送中完成的，而且下去的理由也只是接受「再教育」或「支邊支農」。

於是，這兩千萬知識青年下到農村農場之後，特別是一九六八年毛澤東的12.22指示發表後，「一擁而下」的上千萬知識青年先是日常諸多涉及生活的問題冒了出來。爾後便是理想與現實巨大的反差使這個群體陷入了苦悶困惑之中。隨著時間的推移，無論是當初寫血書積極要求下鄉的知青，還是因家庭出身不好無奈被動而來的知青，在經歷多年的農場農村生活之後，他們都開始冷靜地意識到農村農場生活是多麼艱苦，而生產力又是多麼的低下。甚至哪怕是天天勞動，也只能維持自己簡單的生存，更難以如農民農工一樣地養活家庭。

更為荒唐可笑的是，這個群體除了六六至六八屆中的部分老三屆外，相當多的人由於文革中斷學業，實際上只具有高小的文化水平。如果是在今天大中專教育相對普及的狀況下，更可以說是「欠知識青年」。雖然高層將這些只具有基本生活技能的人群冠以知識青年的美名，並賦予他們改變農村農場落後面貌的「神聖使命」，但他們由於自身的先天不足以及後天客觀條件的制約，根本無法帶領當地農工和農民尋找脫貧致富之路，充其量只是給農村農場增加了一些簡單的生產勞動力。

因此，許多地方農民也難以將他們當人才待之，有的乾脆就稱這一群體為「城鎮下放青年」。由於他們所具有的知識還不足，再加上是「到農村接受貧下中農的再教育」的定義，這些到農村農場知青主體地位，比原來「知識份子與工農相結合」的層次上又下了一個臺階，他們根本無法在農村和農場改造自然和社

會的過程中發揮主導作用。

地位決定身分，甚至決定一切。這些知青在日常的生產生活中忍受艱難困苦之外，還得時時夾起尾巴做人，收斂自己的青春個性和城鎮生活習慣，以適應當地農村農場落後的傳統生活習慣和風土民情，虛心接受文化知識比他們還少得多，整體素質比他們還差得多的農民農工的管理和教育，若是稍有張揚頂撞，便會被認為資產階級思想嚴重，不尊重貧下中農等帽子扣在頭上……

另外，在有的農村本來就人多地少，知青的到來更加重了農民的負擔，有擠佔田地、爭奪口糧之嫌，再加上文化生活單調，地理環境封閉，許多知青日常生活陷入了相當苦惱的壓抑之中。還有少數農村農場的領導和歹徒利用管教上的便利，對一些知青進行欺凌和污辱，更加重了知青心理上的恐慌。

所以，年復一年，日復一日，儘管一些知青口頭上喊著紮根的口號，但是在內心上始終找不到歸屬感，更別說有改造自然社會、大有作為的成就感。而當地農民農工對他們也很難有認同感。這種內心的壓抑和外部的排斥下，使許多知青形成了一個共同的心願就是回到自己熟悉的城市。特別是在農村生活不能養活自己時，農場生活十分封閉枯燥之時，這份思念就愈加強烈，最後以至於變成一種必須改變現狀回到城鎮去的欲望行動。因為他們真正瞭解到只有回去，依靠父母親友的幫助，才能使自己能生活得好一些……

他們就像無法移植的樹木，無論經過多少漫長歲月的培育，也不能像土生土長的農民或原本就是農民、後來移民到農場的農工軍工一般，適應農場農村的水土氣候。最後還是要「拔根」回到自己熟悉的城鎮。其實，他們的行為並不難理解。因為這種將城鎮青年下放農場農村，人為地縮小城鄉差別的辦法，本身就違

反了「農村人口城鎮化」的社會發展規律。就是農村人的生活欲望，也是嚮往過上現代化的城鎮生活，況且要讓本來就已經領悟和熟悉了城鎮生活的優越的知青，去倒退適應農場農村的封閉落後生活，顯然是一種築堵「堰塞湖」的荒唐舉動。

於是，幾乎就是在轟轟烈烈上山下鄉運動如洪水般地不斷波瀾壯闊、向前延伸推進之時，知青爭取回城的逆流，先是在這股洪流的兩側或低層迂迴，形成了與之相伴，時起時伏，時明時暗的悲壯交響曲。而這一交響隨著「文革」進程的複雜性，逐漸變得越來越現實，越來越強烈，以至於知青問題的堆積，最終釀成了猶如錢塘江水般的湧現驚天動地回城浪潮！終於迫使高層在一九八〇年，作出重大決定：從當年暑假起，應屆畢業生不再上山下鄉，一律作為待業青年，根據實際需要統籌安排。而對已經上山下鄉的知青，允許以各種政策照顧回城。從此，歷時二十多年的知識青年上山下鄉運動也宣告結束。

本人編纂《中國知青半個世紀的血淚史》這一系列紀實史料，就是想通過精選摘錄的多年來發表於報刊網路和本人收集整理的有關知青曾發生過的客觀事實事例，全景式的揭示從一九五五年至今長達半個世紀之久，上山下鄉運動對兩千多萬知青的學業、青春、愛情及回城後的就業、婚姻、養老等身心的傷害或摧殘。從而讓人們看到這一空前絕後的人類大遷徙運動，對國家、民族及經濟發展的重大損失和影響。以冀望後人能牢記這一近乎野蠻行徑對人類文明進程踐踏的教訓。

摘錄編纂時，本人力求保持原文及作者的真實性，但為了增強紀實的連貫性和可讀性，不得不適當對一些段落或個別語法進行了剪裁和修正，其主要目的不是為了出書立著、博取功利，也無意詆毀他人，或是佐證所說對錯，只是想給後人保留一份較為

系統詳實、方便查閱的歷史資料。如果書中涉及作者或當事人的情節有疏忽錯漏，請在閱讀後給予指出並提供詳實的參考資料，以便及時修改更正。在此先表示誠摯感謝和歉意！為了尊重原創版權，凡是本人點評或銜接的文字一律用加粗宋體文字，以示區別。望作者和讀者明鑒。

Contents
目次

序　言　一代人血淚凝聚的青春追問／*003*

第一章　文革前的知青上山下鄉裂變概況／*013*
　　　　第一節　一個影響兩千萬知青命運的口號／*013*
　　　　第二節　一份申請點燃全國上山下鄉篝火／*029*
　　　　第三節　第一個高小回鄉務農的知青明星／*036*
　　　　第四節　五十年代末樹起的三位知青典型／*041*
　　　　第五節　下鄉成了打擊黑五類子女的大棒／*053*

第二章　瘋狂激情的紅衛兵上山下鄉表演／*075*
　　　　第一節　文革初期紅衛兵勒令的上山下鄉／*075*
　　　　第二節　文革初期首位插隊落戶的紅衛兵／*089*
　　　　第三節　文革初首批上山下鄉知青的存疑／*103*
　　　　第四節　北京何方方掀起的上山下鄉熱潮／*116*
　　　　第五節　赴西雙版納的首批北京55名知青／*125*

第三章　12.22指示發表經過和隱藏內幕／*138*
　　　　第一節　文革中毛澤東決定下放知青動機／*138*
　　　　第二節　全國知青大規模上山下鄉的背景／*149*
　　　　第三節　毛澤東12.22指示是如何發的／*157*
　　　　第四節　關於12.22指示真偽的諸多探討／*165*
　　　　第五節　各地湧現的表忠歡呼和誓師情景／*171*

第四章　聖旨降臨後引發的下鄉動員狂潮／*181*

第一節　因為文革被迫中斷學業的老三屆／*181*

第二節　難逃厄運沒有中學知識的新五屆／*189*

第三節　狂熱學子豪情滿懷的表決心血書／*194*

第四節　招工人員巧舌如簧欺騙性的誘惑／*202*

第五節　各級組織帶有指令威脅性的動員／*212*

第五章　不同心態的上山下鄉知青表現／*222*

第一節　積極要求上山下鄉的熱血知青／*222*

第二節　無可奈何走向廣闊天地的知青／*234*

第三節　跟隨大流上山下鄉的平民子女／*242*

第四節　悲哀的黑五類子女與家庭決裂／*252*

第五節　被迫扶老攜幼舉家下鄉的知青／*260*

第六章　面對下鄉狂潮表現各異的家庭／*272*

第一節　主動送子女上山下鄉的家長／*272*

第二節　無奈送子女上山下鄉的家長／*280*

第三節　無緣送子女上山下鄉的家長／*288*

第四節　被上山下鄉狂潮撕裂的親情／*301*

第五節　知青與家長難捨難分的告別／*311*

第七章　為上山下鄉而運轉的社會架構／*322*

第一節　為鼓動知青而創作的歌曲電影／*322*

第二節　為誘騙知青而組織的講用報告團／*335*

第三節　為安撫知青而派出的慰問回訪團／*351*

第四節　為接納知青而倉促改編的兵團（師）／*361*

第五節　為運送知青而臨時設立的中轉站／*369*

第八章　廿餘年狂潮造成的惡果及反思／384

　　　　第一節　最後一批知青話題引申的秘聞／384

　　　　第二節　迴光返照的清理滯留知青運動／393

　　　　第三節　廿餘年上山下鄉知青人數統計／403

　　　　第四節　為安置知青而動用流失的經費／406

　　　　第五節　上山下鄉狂潮造成的惡果反思／420

第一章
文革前的知青
上山下鄉裂變概況

第一節　一個影響兩千萬知青命運的口號

　　據《黨史博採》二〇一〇年第九期刊載由閻志峰撰寫的〈從「下鄉上山」到「上山下鄉」的歷史轉變〉介紹：「下鄉上山」與「上山下鄉」，從語法上說，它們是同一結構的聯合片語，只是這一片語的前後兩部分換了一下位置而已。從歷史上說，它們是不同歷史時期的說法問題。一九五〇年代，根據中國人口多、底子薄、就業難的國情，國家開始了解決就業問題的一次大試驗，這就是「下鄉上山」，這一保農業、促就業的試驗持續到了「文化大革命」前夕。「文化大革命」開始後，本來是就業問題的下鄉上山，卻被當成政治運動去搞，指導思想偏了，工作上也出現嚴重失誤，造成勞民傷財，人民不滿。「文化大革命」期間，一九六七年七月九日，《人民日報》發表題為〈堅持知識青年上山下鄉的正確方向〉，此後，全國就通用了「上山下鄉」這一提法。從「下鄉上山」到「上山下鄉」，不僅體現了國家政治生活發生變化這樣一種客觀事實，而且從細節上，體現了知識青年安置目標和方向發生的變化。

　　團中央號召：向荒山、荒地、荒灘進軍。一九四九年十月一日，中華人民共和國成立，百廢待興。一九五三年，在國民經濟

得到恢復的基礎上，中國開始執行「第一個五年計畫」，中國工業經濟進入起飛發展的關鍵期。

工業經濟要發展，特別需要擴大耕地面積，發展農業生產，保證用糧的需求。一九五五年三月通過的〈中華人民共和國發展國民經濟第一個五年計畫草案〉提出，實現三千八百六十八萬畝的開荒任務。李富春副總理在第一屆全國人大第二次會議上，代表國務院所作的〈關於發展國民經濟第一個五年計畫的報告〉中指出：「農業生產供應全國人民的食糧，同時，用農產品作原料的工業產品，在目前又占全國工業總產值的50%以上，而且進口工業設備和建設器材所需要的外匯，大部分也是農產品出口換來的。因此，發展農業是保證工業發展和全部經濟計畫完成的基本條件。」他又說：「一九五三年和一九五四年兩年的農業生產都由於災荒沒有完成原來擬定的增產計畫，就增加了五年計畫後三年的增產任務。因此，要達到上述指標，還必須做很大的努力。為此，還要把開墾荒地作為一項長遠規劃來進行部署。」李富春說：「在第一個五年計畫期間，應該積極地進行宜耕荒地的調查和勘察，完成一億畝以上荒地的勘察工作，至少完成四千萬畝到五千萬畝荒地開墾的規劃設計工作，為第二個五年計畫大規模地開墾荒地做好準備。」

一九五五年，中國又迎來了農業合作化的高潮。隨著合作化高潮的到來，廣大農村急需大批勞動力，特別是急需一批有文化的知識青年。另一方面，中國教育事業的發展儘管很快，但其規模和結構尚不盡合理，中小學生的入學率較高，而中、高等教育的發展一時還不能滿足需求。這就使相當一部分中、小學生畢業後的分配和就業，成為一個大問題。而且，隨著建國後醫療水平的進步和嬰兒存活率的大幅度提高，這個問題愈來愈突出。據統

計，僅一九五五年一年，全國就有五十七萬中學畢業生和兩百三十六萬高小畢業生不能升學。

農業基礎如何保證？知識青年怎樣安置？一九五五年四月，中國新民主主義青年團中央書記處派出中國青年代表團赴蘇聯學習共青團的工作經驗，此行，對蘇聯共青團組織城鎮青年遠征墾荒、建設共青城的情況做了考察。六月二十四日，青年團中央書記處將〈關於蘇聯開墾荒地的一些情況的報告〉報送中共中央。六月二十七日，中共中央轉發了這個報告，並指出，這個報告「很有參閱價值」。

青年團中央書記處的報告說：蘇聯開墾土地主要是由共青團動員城鎮的團員和青年參與。從一九五五年開始，在一年多的時間裡，共有兩千七百四十萬人前往墾荒建場。從城鎮動員人力到農村生產，是蘇聯目前總的趨勢。由於全蘇人民把開荒當作了全民的事業，才能在最短期間內，完成了大規模的開荒任務。

四月十九日，中共中央批轉中國新民主主義青年團中央〈關於組織高小和初中畢業生從事農業勞動和進行自學的報告〉。〈報告〉對家居農村越來越多的高小和初中畢業生不能繼續升學或在城鎮就業，必須回鄉參加農業生產或自學的問題，作了分析，提出了措施。中共中央在批語中要求，「繼續在廣大群眾和青年學生中進行深入的宣傳教育，繼續批判輕視體力勞動和體力勞動者的剝削階級思想，樹立勞動光榮的社會輿論和尊重勞動的社會風氣」。

為了加強勞動光榮的宣傳教育，做好知識青年的回鄉工作，五月二十日，《人民日報》發表題為〈繼續動員初中和高小畢業生從事生產勞動〉的社論。五月二十二日，中央宣傳部又頒發了

〈關於高小和初中畢業生從事勞動生產的宣傳提綱〉。從此，加強勞動教育被提到了中小學的教育日程。

同是在五月，中共中央農村工作部向中央報送〈關於墾荒、移民、擴大耕地、增產糧食的初步意見〉，中共中央同意並予以轉發。這是為實現「一五」計畫墾荒要求所作出的一項具體部署。團中央書記處認為，「青年團在開墾荒地的巨大工作中應起積極的突擊隊的作用，應當承擔動員青年參加開荒的任務」，並表示「我們決心努力擔負起黨所交付的光榮責任」。

一九五五年八月十一日，《人民日報》發表社論〈必須做好動員組織中小學畢業生從事生產勞動的工作〉，明確指出了中小學畢業生的未來出路和理由。社論說：「新中國成立的時間還短，還不可能馬上就完全解決城市的就業問題。……必須指出，家在城市的中小學畢業生中有一部分人目前的就業問題是有一定困難的。」而「農業生產對於中小學畢業生的容納量是十分巨大的，現在需要量很大，以後的需要量更大」。這裡，儘管尚未明確提出「下鄉上山」，但卻要求各地青年組織，幫助城市中的中小學畢業生「轉到農村參加生產和工作」。

同年八月，青年團中央書記處會議根據中央的精神，借鑒蘇聯的經驗，決定在全國範圍內開展「向荒山、荒地、荒灘進軍」的活動；有重點地組織青年志願墾荒隊。青年團中央書記處書記胡耀邦說，開荒的大風暴還沒有來，但大風暴之前必然有閃電。北京可以帶頭，榜樣的作用是很重要的，只要我們首先把墾荒隊搞起來，就能帶動許多城市青年下鄉。

在團中央的號召下，北京青年率先組建了遠征墾荒隊。八月九日，北京石景山區西黃鄉22歲的共產黨員、鄉長兼團支部書記楊華和李秉衡、龐淑英、李連成、張生等五名青年正式向青年團

北京市委遞交了申請書。申請書慷慨激昂地寫道：「當我們知道祖國有十億畝的荒地在邊疆閒著睡大覺，我們就恨不能馬上跑到邊疆去……我們知道，到邊疆墾荒會遇到各種各樣的困難。但我們的祖先已經給我們拼出了十六億多畝的土地，他們經歷了多少艱苦？耗盡了多少心血？我們是毛澤東時代的知識青年，我們不是那種飯來張口，衣來伸手，老守著熱炕頭的人，我們有志氣做一名志願墾荒的先鋒隊員。」青年團北京市委選擇楊華等五名優秀青年作為青年志願墾荒活動的發起人。八月十二日，青年團中央書記處書記胡耀邦和青年團北京市委領導人接見了這五名發起人，批准了他們的請求，並共商建隊、選址和墾區發展等問題。

八月十六日，《北京日報》等首都報紙披露了這一消息，在北京市青年中引起強烈反響，青年們紛紛報名申請。許多青年捐款捐物表達支持的心願，僅十天就收到6969.4元捐助款。青年團北京市委用這筆錢幫助墾荒隊進行必要的農用、民需的裝備。與此同時，黑龍江省和有關市、農場也做好了迎接大量青年的準備。

八月二十五日，青年團北京市委在眾多報名者中遴選六十名優秀青年組成北京青年志願墾荒隊（男隊員四十八人，女隊員十二人），調南苑區團委陳啟彬任黨、團支部書記，楊華任隊長，其他四名發起人為副隊長。八月三十日，北京各界一千五百人為墾荒隊舉行了隆重的歡送大會。會上，青年團北京市委第二書記王照華稱讚他們為首都青年做了一件很有意義的事，組建了祖國第一支墾荒隊。青年團中央書記處書記胡耀邦作了〈向困難進軍〉的講話，號召他們用「忍受、學習、團結、鬥爭」的精神克服困難，在荒原上安家落戶，多做貢獻。隨後，胡耀邦代表青

年團中央將一面「北京青年志願墾荒隊」的大旗授予墾荒隊隊長楊華。新中國第一支青年志願墾荒隊在祖國北疆創建的「北京莊」，歷經風雨在蘿北縣荒原上站立起來了，他們成為今日蘿北縣共青農場的奠基人和建設者。

「下鄉上山」的提出。一九五五年底，中共中央主席毛澤東主持編輯《中國農村的社會主義高潮》一書，並為此書寫了許多按語。在〈農業合作化的一場辯論和當前的階段鬥爭〉一文的按語中，提出：「全國合作社，需要幾百萬人當會計，到哪裡去找呢？其實人是有的，可以動員大批的高小畢業生和中學畢業生去做這個工作。」當他看到〈在一個鄉里進行合作化規劃的經驗〉一文中，反映「社架子」之間出現「爭骨幹、爭識字的人」的情況，又為此文寫的編者按說：「其中提出組織中學生和高小畢業生參加合作化的工作，值得特別注意。一切可以到農村中去工作的這樣的知識份子，應當高興地到那裡去。農村是一個廣闊的天地，到那裡是可以大有作為的。」毛澤東發出的這一號召，激勵了一代代年輕人。

一九五六年年初，中共中央政治局提出〈一九五六年到一九六七年全國農業發展綱要草案〉，〈綱要草案〉第三十九條提出，「從一九五六年開始，按照各地情況，分別在五年或者七年內，解決城市中的失業問題，使現有的城市失業人員都有獲得就業的機會。除了在城市能夠就業的以外，他們的就業途徑是到郊區、到農村、到農墾區或者山區，參加農、林、牧、副、漁各種生產事業和農村的科學、文化、教育、衛生事業」。

這裡講的「到郊區、到農村、到農墾區或者山區」去的主體是指城市中失業人員，自然也包括未能就業的中小學畢業生。提出「四到」的就業途徑，可以說是「下鄉上山」的最初表述。在

中共中央的號召和各地熱血青年的感召下，一九五六年一年中，全國就有近二十萬名城市青年志願加入到了墾荒隊伍中來……

進入到一九五七年，毛澤東在其一系列的文章和講話中，開始強調青年學生參加農業勞動、知識份子與工農相結合、加強思想改造等問題。這年四月八日，《人民日報》發表了由劉少奇主持寫成的〈關於中小學畢業生參加農業生產問題〉的社論，指出：「就全國說，最能夠容納人的地方是農村，容納人最多的方面是農業。所以，從事農業是今後安排中小學畢業生的主要方向，也是他們今後就業的主要途徑。」為了貫徹上述精神，團中央隨後分別在北京、天津、上海、成都等十二個大城市，開始進行有計畫地「動員」城市青年插隊下鄉的試點工作。當然，此時知青下鄉的基本方向，主要還是參加邊疆建設、開墾荒地和支援少數民族地區建設，而「直接插隊落戶到農村」的人還很少。

一九五七年九月，中共八屆三中全會原則通過了〈一九五六年到一九六七年全國農業發展綱要修正草案〉，其中將〈綱要草案〉中的第三十九條調整為第三十八條，有關城鎮知識青年到農村中去的內容，作了重大修改。條文規定：「城市的中、小學畢業的青年，除了能夠在城市升學、就業的以外，應當積極回應國家的號召，下鄉上山去參加農業生產，參加社會主義農業建設的偉大事業。中國人口85%在農村，農業如果不發展，工業不可能單獨發展。到農村去工作是非常必要的和極其光榮的。」這是在新中國歷史文獻上第一次出現「下鄉上山」的用語，並且把「下鄉上山」的主體明確為「城市的中小學畢業的青年」。

十月二十六日，〈一九五六年到一九六七年全國農業發展綱要修正草案〉在報刊上公佈。十一日十三日，《人民日報》發表了題為〈發動全民，討論四十條綱要，掀起農業生產的新高潮〉

的社論，社論中說：「人人的生活離不開農業，人人對農業的發展都要盡自己的一份責任。青年知識份子更要把下鄉、上山當作鍛鍊自己的最好方式，要在這次大辯論中把自己對待農業生產的錯誤認識改正過來，下決心長期地全心全意地到農民群眾中去。」

一九六〇年四月，全國人大二屆二次會議正式通過了〈一九五六年到一九六七年全國農業發展綱要〉，第三十八條關於「下鄉上山」的文字未有變動。〈綱要〉對「下鄉上山」範圍作了明確地界定，其主體依然是在城市不能升學就業的中小學畢業生。

「文化大革命」初期上海出版的刊物。有資料顯示：在一九六二年至一九六三年間，全國共動員下鄉上山人員三十萬人，直接插隊落戶的就有九千餘人。一九六四年間，全國共動員下鄉、回鄉人員六十八萬餘人，其中知識青年三十二萬餘人。一九六五年，僅到八月份，下鄉上山的知青就有二十五萬餘人。《人民日報》曾為此發表文章〈百萬知識青年下鄉上山成為新型農民〉，稱：到農村去，已在中國城市青年中逐步形成了一個革命高潮，「它是推行黨的兩種勞動制度和兩種教育制度，逐步消滅腦力勞動和體力勞動差別的大事；它為中國知識青年開創了一條最廣闊的革命化道路」。

當年的出版物。這期間，隨著城鄉「四清」運動的開展，下鄉上山越來越多地被賦予政治理念和「革命」色彩。下鄉的知青中，出身「地、富、反、壞、右」等家庭成分的青年在知青中的比重日益增大。以後，隨著社會上階級鬥爭的調子越唱越高，這些人的家庭原罪感也越來越強。因此，為了求得人格上的平等和公平對待，盡可能擺脫家庭的陰影，或為改造思想、證明自我，城市中出身成分不好的青年更多、更積極地選擇了下鄉上山的道路。

「上山」成為主要安置方向。一九六四年四月二十五日，軍委總參謀部作戰部提出一份報告，對經濟建設如何防備敵人突然襲擊的問題進行了分析，認為有些情況相當嚴重。這個報告引起毛澤東和中共中央的高度重視，六月六日，毛澤東在中央工作會議上講話時提到，只要帝國主義存在，就有戰爭的危險。他提出，要搞三線工業基地的建設。所謂一、二、三線，是按中國地理區域劃分的，沿海地區為一線，中部地區為二線，後方地區為三線。三線分為兩大片，一是包括雲、貴、川三省的全部或大部分及湘西、鄂西地區的西南三線；一是包括陝、甘、寧、青四省區的全部或大部分及豫西、晉西地區的西北三線。三線大部分為山區。

毛澤東的備戰思想必然地影響到知識青年的安置工作。一九六五年四月二十一日，中央安置領導小組辦公室電請各省、自治區安置辦公室報送安置下鄉青年佔領山頭、建設山區的情況。國務院副總理譚震林在電文中指出，今年要有計畫、有重點地動員一批城市青年上山，開發建設山區，佔領山區。要求各省將安置的人數、安置方式、安置地點等寫一專題報告。

四月二十二日，中共中央、國務院批轉了中央安置領導小組〈關於安置工作會議的報告〉。二月召開的安置工作會議，是「文化大革命」前召開的唯一一次有關知識青年下鄉上山工作的大型會議，目的是推動知青下鄉上山的深入進行，解決具體工作中存在的問題。周恩來總理兩次聽取彙報，並作了重要指示。〈關於安置工作會議的報告〉體現了周恩來的指示精神，其中指出，安置工作「要與國防建設，佔領山頭，下海下湖相結合」。

一九六五年六月三十日，國務院副總理譚震林同中央安置領導小組成員研究下鄉上山工作時，提出了四點意見，第一點意見

就是，今後動員城市知識青年下鄉上山，上山應該是主要的，從長遠看，上山發展生產的潛力很大。開發建設山區要以短養長。

　　一九六五年七月二十三日，國務院副總理譚震林聽取出差回來的同志彙報各地下鄉工作情況時，再次指出，組織城市知識青年上山，要有堅強的領導班子，應當動員大批幹部到山區去搞建設。山區發展生產的潛力最大。上山的人可以先並到社隊去，依靠當地群眾，綜合利用山區資源，發展多種經營，這樣才能少花錢、站得穩。上山的要求做到糧食自給就行。譚震林說，今後城市知識青年下鄉的重點，是到邊疆、到山區、到文化落後地區。一個月後，八月二十五日，譚震林副總理召集中央安置城市下鄉青年領導小組會議，他指出，明年（一九六六年）第三個五年計畫開始，要研究安置工作的大政方針，要看遠一點，要有雄心大志，安置工作和其他工作一樣，要貫徹備戰、備荒、為人民這三個觀點。廣闊天地在哪裡？無非是到邊疆去，到山區去。

　　一九六六年三月底四月初，中央安置城市下鄉青年領導小組在北京召開座談會，出席會議的有各大區農辦和十九個省、市、自治區安置辦公室及十五所學校的代表參加。會議在譚震林副總理直接領導下進行。譚震林副總理在座談會期間有過多次講話，其中一次談到，城市要貫徹「備戰、備荒、為人民」的戰略思想，加快動員工作進度。上山佔領山頭，是安置工作的一項重要任務，不僅是為了備戰防特防空降，也是全面發展農業生產的需要。據統計，從一九六二年到一九六五年底，全國下鄉上山的城市知識青年和閒散勞動力共一百五十八萬餘人，其中知識青年近百萬人，95%以上都穩定在農村。其中上山開發山區、佔領山頭的有十七萬八千人，這是一個很大的成績。

　　「上山下鄉」的提出及高潮。一九六六年開始，「文化大

革命」引起社會各方面的混亂，在農村的下鄉知青也被捲進了串連、「造反」的浪潮，僅在北京串連、逗留的就有四十多萬人。中央安置領導小組辦公室被抄、被砸，工作人員兩次搬家，轉入地下堅持辦公，並編印簡訊〈下鄉上山戰線〉，同各地安置辦公室交流情況，推動工作。一九六七年，負責安置工作的國務院副總理譚震林也被打倒，被審查。

　　一九六七年一月十一日，中共中央發佈〈關於反對經濟主義的通知〉，這個通知的第三條說，「上山下鄉的知識青年，應當安心參加農業生產，參加農村的無產階級文化大革命」。〈關於反對經濟主義的通知〉是筆者查到的最早使用「上山下鄉」這個辭彙的中央文件。一九六七年二月十七日，中共中央、國務院發出〈關於處理下鄉知識青年外出串連、請願、上訪的通知〉（中發〔67〕五十一號文件），通知要求，凡尚在外地進行串連、請願、上訪的下鄉上山知識青年、支邊青年、農場職工應立即返回本單位抓革命、促生產。這個中發〔67〕五十一號文件在第四條中強調說，「對於安置工作中的問題，應按中共中央〈關於反對經濟主義的通知〉第三條：前幾年下放農村業已參加農業生產的群眾，上山下鄉的知識青年，應當安心參加農業生產，參加農村的無產階級文化大革命」。

　　一九六七年二月二十日，《人民日報》貫徹執行中央「二一七」通知，發表了〈上山下鄉知識青年打回農村去，就地鬧革命〉的編者按語。這是中央權威報刊首次使用「上山下鄉」一詞。這一段時間，無論是中央文件，還是中央權威報刊，使用「上山下鄉」這個辭彙都略顯羞澀。

　　一九六七年七月九日，《人民日報》發表題為〈堅持知識青年上山下鄉的正確方向〉社論。這篇社論是從黨內兩條路線鬥

爭的高度，闡述堅持上山下鄉正確方向的必要性，其目的是說服城鄉群眾支援或歡迎逗留城鎮的下鄉青年迅速返回，參加農村的「文化大革命」，投入三夏戰鬥，搞好農業生產。「上山下鄉」第一次堂堂正正地用在了中央權威報刊的標題中，從此，「上山下鄉」成為全國通用的提法。

一九六七年十月九日，北京四所中學的曲折、郭兆英、王紫萍、王靜植、甯華、余昆、鄭曉東、胡志堅、高峰、鞠頌東等十名初、高中畢業生自願上山下鄉。他們的口號是：「遵照毛主席指引的光輝道路，下鄉當農民、當社員，到三大革命鬥爭中去，到工農群眾中去，到最艱苦的地方去，把自己鍛鍊成為堅強的革命接班人。行前，他們在天安門毛澤東巨幅畫像前集體宣誓。

當天晚上，中央文化革命小組組長陳伯達、中央文化革命小組組員戚本禹等在人民大會堂接見北京市中學教師代表。當教師談到有十名學生自願到內蒙古牧區當普通社員時，陳伯達讚揚他們的革命行動，要求大力開展宣傳。他說，《人民日報》要趕快發表消息，還要寫評論。並指出：今後初高中畢業學生大量的是到農村去。戚本禹說：要搞「鬥私、批修」，掀起上山下鄉的高潮。

十月十日上午，人民日報社、北京日報社迅即派出記者採訪。當晚，新華社發出了通稿。十一日，首都各報都作為重要消息在一版發表。《人民日報》還以「走同工農群眾相結合的道路」為題，發了評論員文章，讚揚他們的壯志豪情，為廣大知識青年作出了榜樣。首都十名中學生下鄉當牧民的消息，很快傳遍四方。那些天，北京、上海的中學生一批批地到市革命委員會申請批准他們到農村去、到邊疆去，與工農相結合。

一九六八年十二日二十二日，《人民日報》頭版以大字標題刊出〈我們也有兩隻手，不在城裡吃閒飯〉的文章，報導了甘肅

省會寧縣部分城鎮居民奔赴農業生產第一線，到農村安家落戶的消息。《人民日報》在編者按中發表了「毛主席的最新指示」。文章說：「毛主席最近又一次教導我們：知識青年到農村去，接受貧下中農的再教育，很有必要，要說服城裡幹部和其他人，把自己初中、高中、大學畢業的子女，送到鄉下去，來一個動員。各地農村的同志應當歡迎他們去。」

當日，北京、上海幾十萬人上街遊行，歡呼毛澤東的「最高指示」發表。其後幾天裡，《人民日報》等報刊連續不斷大量報導全國各地熱烈響應「毛主席號召」組織知識青年上山下鄉的情況。毛澤東的這一指示，就像一道最高的動員令，又似一股強勁的旋風，給上山下鄉撐起風帆，注入動力，在全國範圍內形成了上山下鄉高潮。一九六八年，上山下鄉的城鎮知識青年一百九十九萬六千八百人（不含大專畢業生），此外，還有六十萬城鎮居民下鄉。

知識青年上山下鄉是特殊歷史條件下的產物，許多知識青年在農村艱苦的環境中接受了鍛鍊，成為各方面工作的骨幹，有的還成長為黨和國家的領導人，如習近平、劉雲山，他們都曾經上山下鄉。他們為農村的建設和邊疆的開發做出了重要貢獻。但在「文化大革命」中，知識青年上山下鄉的意義加進了「防修反修」的因素，被提高到「縮小三大差別，堅持無產階級專政下繼續革命的戰略措施，是培養無產階級革命事業接班人的重要途徑」的高度，成為一個碰不得的禁區。以上山下鄉作為安置就業的途徑也是不現實的，國家為此付出了巨大的人力物力。把知識青年上山下鄉作為一個政治運動是片面的，作為安置就業的途徑也是不成功的。另外，上山下鄉打斷了青年人的文化學習進程，造成了一個時期的人才斷層。

　　「上山下鄉」的落幕。「文化大革命」結束後，知識青年上山下鄉運動並未隨之宣告終結，這主要是以往的政治場的巨大慣性仍在起作用。一九七七年八月，華國鋒在中共十一大政治報告中，還專門提道：毛主席關於「知識青年到農村去，接受貧下中農再教育，很有必要」的指示，必須貫徹執行。當年，也就是一九七七年，又有一百七十一萬城鎮知識青年上山下鄉，同期因為招工、招生、病退、參軍離開農村的有一百〇三萬人。這樣，到了一九七七年底，留在農村的知識青年共有八百六十四萬人。

　　一九七八年是知識青年上山下鄉歷史上不同尋常的一年。正是在這一年，那些已經下鄉多年的知識青年們，失去了忍耐心，他們把多年積聚下來的口糧欠缺、不得溫飽、醫療無保障、住房和日常生活困難、大齡未婚、前途無望等等的怨氣，化成了對上山下鄉不滿的言行。可以說是嚴酷的生活現實造成了他們心態的不安和躁動、不滿和焦慮。正是在這一年，黨和國家領導人也已意識到了知識青年問題的嚴重性。知青問題如不徹底解決，可能會釀成危及安定團結的政治問題。鄧小平曾贊同李先念的意見說：我們花了三百億，買了三個不滿意：知青不滿意，家長不滿意，農民也不滿意。李先念認為是城市、農村、家長和知青本人「四不滿意」。

　　一九七八年二月一日，鄧小平在聽取四川省委工作彙報時指出，真正解決下鄉知青問題，歸根到底是城市工業發展。一九七八年三月二十八日，鄧小平同國務院政治研究室負責人胡喬木、鄧力群談話時指出：要研究如何使城鎮吸納更多勞動力的問題。現在搞上山下鄉，這種辦法不是長期辦法，農民不歡迎……城市人下去實際上形成同農民搶飯吃的局面。我們的第一步應做到城市青年不下鄉，然後解決從農村吸收人的問題。歸納起來，就是

要開闢新的經濟領域，做到容納更多的勞動力，其他領域也要這樣做。

一九七八年七月三日，胡耀邦在同國務院知青辦主任許世平談話時指出：「上山下鄉這條路走不通了，要逐步減少，以至做到不下鄉。這是一個正確的方針，是可能做到的。安置方向主要著眼於城市，先抓京、津、滬三大城市。」

一九七八年八月十九日，鄧小平在同文化部負責人談話時說，我們要重視開闢各種行業，不能一提行業總是上山下鄉，行業道路越走越窄。上山下鄉一年國家要拿十幾個億，還要同農民爭口糧，結果還不是都跑回來了？

一九七八年九月十二日，國務院副總理李先念、紀登奎、陳永貴召集國家勞動總局、知青辦、團中央等有關部門負責人專門討論知青問題。十月九日，國務院副總理李先念主持國務院會議，第二次專題討論了知青問題。十月十八日，華國鋒主持召開中共中央政治局會議，又一次詳細討論了知青問題。

鄧小平曾和華國鋒講，能不下鄉的可以不去，每年花二十億，農民還不歡迎，和農民爭飯吃。城市要想辦法擴大就業門路。一九七八年十月十八日，在中央政治局討論國務院知青領導小組呈送的〈關於知識青年上山下鄉問題的彙報綱領〉時，鄧小平再次提出，要真正解放思想，廣開門路。鄧小平一是建議搞些衛星城鎮，以解決大城市人口過於集中的問題；二是主張開闢新的行業、新的領域，如輕工業、服務業、商業；三是提出要把勞動指標搞活點，控制太死了不好調節。鄧小平的講話中已經含有豐富的關於轉變僵化的大一統的勞動力管理體制、調節經濟結構等改革設想，這實際上為徹底解決知青問題，以致最後結束知青上山下鄉指明瞭方向。

　　一九七八年十二日十日，歷時四十一天的全國知識青年上山下鄉工作會議結束，中共中央批轉了會議紀要和〈國務院關於知識青年上山下鄉若干問題的試行規定〉。會議提出，還要堅持上山下鄉，是為了條件成熟時不再上山下鄉；要逐步縮小範圍，有條件安置的城市不再動員下鄉；尚需動員下鄉的不再插隊，要因地制宜舉辦知青場隊，國家給以優惠政策；已在農村插隊的知青，要逐步給以解決，其中老知青要限期解決；城鎮要積極開闢新領域、新行業擴大就業門路。這次會議基本扭轉了中國一九五〇年代以來形成的城市勞動力大規模到農村就業的政策。

　　中共十一屆三中全會以後，在勞動制度、所有制結構、就業結構、教育結構等方面進行了卓有成效的改革，其成效特別體現在城鎮集體工業用人量大增，個體經濟迅速發展上。一九八〇年，根據中共中央書記處的指示，對當年的應屆高中畢業生，不再組織和動員上山下鄉。一九七九年至一九八一年三年間，城鎮新就業人員累計達兩千六百二十二萬六千人，原設想到一九八五年才解決的待業知青問題，提前到一九八一年末得以解決。一九八一年十一日，經國務院批准，國家勞動總局和國務院知青辦合署辦公，具體為國務院知青辦、農副業辦公室和勞動司就業處合併，成立就業司，把知青工作的遺留問題和善後事宜統管起來。國務院知青辦的牌子對外保留。各省市及各級知青辦也隨即撤並。至此，曾經轟轟烈烈二十餘年的上山下鄉運動，中國大地上延續了前後二十七年之久的知青問題，終於畫上了句號。

第二節　一份申請點燃全國上山下鄉篝火

　　據有關史料介紹：知識青年上山下鄉，嚴格說來，是在一九六二年才被正式列入國家計畫的。而它的緣起，卻可以追溯到五十年代初期。一九五三年十二日《人民日報》發表社論〈組織高小畢業生參加農業生產勞動〉，主要是針對當時高小畢業生升學難和城市就業難的問題，動員家居農村的青年回農村參加生產。這成為日後上山下鄉運動的先聲。

　　一九五五年九月，毛澤東在《中國農村的社會主義高潮》一書按語中指出「全國合作化，需要幾百萬人當會計，到哪裡去找呢？其實人是有的，可以動員大批的高小畢業生和初中畢業生去做這個工作。」這句話原本是針對家在農村的中小學畢業生講的。當年，河南省郟縣有一批中學生回鄉參加農業合作化運動，毛澤東為此寫道：「組織中學生和高小畢業生參加合作化的工作，值得特別注意。一切可以到農村去工作的知識份子，應當高興地到那裡去。農村是一個廣闊的天地，在那裡是可以大有作為的。」

　　當局最初樹立的知青典型，從五十年代的徐建春，到六十年代初的邢燕子、呂玉蘭、董加耕，無一例外，都是回鄉知識青年。由於進城就業道路越來越狹窄，同時也由於農民子女受教育的機會有了明顯提高，回鄉務農就成了這批青年的必然歸宿。

　　但是，也就在一九五五年黨中央在全國範圍內開展了一個「向荒山、荒地、荒灘進軍」的活動，同年七月六日，團中央在〈關於組織青年參加邊疆建設問題的一些意見〉中提出「動員一部分城市未升學的中小學畢業生及其他失業青年參加墾荒工

作」。當年八月九日，北京市石景山區西黃鄉22歲的共產黨員、鄉長兼團支部書記楊華和李秉衡、龐淑英、李連成、張生等五位熱血青年，聯名向共青團北京市委遞交了一份申請書，請求「批准我們發起組織一個北京市青年志願墾荒隊到邊疆去開荒，使我們能夠為祖國多貢獻一份力量」。

共青團北京市委在眾多報名者中選了六十六名優秀青年組成「北京青年志願墾荒隊」。共青團中央於八月三十日為他們舉行了盛大的歡送會。團中央書記胡耀邦在歡送會上把「北京市青年志願墾荒隊」的隊旗授予這批青年。九月四日，墾荒隊到達黑龍江省蘿北縣鳳翔鎮南二十里的團結村，建立了全國第一個知青墾荒點。這批真正城鎮居民上山下鄉的知青在「又是兔子又是狼，光長野草不長糧」的北大荒，燃起了第一堆志願墾荒的篝火。

誰也不會想到，這堆篝火迅速燃遍全國，從一九五五年下半年到一九五七年，北京、天津、上海、湖北、山東、浙江、哈爾濱等省市先後組織了五十多批約三萬七千多人參加遠征墾荒。當時政策比較穩妥，知識青年思想也較安定，第二支青年志願墾荒隊是天津青年組建的。一九五五年十一日八日，天津市青年志願墾荒隊首批五十二名隊員到達黑龍江蘿北縣，在千古荒原上開始了新的生活。他們是共青團天津市委員會從全市一萬七千多名志願者中選拔的。十一日四日，團市委在工人文化宮舉行了盛大歡送會，當時的中共天津市委書記、市長黃火青和市委、市政府其他領導人白堅、吳硯農、李耕濤等到會送行，並向墾荒隊授旗。

十一日五日凌晨五點，隊員們坐火車從天津站出發，歷經三天三夜的旅程抵達鶴崗，然後轉汽車到蘿北縣。北大荒的十一月份，原本泥濘的地面已經結了薄薄一層凍層，一不留神，車軲轆就陷進去一個。而五十多年前的北大荒壓根兒就沒有什麼柏油

路，到處都是這種坑坑窪窪的泥道。現在從鶴崗到蘿北也就一個多小時的車程，但在當時卻走了整整一天。

一九五六年「五四」青年節，天津青年志願墾荒點被命名為「天津莊」。鑒於隊員們出色的墾荒表現，當年六月九日，時任團中央書記的胡耀邦同志來看望隊員，鼓勵大家說：「我送你們八個大字：忍受、學習、團結、鬥爭。」囑咐大家要經受考驗，經受鍛鍊，熱愛北大荒。

從一九五五年「北京莊」和「天津莊」開始，這片荒原上又接連聳立起「上海莊」、「河北莊」、「哈爾濱莊」……昔日人跡罕至的北大荒，成了聞名中外的「中華大糧倉」。

據瞭解，哈爾濱市的知識青年上山下鄉也是從一九五五年十月開始的，哈爾濱青年志願墾荒先遣隊一百〇四人前往蘿北縣籌建「哈爾濱青年集體農莊」。年末，有四百餘名知識青年到農莊安家落戶。一九六〇年八月又有七百五十一名知識青年到通河縣濃河公社建立「共青團公社」。

星星之火，迅速燎原。自九月四日，北京青年墾荒隊抵達黑龍江省蘿北縣鳳翔鎮南十公里的團結村，正式建立起「全國第一個墾荒點」。全國各地的城市青年紛紛向邊疆、荒山挺進……隨後，天津、河北、湖北、山東、哈爾濱等十多個省市的團組織，也相繼組織了五十餘批、約三萬七千餘人參加遠征墾荒。次年初，浙江省溫州市的知識青年還組成了赴大陳島的志願墾荒隊。

自然，中國的第一大都市上海知青陳家樓也不甘落後，他三次上書自薦到邊疆墾荒。據九江新聞網見習記者樊後晚、實習生蔣倩、特約記者謝仁山報導：……一九五〇年，由於學校被國民黨炸毀，陳家樓只好輟學成為一名社會青年。後來，受先進青年影響，他加入了青年團，還當選為上海民主青年聯合會執委，全

國青聯二次代表大會代表。一九五五年，當他瞭解到年輕的共和國百廢待興，而當時的大上海，人口共有五百多萬，其中有數十萬工人待業和失業，光是失業、失學的青年就有三十萬左右，一大批社會青年被閒置，糧食、布料、藥品等物資嚴重短缺等狀況後。他迸發出一個念頭，學習蘇聯，在中國建立一座共青城。

隨後，陳家樓聯絡了數十名青年積極分子，先後三次給上海市團市委寫信，自薦要求前往邊疆建立一座共青城。後來，由於每次都被團市委以時機不成熟為由拒絕，在陳家樓的倡議下，數十名青年積極分子紛紛用針紮破自己的手指，給陳毅市長寫了血書，要求組織上海青年去墾荒，像「二戰」勝利後蘇聯青年到西伯利亞墾荒那樣，用自己的雙手為國家做點貢獻，在中國也建一座「共青城」。陳家樓說：「我們不是拿自己在上海的生活開玩笑，蘇聯能夠辦得到的，我們中國一定也能辦得到，而且會辦得更好。」

當收到血書後，陳毅便當即召見了這群熱血青年。問：「誰叫陳家樓？」

「報告首長，我是陳家樓。」

「你什麼文化？」

「高二上學期」

「首先我要批評你，為什麼要用血寫，這樣容易得破傷風的，以後不能這樣了啊⋯⋯」

對於這段對白，陳家樓記憶猶新。他說，當時陳毅市長特別關心青年，還特意給了他們半個小時的會談時間，並稱讚信寫得很實在。

在被陳毅市長接見後，陳家樓關於建共青城的設想很快被上報給毛主席，由於當時對於共青城選址問題一直沒有定，毛主

席便批示，「上海是南方，上海的墾荒不適宜到北方去，我認為到江西革命老區去為好。」隨後周恩來總理也補充表示，帶文化到江西，要搭配各個行業的青年，年齡可稍大點，可以放寬到30歲。而且這些青年要在共青安家落戶，所以這支墾荒隊伍成員其中不能少於35%的女青年，還要帶上醫生、機電工、木工、理髮員去。

在得到中央的批准後，一九五五年九月份，上海召開了社會主義青年積極分子大會，推選了五名青年代表，並由陳家樓代表上海社會主義青年積極分子向社會宣讀倡議書、發出號召，「不怕邊疆路程多遙遠，也阻擋不住我們的遠征決心；不怕邊疆風雪多寒冷，也吹不冷我們的勞動熱情。」

次日，各大報紙紛紛報導了這次大會。一石激起千層浪，在接下來的一週時間裡，上海團市委就收到了上萬封申請書。由於報名的人太多，上海市團市委從一萬多人中嚴格挑選一千多名青年，經體檢、政審合格後至上海華東團校學習一週，並到市郊區進行農業勞動鍛鍊，體驗江西生活，學吃辣椒，練挑擔，插秧、耙田……

經過一段時期的學習後，一九五五年十月十五日，第一支由陳家樓帶隊的九十八名上海青年志願墾荒隊，打著「向困難進軍，把荒地變成良田」的隊旗，於十八日來到鄱陽湖畔的九仙嶺下開始墾荒生活。在接下來的四十多天的時間裡面，九十八名青年志願墾荒者共墾荒三百多畝，分三個地方開始安家落戶。

一九五五年十一日二十九日，在墾荒隊工作了四十個日夜後，時任團中央第一書記的胡耀邦受黨中央和毛澤東的委託，帶著中央和毛澤東對青年人的關懷來到了九仙嶺。

「當天，胡耀邦書記在我們這裡一直待到晚上九點多，而

且還和我們一起喝稀飯。」陳家樓說，由於當時該地方還沒有正
式的名字，他便想請胡耀邦書記為他們題詞。但是四處找都找不
到一隻毛筆，於是，陳家樓靈機一動，將小山竹扳開，從自己的
被褥裡面撕下一小塊棉花，將小棉花球夾在山竹中，然後取來墨
汁，讓胡耀邦書記題詞，由於當時正在籌建人民公社，胡耀邦書
記便題寫了「共青社」三個大字。陳家樓說，「共青社」便是共
青城的乳名，也是當時江西第一個人民公社。

　　「文革」前，陳家樓因為批評地方幹部挪用墾荒工作經費，
被打成了右派。處分決定開除黨籍，裡面有一條：經本人申請可
以回原籍上海。陳家樓對工作組堅定的說：「從哪裡跌倒從哪裡
爬起來，我堅決不做共青的逃兵。」見狀後，陳家樓一些仍在上
海的親戚紛紛責怪他：「哪個不想往城裡跳，你倒好，城裡不
住，讓一家子跟著你到鄉下去受罪！我們幫你想辦法弄個回城指
標。」而陳家樓卻鄭重地宣佈：「這裡就是我的新故鄉了。我要
做一輩子的江西老俵！」就這樣，一陣又一陣的「回城風」都未
能把陳家樓帶回上海。

　　「生是上海人，死是共青鬼！」雖然墾荒的日子很苦很艱
辛，但陳家樓從來沒有退縮，一直勤勤懇懇地為共青奉獻著自己
的才智。在被下放的日子裡，陳家樓一心想著共青的發展，因
為，共青是他的第二故鄉，共青的發展就是他生命的全部。

　　陳家樓介紹說，共青城這個名字的最終確定先後經歷了三次
題名，一九五五年，時任團中央第一書記的胡耀邦為其題名「共
青社」，一九七八年九月二十六日，時任中組部部長的胡耀邦在
北京聽取了共青城的創業情況彙報後，為其寫下了「共青墾殖
場」五個大字。一九八四年十二日十二日，時任中共中央總書記
的胡耀邦，百忙之中冒雨再次來到共青城視察。再次揮筆題寫了

「共青城」。如今，共青城已經成為了一座美麗的城市，對比以前那片土地的荒蕪，陳家樓老人心裡有說不出的激動和欣喜……

一九五六年一月，中共中央在〈一九五六年到一九六七年全國農業發展綱要（草案）〉中，首次使用了「下鄉上山」的提法。其中寫道：「城市的中、小學畢業的青年，除了能夠在城市升學、就業的以外，應該積極回應國家的號召，下鄉上山參加農業生產，參加社會主義建設的偉大事業。」

在黨中央的號召和各地熱血青年的感召下，一九五六年一年中，全國就有近二十萬名城市青年志願加入到了墾荒隊伍中來……

應該說，此時黨和國家號召和鼓勵城市青年「上山下鄉」，其主旨是從解決城市青年學生的就業和加強農業生產的角度考慮的。一批批知識青年從城市到農村，一塊塊處女地被挖掘開墾，一片片荒原長出綠油油的莊稼，起到了一舉多得、一興百順的作用。

進入一九五七年，毛澤東在其一系列的文章和講話中，開始強調青年學生參加農業勞動、知識份子與工農相結合、加強思想改造等問題。這年四月八日，《人民日報》發表了由劉少奇主持寫成的〈關於中小學畢業生參加農業生產問題〉的社論，指出：「就全國來說，最能容納人的地方是農村，容納人最多的方面是農業。所以，從事農業是今後安排中學畢業生的主要方向，也是他們今後就業的主要途徑。」為了貫徹上述精神，團中央隨後分別在北京、天津、上海、成都等十二個大城市，開始進行有計畫地「動員」城市青年插隊下鄉的試點工作。當然，此時知青下鄉的基本方向，主要還是參加邊疆建設、開墾荒地和支援少數民族地區建設，而「直接插隊落戶到農村」的人還很少。

第三節　第一個高小回鄉務農的知青明星

在這期間，為了鼓動知青上山下鄉，有關媒體還特意讓毛澤東「擺拍」了一張點煙的照片。而畫面中那位點煙的女知青徐建春，人們都習慣地稱之為新中國第一個高小務農知青明星。據說，這是一次讓同行們羨慕不已的「組織」行為，來自攝影記者供職機構的官方評價也很高。

據百度百科介紹和《大眾日報》記者報導：徐建春，女，一九三五年三月生。一九五四年七月加入中國共產黨。一九五八年九月參加工作。本是山東省掖縣（現萊州市）西由鎮後呂村的農家女，一九五〇年於後呂村高小畢業。當時村裡正在組織互助組，她和村裡四戶人家組成一個組，並擔任組長，時年僅十17歲。在她的帶領下，互助組搞得井井有條，自願入組的人越來越多，很快就被當地黨和政府發現並重視，並進行了大力的宣傳。

一九五二年十月，在她回鄉不到兩年的時候，《山東青年》率先以〈當年她是個女學生，現在成了模範的互助組組長——模範團員徐建春訪問記〉為題，介紹了她回鄉和擔任互助組組長的經過。於是，她在青年團山東省第一屆代表大會上受到獎勵，成為青年團山東省委員會的候補委員，還參加了北京國慶日的觀禮，第二年又參加了第三屆志願軍慰問團到朝鮮訪問。

當國家動員家在農村的中小學畢業生回鄉務農的宣傳達到高潮的時候，徐建春作為響應這一號召的生動範例，被推向了全國。一九五四年三月十二日，《人民日報》轉載山東《大眾日報》的文章〈徐建春——農村知識青年的好榜樣〉，這是黨報為

全國知識青年正式樹立起的第一個先進典型，從此在全國掀起了向徐建春學習的熱潮。

一九五七年五月十五日至二十五日，「紮根農村的青年典型」徐建春來到北京，參加中國新民主主義青年團第三次全國代表大會。由於徐建春後來又成了初級社社長，管理過高級社和人民公社，當過勞模。作為紮根農村的青年典型，徐建春的事蹟在當時被廣為宣傳。《中國青年報》指派採訪這次會議的攝影記者洪克也同樣來自山東，他原是《山東青年報》的一員，先前與徐建春就很熟悉。得知毛主席要接見徐建春等代表後，洪克找到他們，商量好拍照時要見機行事，配合一下，這樣才能拍出好照片，為此，他們甚至一起商量了許久。

在休息室，當毛主席習慣性地掏出煙放在桌子上時，洪克使了個眼色，坐在主席身旁的徐建春立即心領神會，拿起放在桌子上的火柴，在大家的笑聲中，為毛主席點了煙。毛主席他老人家也非常高興，把頭伸了過來。

新華社攝影記者鄭小箴也在現場，她與洪克並排站立，所拍到的畫面幾乎與洪克拍的那張一模一樣。當年新華社「中央新聞組二、三、四、五月份好圖片介紹」是這樣評價鄭小箴這張照片的：這張毛主席和青年在一起的照片是記者在休息室拍的，它反映了毛主席和青年們那種融洽、親密的關係，也反映了青年們對毛主席的尊敬和愛戴。照片上雖然只有近十個青年，但卻是全國青年和毛主席之間的關係的縮影。畫面上徐建春正在為毛主席的香煙點火，給人以極親切的感覺。青年們把毛主席看作偉大的領袖和導師，也把毛主席看作我們大家庭裡的長者，照片表現了青年人對領袖的熱愛。

接下來的評語，無意間透露出照片的「組織」方式：在畫

面上，毛主席位於最顯著的中央，青年們在四週。青年們人數雖多，但視線都集中在中間；青年們雖是不同的服裝，不同的民族，但臉上卻充滿了笑容，興奮之情溢於言表。……

出於對「我們大家庭裡的長者」的崇拜，這樣一張「組織」得當的照片，一直被後人吹捧稱頌著。在那個年代，這並不是特例。瞧，作秀造假還陳述了一大堆理由！顯得多麼無恥！

據徐建春回憶，她一生見過周總理的次數很多，這當中，給她留下最深刻印象，影響她一生的思想、工作與生活的是在一九五九年。那年北京建起了十大建築，在國慶日期間對外開放。徐建春去參加國慶十週年觀禮及團中央召開的會議，會議期間組織大家參觀人民大會堂。她們參觀小組的幾個人，剛走進人民大會堂，周總理陪同金日成首相也來到了大會堂。見到周總理，她們心裡甭提多高興了。總理微笑著朝她們招手，示意她們過去，大家一齊來到總理和金日成首相周圍。總理見大家都有點拘束，就笑著說，「來啊！金首相是咱們的客人，我來介紹一下。」

周總理一邊向身邊的工作人員詢問情況，一邊向金日成首相逐一介紹。當介紹到徐建春時，總理微笑著拉著她的手，把她領到金日成首相面前說：「她叫徐建春，高小畢業生，我們的知識青年，山東省年輕的人民公社社長，她是代表中最年輕的青年人，今年23歲。她是從互助組長、初級社社長、高級社社長、人民公社社長一步一步幹起來的。」金日成首相聽到這兒，很高興地拉起徐建春的手，不住地打量著她，連連點頭說：「好！好！」周總理接著說：「她來自基層，一個人民公社有四十幾個自然村，近兩萬人口，不容易啊！」周總理關心地問她，平日工作累嗎，人民公社這麼大的攤子，又是剛剛成立，一定要好好幹。周總理還關切地對她說：「以後要加強學習啊！」

此外，胡耀邦也曾親自到徐建春所在的後呂村勞動。胡耀邦到團中央工作不久就注意到了徐建春。一九五五年二月，徐建春出席全國農業勞動模範代表大會。二月五日，胡耀邦會見青年代表，指著人群中的徐建春說：「你是山東的高小畢業生，農業社長，年輕的社長。」座中的徐建春為胡耀邦認識自己而特別激動。九月，胡耀邦在全國青年積極分子大會上作報告，表揚了徐建春等人。一九五七年五月，在中國新民主主義青年團第三次全國代表大會上，徐建春當選為團中央委員。

在農村集體化運動中，徐建春成為農業初級社、高級社社長，接著成為全國最年輕的人民公社社長之一。並被評為全國勞動模範。這幾年，胡耀邦積極組織青年墾荒運動，滿懷激情地鼓勵知青上山下鄉，他和徐建春有過多次交談。

一九五九年七月十三日至十八日，胡耀邦在青島主持團中央全體會議。一見到徐建春，胡耀邦就叫出了她的名字。會議期間，胡耀邦對徐建春說，會後要到她的家鄉參加農業生產勞動，搞調查研究。胡耀邦說得很認真，徐建春滿口答應，提前一天回鄉安排。

後呂村的人聽說胡耀邦要來，村民紛紛找到徐建春出主意，有的說老劉家乾淨衛生，有的說老李家安全，總之是北京來了大領導，一定要關照好。

徐建春左右思量，考慮到住在社員家畢竟不方便，眼下正好學校放暑假，就安排胡耀邦住在村完小的教室裡，畢竟那裡寬敞。

後呂村人家都睡火炕，但夏天的土炕又涼又潮濕，徐建春安排村民用木頭和高粱稭做一張簡易床擺進教室給胡耀邦用。被子、褥子都是從縣招待所借來的。

這些事剛安頓好，胡耀邦一行就來了。同行的有山東團省委書記林萍、《中國青年報》總編輯孫軼青、團中央辦公廳幹部石琦，還有胡耀邦的秘書高勇、警衛秘書李漢平、速記員李世嫻，分乘兩輛車，於七月十九日下午到達掖縣西由公社。來到村裡已經是晚上了，當夜無話。

第二天一早，徐建春就來了，問胡耀邦昨晚睡得怎麼樣。胡耀邦說，沒想到高粱米這麼好吃，高粱秸鋪的床睡起來也舒服，就是蚊子多點。徐建春一看，胡耀邦的胳膊已經被蚊子咬花了，只怪自己忘了向縣招待所借幾頂蚊帳來。

這時，後呂村還有「大躍進」中建立起來的村辦食堂，胡耀邦一行在那裡吃過早飯後，下地勞動。

通過《大眾日報》和《人民日報》的宣傳，全國中小學掀起了向徐建春學習的熱潮，兩年多，她收到全國各地青年來信四萬多封。一一回信是不可能的，但不回信徐建春又覺得「非常慚愧與不安」。這回她主動想到了本報，一九五七年四月，她通過《大眾日報》給全國青年共同回覆一封情真意切的信。

信中說：每天我除了開會研究工作、訪問社員外，總願意到地裡和社員一起勞動。我覺得勞動是最大的愉快和幸福。特別是在收割莊稼的時候，看到那場裡堆滿的勞動果實，看到一車一車交給國家的公糧和賣給國家的餘糧，看到社員們喜笑顏開地分配著糧食，吃著那香噴噴的新糧食，這時候，我就深深地感覺到勞動的愉快和幸福。這種愉快和幸福，對於沒有參加過勞動的人來說，是不會享受到的。我自己常想，在建設社會主義新農村的事業中，自己在支援國家工業化事業中，有著自己的一份勞動，自己沒有空著兩隻手，坐享社會主義的清福。

她接著寫道：有的同學認為，參加農業生產，學習幾年的

知識就算白搭了。我不同意這樣的認識。六年來從當互助組長到農業社長，總覺得自己的知識越來越不夠用。就說社裡的計畫管理吧，要制定好全年的生產計畫、財務計畫、季節性計畫、小段計畫等，沒有知識和實際工作經驗，是不行的。就是參加農業生產，也不是一件容易的事啊。

信中最後說：同學們，祖國農村有著廣闊的天地，一個建設社會主義新農村的任務，在等待著你們。讓我們攜起手來，在這個偉大的時代裡，運用自己的知識，施展自己的武藝吧！

在實踐中，徐建春深感自己的文化知識越來越不夠用。一九六二年，按照她的願望，組織上安排她到山東農學院（今山東農業大學）學習；一九六四年七月，徐建春被組織調任共青團山東省委副書記；一九七一年被選為中共山東省委常委；一九七三年五月被選為團省委書記；一九七七年十二日，山東省第五屆人民代表大會召開，她擔任了省人大常委會副主任直到退休。

第四節　五十年代末樹起的三位知青典型

據綜合有關報導資料：在二十世紀五十和六十年代前期的回鄉、下鄉知識青年中間，湧現出一批先進人物。如天津的趙耘，吉林的呂根澤、呂向陽、栗心河，河北的邢燕子、王培珍、戴秀穩，江西的宋喜明，江蘇的董加耕，北京的侯雋，廣州的陳嘉鯤，安徽的張韌，陝西的韓志剛等等。周恩來總理曾經高興地讚歎說：「天涯處處有芳草，祖國處處有英雄」。

這其中，在全國回鄉、下鄉青年中最有影響的人物，當屬邢燕子、董加耕和侯雋了。他們獲得的成功和聲譽，是同毛澤東、

周恩來等黨和國家領導人的支持、鼓勵，以及報刊的大力宣傳分不開的。

邢燕子是一九四〇年出生，天津市寶坻縣人。從小跟爺爺在農村老家長大，父親是天津市一家工廠的副廠長。一九五八年，高小畢業後沒有回父母所在的天津市區，而是回到家鄉寶坻縣大中莊鄉司家莊村務農。其原名叫邢秀英；當地領導杜元恒在檢查工作的時候，說「你這燕子的名兒還是不錯的，能夠飛黃河、跨長江」，一九五九年秋天地委書記馬力接見邢燕子的時候，就說，把那大名去掉，就叫邢燕子。邢燕子說：「其實燕子只是我的小名，我是在北京出生的，爸爸在燕京、燕生、燕子三個名字中選了這一個。有個報社記者在寫報導時說燕子更形象，以後大家就都叫我邢燕子，我的本名邢秀英反而很少人知道了。」

邢燕子剛回鄉時，生產隊派她去幼稚園當教養員，管三十多個滿地亂跑的孩子，冬天冰上打魚的季節到了，當時正值三年連續自然災害時期，打魚和割葦編簾子是幫助鄉親度過災荒的主要副業生產。剛18歲的邢燕子串連了七名青年婦女組成北大窪頭一個婦女打魚隊，在兩尺來厚的冰上鑿洞下網，起網時網繩一出來就凍成冰棍，抓在手裡刺骨寒，她們白天網魚，晚上在馬燈下編葦簾，三個月下來邢燕子為全隊創造了3900多元的副業收入，為全大隊鄉親們度過災荒起了很大作用。開始她所在的這個婦女副業隊不叫「邢燕子突擊隊」，剛開始一直沒定叫什麼名字。當時有「鐵姑娘」隊，所以不能叫「鋼姑娘隊」所以這名字一直都沒定，後來六〇年的時候，郭沫若寫了一首〈邢燕子歌〉之後，之後才改名叫「邢燕子突擊隊」。

邢燕子突擊隊的勞動內容主要是要抬田治鹽鹼，抬田就是

把田抬高了，水往溝裡滲，長莊稼的地就不起城了；但是抬田一是費勞力，再一個是費地，趕以後就是拉沙治田、秸稈治田、秋耕冬灌，好多方法。秸稈換田就是把秸稈結成小節，那時候也白天沒電，天黑了才有電，突擊隊就是什麼時候有電什麼時候開始做，一做就是一晚上，紮成小節之後，第二天早上我們就去斂尿，把尿都斂到一個大鍋裡，完了往裡面參水，然後把秸稈在裡面和濕了，濕了之後就堆在一起發酵，這就是秸稈換田……

　　邢燕子的父親當時是天津陶瓷廠副廠長，她完全有條件當工人，也可以繼續讀書。當時她的想法很單純：「農村青年都應該為建設社會主義新農村貢獻自己的力量，聽黨的話，不是空洞的口號，要看實際行動，農業這麼重要，黨需要自己留在農村，無論在什麼情況下都應該留在農村。」她卻選擇了回到天津市寶坻縣司家莊務農，這發生在國家大規模動員城市青年上山下鄉的前十年。邢燕子的這一選擇與當時黨中央的號召不謀而合。當時正是農村遭受天災人禍最困難的年頭，需要樹立一個「發憤圖強，紮根農村，大辦農業」的青年典型，一九五九至一九六〇年，邢燕子的事蹟在全國造成一個空前的宣傳聲勢，各大報紙、電臺紛紛報導。

　　一九六〇年八月十五日《河北日報》以〈邢燕子大辦農業範例〉套紅標題報導了邢燕子的事蹟。八月十七日共青團河北省委、河北省婦聯發出在全省青年、婦女中展開學習邢燕子運動的通知，接著中共河北省委，天津市委發出開展「學習邢燕子、趕上邢燕子、熱愛農業勞動，建設社會主義新農村的熱潮」。

　　一九六〇年九月二十日《人民日報》也介紹了邢燕子的事蹟，在全國造成一個幾乎是空前的宣傳聲勢，各大報紙、電臺和《中國青年》、《中國婦女》紛紛報導，連時任全國人大副委員

長的郭沫若也寫了〈邢燕子歌〉以推波逐瀾，郭沫若寫道：「邢燕子，好榜樣／學習王國藩，學習鐵姑娘／全家都在城，自己願留鄉／園中育幼幼成行，冰上治魚魚滿網／天荒地凍，搶種墾荒／要使石頭長出糧／吃苦在前，享樂在後一切工作服從黨。北大窪變成金銀窩燕子結成隊，奮飛過黃河！」

　　一九六〇年十月十二日邢燕子入黨，同時，她與另外兩個全國回鄉知青的典型，全國農業勞動模範徐建春、呂根澤互相下戰書，進行「建設新農村」的友誼競賽，全國各地農村知青紛紛響應他們的號召。在當時嚴重饑荒已蔓延到全國的關頭，邢燕子們發出的勞動競賽活動，穩定了廣大農村青年的情緒，鼓舞了他們「大辦農業，大種糧食」的士氣，此時對邢燕子的宣傳達到了最高潮，她成了全國家喻戶曉的人物。

　　一九六一年後，黨中央大力組織城鄉中小學畢業生回鄉或下鄉參加農業生產，並形成一個高潮，這期間媒體對邢燕子的報導一直未間斷，她也不斷在報刊上發表文章鼓勵知識青年上山下鄉。

　　邢燕子出名之後，給邢燕子的信從全國各地湧來，「成麻袋成麻袋地裝」，當中更有不少求愛信。這就引起了當地黨組織的注意，後來，當地黨組織為她選了村裡的生產小隊長王學芝。原因很簡單，王學芝家是困難戶，「一家兄弟四個，加上父母，才兩間半房」，但他是個老黨員，政治上可靠。年輕的邢燕子一開始並不樂意：「他家窮倒沒什麼關係，主要是他歲數比我大6、7歲，現在男女差這些歲數沒什麼，但那時我嫌他太大，想找個跟自己同年的，比較般配。可是爺爺喜歡他，說他老實厚道，將來肯定不會出問題。我聽黨的和爺爺的話，我就同意了，我們是典型的先結婚後戀愛。」

一九六一年七月三日，邢燕子結婚了。夫妻倆窮得什麼都買不起，丈夫王學芝家弟兄多，無住房，邢燕子嫁過來，公婆只好出去借宿。三天後，新婚的邢燕子就和丈夫搬到了婆家早年餵驢的小草棚裡，那個棚子只有1米多寬，沒有床，就搭了個簡單的土炕，站起來都直不起腰，一下雨就漏水。十年後，才蓋了三間屬於自己的土坯房。

邢燕子不能像普通妻子那樣天天為丈夫做飯，丈夫就一個人隨便對付；兩個兒子相繼出生之後，丈夫又當爹又當媽，卻從來不曾埋怨過她。邢燕子特別感激的是，她的兩個兒子年齡相差8歲，原因是她一九六二年生了大兒子之後，為了不耽誤工作，她先斬後奏，趁到天津開會時採取了避孕措施。就這樣，丈夫都沒說一個「不」字，還跟她一起瞞著公婆。

一九六四年六月邢燕子被選為共青團九大代表。同年十二月她又參加了第三屆全國人大，被選為大會主席團成員。十二月二十六日恰是毛澤東七十誕辰，邢燕子被邀請參加毛澤東的家宴，毛澤東不讓自己的女兒出席，說：「她不下鄉，不配。」與毛澤東同坐在一起的是陳永貴、王進喜、錢學森、邢燕子、董加耕。他笑道：「我要坐在群眾一邊。」並將自己的一碗飯撥給邢燕子和董加耕，說：「年輕人要多吃啊，要吃飽！」還為他倆添餃子和燒餅。

文化大革命開始後，邢燕子曾在報紙上登過一些應景的文章，並參加了一九六六年的國慶觀禮，以後又擔任了寶坻縣革委會成員和公社大隊幹部。一九六八年五月邢燕子在《人民日報》上刊出批判劉少奇的文章〈斬斷中國赫魯雪夫伸向知識青年的黑手〉，內容大意是：劉少奇讓知青上山下鄉，種三五年地，目的不是為了讓青年當有社會主義覺悟有文化的勞動者，而是讓知青

下鄉鍍金，撈取「升官發財」的政治資本。一九六九年她被選為中共九大代表，又被選為大隊黨支部副書記，寶坻縣委副書記，天津市委書記，頭上的官銜達十六頂之多。一九七三年四月由周恩來親自提名，她隨中日友協代表團訪問日本一個月。接著又與侯雋一起參加國務院召開的全國知識青年上山下鄉工作會議，在這次會議上她倆對領導幹部「走後門」，把子女送去參軍、上大學現象提出尖銳的批評，並希望中央能採取措施予以制止，並對知青的住房困難，安置經費偏少，口糧不足等問題提出不少建議。

此後，邢燕子出席了中共十大，還作為知青的代表當選為中央委員。一九七五年十月，她與其他十一位知青，去山西省昔陽縣參加全國農業學大寨會議，發表了「給毛主席黨中央的一封信」表示要「橫下一條心拼命加革命，認真學大寨。」一九七六年十月「四人幫」垮臺後，緊接著在一九七九年發生了中國知青的大返城，一場長達二十七年的中國知青上山下鄉運動落下帷幕。此後，邢燕子的名字便在媒體上消失了。

一九八一年邢燕子離開了寶坻縣調到天津市北郊區的知青農場工作。一九八三年六月，天津市組織部找到她談話，稱新市委班子成立了，不再安排她進常委班子，不再擔任市委書記。一九八五年天津市政協換屆，有關部門又以「中共黨員在政協裡頭的比例太大，不利於統戰工作」為由，解除了她天津市政協副主席的職務。一九八七年十月中共十三大在北京召開，新一屆中央委員會與候補中央委員名單中沒有了邢燕子。她去找當時天津市市長李瑞環同志，希望組織上安排她工作，不久她從知青農場調到北辰區擔任人大副主任，分管城鄉建設與環保，她一年中大多時間往鄉下跑，工作作風扎實受到上上下下一片贊許，她與在區園

林隊當工人的丈夫王學芝、三個子女，及年邁八旬的婆婆生活在一起。

董加耕則是江蘇省鹽城縣葛武公社董夥大隊人，一九六一年夏天他高中畢業，面臨著升學還是回鄉的兩種選擇，作為鹽城縣龍岡中學的預備黨員、團支部書記，他是個品學兼優的學生，學習成績各門課程超過九十六分，老師們都希望他上大學，但他卻在升學志願書上填上「回鄉務農，立志耕耘」。董加耕立志要回鄉務農，使老師和同學們難以理解，他們覺得將這麼一塊好材料送到農村去種莊稼實在可惜，他回答說：「正是因為黨的教育培養，才使我懂得一個年輕人應當根據革命的需要決定自己的道路。

為了表示自己響應黨中央、毛主席關於加強農業第一線的號召，立志耕耘，他還將自己的名字「嘉庚」改為「加耕」。十天以後，董加耕得到縣委的批准，用一根扁擔挑著書籍和行李回到家鄉葛武公社董夥大隊第四生產隊。董加耕回家種田的事，在鄉親們中間引起不少議論，有位老伯用旱煙袋敲敲他的後腦殼說：「加耕，人家讀書越讀越遠，你呢，從城裡讀到鄉下，我看你是讀書讀呆了啊。」董加耕回答說：「大伯，古話說讀書越多越明理，我讀了書懂得了要用知識建設新農村的道理，才回家勞動的。」

當時正值中國農村面臨連續自然災害，經濟最困難時期，他回鄉時，公共食堂還未解散，浮腫病到處皆是，董加耕沒有動搖信念，吃醃蒿子、豆餅，照樣樂觀的唱著：「洪湖水，浪打浪」等革命歌曲，赤膊和鄉親們一起拉犁、割稻、罱泥，揚場……。董加耕回鄉後，已經當了小學教師的女友與他分了手。公社黨委

決定調他到郵電所工作，他卻發誓「決不從第一線撤退」，連母親的眼淚也動搖不了他的決心。他在日記中寫到：「身居茅屋，眼看全球，腳踩污泥，心懷天下」這幾句話後來成為傳遍全國的名言。

鄉親們迫切改善落後面貌的強烈願望，促使他立志改變家鄉幾千年來的傳統農業，董加耕利用自己所學的農業技術，在家鄉進行了「農業內部的第一次產業改革」，提出「漚田改旱田，稻、麥、棉、綠肥輪作，改良土壤，解放勞力」的措施，結果糧食獲得大豐收，水鄉第一次長出了棉花，從此稻、麥、棉、綠肥輪作制在全大隊、全公社乃至裡下河地區推廣成功。

在六十年代初期強調階級鬥爭和家庭出身，象董加耕這樣的貧農後代，學生黨員屬於政治條件最好的一類，他放棄升大學，回鄉務農其他人有什麼理由抱怨下鄉插隊是屈才呢？因此自他下鄉之日起，便成為當地領導與新聞媒介所矚目的先進人物。

一九六三年十二月三十一日《新華日報》發表社論〈走革命的道路，當革命的接班人〉，其副標題是〈評知識青年董加耕建設社會主義新農村的理想和行動〉，緊接著《中國青年報》、《人民日報》相繼報導宣傳董加耕回鄉務農的事蹟，強調「董加耕所走的道路，正是毛澤東時代知識青年所應該走的革命道路。成千上萬知識青年上山下鄉，參加農業生產是有最廣闊前途的革命行動。」董加耕的成長事蹟，對一九六四年達到高潮的全國知識青年上山下鄉運動確實起到了預期的推動作用，當年南京市就有七十二名應屆畢業生在他榜樣的感召下，自願放棄高考，到蘇北農村插隊務農，而被稱為「七十二賢人」。

很快，董加耕被選為生產隊長，當選為共青團「九大」代表，以後又擔任共青團鹽城地委書記，出席了第三屆全國人大會

議。國家副主席董必武也為《董加耕日記》一書題詞，一九六四年八月在共青團「九大」上，鄧小平、彭真、薄一波、陸定一都在報告中號召全國青年向「新式農民董加耕學習」。

一九六四年十二月二十日至一九六五年一月四日，第三屆全國人大第一次會議在北京舉行，先進知青代表邢燕子、董加耕當選為本屆全國人大代表。十二月二十六日，是毛澤東主席71週歲誕辰。根據過去毛主席提出的並經中央政治局做出「不准祝壽」的決定，在周總理的主持下，只邀請了參加「三屆人大」的十幾位知名人士，用毛主席的稿費在人民大會堂設便宴祝賀，邢燕子、董加耕這兩位知青帶頭人也在其中。那天，周總理把他們安排在毛主席的左右兩側。席間，毛主席與他倆親切交談，親自為他倆夾菜助餐。此殊榮見諸報端，立刻在廣大知青中引起了強烈反響，產生了轟動的社會效應。

一九六六年文化大革命一爆發董加耕立即成為「紅色風暴」的衝擊對象。他被冠於「黑苗子」、「走資派」的罪名，北京有人組織了「五湖四海」調查團，鹽城也成立了「拔黑旗」戰鬥隊和「董加耕問題聯絡站」、把鬥爭矛頭指向他，說他是受劉少奇「吃小虧，占大便宜」的影響，將下鄉作為進身之階。

一九六八年夏天，董加耕被人以辦毛澤東思想學習班的名義關到一個誰也不知其所在農場中，那些人一度曾想將他淹死在長江裡。一九七一年他又被莫名其妙地打為「五一六骨幹分子」，遭受嚴重迫害，有十三人輪流看管，被押達三年之久。

一九七四年周恩來在召開知青工作座談會聽邢燕子回憶毛主席請她與董加耕做客的情況，瞭解到董加耕在深挖「五一六事件」中所受的迫害，隨即要求為他平反，並提議增補他為全國四屆人大代表。一九七四年十二月正在田裡幹活的董加耕被通知立

即到鹽城地委報到，下了小火輪又上了吉普車，從南京乘火車赴京，住進中組部招待所。在四屆人大他被當選為人大常委，接著經毛主席批准擔任共青團「十大」籌備組副組長，兼任鹽城地委副書記，一九七六年又擔任國務院知青領導小組成員。從此，一度從政治舞臺消失的董加耕又時來運轉，他深感「如履薄冰」，卻還是再次被捲入中國政治漩渦。

文化大革命結束後董加耕又被審查了十四個月，直到一九七七年底當時黨中央副主席汪東興批准他回到故鄉，仍舊回葛武公社董夥大隊參加生產勞動，又回到他生活的起點，他這才有了一種像一粒隨風飄蕩的種子又落根大地的充實感，一九八二年春天，他又一次被「解放」，擔任鹽城市郊區郭猛鄉主管鄉鎮工業的副鄉長，一九八七年提任郊區鄉鎮企業局副局長，一年四季，他多數時間騎著自行車跑基層，一九九四年該區鄉鎮企業總產值突破一百個億，被列為全國百強鄉鎮企業縣（區）的第五十五位。

……一九九六年國慶，一批共和國老勞模應邀赴京參加國慶觀禮活動，董加耕又見到了邢燕子和候雋，在天安門城樓上，他們熱淚盈眶，深深感覺到人民群眾沒有忘記他們。兩千年董加耕在鹽都縣政協主席位置上退休，他用十六個字總結自己走過的曲折人生道路「人貴有志，志貴不移，觀念更新，不改初衷。」

侯雋是一九六二年七月，以門門滿分的成績，高中畢業於北京市良鄉中學，主動放棄考大學的機會，響應黨「大辦農業、大辦糧食」的號召，下鄉到河北省寶坻縣史各莊公社竇家橋大隊插隊落戶。由於她在移風易俗、宣傳科學文化知識、帶領青年艱苦創業等方面做出了一些成績，深受當地群眾喜愛，成為城市知識青年立志建設新農村的榜樣。

　　侯雋聲名遠播，在某種程度上得力於著名演員、作家黃宗英。一九六三年，黃宗英到寶坻縣體驗生活，使她難以忘懷的是見到了侯雋。當周總理接見她和趙丹、張瑞芳等人時，她向總理彙報了在寶坻見到的幾個姑娘和侯雋下鄉插隊的情況，引起了總理的重視。在總理授意下，不久，黃宗英與一同下鄉的張久榮合寫了長篇報告文學〈特別的姑娘〉，刊登在一九六三年七月二十三日的《人民日報》上。

　　自從周總理從黃宗英那裡知道了侯雋下鄉的事蹟，這位共和國政府的當家人就記住了侯雋這個名字，時刻關心著她的成長。同年七月九日，在接見各大區安置領導小組負責人時，周總理說：「河北寶坻縣現在又出了個響應黨的號召、志願下鄉的高中畢業生。城裡人到生產隊什麼都不會，無親無故，難為地哭了。她已被批准為團員，對呀！要把這些青年帶上去。」

　　當年十月十五日，周總理同各大區主管安置工作負責人談話時說：「有人來信說我推薦侯雋錯了，她家庭出身不好，可她本人向著新社會，向著光明，自動下鄉，決心改造自己，這是好的，應當進行幫助。這是自動下鄉的一個好典型。」

　　侯雋一度擔任大隊黨支部書記，團縣委書記，縣委副書記，省婦聯副主任、天津市團委書記，國務院知青領導小組副組長等十三個職務，時稱「侯十三」。一九七一年，侯雋參加四屆人大期間，在周恩來的干預下，侯的職務才被精簡為市委書記、大隊總書記、縣委副書記三個。

　　一九七六年十月，「四人幫」倒臺。這一年，在國務院知青辦當了三個月副主任的侯雋遭到審查。此前，國務院知青辦向全國派出十個調查組，形成〈關於知識青年問題的調查報告〉及七個附件報送國務院。「四人幫」倒臺後。調查報告被很快認

為：「符合『四人幫』口味」。知青辦也被要求查出「四人幫」
的人。

於是，侯成為被調查的對象。侯聲稱，那時作出的調查報
告。不符合「四人幫」口味幾乎是不可能的。但她還是因為自己
三個月的副主任生涯失去一年多的自由。侯每天待在國務院知青
辦的辦公室裡。不准外出，不准打電話，不准接觸外人。要求把
問題說清楚。侯還被特別提醒。這不是「隔離審查」也不是「停
職反省」。由於沒有勞動，侯雋不得不每天在樓頂上又蹦又跳，
防止長胖。侯雋擔心，一旦長胖將有可能被認為是態度不好。

風浪過後，侯雋得以繼續她的仕途。一九八〇年，侯成為寶
坻縣人大副主任，寶坻縣副縣長。二〇〇一年，侯雋擔任寶坻政
協副主席後，工作輕鬆了不少。她有時候會去廈門，上海等地參
加知青的聯誼會、研討會，研討會上，侯雋發言時總是堅持自己
的觀點，上山下鄉是一種有益的鍛鍊，不能現在生活不好了就全
賴上山下鄉的日子，一位組織者對侯說，這話也就你說，要是我
們說，早就被人轟下去了。但互聯網上，知青們對她依然爭論不
休，有人稱她和邢燕子等人是既得利益者，有人則慶倖自己再也
不需要由這些典型去代表了。

二〇〇二年，侯雋在寶家橋種下知青林，她將「傳承一種奉
獻的精神，留下一片綠蔭，為知青歷史留下點東西」的希望寄託
在這些樹上。這一想法後來演變為建設一個老年社區再後來又演
變為一個名為「中國知青村」的知青主題文化公園以及配套的休
閒娛樂場所。

「中國知青村」的提法也是吵得不可開交，有的老知青堅
決反對侯雋用「中國知青的招牌繼續代表自己，稱自己的知青生
涯，「絕對不是塊色的回憶」。侯雋則對此置之不理。侯聲稱，

她當年手下的知青都是自願下鄉的，沒有老三屆。她本人也不清楚那被強迫下鄉的人心中是什麼感受。如今，中國知青村裡已經有了石山，不染亭等景點。侯的老朋友邢燕子為中國知青村題寫的「知青林」三個字被製作成景石，侯說，如果有人投資，這塊景石也將被豎立起來。但由於離城市太遠，投資一直都沒有招來。侯雋必須賣掉一些樹，好維持一年十萬元左右的維護費用。

侯雋曾經官至國務院知青辦公室副主任。這一身分也令她退休後依然與知青有關的事務。侯雋試圖促成再版一九九六年國務院知青辦成員編寫的《中國知識青年上山下鄉大事記》和《中國知識青年上山下鄉始末》。這兩本書彙集大量官方文件和資料，被侯雋稱之為「正史」她希望書的再版能夠與將知青史否定成血淚史的「野史」抗衡。

第五節　下鄉成了打擊黑五類子女的大棒

五十年代的上山下鄉，目標不一，對象不定，它是一種廣義的上山下鄉，而席捲其中的城市知識青年，相對而言，只是極為個別的現象。前面所說的徐建春、邢燕子、董加耕等人，大多數都是回鄉務農青年。

嚴格歷史意義上的城市知識青年上山下鄉，應當在一九六一年壓縮城市人口和支援農業生產第一線中產生，一九六二年正式提上國家的議事日程，一九六四年開始成為一項專門針對城市知識青年的的政治移民運動。這場運動經過幾年的發展，最後在毛澤東的「再教育」指示下走向極盛。十年浩劫過後，隨著毛澤東和他的「革命路線」的「壽終正寢」，這場運動也成為昔日黃花，迅速凋謝，終於在一九八一年全面結束。

　　據有關資料介紹：從一九五八年「大躍進」開始後，知識青年上山下鄉工作曾一度中斷。一時間，城市的勞動力竟然頓顯緊張起來。於是，全國各地又先後從農村中招收了兩千餘萬農民工進城。

　　六〇年代初，由於「大躍進」運動的失敗，國內的計畫經濟一再遭受嚴重的挫折，經濟增長率力不從心，加之城市人口的惡性膨脹，眾多青年中學畢業後無法升學，就業也遇到前所未有的困難。正是在這種背景下，官方從一九六二年起在全國範圍內有組織有計畫地動員知識青年上山下鄉。一九六二年六月，共青團召開了三屆七中全會，重點討論了城市知識青年下鄉支農問題。七月，團中央發表了〈中國共產主義青年團中央委員會給走向農業戰線的團員和青年的一封信〉，十一月向中共中央提交了關於城市知識青年上山下鄉工作安排的報告。可以說，一九六一～一九六三年，是城市知識青年上山下鄉的萌發時期。大批失業工人、學生和城市知識青年下鄉支農，揭開了城市知識青年上山下鄉運動的序幕。

　　一九六二年五月二十七日，中共中央〈關於進一步精簡職工和減少城鎮人口的決定〉指出：「城市中一般不能升學或就業的青年，有條件的可以下鄉或者安置到農場勞動。」隨即，把上山下鄉的工作重點完全轉到城市。一九六三年六月二十九日到七月十日，周恩來在中央召開了六個大區城市精減職工和青年學生安置工作領導小組長會議上提出動員城市知青上山下鄉是一項長期性的任務，是城鄉結合、移風易俗的一件大事，要求各大區，各省市自治區都要作長遠打算，編制出十五年的安置規劃。明確將知青上山下鄉作為長期性工作，我們可將此作為真正意義上知青上山下鄉運動的開端。為了節省安置經費，中央決定從一九六三

年開始，以到農村生產隊插隊作為安置城市知青的方向。為了順利地把動員城市知青下鄉插隊的政策貫徹下去，中央要求從各省市自治區以下，都要設立安置工作領導小組，統管插隊工作。同時，作出了具體的安置工作安排。

據當時報刊報導，從一九六二年春到一九六三年八月為止，有十萬多知青下放到國營農林牧漁，他們絕大部分是家居大中城市的初高中畢業生。他們所去之處距城近，條件相對優越，即使是去農村落戶，也大都選擇城郊附近，或條件較好，被作為先進而備受領導重視的公社大隊，動員工作較為謹慎。這個時期下鄉的城市知識青年，是城市知識青年上山下鄉運動的先行者，人數約有三十萬人。

而一九六四～一九六七年，是城市知識青年上山下鄉運動的啟動時期。一九六四年一月十六日由中共中央和國務院正式發佈〈關於動員和組織城市知識青年參加農村社會主義建設的決定（草案）〉，並下達〈一九六四年安置城市下鄉知識青年和閒散勞動力的人數、經費及撥款計畫控制指標〉，對插隊知青的安置經費作出了具體的安排和規定，前者是「文革」前關於知青安置工作的最重要、具有綱領性的文件。一場曠日持久的城市知識青年上山下鄉運動正式開始。

這場新的運動承接了知識青年下鄉支農的趨勢，以消滅三大差別、建設社會主義新農村為旗幟、實際上卻是一場「防修反修」、改造城市知識青年的社會主義教育運動。正因為如此，它又在階級鬥爭極端化的推動下，迅速蛻變成一場綏靖城市、清洗「修正主義社會基礎」的政治移民運動。及至文革初期，紅衛兵「橫掃一切牛鬼蛇神」，「黑七類狗崽子」被驅趕下鄉，上山下鄉的政治面目昭然若揭，其積極意義也就蕩然無存了。這個時期

中奔赴農村的城市青年，是城市知識青年上山下鄉運動的第一撥人，共計一百六十六萬六千人左右。

　　為了推動知青下鄉的深入進行、解決具體工作中存在的問題，中央安置城市下鄉青年領導小組，於一九六五年二月在北京召開了工作會議。這是「文革」前召開的唯一一次有關知識青年上山下鄉工作的大型會議。這次會議，討論、研究了知青安置中的一系列問題，認為：動員城市知識青年和閒散勞動力上山下鄉，是城鄉勞動力安排的一個重要方面，應納入下鄉勞動的整體規劃中。同時，會議檢查了近年來安置工作中存在的問題，提出了一九六五年的工作任務，並計畫當年再安置五十四萬餘人。

　　在安置方向上，會議要求要盡可能地與建設穩產、高產農田、大搞樣板田相結合，與國防建設、佔領山頭、下海、下湖相結合，並提出了一些具體的可操作性措施。如：重申「要堅持自願原則，不能搞強迫命令」；強調安置方式要因地制宜，可集中插隊、分散插隊、投靠親友、建立純知青為主的生產隊和國營農場等。同時強調，動員城市人員下鄉不能向農村「甩包袱」，不能安排老弱病殘和勞教人員下鄉等等。這對研究、解決上山下鄉工作中的存在的某些問題、確保知青下鄉工作的順利開展，具有積極意義。

　　但具有諷刺意味的是，這期間，隨著城鄉四清運動的開展，上山下鄉越來越多地被賦予政治理念和「革命」色彩。下鄉的知青中，出身「地、富、反、壞、右」等家庭成分的青年在知青中的比重日益增大。以後，隨著社會上階級鬥爭的調子越唱越高，這些人的家庭原罪感也越來越強。因此，為了求得人格上的平等和公平對待，盡可能擺脫家庭的陰影，或為改造思想、證明自我，城市中出身成分不好的青年更多地無奈地選擇了上山下鄉道路。

這些被下放到農村去的青年，大部分卻是所謂家庭出身「不好」的青年（主要指地主分子、富農分子、歷史反革命分子、壞分子、右派分子以及城市資本家子女）。在去新疆生產建設兵團的十萬上海知青中，屬於這種情況的就占70%。其他地方的情況大同小異。

六十年代初，當血統論思潮抬頭之際，官方在貫徹「階級路線」的理由下，加強了對「黑五類」子弟在高考、就業方面的限制。每名畢業生尚未跨出校門，他們的檔案上已根據出身的不同注有「可去機密單位」，「一般」，「不宜錄取」等字樣。如果是大學招生，一旦被注明「不宜錄取」，即使成績優異，也只有落榜一途。

當這些青年的升學、就業之途變得日益狹窄時，另外一條據說可以使其革命化的「光明大道」擺在了他們面前，那就是上山下鄉。一九六五年，中國青年出版社出版了一本很有影響的政治讀物《重在表現是黨的階級政策》。書中給讀者一個明確的啟示：出身不好的青年只有走上山下鄉的道路，才能與「反動」的或者剝削階級的家庭劃清界限，才能實現「脫胎換骨」的改造，才能有「光明的前途」。當時，大部分知青的父母，都是中國社會中的「賤民」，而這些知青本人，實際是作為城市「垃圾」被拋到農村去的。可想而知，在「階級鬥爭」的口號越來越甚囂塵上的農村，他們的處境一般都很艱難。

知青譚世通在〈我的上山下鄉四部曲〉中回憶：我出生在一個有「歷史問題」的教師家庭。不過我在兒童少年期卻並沒有認識到自己的家庭出身對自己有多大的不利。打記事起，我就生活在家庭和睦、鄰里融洽的氣氛中，加之又有一群好玩伴，所以我的兒童少年期應當說是幸福的。

　　同其他生活於這種相對良好的環境中的少年兒童一樣，我從小就熱愛祖國、熱愛共產黨和毛主席。由於我誠實正直友善樂群，所以1到9歲，我就被吸收進了少先隊，以後又一直擔任少先隊和班級「幹部」。我對社會抱著美好的心態，並決心要成共產主義事業的接班人。

　　不過，到了一九六三、六四年，也許是周圍的政治空氣已有了越來越濃的極左味道，也許是我已慢慢懂事，總之，我開始感到我似乎屬於另一類人。這使我的心理也開始發生變化。那時我在湖南師院附中讀初中二年級。這時的我，已經不像以前那樣積極要求進步了。

　　當然，我的思想仍舊十分正統，人也仍舊正直誠實活潑友愛。在不帶階級偏見的老師心目中我仍是個好學生，自己也自認為是個好學生。但當時的社會現實卻不能不使我在潛意識中有了自卑心理。這種自卑心理最初是從學校常常要填一些表格開始的，這些表格都毫不例外的有「家庭出身」一欄。

　　我知道我父親作為我祖父唯一的子女，家庭出身是地主。因為我那與反清革命志士陳天華是同窗好友、也曾參加過反清革命活動的祖父解放前擁有二十幾畝從祖上繼承下來的田產，老年時一直靠收租為生，土改時雖年事已高，仍被劃為地主。然而我們這一代的家庭出身該怎麼填呢？我父母解放前就一直在城裡靠教書維生呀。

　　我姐姐也曾在湖南師院附中讀書，一九六〇年考入湖南醫學院。她一直是個積極要求進步的青年。她說對黨要忠誠老實，黨說「出身不由己、道路可選擇」，填什麼出身不要緊，關鍵是聽黨的話。我們的家庭出身還是以祖父的為准，填「地主」。父母對此也沒說什麼。因此，在填家庭出身時，我也就填了「地主」。

但是從我學習的課本中，從我看到的電影、聽到的廣播中，地主都是一個罪惡滔天的概念。這不能不使我開始感到自卑。不過最初，這種自卑感持續的時間並不長，填表過後不久也就忘了。然而，在那個將階級鬥爭奉為寶典的時代，如果你的家庭出身不好，那個陰影是你根本不可能擺脫的，因為社會生活的各個方面時刻都在向你提醒你的家庭出身。

有一件事令我至今仍記憶尤新。大約是初二年二期，一天學校召開各班主要班幹部會，我去參加了。那次主持開會的是學校李副校長。會議一開始，李副校長就劈頭蓋腦地大罵，說有的人對組織不老實，隱瞞家庭出身。難道要與剝削家庭共褲連襠嗎?!李副校長完全是在咆哮。

那次會上李副校長還講了些什麼我一點都不記得了，因為李副校長咆哮過後我的腦瓜子已變成一團漿糊。不過我還是記得他咆哮時很多同學都低下了頭。我也不例外。我倒並沒有對組織不老實。不過我也曾想過，以後填表時家庭出身一欄不再填地主。一來我覺得我本人並不出身在地主家庭。而更主要的是：填地主丟人。雖然我僅僅只是在心裡想以後不再填地主，但李副校長的叱罵仍使我覺得自己是做了賊，臉上火辣辣的。

家庭出身產生的自卑感使我心頭蒙上了陰影。初二退出少先隊後，不少同學開始爭取入團，但我卻已打定主意不入團了。因為我姐姐申請入團的經歷告訴我：團的門檻對我們來說實在是太高了。

我姐姐小學、中學、大學都是學生幹部，群眾關係極好。她不但學習成績頂括括，更是積極要求進步、靠攏團組織，對組織也極其忠誠老實。但是，一年又一年，共青團的大門始終對她緊緊地關閉著。原因很簡單：家庭出身不好、父親有歷史問題，要

考驗。雖然我姐姐對那似乎是遙遙無期的考驗態度始終虔誠，但這種考驗卻在我們這些做弟妹的心頭留下了濃濃的陰影。家庭出身不好，父親有歷史問題像一塊大石頭一樣壓在我的心上。

我的初中生活是在渾渾噩噩中度過的。而這種渾渾噩噩，主要表現在自己對前途的盲目樂觀和對周圍正在急劇左轉的政治風向的毫不覺察、毫無戒備上。三年初中，我一直都是半學半玩。憑藉一點小聰明，沒花功夫就使自己的成績在班上列前，這使我產生了一個很大的錯覺，以為讀書是件很容易的事。我以為就這樣半學半玩地讀下去，將來考個好大學不成問題、實現當科學家的理想也不成問題。

當然，我也隱約地感到周圍的空氣正在變得令人很不舒服（二十五年以後我才知道那種空氣叫「極左空氣」）。例如，報紙電臺以教訓人的口氣宣揚的理論，與我們實際接觸到的現實、與人們的常識相去十萬八千里。但我卻絲毫沒有將這一切與自己的前途（更沒有將這一切與國家的前途）聯繫起來，對這一切完全沒有防範。初中畢業考試與高中升學考試前，我仍舊同以前一樣沒有半點緊張感，仍舊將自己的主要時間和精力消費在田徑場和籃球場上。

一九六四年夏，我以優異的成績初中畢業。我記得當時我物理一百分，外語九十九分，這兩門課是全班第一。我的數學和化學也都是九十幾分，語文和政治這兩門需要背誦的科目分數雖然比不上數理化，但也不差。隨後的高中升學考試，我的自我感覺也良好。但是，漫長的暑假過後我等來的卻是不錄取通知。在學校時，同學們都稱那種通知書為「安慰信」，但我從那半張劣質的油印紙裡卻沒有讀出絲毫安慰的味道。那份只幾行字的通知除了告訴我因招生名額所限我未被錄取外，就是告誡我：個人的理

想要服從黨的需要。

說實在的，接到那份通知書時我的心情是相對平靜的。也就是說我對那份通知已有了一定的思想準備。同以前的幾年比，湖南長沙一九六四年的大、中學校招生、錄取工作是十分反常的。離新學期開學已經很近了，按往年，大學、高中的錄取通知書早已發下來。但這一年，參加大學、高中升學考試的學子們卻遲遲沒有得到錄取與否的消息。人們從近兩年越來越令人頭皮發緊的政治空氣，大家似乎已經預感到了點什麼，私下裡已有了些議論。

大學錄取情況終於揭曉以後，人們的預感和議論被證實了。以前升大學雖然也要政審，但畢竟也看看學習成績和個人表現。而這一次人們發現，學習成績和個人表現已經完全沒有用。那些本人表現好，但家庭出身不好或不太好的學生，不管他如何一貫成績優秀、才能突出，如何被看好能考上名牌大學，這次收到的一律是「安慰信」。相反只要「苗正根紅」，不管他以前表現是好是差，學習是優是劣，這次統統接到了大學錄取通知書。

顯然，這次大學錄取憑的是家庭出身，而不是學業成績和平時表現。因此當隨後高中的通知書發下來，我接到的只是「安慰信」時，我的挫折感已不是很強。大學的錄取結果已經給我打了預防針。

回顧初中三年，我覺得不論怎麼說，我都是一個聽黨和毛主席的話，尊師守紀、誠實正直、愛護集體的思想單純的好學生。我學習不甚努力，但成績卻名列前茅。我發育僵遲、個頭矮小，卻是班上籃球隊主要得分手；學校的少年廣播站，我是三個廣播員之一。學校搞文藝演出，我總是班主任最先考慮的參演人選。我完全可以大言不慚地說，初中時的我，是一個德智體全面發展

的好學生。但是，顯然是為了貫徹黨的階級路線，學校的大門就對我毫不客氣地關上了。

當然，現在回想起來，當年我之所以過早失去上學機會，除了出身不好外，也因為自己太幼稚。一來我不會在政治表現上做表面文章以爭取班主任及學校當局對我出身不好的寬恕，二來我對黨太忠誠老實。二十年後我終於知道，我班有的同學家庭出身與我相似甚至比我更糟。但是由於他們填表時未填自己家庭出身是地主，未填自己的父親是國民黨軍官……所以雖然表現與我差不多，學習成績不如我，卻「考」上了高一級的學校。

總之，我沒有能夠「考」上高中既因為家庭出身不好，也因為自己太幼稚，對黨太忠誠老實。當然對後面這一點我並不感到後悔。忠誠老實永遠都是一種好品質。而且在中國當時越來越左的非理性的政治氣候下，家庭出身不好終究沒有好果子吃，躲得過初一躲不過十五。例如我的初中同學蔣氏、阿鋒當年都考上了高中，因為他們填家庭出身時都進行了一些「技術處理」。蔣氏一直填他父親是工人，為此一九六八年長沙的老三屆最初「三個面向」時，蔣氏甚至被分到了廣播電臺。不過很快，他就被清了出來，仍舊走上了上山下鄉的道路。因為進電臺審查特別嚴，終於查出他填報的父親其實只是他繼父，而他的生父是國民黨軍官。

我雖然沒有「考」上高中，但我當時並不自悲，那時我雖有自己的理想——當科學家，但還沒有到會考慮前途的年齡。還在初中畢業之前，學校就進行了「一顆紅心，兩種準備」的教育。但說實在的，起先我並沒有做好「兩種準備」，而只做了上高中的準備。因為我認為自己學習成績好，完全可以考上高中。沒想到當時中國左風越吹越有勁，對於升學來說，學習成績、思想品

質及平時表現的好壞變得一點都不重要了，出身好壞才是決定一個人能否升學、升到什麼學校的尺度。

當時我的思想真是單純得可愛。我們年級那個誘騙幼女到山上進行猥褻、學習成績又很差的外號叫「豺狗」的同學都「考」上了本校師院附中的高中，因為他出身好，我卻被關在校門外。小小年紀就受到這般不公正待遇，但我對那套極左政策卻並沒有一絲一毫的埋怨和不滿，反倒覺得自己出身不好無資格上高中是理所當然的。

接到「安慰信」以後，我去了學校一趟，到了班主任夏老師的宿舍。對我不能上高中，夏老師也沒說什麼安慰的話。現在想來，當時他也不可能對我作什麼安慰。雖然從當時的作為和以後的發展來看，夏老師不是一個老老實實獻身教育的人，而是一個有政治理想者，可以說我也是他實現政治理想的一個犧牲品。不過不論是當時還是今天，我一點都不怨他。尤其是後來我認識到，中國作為第三世界國家，經濟發展本來就落後，加之實行的又是一套非理性的極左政策，這造成了國家經濟上的嚴重困境。而這種困境又使得初中畢業生不可能全部升入高一級學校學習。這也是我們這一代人的命。就我們湖南師院附中初中第六十四班來說，總有人要被關在校門之外。初六十四班的同學個個都是我的兄弟姐妹。我被關在校門外，其他同學就多了一份上學的機會。這我能接受。當時夏老師對我們的教育也是盡職的。決定把誰關在校門外是當時的政策，不是夏老師可以左右的。

那天我剛到夏老師宿舍時，心中並沒有因「考」高中落榜而感到委屈（前面講了，我怨的是自己出身不好，而不是極左路線對我的歧視）。當他問到我是否準備報名上山下鄉，我不假思索地就說準備報名。但不知怎的說著說著我卻抽泣了起來，而且抽

泣得很厲害、很傷心。夏老師默默地在一旁看著我。我雖然沒有面對著他，又是低著頭抽泣，但我卻似乎感到一雙同情的眼睛在看著我。我抽泣了一陣以後，自己默默地抹幹淚水，就告辭回家了。

雖然我在夏老師那裡說準備報名上山下鄉，但學校的隊伍奔赴湘南邊陲的江永縣農村時我沒有跟著去。之所以如此，是因為我上學的心還沒有死。學校的隊伍前腳剛走，居委會的大媽後腳就到我家通知我到區委參加學習。不過，在這個為期一個星期的上山下鄉動員學習班上，我既沒有發言表態，也沒有報名上山下鄉。當時我人也矮小，身高只有153釐米、體重只八十斤，到鄉下也幹不了什麼活。也許是這個原因，區裡的幹部也沒有強行動員我。

街道的上山下鄉隊伍也奔赴了廣闊天地。我想我可以安靜下來考慮如何安排來年考試前的生活了。然而第二天我父親工作的湖南師院人事科的人就找上了門：要我去院本部小禮堂參加一個會。那個會是學院人事科與學院家屬居委會共同召開的。會上講了些什麼我都忘記了，不過當時的感受我卻記得十分清楚。原來我以為，沒有學上、也沒有工作，我可以按自己的興趣自由安排時間了。但這次會使我認識到我這個想法的幼稚，使我感到雖然無學可上也無工可做，但卻有一張大網在罩著我。在隨後的一年裡，我每週都必須到街道辦事處參加一兩次「社會青年」的政治學習，要參加街道辦事處經常組織的義務勞動，還要參加居委會組織的各種開會和政治學習。

一年的時間很快過去了。不知不覺，一九六五年中考又到了。我又報名參加了中考、又自我感覺良好。當然，結果又是沒考上。看來我已是走投無路了。這個時候，區裡的上山下鄉動員

學習班的通知又來了。自知無法躲避的我順從地參加了學習班。這次為期半個月的學習班辦在風景優美的嶽麓山下的古嶽麓書院裡。我們全體參加學習班的青年也住在嶽麓書院。我們的一排排地鋪，就開在書院內一間大殿堂裡。

我們每天上午到山頂參加修築嶽麓山環山公路的勞動，下午在書院內學習毛主席著作、學習報紙上刊載的先進知識青年在農村大顯身手的優秀事蹟，以及談自己的體會和打算，晚上則常安排看有教育意義的電影。我們過的是半軍事化生活，集體伙食開得不錯，又不必交費。因為修環山公路的報酬已足以支付伙食。

在半個月的學習班上，街道辦事處的幹部始終與我們一起同吃同住同勞動，並利用各種機會做我們的思想工作。不論在勞動、學習中還是在休息時，他們都反復對我們宣講革命青年應當響應毛主席的號召上山下鄉，走與貧下中農相結合的道路的革命道理。

儘管我以前就受到那麼多的灌輸，儘管我明白已經無路可走，但在最後報名之前，我仍猶豫了很久。雖然上面的宣傳把上山下鄉當「新式農民」描繪得金光燦爛，但城鄉差別的現實仍是我們在日常生活中時時看得見的。當然，已下鄉的知識青年個個都小心謹慎，在家信裡、在回家探親時從不敢亂說。但是私下裡，農村生活的勞累和困苦、「辛苦一年還掙不夠口糧」，「身上連一個小錢也沒有」等仍然悄悄地從他們口中傳了出來。

因此，最後報名之前，我還是有思想鬥爭的。不過我終於還是報了名。而促成我下決心報名，原因也是多種多樣的。這中間起主導作用的當然還是報紙廣播對知識青年上山下鄉的宣傳、鼓動和學校、街道、父母單位的動員。尤其是父母單位的動員，它使我和我父母都感受到相當大的壓力。我朦朦朧朧地感到，如果

我不接受父母單位的動員，不報名上山下鄉，我父母今後在自己的單位裡說不定會遇到政治上的麻煩。

當然，我報名下鄉還有為家庭減輕經濟負擔的想法。最後，我報名上山下鄉也有隨大流的原因，因為我的幾個鄰居和朋友，包括去年一同失學，今年又一同再考高中未果的同學小潘、小陳也說要報名。

對我報名上山下鄉，我父親什麼也沒說，我母親則是十分支持。我母親多次對我講，男子漢就是要出去闖，不要守在家裡。關於出去闖的好處，她還舉了我外祖父和我祖父一正一反兩個例子，說我外祖父年輕時就敢闖，當年他兩手空空漂洋過海去美國，邊當洗衣工邊攻讀學位，結果學成回來做了大學教授，解放前、解放後都受人尊敬。而我祖父呢？雖然與反清革命志士陳天華是同窗好友，並結伴遊學省城京城，也隨陳天華參加過反清革命活動，但卻不敢闖。已計畫好與陳天華他們一道去日本留學，可到了天津以後他卻沒有成行。原因是害怕漂海。結果人家去了日本，成了寫進歷史書中的盡人皆知的反清革命志士，他卻最終只是縮在自家閉塞的小山溝裡，當了一個小小的土地主。他當土地主不打緊，卻把後代也連累了。應當說，我母親的男子漢就是要到外面去闖的思想對我也是有影響的。雖然時代不同了，雖然外祖父當年是去先進的國家美國攻讀學位而我現在卻是去落後的窮鄉做農民種田地，但我決定學他的樣子：到外面去闖。

就這樣，一九六五年九月，已是個身高164釐米的小青年的我義無反顧地奔赴了廣闊天地——桂陽縣樟市人民公社。

據《時代信報》記者范時勇在〈無聲的群落！一群被遺忘的文革前老知青〉中講述：……三年多來，劉定強走訪了三百多位當年的老知青，他是《無聲的群落》一書的主編助理。一九六四

年初中畢業，雖然成績優秀，但卻因為父親的成分問題不能升上高中，於是，懷著「一顆火熱的心」，「黨不要我我要黨」、「聽黨的話、聽毛主席的話」，不到16歲的他就來到萬源縣當知青。

劉定強當時家住兩路口桂花園「紅房子」一棟，這棟房子裡居住的全部是他父親的同事──市參事室的成員。這些人雖然是起義迎接解放軍進城的功臣，但解放前他們全部是國民黨的高級軍政人員。這種歷史上的致命污點，自從一九六二年「千萬不要忘記階級鬥爭」成為基本國策，封建「血統論」披著「階級鬥爭」的合法外衣開始盛行以後，註定會受到牽連。而他們的子女，從小就背負著「原罪」的包袱。

在這種背景下，劉定強和他的同伴們從小被打入社會的另冊。從懂事的那天起，他們頭上的天空就籠罩著一片不祥的烏雲。他們承受了父輩的苦難，一再遭受有形或無形的政治歧視和貶抑，入團、入黨、評三好學生、表揚、當班幹部、升學、就業等，統統與他們無緣。

老知青周邦憲以「嚴寒的日子」形容那一段生活，「幾乎從小時起我便明白，我背負著沉重的原罪，這世界上一切美好的東西都不該屬於我。小學升初中沒有我的份，我只能讀民辦中學；初中升高中更沒有我的份，我只能與那些和我命運相同的夥伴響應毛主席的號召，到廣闊天地裡來。廣闊天地對於我這樣的人其實並不廣闊。幾乎每天，我身邊的生活都在喚醒我的原罪意識。」

一九六四年，劉定強所居住的「紅房子」一棟的應屆初中、高中畢業生，一個也沒有升學，大部被下放到農村！這些在後來的「文化大革命」中被劃為「黑五類」的子女，成為封建血統論的直接犧牲品，他們是最早被大城市驅逐的一群人。

　　這些上山下鄉運動的先驅者——老知青們大都一九四九年前後出生，與共和國同歲，他們的經歷，不可避免地要與共和國的風雨歷程交織在一起，他們的道路是共和國道路一個側面的小小縮影。因此，他們所經歷的那段知青生活，在共和國的歷史中具有不可替代和磨滅的史料價值……

　　重慶市教育局、公安局發佈的一九六四、一九六五年大學、高中生招生文件中這樣寫道：「社會主義教育事業，是無產階級改造舊社會建設新社會的極為重要的工具之一，也是我們和資產階級爭奪後一代的一條極為重要的戰線。中等學校是培養社會主義和共產主義接班人的重要陣地。學校招生，必須堅持貫徹階級路線，對考生進行政治審查，提高新生的政治質量。把好這個關口，是關係到鞏固無產階級專政、把印把子掌握在工人和貧、下中農子女的手中的問題。」

　　被人為地剝奪了受教育和工作的權利，在這些本來品學兼優的青少年心裡引起了極度的惶惑與失落，留在城市當「社青」為他們不齒，就業前景又渺茫而暗淡，而父母的歷史問題所造成的「原罪」又無時無刻壓得他們不能抬頭。強大的政治攻勢不僅在客觀上形成了無形的輿論壓力，而且在主觀上也激起了當年許多老知青烏托邦式的英雄主義夢想，上山下鄉成為這些不更事的青少年惟一體面的出路和一了百了的解脫。

　　於是，從一九六四年開始，全國範圍內成批的、運動性的上山下鄉開始。據後來的資料統計，這些文革前的老知青全國有一百三十多萬人，而重慶到達縣專區的就有一萬四千人之多。應該說，他們是上山下鄉運動的先驅者。他們遭遇的不公與歧視，從根本上揭示了「文革」及其前後的那些做法給中國人造成的悲劇命運……

　　記者李波在〈南充首批知青的激情歲月〉中講到的傅國才經歷再次證明瞭這一上山下鄉的荒謬：……一九六四年初，「三年自然災害」留給人們的陰影，還沒有完全消失。正在原南充五星中學讀高中的傅國才，遇上了人生轉捩點：居民段的人三天兩頭來他家，動員他下鄉。

　　位於什字下街的五星中學，是一所民辦學校。時年19歲的傅國才兩年前初中畢業後，考入該校。受父親影響，傅國才從小喜歡文學，按照他的設想，高中畢業後，再考大學，學文科，今後當個作家。

　　「知識青年上山下鄉」的突如其來，把毫無思想準備的傅國才推到了前沿。按理說，當時他是在校生，不屬於下鄉對象，但不知為何，居民段的人輪番到他家做工作，事實上，他成為了必須下鄉的對象。

　　「如果不下鄉，十八年內不安排工作；家庭出身不好的，不下鄉沒有出路。」最後一次，居民段上一名副主任找到他家後，這樣「開導」他的父親。

　　傅國才的父親叫傅碧波，當時在南充市飲食服務公司當會計。由於有著「歷史反革命分子」的身分，並有過「管制三年」的歷史，自然是膽小怕事。

　　居民段上的人走後，傅國才放學回家。父親把他拉到一邊說：段上人又來過了，不下鄉看來不行。你雖然還在讀書，但也可以提前結束學業，到農村去，同樣會有出息。

　　「當時我有個想法，下鄉後可以體驗生活，為今後從事創作打基礎。」幾十年過去，傅國才這樣回憶起當年下鄉前的想法。然而，下鄉後他的作家夢化為烏有，一待就是八年多時間，這是他始料未及的。

當年「五一」前夕，傅國才辦好退學手續，在老師和同學們依戀不捨的目光下，一步三回頭告別了校園生活。

一九六四年五月二日一大早，傅國才就起了床。父母為他準備的鋪蓋已打成卷，一個臉盆、一個茶缸、一張洗臉帕及一把牙刷，成為他下鄉的全部家當。哥哥不在家，他的三個弟妹隨著爸媽為他送行。

「在南充軍分區禮堂召開的歡送大會上，一些領導作了講話。」傅國才說，有位領導的講話，他的印象最深，那位領導說：你們下鄉後要安心生產，在農村幹上二三年可以招工調回來。領導們的講話，讓台下數百名知青的心情好了許多。

幾十輛大篷車往北幹道方向駛離南充。第一輛車的車頭上，「立下務農志，建設新農村」的大幅標語格外醒目，數百名知青胸戴大紅花，分赴蒼溪、儀隴農村落戶……

重慶知青老柯在他的〈魂殤之二：不管你成績多好，量你也升不到學〉中自述也證明瞭當時有關部門將上山下鄉作為懲罰黑五類子女的大棒：……重慶三九中學初六四級五班有三個出身成份好的同學程溫斌（自稱家裡是推船的）、陳森林、宋同福。三人身強力壯經常暴打體弱的同學，本人體弱且出身不好更是被欺負的對象。三人學習成績出奇的糟糕，特別是程溫斌經常是手上、臉上、書本上到處弄些墨蹟，仍然只能得零分。

初中三年我都是班上的學習委員，程溫斌抄我的作業從自願到強迫，一次我稍示不滿，他踢了我幾腳後，居然跑到講臺上去活靈活現地表演想像中的解放前他們家大雪天提兜兜到我家討飯，被剝削階級的我父親一腳踢出門外的情景，逗得全班男女同學哈哈大笑。淚水在眼眶裡打轉，屈辱的我羞愧得無地自容。事後，程溫斌丟下一句話：「不管你成績多好，量你也升不到學」。

一九六四年八月，程的這句話不幸言中。三十六中六十四級五班五十二名同學幾乎全部考上高中和中專，只有少數幾個和我一樣家庭出身有「問題」學習成績名列前茅的同學落榜了。一向健談的班主任鄧時才老師沉默了，收拾了幾本他自己的書遞給我後一言不發地離去。

一九六四年畢業考試剛結束，銀行工作的母親到龍門浩街道辦事處組織儲蓄，街道辦事處於子力書記交代完儲蓄工作後，拿出一張紙單宣佈：「無產階級教育要為階級鬥爭的政治服務，下面念一下上級通知龍門浩地區本屆應屆畢業生中家庭出身有問題，中考不予錄取的八十人名單」他念完後馬上佈置各部門分任務，包乾負責動員下鄉。為確保把每一個對象迅速動員下去，街道辦事處制定了包乾到人、輪番進屋轟炸、各種手段齊上等工作方法。

南江縣正直區朱公林場知青賀樹全，時年15歲，父母雙亡，家中兄妹三人全靠20歲的兄長在南岸區供電所打臨工為生，其妹年僅9歲，街道辦事處為動員賀下鄉，通知供電所停了賀的兄長的臨時工，兄妹三人斷了生活來源，無奈之中只好下了戶口；南江縣正直區黑潭公社知青賀亞倫全家老小九人，靠其父在南岸區龍門浩小學工作維持生計，街道辦事處採取分批進屋二十四小時輪番轟炸戰術，最後乾脆通知學校停發其父的工資；南江縣正直區黑潭公社知青耿建國家中的米缸子被街道幹部貼上了封條，不准開夥；南江縣正直區黑潭公社知青羅華溪一九六四年僅12歲，小學尚未畢業也被動員下鄉等等。

同時，南江縣知識青年安置辦公室主任孟金邦等來渝在南岸區人委禮堂、上新街電影院、郵電學院等處舉辦報告會，大講青年運動的方向，說南江是紅色的革命根據地，是玉石大街金鋪

路，伸手摸魚，蘋果碰頭，天麻銀耳隨處可拾等。孟大主任七十年代初手握推薦知青上工農兵大學權柄，炙手可熱，終因以此要脅威逼玩弄女知青多名，事情敗露民憤太大受處罰。

媽媽聽到80人名單中有我，在當時的情況下，早已驚恐萬分，生活在逝去父親陰影下的孤兒寡母本來就是暴風驟雨中風雨飄搖的驚弓之鳥，全家人賴以生存的母親如果政治上再出點問題，一家人怎麼生活呀？望著哥哥姐姐的眼光，15歲敏感的我清楚地知道生我養我的故鄉已經沒有了我的安身之地，厚愛我的班主任鄧時才老師和我用了一生的時間來回憶珍愛的校園生活將永遠離我而去。臨行前集中住宿的兩路口公寓裡，睡夢中淚水浸透了枕頭。學校上課的鐘聲條件反射地將我驚醒，我茫然地看著窗外，校園的鐘聲今生已與我無緣，陌生的同伴們，我將和你們一起去那遙遠的地方——南江。

重慶知青蒙啟明在〈南江知青歲月記事〉有著詳細的描述：川東北，大巴山南麓的南江縣，自古苦寒之地。上個世紀一九三三年，忽碌一聲成了川陝革命根據地腹地，「幹人（窮人）鬧翻身，分田、分地、分糧、分房子、吃飽飯」等當年紅四方面軍政治部、紅色蘇維埃書寫的的標語，在大山的崖壁上還隨處可見。「文革」前的一九六四年－一九六五年，1147名15、6歲不諳世事的孩子被送到這裡，分散安排在南江縣五十九個公社辦的農、林、牧場裡。他們大多數是當年執行「教育為無產階級政治服務」政策，重慶市南岸區、北碚區各個中學不能夠升學「黑五類」的「可以教育好」子女，我就是其中之一。缺衣少食，饑寒交迫，大山以它固有的荒蠻和飢餓在社辦場幹部的助虐中，突然向這些遠離父母的城市少年展開了生活最嚴酷的一面。

人最害怕沒有希望，在「階級鬥爭要年年講，月月講，天天

講，一抓就靈」，物質、精神雙重貧困和人基本沒有自由的年代裡，這批孩子從娘胎裡出來就被打入了「另冊」，要求與「非勞動人民家庭出身」或「有問題「的父母劃清界線，到大巴山的貧瘠山區去紮根務農，脫胎換骨。其實他們在城市並沒有受到什麼教育，仍然連當地農民所享有的權利也沒有，不能讀書、不能參軍、不能被招工，甚至投親靠友，拜師學藝也不行，只能在遠離家鄉幾千里的大山裡掙幾分錢一個勞動日的工分。

大巴山的雨季是漫長的。我所到的南江縣黑潭雲頂山，一九六四年九月，連續下了兩個月淅淅瀝瀝的秋雨，社辦場臨時搭建的茅棚裡裡外外都是水，蝸居其中的我們被澆得個透心濕。早上天剛亮，公社駐場幹部就敲響掛在樹上的鐵軌，催命般把我們趕到山上，套著沾滿泥土露出腳趾的破鞋，瘦小的身軀（當時筆者身高不到1.5米，體重不足40公斤）艱難地勞作在泥濘的山地裡。

在公社駐場幹部「一來趁早，二來趁飽，莫要偷懶」的呵斥聲中，那一點少得可憐的午飯要半下午才能送到山上，天黑收工後，還要餓著肚皮，背一百五十斤重的窯柴在泥濘中爬行幾十裡山路回家。當時勞動一天的工分就值八、九分錢，還因為林場管理混亂，年終從來兌不到現。這樣的日子，知青們並不感覺得苦，苦的是為了爭取早日「脫胎換骨」，幹部慫恿知青互相揭發，打小報告掙表現；苦的是領導宣佈要在這「廣闊天地」裡紮根、開花、結果，永遠不要想回家；苦的是這樣的生活似乎永無出頭之日。

大山的冬天總是來得早，雨季剛過，山風夾雪，刀子一樣刮得饑腸轆轆的少年東偏西倒。在家心比天高，出門命比紙薄，眼淚只能在眼眶裡流淌，買不起照明煤油，漫長的冬季夜晚惟一可

以做的就是收緊捆在腰間的草繩，蜷縮起凍得發抖的身軀，竄到農家的火塘邊去烤火。

　　一九六五年南江縣整頓社辦場，縣、區組織的工作組下到各公社。正直區八個公社林場「表現不好」的知青被通知集中到菩船公社辦學習班；鄰近的紅光林場揪出了15歲的「強姦犯」陳春明，宣佈逮捕法辦（此冤案達縣地區公安局一九七八年五月八日才通知否定撤銷）；南江縣安置辦公室殺雞給猴看地向全縣五十九個社辦場發出整頓通告。工作組向農民宣佈：知青是來接受「再教育」的，不好好勞動調皮搗蛋，一煙繩捆到縣上。不少林場的男知青被吊打、被毛整、有的女知青甚至被強姦。

　　文革開始後的混亂日子裡，山裡的叢林原則撕碎了一息尚存的城市文明和孩子們尚未形成的道德底線，曠日持久的飢餓和寂寞終於使他們失去了耐心和是非觀念。當地淳樸的山民也成了他們不分青紅皂白的發洩對象，他們成年累月地在打群架、被批鬥、逞兇、偷雞、摸狗、扒竊和百無聊賴的無奈中拋擲著無價的青春……

第二章
瘋狂激情的紅衛兵
上山下鄉表演

第一節　文革初期紅衛兵勒令的上山下鄉

　　現在一些不瞭解上山下鄉運動起源的人，說到知青，往往很自然就會將知青與紅衛兵聯繫起來相提並論。其實這兩者既有聯繫，又有區別，因為有的知青在學校時根本就與紅衛兵無緣。據鳳凰衛視《騰飛中國》節目〈一九六六紀事之紅衛兵誕生〉中介紹：紅衛兵運動是中國文化大革命初期，重要的代表性事物。一九六五年的形勢，使北京清華附中部分中學生相信，黨內出現了修正主義，教育制度已經變質了。一九六六年五月下旬，學生們展開了對清華附中黨支部的批判，認為黨支部完全落後於文化大革命的形勢，犯了路線性、方向性的錯誤。

　　校黨領導在清華大學黨委的指導下，已經內定了若干人為反動學生，準備開除他們團籍，並向公安部門報案。但是不久呢，傳來了毛澤東五月八日給林彪信中一段涉及教育界的話，學制要縮短，教育要革命，資產階級知識份子統治我們學校的現象，再也不能繼續下去了。

　　受到鼓舞的中學生王銘和張曉賓，寫了一份文件，題目就叫做〈清華大學附屬中學黨支部的資產階級辦學方向應當徹底批判〉。一九六六年五月二十八日晚，激進的學生核心成員在宿舍

樓醞釀統一署名。當時高二的學生，後來成為著名作家的張承志，他在批判《三家村》的時候就和同組的一個同學寫了一份大字報，署名是「紅衛兵」，意為保衛毛主席的「紅色衛兵」。五月二十九日下午，張承志與各班激進的骨幹分子開會，決定成立一個祕密組織，正式通過了以他提議的「紅衛兵」作為組織的統一名稱，五月二十九日就成為紅衛兵的誕生日。

六月一日晚中央人民廣播電臺廣播了北大聶元梓等七人反對校黨委的大字報，紅衛兵骨幹就在六月二日貼出了第一張以「紅衛兵」名義署名的〈誓死保衛無產階級專政，誓死保衛毛澤東思想〉大字報。文中引用毛澤東的話作為開山的大旗：「馬克思主義的道理千條萬緒，歸根到底就是一句話，造反有理」。之後，紅衛兵又陸續貼出了〈革命的造反精神萬歲〉、〈再論革命的造反精神萬歲〉、〈三論革命造反精神萬歲〉等大字報，並且托江青帶給了毛澤東。

毛澤東認為青年學生是推動「文化大革命」全面開展的突擊力量。八月一日，他親自回信給清華大學附中的紅衛兵，認為他們的行動說明「對反動派造反有理」，向他們表示「熱烈的支持」。同時要求他們，「注意爭取團結一切可以團結的人們」。這「最高指示」迅速傳遍了全國。

霎時，紅衛兵組織在全國各地，首先是在城市的大學和中學，如雨後春筍般的湧現，共青團組織就癱瘓了。紅衛兵先在學校停課鬧革命，衝擊學校的黨組織和教師，那麼然後殺到了社會上，開始「破四舊，立四新」，後來又開始衝擊地方的黨政機關……

時間進入了史稱「紅八月」後的第八天，即八月八日，中國共產黨八屆十一中全會召開，會上通過了關於「文化大革命」

的十六條。隨後幾天，北京大街小巷出現了兩個熱潮。一是人們排起長龍隊伍，開始搶購（那時也不能叫「搶購」，而是得說「請」）《毛澤東選集》；另個熱潮就是，全國各地一下子湧現出無數「紅衛兵」來，他們作為毛澤東的特殊客人，陸續雲集到北京。

面對全國四面八方湧來的紅衛兵，毛澤東決定於八月十八日，即史稱「八一八」，在天安門城樓上檢閱各地紅衛兵組織代表。之所以有這個決定，是因為在這一天，天安門廣場上要舉行「慶祝文化大革命大會」活動。所以，「八一八」則是毛澤東第一次接見紅衛兵的日子。當然，一開始，並沒有誰為毛澤東的接見編號。因為沒有任何人知道，毛澤東後面還有沒有接見活動。

是日上午七時半，慶祝大會開始。在《東方紅》樂曲聲中，毛澤東和林彪等人登上天安門城樓。大會由陳伯達主持，林彪在全場暴風雨般掌聲中開始講話。他操著濃重的湖北地方口音說道：「毛主席提出的無產階級文化大革命是共產主義運動中的偉大創舉，是社會主義革命的偉大創舉……」。

當天，毛澤東身穿綠軍裝，走過金水橋，微笑著和紅衛兵握手，人群沸騰起來。紅衛兵們誰也沒想到，毛澤東會一下子出現在他們中間，很多紅衛兵們淚流滿面，他們都以能與偉大領袖握手而感到自豪。

毛澤東在金水橋下握了一圈手，回到金水橋上，他開始凝神，望著眼前的這片「紅海洋」。很快，他把頭上的軍帽摘下來，開始向群眾招手。然後，毛澤東戴上軍帽，轉身再上天安門城樓。

緊接著，1500名推選出來的各地紅衛兵代表開始逐個登天安門城樓，接受領袖檢閱，並與領袖一起檢閱天安門廣場上的紅衛

兵們。期間，毛澤東還接受了一個女學生給他戴上紅衛兵袖章。在此之前，毛澤東曾單獨接見了以北京大學聶元梓為主要學生領袖的40名代表，並和他們合影留念。

慶祝大會一直持續了將近一個上午。但毛澤東顯然毫無倦意。他又在城樓上分批接見了紅衛兵代表，並與他們一一合影。當時，有北大的紅衛兵提出要讓毛主席講話，周恩來對他們說：「你們每人手裡拿的不是《毛主席語錄》嗎？那上邊都是毛主席的話。」

「八一八」之後第二天，《人民日報》頭版頭條刊發一個十分醒目的通欄大標題：「毛主席同百萬群眾共慶文化大革命。」全國各大報均以大量篇幅報導了「八一八」盛況。從此，「紅衛兵」這名詞一下子聲振國內外。

給毛澤東戴「紅衛兵」袖章的北師大附屬女子中學的宋彬彬，系宋任窮的女兒。幾天後在《人民日報》上發表文章，講述了她給毛澤東戴紅袖章的經過。宋彬彬寫道，「那天在天安門城樓上，突然想到應該讓毛主席也參加紅衛兵」。於是，她找到主持大會的工作人員，說想獻給毛主席一個紅袖章。工作人員聽了他的說法，很痛快地把她帶到毛澤東身邊。

毛澤東問她叫什麼名，她說自己叫「宋彬彬」。毛澤東問：「是不是『文質彬彬』的『彬』？」她說是。毛澤東於是說，「要武嘛」。從此，宋彬彬就改名為「宋要武」（文革後，她跑到美國，又把名字改了回去）。之後宋彬彬所在的女子中學也旋即改名為「要武中學」。但令人感到悲傷的是，也正是在這所學校裡，在這個後來改名為「宋要武」的女學生手中，其女校長就在「八一八」的幾天前面，被「宋要武們」活活打死。大概，後來的一些武鬥，也許能從這裡的「要武」二字找到一點源頭。

　　很快，毛澤東穿軍裝戴紅衛兵袖章向群眾揮手的側面大照片風靡全國。毛澤東接見紅衛兵的消息，通過電臺、報紙傳到四面八方。那時候雖然沒有電視，但在城市和許多鄉村都有高音喇叭。影院裡也能看到〈新聞簡報〉。可是，人們驚奇的發現，在中央政治局的7名常委中，一直是主持中央工作的、排列第二位的國家主席劉少奇，一下子排到了第七位。而且在報紙的一幅幅巨幅照片上，根本看不到劉少奇的影子。

　　到這個時候，「紅衛兵」還不是一個專有名詞，還要用引號括起來。直到八月二十九日，《人民日報》在頭版頭條刊登社論「〈向我們的紅衛兵致敬〉」時，裡面有「英雄的紅衛兵萬歲」字樣，提出「把紅衛兵建設成具有高度組織性紀律性的青少年革命隊伍」後，「紅衛兵」的引號才正式被去掉。也至此，這一名詞成為文化大革命中的一個專有名詞，「紅衛兵」組織得到最普遍的承認。

　　紅衛兵的左臂上都戴著紅袖標，紅袖標上印有黑色字跡的「紅衛兵」三個字。後來，一些人覺得用黑色字跡不盡意，改用了黃色。到了打派仗的時候，就有了「黑字兵」「黃字兵」之分。

　　至此，還算不上「紅衛兵運動」，但此後，毛主席又連續的七次在天安門廣場上接見紅衛兵，全國各地的紅衛兵爭相親眼看看偉大領袖毛主席，於是便免費乘坐火車、汽車，蜂擁的擁向天安門廣場。他們受到毛主席的恩寵，不僅坐車不要錢，就連吃飯住宿也都是免費的。按照中央的部署，各地都成立了紅衛兵接待站，走到哪吃到哪。他們響應毛澤東的號召，從首都北京走到祖國的四面八方，點燃文化革命的火種，說是要「接過革命傳家寶，重走萬里長征路」。叫做紅衛兵「大串連」。到了冬天，紅衛兵點燃的革命火種，燃到了城市，燃到了鄉村，燃到了白山黑

水，燃到了天涯海角，幾乎在共和國的每一寸土地上都熊熊燃燒起來。啊！紅衛兵，一個最革命的名字，悲哀的寫進了共和國的歷史檔案。

據報載：毛澤東的接見給了紅衛兵極大的鼓勵。八月十八日毛澤東接見的當天和次日，北京二中紅衛兵印刷、散發了他們的傳單。二十日北京的許多紅衛兵走上街頭，開始強行實施他們破舊立新的要求。

紅衛兵在破四舊運動中除了破除某些舊的文化傳統和習俗，如更改商店、街道、學校等名稱，焚燒「四舊」書籍，禁止某些服裝和頭髮式樣等等，還在短短兩三天之內就發展到大範圍的破壞文物古跡、打人、抄家、驅逐所謂地富反壞右「五類分子」回原籍等暴力行動，造成巨大的社會混亂和血腥的「紅色恐怖」的活動。雖然這些要求看來幼稚荒唐，但經官方的讚揚和默許，就有了不可抗拒的權威性。於是，各地紅衛兵紛紛追隨潮流，競相創新地提出越來越多、越來越苛刻的要求。

他們不僅要求每條街道都要設立語錄板。家家戶戶都要掛主席像和毛主席語錄，把宣傳毛澤東主義，讀毛主席語錄當做首要任務，還越權要求政府停止向資本家支付定息，接收私有房產業主不得不交出的房產。據不完全統計，僅北京市就在文革期間沒收私房五十二萬間，其中私人自住房八萬兩千兩百三十間。上海市十二個區在文革中共沒收一百二十四萬平方米的私房。

紅衛兵還殘酷無情地提出，一律不給地富反壞右分子退休金，取消一切政治與生活待遇，要監督他們勞動。他們還對所謂「五類分子」、「黑幫」、「牛鬼蛇神」、「反動學術權威」以及範圍十分寬泛的政治邊緣人群，進行侮辱和迫害，違法對他們的住所實行搜查，沒收私人財產，俗稱「抄家」。

　　更為野蠻的是在破四舊運動中，北京的紅衛兵首先發佈通令，驅逐所謂他們認定的「六類分子」（地主、富農、反革命、壞分子、右派、資本家）市民離開北京，後來逐步擴大到以及其他一些被認為有嚴重政治歷史問題的人。要求各派出所把所有的「六類分子」嚴重政治歷史問題的人的名單用大字報公佈，走一個銷一個，便於群眾監督、檢查。這些被驅逐的居民，包括他們的子女，均由紅衛兵押送回原籍。其中不少人被剃了光頭、「陰陽頭」，沿路遭受凌辱、毆打，一些人慘死於遣返回鄉途中的毒打和虐待。

　　而許多自認為有政治問題的居民為了躲避紅衛兵的暴虐，也紛紛趕在紅衛兵批鬥抄家之前扶老攜幼逃離北京。據不完全統計，全國各城市至十月三日為止，從城市趕走的所謂「六類分子」和有嚴重政治歷史問題的人員及家屬就達近四十萬。而中央和各地黨政部門原則上卻認可紅衛兵對這些人的抄家和驅逐活動，並且要求基層派出所予以配合。

　　從一九六六年八月下旬到九月底，在短短四十餘天裡。紅衛兵的破四舊運動給中國社會造成了深重的災難，他們普遍使用超法律的強制和暴力手段，從強制剪掉路人的瘦腿褲，到批鬥會上的體罰和拳打腳踢；從強制勞動，到私設勞改所、非刑折磨；從抄家、沒收私人財物，到驅逐出城市，遣送原籍。將所謂的「文化大革命」演變成了吞噬千萬人生命財產的「紅色恐怖」的「武化」革命。

　　更加荒唐的是，當時有些紅衛兵針對當時有些青年，不願接受政府安置到農村去從事農業生產的所謂遊手好閒的現象，公然發出了暴力威脅：勒令他們在七十二小時之內到勞動局報到，上山下鄉不得違令。

知青網中人在〈文革中紅衛兵勒令社會青年上山下鄉〉一文中介紹：近日在查詢有關一九六六年大串聯的資料時，無意之中在「烏有之鄉」看到了若干份文革初期的紅衛兵傳單，其中有涉及紅衛兵與上山下鄉的內容。

其一：一九六六年八月二十四日，北京師大女附中毛澤東主義紅衛兵最後通諜社會青年們，無產階級文化大革命正以雷霆萬鈞之勢迅猛發展，現在我們紅衛兵已經向四舊發起猛攻了，革命已經革到你們頭上了。

過去，在舊市委的縱容下，你們這群白吃人民飯、遊手好閒的寄生蟲們。貪圖安逸、享受，到處為非作歹，擾亂治安，幹盡了壞事，為資本主義復辟大開方便之門，這是我們毛澤東主義紅衛兵絕不能容忍的，我們既然要造反，就由不得你們了，我們就是要把火藥味搞得濃濃的，爆破筒、手榴彈一齊向你們投過去，把你們的舊思想、舊習慣打個落花流水，打個稀巴爛，絕不留情。

老子革命兒好漢，老子反動兒混蛋，就是基本如此，你們的老子今天被人民專政了，跟他們一樣作威作福當老爺是辦不到了！要革命的站過來，不革命的滾蛋，反革命的就叫你徹底完蛋。

現在你們唯一的出路就是上山下鄉，到廣大的工農兵中去，徹底改造，徹底脫胎換骨，重新作人。否則，下一步棋怎麼走，就由不得你們了。最後，勒令你們在七十二小時之內到勞動局報到，上山下鄉不得違令。

如果你們不革命，我們就堅決革你們的命！把你們堅決、徹底、乾淨消滅掉！不獲全勝，絕不收兵！

其二：一九六六年八月下旬，毛澤東主義學校（原二十六中）紅衛兵（衛旗）發出〈破舊立新一百例〉。其中有這樣兩條：

　　遊手好閒的社會青年們：命令你們馬上到辦事處去登記，到邊疆去參加勞動生產！

　　今後凡不服從國家分配者，派出所一律不許給在市內找工作，讓他們去邊疆。

　　雖然時過境遷已經四十多年，上面那些玩意兒在腦海深處還是留存著些許記憶的，尤其是〈破舊立新一百例〉，當年一度炙手可熱、洛陽紙貴，它由北京流傳到上海以後被廣為翻印散發，我所在的中學位於淮海路鬧市，陸續收到過不少輾轉翻印的版本，我們幾個同學還集中起來進行比較，甚至天真幼稚地以為紅衛兵的通牒就要發展成為新的行為規範了。如今看看四十多年前的紅衛兵「檄文」，上述涉及「社會青年」甚至與上山下鄉聯繫在一起的內容，就產生了一種特別的感受。

　　喚醒沉睡的記憶，印象頗深的是，雖然自己從小學就開始接受了「到農村去，到邊疆去，到祖國最需要的地方去」的革命傳統教育，但社會上對「社會青年」的態度可以說是相當冷淡甚或是鄙視的，當時未能考取高中、大學而留在家裡的，都被稱為「社會青年」，就連里弄裡的頑皮孩童也常常成群結夥高唱「兒歌童謠」來羞辱他們，足以見得「社會青年」在眾人心目中低人一等。隨著我們逐步懂事，慢慢知道了那些「社會青年」的來歷與背景。雖然文革前我在《青年報》等報刊上看到過在新疆的大城市「支邊知識青年」受到敬愛的領導人接見的感人報導，但留下的印象是，那些「社會青年」多是敢於與「反動家庭」決裂的榜樣，所以宣傳的目的就是「出身不由己、前途可選擇」。

　　換言之，「社會青年」多是「四類分子子女」（文革前還沒有把右派與地主、富農、反革命、壞分子一起併入「政治賤民」）。當然，鄰居之間流傳的「社會青年」到新疆後的遭遇，

是不敢公開傳播的，只能竊竊私語，並充滿可憐、悲歡。正因為當時沒有強制性地上山下鄉，許多「社會青年」因有「反動老子」的家庭背景而無法上學，留在城裡走就業之路又「高不成低不就」，所以，到文革爆發後就理所當然地被認為是在「修正主義」的「舊市委縱容下」成為「遊手好閒的寄生蟲」，以至於他們的「唯一出路」就是上山下鄉。於是，就有了「命令你們」、「勒令你們」這樣的口吻，把「社會青年」當成了「准階級敵人」，那份「最後通牒」更是明火執仗，對「社會青年」聲稱文革「已經革到你們頭上了」。總而言之，上述文革初期紅衛兵傳單的內容是真實地折射出當時的階級路線階級政策以及相應的社會心理。

到了一九六六年國慶日以後，「造反運動」風起雲湧，其中就有各種「支邊、下鄉人員」返城造反，還成立了全市性甚至號稱全國性的造反組織，具體訴求就是要求回城。然而，一九六七年「一月革命」的時候，上述造反活動被列為「反革命經濟主義」，相關的造反組織也被取締。繼而出現了幾次中央首長指示與講話及人民日報社論，為上山下鄉的「社會青年」「支邊、下鄉人員」評功叫好，粉碎了「反革命經濟主義妖風」。回味上述歷史資料，感慨不已。且不說自古以來就有流放發配的懲戒刑律，五十年代以來仍然有把「壞人」「罪犯」「犯錯誤的人」押解到外地、邊疆、農村去改造的做法，就連偏僻山區的農民都認為下放到村裡來的城裡人沒有好人（見我的日記選〈另類解讀1222指示的一位「農村同志」〉）。而人類的本性「人往高處走」決定了不可能由衷地支持人口從城市到農村的逆向流動。因此，五十年代以來由於城市就業困難而推出的上山下鄉政策，就在實際執行中出現向「社會青年」傾斜的現象與後果。

如今在研究「上山下鄉史」的過程中，不少人力主把文革前後聯繫起來，而不要局限於文革時期（老三屆、知青等）。這樣的想法是有道理的，文革時期採用了強制性的政治運動方式，這與文革以前的上山下鄉是有明顯區別的。但是，二者也不能割裂開來。那麼，二者是什麼關係？上述文革初期出現的「紅衛兵討伐社會青年、勒令上山下鄉」的「檄文」，也許可以作為一個切入點。

知青無名草對當時紅衛兵們這種恐怖叫囂的勒令深有體會：……因為家庭成分問題，文革開始不久即被抄家，父母被轟回原籍。當時弟弟妹妹還小，跟著父母一起回鄉。我們學校的某些極左派知道我家的情況後，給我下了驅逐令：要我必須和父母一起回原籍。當時的形勢，誰敢違抗？我們班一個紅衛兵的小頭目楞是用槍將我們押送回老家。我的老家在天津市郊區，我們走後，家裡的六間私房被人家擠佔了四間，還有一間是鄰居居住，只剩下一間小南屋。因為當時大哥二哥和姐姐留在北京，他們已經工作了……

對於紅衛兵的勒令，湖南知青許佑錚在〈我和我們這一群知青的蹉跎歲月〉有更詳細的回憶：……一九六二年，我們於漣水河畔的湘鄉二中結束了高中學業。因為三年「苦日子」，經濟蕭條，招生指標宛如光頭粉上撒了點肉沫，點綴一下。我們四、五、六班每個班錄取了五位同學，他們成了時代的幸運兒。

我曾記得，班主任王寄北老師在課堂上告訴我們：有志者事竟成！我一直深信著這句格言。所以我一直窮追不捨地苦戀著音樂。儘管音樂專業招生一直處於冬眠狀態，但我渴望著經濟的復甦，我隨時準備著迎接春天的到來。

一九六三年，我曾在母校辦公樓四樓自修著「基本樂理」。

實踐著「作曲法」那些基本技巧。我的另一個執著的同學傅真欣每日在四樓打著赤膊認真地畫著素描。謝欣老師每日也在四樓進行著壹萬張畫運動。「業精於勤」對年輕的我，啟發很大。

一晃就是幾年過去了。我在九中代過課、在房產公司工地做過副工、擔過鐵路土方、為省機電四處搞過電杆裝運。我還天真地拿著「畢業證書」去工廠打聽「是否要招工？」，我多麼嚮往吐著嫋嫋青煙的工廠，它對於青春的我，多麼具有童話般的魔力啊！

我還參加了縣歌曲創作小組，和教師們一起排練歌舞，週日在「大禮堂」演出。我參加更多是居委會回鄉社會青年文藝活動。每日謀劃著排練節目，指揮著大合唱，為居委會、城關鎮獲得了不少一等獎。我創作的歌曲「集體好」後來搬上了邵陽地區調演舞臺，獲得了熱烈的掌聲。青年時代的我，作品第一次走出縣門，獲得了令人羨慕的一等獎。

一九六四年，湖南師院藝術系沒有任何招生的訊息，倒是江西師院藝術系恢復了招生，但只對本省。我們如久旱遇甘霖，我和傅子、楚毫、陽生、國堯不請自去，院方被動接受了報考。當時，傅子、楚毫其作品常見於報端，我的歌曲作品也上了地區舞臺，連我的圖畫作品也很不賴。院方對我的專科很滿意，所以，老師找我進行了談話。後來，急速趕去武漢，報考了中國音樂學院。一場當堂作曲又使我參加了六十餘人中的七人復試，我飽含著期望在等待。不久，通知來了，江西我們均落選。南昌姑媽為我打聽，政審不合格成了一個重要因數。我接中國音樂學院的復試通知時還蠻激動，結果卻是名落孫山。武漢考區僅錄取1名，緊縮仍在發揮著作用。

一九六五年，我參加了湖南省韶山灌區湘鄉指揮部文藝宣傳

隊。我創作的組歌「歌唱韶山灌區」在湘潭參加了省指揮部的匯演。其中「一道喜訊傳下來」獲得好評並刊載。「鑼鼓喧天來慶功」成了縣「輕騎隊」的保留節目。在宣傳隊的日子裡，我發現姜科長等領導們非常注意報紙中北京中央領導的狀況及社論，這正是文革起風的初始階段。我們在忙著到工地慰問演出。對政治毫無一點敏感。後來灌區通水了，我們這個宣傳隊的使命也便完成。這大半年的相聚，如今離解散又快半個世紀了，成了我青春年華中文藝實踐最美好的回憶。

我率領的居委會排練隊，人數在悄悄地一天一天減少，他（她）們已分配奔赴新的工作崗位。我們幾位成了無娘的棄兒。甚至因為成份不好，排成的節目也不讓其跟隨伴奏，真讓人匪夷所思。我開始嘗到苦悶、彷徨的滋味，前途何在？路在何方？

我父親解放前後都是在北正街小學任校長。祖父在世時在天泰糖行幫工，當先生。省吃儉用，有了一些節餘時卻英年早逝。這一些節餘便放在伯祖父店裡作為小股份衍生出供養父輩的費用。祖父輩民國十一年分家。其後，伯祖父又是未成年父輩的監護人。伯祖父有三個兒子，我父對伯祖父家的財產無任何繼承權。一九五〇年，我父病故，最後連小股份也不知去向？難道是伯祖父家的工商地主成份張冠李戴在我家頭上？我將疑點向領導作了反映，但我的苦衷被漠然處之。我又對毛澤東「論階級成份」中文末闡明三年後將改變成份的諾言充滿著希望，但現實是紙上談兵，幾十年卻是無限延伸。我只有無語了。

一九六六年到來了，我只盼望有高校可考。終於收到了湖北藝術學院的招生簡章。興許湖南也可能招生。我心裡燃起了一炬希望之火。但北京的文革在不斷發酵，我壓根兒不曾料到會發展到「停課鬧革命」這一步。學校的紅衛兵在向老師發動著無情

的攻擊。大字報刷滿了學校，老師被揪得所剩無幾。大字報貼上大街，打倒「劉鄧陶」的標語駭人聽聞。領導們頓時成了無頭蒼蠅，無序亂撞。正常人說混話：「×××有問題我用腦袋擔保。」女神經聲音嘶啞，白沫飛濺湊熱鬧：「造反有理，你算老幾？」男神經似在講「真話」，幽默地在別人的大字報上寫上「放屁」後，還正兒八經簽上「反修一兵」。工廠停了，機關癱了。學生們高高坐在課桌上慶祝勝利……由於學校正常秩序不能為繼，宣佈停課鬧革命便順理成章了。這樣，我盼星星、盼月亮，盼了好幾年的「招生」戛然而止。同學王道求、楚毫幫我聯繫的文工團和柘溪總隊也因混亂而泡湯。我一生夢寐以求的理想和前途正式走進了死胡同。

從此，文革肆虐。今日，成串的高帽隊畫著「醜」臉敲鑼而過，有點荒唐可笑。昨日，夜幕下的七一廣場正在鬥爭著一位從山西揪回的「地主」老太，她是湘鄉名校二中前身一女校的校長胡仲敬，我推算她應該有六十多了，低頭站在用方桌拼成的批鬥臺上，身材矮小，孤立無援，我現在都覺得有點毛骨悚然。當時，廟宇菩薩被砸，店門招牌被毀。我家被抄二次，無法無天抄去衣物。我中學時代的多本日記在火光中化作煙雲，當時，我只有無可奈何的歎息！

滾滾滾！勒令上山下鄉的通知貼在門上，半夜大門被踢得嘭嘭作響。我不知所措，心在狂跳！杜甫「石豪吏」詩中：老翁逾牆走，老婦出門看……千餘年前出現過的黑夜驚魂一幕又在重演。分配工作我們無份，作零工的線被捏斷，有的甚至糧食供應也被停掉。每日，有車輪般的「動員」給我們留下了一條上山下鄉之路。我沒有辦法，我極其悲涼，我彷彿看到一條迷茫的小路展現在我眼前。也許，這就是我今生的唯一歸宿了。

　　一九六六年十一月十九日是我們上山下鄉的日子，一個改變一群人人生軌跡的日子。我們像被龍捲風猛然吸去，暈糊糊地降落在鄉下。那一天，在北門口，我們帶著大紅花整隊出發，走向離城十餘裡，等待開墾的湘鄉茶場。我很無奈，更笑不出來。母親50多歲了，一人孤獨在家，為姨媽帶小孩獲得生計。作為獨子的我，無能為力，像被狂風掃蕩的落葉，無處可攀附。

　　好在路程並不遠，只走了一個來小時。這次，縣茶場一共接收了六十四個男女知識青年。安排在雷家塘、羅漢沖、安丘、戴家灣。即一、二、三、四生產隊，我分在安丘（三隊）。我們全組共十四人，八女六男，最大24歲，最小16歲。文化程度高小至高中。其中二男二女來自小演員訓練班，他們家庭成份不好，為不至沾汙社會主義文藝舞臺純潔形象，被終止分配劇團，改發配到茶場。更巧的是本組只有一位「根正苗紅」的知青，也許是來鍛鍊鍍金的。其餘的便只能享受「可教子女」的「美」稱了……

第二節　文革初期首位插隊落戶的紅衛兵

　　按現在網上流行的資料所說，「文革」中最早要求下鄉的紅衛兵，從有文字可咨查證來說，要數北京長辛店鐵路中學17歲的高二學生的蔡立堅。這個被譽為紅衛兵上山下鄉的第一人的女知青也經歷了坎坷和曲折。在長江文藝出版社出版的《紅牌坊》中〈蔡立堅：「文革」中上山下鄉的先驅者〉的文章中，本人摘錄了以下文字：

　　沒有路的路。她從來就沒想過出名。思維和名字都極為樸素，她叫蔡玉琴。她是老師非常喜歡的那種很自立的好學生。甘心情願為班集體掃地、打開水、生爐子；一次能輔導幾個甚至十

幾個後進生；體育成績也很出色，高低杠、跳山羊、跳高、跳遠、跳跳箱等等無所不能。這不是因為她多麼超常，就是出自於刻苦和堅韌。初中畢業時，她就曾經赤誠地交過上山下鄉的申請書，但學校沒有批准：品學兼優的學生理當升學呀！升入高中，她擔任班團支部書記。

「文革」了，玉琴卻無論如何跟不上形勢，於是給自己改名為立場堅定的「立堅」。看著全國的紅衛兵不花錢坐火車進行革命串聯，給國家造成的經濟負擔太重，她覺得應該學習毛澤東主席青年時代徒步考察湖南農民運動的樣子步行串聯，於是和同學們組成了「二七鐵軍紅衛兵長征隊」。

在天寒地凍中吃窩頭就鹹菜，晚上就打開背包睡地鋪，大沙河、滹沱河、娘子關，他們一直堅定地進了太行山區，還專程參觀了全國農業戰線的一面紅旗——山西省昔陽縣的大寨大隊。這天他們急行軍到傍黑才住腳步，可那裡的紅衛兵接待站沒有下鍋的糧食，只能再繼續前進十七里地，走著走著終於迷路了……面對怪吼的山風，扎手的荊棘葛針，陡峭的山路，立堅握著一柄小匕首，一邊開路一邊大聲唱著〈紅軍不怕遠征難〉的歌兒壯膽……誰能想到，就在那遙遠山坳裡的人們聽見有女娃吼歌的聲音，早早地就舉上馬燈、帶上狗，找到了她們！

這個小村就是山西省榆次縣最邊遠的杜家山，總共五戶十七口人，最年輕強壯的男勞力都已經四十七歲了！北京娃們在此小憩一夜便上路了，可蔡立堅卻總覺得應該回去……

在荒涼的劉胡蘭烈士墓前，她淚如泉湧：這是一個只有15歲的小姑娘，一個比自己更年輕、更稚嫩的生命啊！她敬仰她理解她，她當機立斷——要勇敢直面升學無路、就業無門的現實，返回去建設杜家山！這件事發生在一九六六年十二月二十九日。

揚名。群山環繞的杜家山糧食單產不足百斤，人們住的是小窯洞，吃糧靠人推碾子加工，常年伙食就是小米、窩窩和山藥蛋，為了買鹽打醋、打醬油要跑幾十裡山路……她學著婆姨的樣子燒柴灶熬小米粥、蒸山藥蛋，照著男人的樣子打柴擔柴，和男勞力一起到漫坡下破冰擔水，到草窯裡切草，在陽坡子上除塄。她還存心計算了一下，為挑一擔水，前前後後需要花掉二十來分鐘！

這期間，她曾經給家裡寫信要戶口，家裡沒有回信，公社書記鄭重地告訴她，如果想來就得遷戶口，她只得返回北京。這時已是一九六七年初春。這年的《人民日報》、《紅旗》雜誌元旦社論中傳達了毛主席和黨中央的號令：「要大力提倡革命師生、革命知識份子，有計畫地到工廠去，到農村去，實行和廣大工農群眾相結合。」社論還指出，願不願意與工農相結合，是忠不忠於毛主席、忠不忠於黨的事業的大問題……

回到學校，她已經對同學們之間大搞階級鬥爭格格不入，寫了〈到農村去〉的大字報根本沒人看。她曾經多次去北京市上山下鄉知識青年安置辦公室，可是「安辦」很長時間沒有辦公。一九六七年十月，10名北京初高中學生主動前往內蒙古錫林郭勒盟牧區插隊落戶的消息大大鼓舞了她，一直到一九六八年三月十八日，北京市革命委員會知青辦等有關部門才批准了她的申請。從接到批准通知到啟程，她僅僅用了三天的時間。

這一年她剛滿19歲。她也是「文革」期間自願到山西插隊落戶的第一人！到了山裡種穀時節，從她的母校北京長辛店中學又來了四個知青年。一九六八年七月四日是鋤草，大夥兒歇息時在地頭兒打開了半導體收音機，忽然聽到了中央人民廣播電臺在播發《人民日報》發表通訊〈杜家山上的新社員——記北京知識青

年蔡立堅到農村落戶〉的消息，大吃一驚：大家剛剛上山，剛剛
適應，他們根本就不想、本來也不應該出名呀！

愛情。隨著杜家山的揚名，頓時間不僅飛來無數熱情洋溢的
信件，也吸引了不少身體力行的年輕人。他們首先恢復了那時候
全國已經荒廢了的共青團組織建設，像農村青年一樣組織了民兵
連，早晨知青們主動為各農戶擔水，他們白天下地勞動，晚上學
習農業科技書籍。他們的業餘文化生活也很紅火，不僅能自編自
演節目，還能自製幻燈片，翻山越嶺為周邊的鄉親們演出。

此外每天有大批在校學生的來信，最多時一天的信件將近
一麻袋！信件大都是寫給蔡本人的，其中不乏表達愛慕之情的。
蔡立堅心懷坦蕩，誠邀大家幫著拆信、看信。這一天，在知青住
的乾打壘封門玻璃上突然貼出了一份血書：「鮮血滴在一起，紅
心連在一起，永遠忠於人民，永遠忠於毛主席。」立堅頓時呆住
了：有人翻她的東西！

這血書是她學習大寨的決心書，也是定情物。無疑，年輕人
誤拆了對方給她的信，於是給她的情書公開了，他倆當初寫的血
書也被激憤中的年輕人給翻了出來——那是在一個農業學大寨的
現場會結識的解放軍抗洪搶險一等功臣謝臣班班長小杜寫來的，
倆人同是特邀代表，小杜表示復員後即來建設杜家山，為了表示
決心，兩人用咬破手指流在一起的鮮血寫了一式兩份血書各自
珍藏。

「私自談戀愛，分明不是真心紮根山區！」個性十足的知
青頓時就亂了營。哪個姑娘情願抖出心靈深處最珍貴的祕密？她
行！為了杜家山的明天，她情願把什麼都割捨下，儘管偷偷跑到
山後放聲大哭了好幾回，還是果斷地召開了知青生活會。以後在
幾次全國會議上，她都遠遠地永遠地避開了小杜……

小日子。「小杜事件」使她清楚了必須把情感交給杜家山的更深層意義。於是把自己的感情勇敢地交給了與放棄大學生待遇、背著饅頭鹹菜趕來建設杜家山、能幹勇敢、坦蕩又極具親和力的民兵連長王和平。他們的婚禮十分簡單：向毛主席像鞠躬，唱革命歌曲，新娘新郎表決心，向新人贈送鐮刀、扁擔和籮頭，大家在一起還十分鋪張地吃了一頓拉麵。婚後沒多久，立堅、和平又各自搬回大宿舍隨知青們吃大灶、睡大炕，帶領大家大幹苦幹了。

為了不要孩子，立堅夫婦搞了個「約法三章」，不料，一個小生命還是悄悄光臨了。蔡立堅妊娠反應非常大，可依舊身體力行做帶頭人，懷孕八個月時還扛著八十斤重的化肥和老農們一起爬坡下溝給莊稼追肥呢！

產後第三天，和平送妻子女兒回婆家，自己則很快回山繼續改天換地。立堅同樣惦記山上，在產後的第三四天，不顧婆婆的勸阻回山了。那天公共汽車剛開到三裡坡就爬上不去了，只能步行，她身體太虛實在堅持不下來了，就把包袱藏在草叢中，抱著孩子繼續爬山⋯⋯

回到村裡，大娘們心疼她和知青們一起吃大灶，硬是把她接回家裡。她不願意麻煩別人，很快就搬回了自己的家——推開自家小屋的門一看，炕上、牆上居然長出了一片片嫩嫩的小苗苗⋯⋯在生下女兒的第五十六天她就下地擔穀子、收玉米，每次都要熬到歇晌才回去換尿布、趕蒼蠅，然後才能餵奶。晚上，或研究生產，或政治學習、開會，或夜戰，沒辦法，孩子過了百天就給她斷奶送到奶奶家寄養了⋯⋯

一九七一年六月，國務院發出〈關於大專院校放暑假和招生工作的通知〉，大學要開始招生了！選拔知青上大學成了全國熱

門話題，無疑，在一九六九年到天安門觀禮的十位知識青年代表是優先的受益者，可蔡立堅就像當年斬斷和小杜的愛情一樣，果斷地謝絕了這個機會。

她有自己的困惑。當年很多見過她的人，都忘不了她那始終紮著一根舊繩子編結的腰帶的特殊裝束。這腰帶是生產隊長二大爺的遺物，她要隨時警示自己。可萬萬沒想到肩上的擔子沉重得有些荒唐和愚昧：從「大概工」到「窮過渡」再到「割資本主義尾巴」的三級跳，曾經弄得她痛苦之極，她曾多少次悄悄向和平傾訴。可敢作敢當的王和平是山上知青中第一個提出按勞取酬的……更為難的是農民們在學大寨搞「人造小平原」問題上，和他們的嚴重對立；還有知青們越苦幹越貧窮的馬太效應……

既是生產隊的當家人，又是居家過日子的家庭主婦，更是山區建設的志願者，蔡立堅比其他同齡城市青年更早嘗到了做農民的艱辛，可是無論如何她不能承受大家越幹越受窮的這種「馬太效應」。問題到底出在哪裡了呢？困惑之中，她沒有任何高招兒，只有一次次地暗暗警告自己：蔡立堅啊蔡立堅，一定要立場堅定顧全大局！

「瞧啊，又出去吹牛了！」有知青說，她無言以對，紮著老隊長留下的布腰帶，揣著陳永貴大叔簽名的《毛主席語錄》，或者又得下山做報告，或者又得到縣裡、地區、省裡去開那冗長、拖遝、沉悶的務虛會了。多少次都是默默流著淚隨著山外來人下山的，那是政治任務，她有苦說不出！

由於失去了剛上山的率真、坦蕩和勇敢，還奉上級之命沒收了農民的自留地、平了小塊兒地，鄉親們也和她疏遠了。

杜家山是全國上山下鄉典型，大家艱苦奮鬥已經到極限了，她不甘心！每次回山，她總是放下背包就幹活兒，幹得比小夥子

們還玩兒命。可是汗水和淚水都沖不掉她的負疚感，久而久之，她對自己只是一味苦幹的作法也產生了懷疑。她真誠地期待著一位合適人選的到來。

　　責難——她來了。那個在上海工廠培訓時，曾經給「四人幫」爪牙馬天水寫血書「不當工人當農民，不拿工資拿工分」的北京退職年輕女工紅姑娘。

　　每次山外來人，她搶先做自我介紹，記者採訪，她擠上去搶鏡頭。上山才一個多月，她就把蔡立堅搞封山育林作為反大寨的罪狀直接上告了國務院知青辦；沒多久，她又亮出了把村子所在的陽坡推平「造平原」的大幹方案。她在回北京接知識青年時公開揚言，就是要用新人的正氣壓倒老知青們的「邪氣」。

　　紅姑娘直接投書地、省、國務院三級知青辦告蔡立堅的「反大寨」和「右傾保守」，弄得全體知青很是反感。人們正打算看此女士將如何改變杜家山時，她突然得急性肝炎回京養病。病癒，縣裡幹部將她弄到知青辦幫忙，每月有30元固定收入，而此時杜家山知青的年分紅僅4、50元！她後來也回過杜家山，是提著大籃子到雞場為自己低價收購雞蛋去的。一個苦幹實幹，一個坐享其成，大家從此便更加敬重腳踏實地的蔡立堅了。

　　「四人幫」垮臺後，這個紅姑娘一面求人燒掉自己檔案中寫給馬天水的血書，一面窮追不捨地狠批蔡立堅，不久趁工作之便病退回京。

　　——「看，怎麼樣，我給你們又帶了個頭兒吧！」這便是那亂世「英雄」理直氣壯又「殺」回城時留給知青們的贈言。

　　淚水聽著「四人幫」垮臺的消息，蔡立堅流著激動的眼淚——十年了，從一九六六年的混亂時期，她就在苦苦地期盼著國泰民安的這一天！為了全力以赴迎接杜家山的新春天，她與和

平相約北京，打算在父母身邊平平和和地度過第二個產假……

　　一九七七年初春，在全國廣大知青重新面臨抉擇生活道路之際，蔡立堅抱著產後四十二天的兒子踏上了西行列車。車廂裡很擠沒有座位，她只得抱著兒子站著。眼下，縣裡催她急速返回儘快地「說清楚」，不允許她休滿產假！

　　與全國大好形勢相反，那時山西依舊進行著人為的激烈派系鬥爭，即「學大寨」和「反大寨」兩派。所謂「反大寨」派，實際上從來就不反對學習大寨的艱苦奮鬥精神，只是對盲目效仿大寨一切的做法有疑義，有人直接把這頂政治黑帽子扣在了全國著名勞動模範、抗日戰爭年代就成為勞動英雄的老前輩李順達頭上。仰慕陳永貴大叔的蔡立堅，自然也同樣仰慕李順達大叔，由於杜家山始終沒有擺脫貧窮的陰影，蔡立堅一直愧與陳大叔、李大叔交往。只因為贊許順達老人「山區有山區的特點」、「山區學大寨，重在學精神」的說法，頓然就成了「四人幫」在知青戰線上的「黑幹將」、晉中地區「小四人幫」成員之一、「反黨、反社會主義、反大寨」的三反分子。她的省、地、縣乃至大隊的所有職務一擼到底，「問題」一查就是三年！

　　「回來吧，立堅，你是咱杜家山人！」大家熱情地迎接著她。農戶們特地送來了肉、雞蛋；巧蓮嫂每天甘願為她擀湯麵；夜裡，二大娘邊陪她掉淚，邊勸她別哭壞身子。隊幹部專門請人幫著蔡立堅看護幼兒，並給這位看護老人記工！山外有人曾上山鼓動知青們批蔡，年輕人群起而攻之，就連那洋洋萬言批蔡文章也被山上的老牛當草嚼了咽了！多少年後提起幫她度過難關的杜家山，蔡立堅依舊淚水漣漣……

　　下山　即將進入二十世紀八〇年代時，上山下鄉已經淡出了人們視野，大家也漸漸地忘記了那個「杜家山上的新社員」。可

是，當時負責知識青年問題的國務院副總理李先念同志就沒有忘記，老人家曾經親自關心過她的事情：在蔡立堅被「掛」起來的第三年，國務院知識青年安置辦公室的兩位處長親自上了杜家山。

處長們來到山上時，蓬頭垢面的蔡立堅正像山裡的農戶婆娘一樣趁著勞作的間歇在地邊兒收拾柴草。眼見著「新社員」年華未暮，容貌先秋，他們心裡很是沉重。他們還看到了蔡立堅慘不忍睹的家：幾床單薄破舊的被子，一個用石板子支成的桌子，牆上存留著大片大片潮濕的水印子……鄉親們還告訴處長們：她蔡立堅就這麼十幾年如一日地如此苦幹，可是還欠著一屁股的債務，她就是山區「重糧食、輕林牧」錯誤決策的最直接受害者啊！

面對中央政府派來的幹部，滿臉是淚的蔡立堅沒有談自己，她談的是知青們：儘管一直艱難，可是杜家山團支部、民兵連的紅旗沒有倒，知青們幾乎承擔了山上的全部生產任務，他們使這裡的可耕作土地面積擴大了好幾倍，糧食產量翻幾番，大家還為村裡修了路，引了水，蓋了房，旋了窯，種了樹……最終還是一貧如洗，可大家誰也沒有因為自己的坎坷而要求任何照顧……

在座談會上，兩位處長要求蔡立堅必須服從組織安排，下山當國家幹部。立堅不肯，滿懷深情地講起了一段舊話：一九六九年作為上山下鄉知青代表參加國慶觀禮時，周總理曾叮囑過她「要在農村幹一輩子」，她向總理做了保證。她對北京來人承諾，無論周圍的環境發生怎樣的變化，自己絕不食言！

「……可是，小蔡呀，如果周總理能夠活到現在，根據國家形勢的發展和變化，他老人家也絕不會讓你再留下去了。」兩位處長非常動感情，他們是這樣解釋的。

「如果……也……」，這個關聯詞如此解釋下去，立堅還能再說什麼呢？

這年，蔡立堅懷著極端複雜和沉重的心情下山了。村裡為她開了歡送會，立堅含著眼淚檢查了自己工作中的欠缺處，請求大家原諒。她，實在實在是說不下去了……老實巴交的莊戶人全都撲簌簌地落淚了：「妮呀，道啥歉？這麼多年，就是塊冰石頭也早就應該焐熱了，況且你帶著知青們給山裡造下了那麼多的福……」

義舉　剛下山時，蔡立堅是月薪25元的「補貼幹部」，她還是主動要求長期在鄉村蹲點。以後擔任過公社黨委副書記、共青團晉中地委副書記，一九八二年在中共山西省委黨校中青年幹部訓練班學習深造，畢業時憑著扎實的出色學業留校擔任學員的輔導老師。她歷任學員班副班主任、班主任，是學校為數不多的處級女幹部。她尊重學員的獨立人格、善於發揮學員的聰明才智和潛在能力、以人為本的工作方法，受到了師生們的贊許和認同。

一九九七年五月二十四日下午，蔡立堅帶著學員們外出考察旅途中，包租的客車剎車在山路上突然失靈，司機見狀跳車逃命，作為班主任的她堵著忽閃著的車門，一邊安撫大家一邊想應急對策。誰能料到就在一剎那間，急速行進的無人駕駛汽車突然無情地甩下了蔡立堅，之後不久便自己慢慢地停下了……同學們安然無恙，可是敬愛的蔡老師卻經搶救無效，永遠地離開了人間！

在蔡立堅的彌留之際，她想的還是大家。她最後的話是：「快救同學們，……我……不行了，對不起……同學們……」

是的，蔡立堅的迷茫和懊悔是有道理的，她的當初上山下鄉的瘋狂行為不僅沒有改變杜家山的貧困面貌，反而加速了這個小

山村的消亡。據山西晚報網劉斌在〈尋訪榆次杜家山：「中國第一知青村」〉中講述：二〇〇九年六月的一天，晉中市榆次區文物旅遊局副局長閻震接到上級電話，要杜家山村的資料。對屬地的文保單位，他瞭若指掌，但杜家山村這個名字還是讓他思考了半天。

這是個既陌生又熟悉的地名，熟悉的是，他想起小時候聽到的知青故事，瞭解「杜家山村」是北京知青蔡立堅上山下鄉的地點，是全國知青運動的開端。陌生的是，「文革」後，這個地方一直沒什麼動靜，聽說也沒人住了，具體在哪，村裡還有什麼，他拿不准。

近現代重大事件的見證地和遺址是全國第三次文物普查的一項重點內容，閻震經過精心準備，八月，他帶上幾名工作人員，準備上山尋找「杜家山村」。如果不是全國第三次文物普查，晉中市榆次區杜家山村這個在地圖上找不到位點的一個方圓不到一萬平方米的小自然村，可能就湮滅在深山中了，人們只能在書本中瞭解這個曾經的「中國第一知青村」的往昔。

二〇〇九年八月，記者跟隨全國第三次文物普查小組，尋找這個已經消失在人們視線中十多年的村莊。文物局的大部分工作人員是上世紀六〇年代出生的人，杜家山村名震神州時，他們還小，大家都說不出路線。榆次區文物旅遊局有一個司機是西河村人，根據地圖看，離杜家山村不遠，但他並不知道杜家山村的具體位置。好在，總算有了點線索，閻震帶著這個西河村的「嚮導」和幾個工作人員上路了。根據方位，杜家山村離縣城最多四十五公里。閻震本以為可以很快找到這個小村子，但上路後發現，這並非易事。

車開到西河村後，到處是齊腰高的灌木，道路已被灌木封

死。曾經的「知青聖地」封在了大山之中，當地農民告訴閻震，這些年只有零星的幾個村民放牧或者采藥時到過山裡面去，遠遠看到過那些知青住的窰洞，可具體怎麼走，沒人說得上來。

閻震和工作人員繼續沿著老鄉指的方向前行。車穿梭在灌木包圍的小土路上，一個轉彎，司機沒看清路中的大石塊，「咚」的一聲，汽車拋錨了。車上的人都下來推車。這時，司機看到不遠處有一座樓房好像有人住，大家趕緊跑過去尋求援助，沒想到，在這裡找到了杜家山的「門」。

這是一個兩層的小樓，一位老者正在擦拭牆上的照片。閻震一眼看到，牆上許多都是知青勞動時的老照片。閻震趕忙上前請教，老者一口標準的普通話，名叫周山湖，正是當年第一批來到杜家山村的知青，曾任杜家山村團支部書記，後成為山西省的著名作家，擔任過《黃河》雜誌主編，電視劇《一代廉吏于成龍》《趙樹理》的編劇。因他難忘杜家山村的青春歲月，在此買了座房子。這次，他正巧從北京回這裡暫住。

在周山湖的帶領下，兩個小時後，他們走進了杜家山村。如今的杜家山村，已經沒有人居住。站在村口，只剩下幾排石窰洞和整齊的磚排房。村口，有座紀念碑，是為了紀念蔡立堅，當年杜家山村的知青掏錢修的。碑後面的文字已經有些斑駁。「我是一九六八年十月十日正式到杜家山村落戶的，當時，《人民日報》七月份發表了蔡立堅的事蹟。我的一個同學八月份帶我來杜家山村參加了一次夏收，在杜家山待了十天後，我就想和他們一樣，來杜家山鍛鍊自己。」周山湖告訴閻震。

當時，周山湖是山西大學政治系的學生，他覺得這種與工農實際結合的路子值得去奮鬥，於是背了一個書包，裡面放著毛主席語錄和日記本，就來到了杜家山村。就這樣，知青們一批接著

一批來了。原本只有五戶十六口人的杜家山村，很快，知青的數量就超過了本村人。當時蔡立堅任知青的大隊書記，周山湖任團支部書記。在杜家山，年輕人不管之前屬於什麼政治派別，到了山上，主動放棄了鬥爭，大家以苦為樂。「那時我們自己搞生產競賽、勞動比拼，知青們主動建立起團支部，恢復了例會制度，白天幹活，晚上政治學習。」周山湖回憶道。一九六八年底，毛澤東發出了「知識青年到農村去」的號召，當時杜家山村已經住進了20多名知青。大家很自豪，覺得自己選擇的這條路被主席肯定了。

很快，杜家山村就成了「知青運動」的典型，先期來到杜家山的知青們成了先驅者。首位來到杜家山的蔡立堅，在北京一所所中學輪流做報告。後來，這裡又成為「知青村」典範，知青一批批多起來，北京、太原、榆次……最多時，這個只有一萬平方米的小村子住進118名知青。

現在杜家山的村落遺址上，依然可以看到當年的痕跡，知青們自己動手蓋起了食堂、宿舍，平整了空地。村中現存一九七一年建的知青宿舍十間，一九七二年建的知青食堂十一間，以及一九七六年知青學大寨而自行建造的石窰八孔。石窰上中間雕刻有五角星，兩側刻寫有「廣闊天地，大有作為」的標語，具有鮮明的時代特徵。因年久無人居住，一些窰洞已經坍塌。

當年這裡是全榆次條件最艱苦的地區，海拔兩千多米，溫差大，能種的農作物只有可數的幾樣，而且產量不高。為了多打糧食，當時的知青早上六點上地，晚上六點下工。周山湖回憶，一九六八年年底的第一批二十個知青，不到兩年，就有一些人的身體出了問題，有的是關節炎，有的是腰腿方面的病，回去了。新的知青不斷補充進來。

「革命」的激情不但支撐著人們瘋狂地幹活，還讓人們對國家，對集體的愛完全超過了愛自己。知青們剛到杜家山的那幾年，激情變得越來越盲目，怎麼極端怎麼做。送公糧，不管老百姓的糧食是多少，自己認為多送就是愛國，哪怕自己餓肚子也要交足公糧，甚至超額交。當地農民有意見，就覺得農民是落後思想。

當時的知青成了一個小社會，每個人學一門手藝服務其他人，有的學醫，有的學藝、有的學木匠，有的學飼養。一天的農活結束，大家好像分好工一樣，各自去幫附近村子的人。赤腳醫生一個手電筒、一條狗，在附近幾個村子走十幾裡山路為村民看病是常有的事。「就是那種特別純潔的為人民服務的精神」，周山湖說。也正是在與普通農民的朝夕相處中，知青們開始了反思。

交公糧，交了不夠吃還得和國家要，但交的時候是新糧食，要回來的是陳糧，大家就覺得不能像以前那麼交了；把多餘的食用油都交出去，老鄉們非常有意見，本來就是一天三頓粗糧，一點油水是最可憐的改善了，為此一些老鄉甚至和知青們拍桌子怒喝，「你們都是國家有保證的人員，父母有辦法有本事，由得你們胡鬧。」而知青們實際體會了幾天沒油吃的日子，也對之前的想法和舉動感到了後悔。一批又一批的參觀者一起到來的成就感，也隨著時間變成了例行公事。常常一來就是幾十個參觀者，沒有地方住，就和原先住宿已經非常擁擠的知青們擠在一個大炕上，一次嘈雜的參觀後，周山湖發現自己剛剛用一年的工分換到的60元錢不翼而飛了。

一九七六年「文革」結束後，杜家山村的知青紛紛返城，杜家山村歸於平靜。之後每隔幾年，周山湖就會和當年的知青相聚

來到這裡，回憶當年的事。這種聚會一直持續到一九九七年蔡立堅去世後。上個世紀末，山村最後一戶人家搬走，杜家山村，就此消失在行政版圖中。

周山湖和幾個親戚承包了杜家山附近的幾個山頭，他想開發這裡，再造一個「杜家山」。面對著杜家山村遺址的斷壁頹垣，周山湖在牆角種下幾顆豆子，他說明年來看的時候，應該可以收穫了。杜家山留下的是什麼，他想了想，是一種年輕人的追求吧。不管結果如何，這種青春的理想彌足珍貴。

閻震把「杜家山村」鄭重地登記在〈全國第三次文物普查〉的名錄中，山西省晉中市文物局的負責人告訴記者，作為全國知名的「第一知青村」，杜家山應當保護起來，他們準備申請其為國家級重點文物保護單位。

晉中市文物局副局長渠玉增說，杜家山村，是中國知青上山下鄉運動中自願插隊第一人蔡立堅的插隊位址，又因全國各地知青相聚於此而成為全國知青的精神聖地。無論是從規模上還是從時間、知名度上，杜家山村都無愧於「中國第一知青村」的稱號。它見證了知青上山下鄉運動的全過程，是那段歷史的實物證據。

第三節　文革初首批上山下鄉知青的存疑

幾乎就在蔡立堅要求到杜家山插隊落戶的同時，部分思想激進的紅衛兵也試圖通過上山下鄉的作秀，來尋求發揮更加政治號召影響的奇思妙想。在劉小萌主編的《中國知青史‧大潮》中〈飛向草原的雄鷹〉一節中有這樣的描述：在再度掀起的知識青年上山下鄉運動中充當了開路先鋒的北京二十五中學生曲折等

人，實際上就是上述那些熱情、單純的探索者中的一部分。他們也曾想創辦紅衛兵大學，進行有關教育革命的嘗試，後來學習了毛澤東有關青年運動的論述後，認為：學生的階級屬性是沒有進行徹底思想改造的小資產階級知識份子，所以必須實現思想革命化，而要做到這一點，必須走與工農相結合的道路，於是申請到條件艱苦的內蒙古牧區插隊。為此，當時的《紅衛兵報》把他們譽為「飛向草原的雄鷹」。

曲折等人所以最先跨出這一步，是與當時所處的特殊地位分不開的。文革爆發，曲折帶頭成立了全校第一個學生造反組織「東風」。不久，當時在北京主持中央工作的劉少奇等人決定派工作組進入各校，以期穩定日趨動亂的局勢。在各個中學，數目不詳的一批應屆高中生被工作組打成了「反黨分子」、「野心家」。曲折和他的同班同學李冬民（後來的北京市中學紅代會主要負責人）也在其內。他們在校內被批鬥達四十餘天。七月十八日毛澤東回到北京，嚴厲指責派工作組的做法，指出運動犯了方向、路線錯誤。隨即，全國形勢陡然一變。曲折等人的罪名一掃而光，革命左派的桂冠則從天而降。這段起伏跌宕的經歷無疑增加了曲折及其造反派戰友對毛澤東的虔誠、熱愛和感激的心情。是毛主席解放了曲折，是毛主席的革命路線解放了曲折。〈飛向草原的雄鷹——記到內蒙插隊的第一批首都中學紅衛兵〉，《兵團戰報》、《中學紅衛兵報》合刊，一九六七年十一月一日。這的確反映了他發自肺腑的呼聲。

一九六七年三月，北京中學紅衛兵代表大會（簡稱中學紅代會）成立，一批著名的造反派學生躋身於它的領導機關。李冬民擔任紅代會的主要負責人，曲折作為紅代會政治部負責人，主管紅代會的報紙——《兵團戰報》。以後，因為對學生中曠日持久

的「派仗」感到厭倦，曲折等人於七月發出了關於創辦紅衛兵大學的倡議書，進而認識到實現思想革命化，只能走與工農相結合的道路。

在選擇「與工農相結合」的具體方式上，曲折等人深受六十年代初期樹立的上山下鄉先進人物的影響。而廣大農村缺乏知識，農民養活了知識份子而又迫切需要知識青年的現狀，也促使他們做出走上山下鄉道路的決定。此外，一九六七年初官方旨在動員返城老知青重新回到農村而開展的有關上山下鄉偉大意義的宣傳，對曲折等人的選擇也產生了直接影響。五月四日《人民日報》社論〈知識青年必須同工農相結合〉強調史無前例的無產階級文化大革命，為廣大的知識青年與工農群眾相結合開闢了最廣闊的道路。當曲折等人向北京市革委會提出自己到邊疆插隊的志願時，就是以這篇社論為依據的。

曲折等人的行動從一開始就得到北京市革委會的全力支持。十月八日，北京市革委會及有關部門負責人在座談會中讚揚他們是開路先鋒，預祝他們打好第一炮，以後把經驗寫回來，發動不少的人再到那裡去。足見官方對他們的支持，是與解決中學畢業生分配的棘手問題聯繫在一起的。一九六七年下半年，北京乃至全國各大中城市已經普遍感到六六、六七屆中學畢業生大批滯留學校造成的壓力，所以，官方急切地希望曲折等人的行動，能夠帶動更多的畢業生到農村和邊疆去。另外，還有一個鮮為人知的考慮，就是希望通過這次行動，打退「那些意志薄弱的人」（指倒流回城的老知青們）所造成的社會影響。在北京市革委會負責人的講話中，與倒流回城的老知青們展開的鬥爭被誇大為「兩條路線的鬥爭」。

當時，毛澤東尚未發表那段關於必須由貧下中農給知識份

子、青年學生以「再教育」的著名指示。所以，在對上山下鄉的提法上，側重的仍是發揮知識青年的主觀能動性，改造社會的積極作用，而不僅是消極、被動地接受改造。

在北京市召開的座談會上，有的負責人希望知青把毛澤東思想帶到牧區去，把所在之處辦成毛澤東思想大學校，改造落後的東西，並強調向牧民灌輸集體經濟思想的必要性。他們將這次行動比喻為一次新的長征，勉勵知青像革命前輩那樣，經受往長征的考驗，成為無產階級革命事業的接班人，不做可恥的逃兵。毛澤東在闡明紅軍長征的重大意義時，曾將它形象地比作「宣言書」、「宣傳隊」、「播種機」，高度評價長征對中國革命做出的巨大貢獻。「老三屆」學生，通過革命傳統教育，對長征的歷史、尤其是紅軍戰士跋山涉水輾轉二萬五千里歷盡艱辛的光輝業績，無不耳熟能詳。將上山下鄉比作又一次長征，增強了青年學生上山下鄉的自豪感和使命感，堅定了他們經受艱苦環境考驗的決心和必勝的信念，使他們有理由相信，這是繼紅衛兵運動之後，又一場聲勢浩大的革命。

十月九日，曲折和9名同伴啟程離京。臨行前，他們曾列隊來到天安門廣場，在上千人的歡送隊伍前，向著天安門城樓上的巨幅毛澤東像莊嚴宣誓。誓詞說：「為了毛澤東思想赤遍全球的偉大事業，上刀山，下火海，我們心甘情願！」「我們遵照您的知識份子與工農相結合」的偉大指示，邁出了第一步，我們將循著這條革命大道一直走下去，走到底！永不回頭！曲折十人在掀開上山下鄉歷史嶄新一頁的同時，還創造了這種獨特的政治儀式。如果不是有過親身經歷的知識青年，未必能夠理解在一篇由頌譽之辭和豪言壯語編織的誓文中，會凝聚著那麼多虔誠、真摯、聖潔的情感，那麼強的自信與盲從。從此，一批又一批北京

知青在奔赴農村和邊疆以前，都必須到天安門廣場上舉行這樣一場儀式。

　　曲折等人動身前往內蒙古牧區時，聲勢造得很大，中央人民廣播電臺、《人民日報》、《北京日報》都及時進行了專題報導，充分肯定了他們選擇的道路。《北京日報》的短評號召一切可以到農村去的知識青年向他們學習。中學紅代會機關報《兵團戰報》一九六七年十一月一日高興地預言：「在他們的帶動下，全市、全國一個知識青年上山下鄉的高潮正在轟轟烈烈地興起。」實際上，在當時的政治形勢下，不可能存在純自發的行動。而曲折等人在當時，也並非全然沒意識到自己行動的意義。

　　「老三屆」學生上山下鄉熱潮的序幕就此拉開了。從這時起到一九六九年，老三屆學生離京，這場運動可以大致分為三個階段：第一個階段，一九六七年十月至一九六八年春，是帶有自發形式的上山下鄉階段；第二個階段，一九六八年夏到當年十二月二十一日，是各省、市、自治區開始有組織地動員畢業生上山下鄉階段；第三個階段，從一九六八年十二月二十二日《人民日報》傳達了毛澤東「知識青年到農村去，接受貧下中農的再教育，很有必要」的指示以後，至一九六九年春，此時老三屆剩餘的畢業生大部分已被送到農村。在前兩個階段離校的，大多是對上山下鄉方向持積極或比較積極態度的學生，特別是一九六七年率先下去的幾批。

　　曲折在〈文革後北京第一批上山下鄉的是誰？〉中講述了當時的經過：這是我們十個人誰也沒有想到的。二十三年前，我們十個北京中學生奔赴內蒙古錫林郭勒草原插隊行動，竟會成為那場「波瀾壯闊」的上山下鄉運動的發端。從六十年代延至七十年代，成千上萬的青少年從全國各個城市走向農村、邊疆，人數達

一千七百萬，相當於一個歐洲中等國家人口遷徙。

　　一九六七年的夏天，「文革」已整整一年了，國家混亂，學校停課，武鬥內戰侵擾著一代熱血青年，中學生已無大學可升，無業可就。總不能一輩子待在學校鬧革命吧？該向何處去？沒一人能回答。儘管不少人堅信中國將走進紅彤彤的毛澤東思想新世界，但誰也說不出明天會是什麼樣。我當時是二十五中高三學生，亦是當時首都中學紅代會政治部負責人，主管紅代會的「會報」《兵團戰報》。由於江青四月三日和四月四日兩次講話的挑動，北京中學生分成兩派大打派仗，我感到十分無聊。以後想起來，當時確有不斷革命、不斷探索前進方向的熱誠，但潛意識中是不是也有擺脫困惑、尋找出路的渴望呢？總難以說清。

　　一些志同道合的朋友也都開始對「文化大革命」感到厭倦，認為自辦與社會實踐緊密結合的新型大學可能是條出路，七月，我發出了一份創辦紅衛兵大學的倡議書，兩天之內，就有300多人報名參加。

　　在籌辦紅衛兵大學的過程中，我們學習了馬克思主義經典著作中有關部門青年運動的論述，很快問題出來了：按「文革」時期特有的思維方式去分析，我們認定自己的階級屬性是沒有進行徹底思想改造的小資產階級知識份子，由此不可能構築無產階級的教育陣地。順理成章的推斷是：要取得創建新型大學的資格，必須實現思想革命化，而要做到這一點，只能走與工農相結合的道路。但是，該選擇什麼樣的「與工農相結合」的具體方式呢？

　　我們當時無疑深受六十年代初期黨為青年學生樹立的那些榜樣人物的影響。那時候為了發展農業（或許還有精簡城市人口的需要），新聞機構曾大力宣傳到農村安家落戶的城市青年學生中的先進人物，邢燕子、侯雋、董家耕、趙耘等一批「身居茅

屋，心懷世界」的青年楷模，對不甘平庸的中學生具有很大的感召力。在此其間，曾去狼牙山進行過社會調查的女八中學生郭兆英，多次和我談起廣大農村缺乏知識的窘況，談起農民養活知識份子而又迫切需要知識青年的現狀，大大影響了我的思想。後來她和我一同走向草原，成了我同甘共苦、相濡以沫的妻子。這樣，自然而然地，在我面對「與工農相結合」方式的選擇時，上山下鄉就成了合乎情理的首選目標了。這個決心的明朗化是在炎熱的八月。

報名參加籌辦紅衛兵大學的幾百人，原以為我們提出的教育革命是類似學工學農、開門辦學之類的事情，頂多不過一兩年。當我在自己舉起的「旗子」上寫下「上山下鄉」的大字後，這幾百人只剩下十個人。

這十個人是曲折、郭兆英、王紫萍、王靜植、甯華、金昆、鄭曉東、胡志堅、高峰、鞠頌東。大家堅定地表示，即使只剩下一兩個人，這條路也要走下去。籌備的第一件事是選地點，理想主義加青春的浪漫，當然惟恐走得不遠。哪兒離北京最遠？在地圖上沿著中國的邊界線找。新疆拜城這個極為生疏的地名被我們選中了，計畫九月底在當地大雪封山之前就出發。

我們到北京市勞動局彙報了這個計畫。勞動局安置辦公室的同志不太贊成我們去新疆，說是中蘇邊境上糾紛多，不穩定，建議我們到內蒙古去。我們同意了，並答應等待市里出面去與內蒙古聯繫。十月初，錫林郭勒盟派安置辦的楊振祥、張保德同志到北京接我們。

我們十人中沒有一人的家長同意子女去錫盟草原插隊落戶，但多數人又不敢公開反對，那樣政治壓力太大。只有一個同學的父親堅決反對，將這個同學關在屋子裡，自己坐在門口守著。我

到他家去說服，講多少都沒用。這位同學的妹妹很支持哥哥，送
飯時夾進一張紙條，鼓勵他要堅強，要「衝破阻力」。在妹妹的
幫助下，他終於衝破坐在門口的那個「阻力」，躲在家人找不到
的地方。最後這位同學沒從家裡帶任何東西，兩手空空與我們一
起踏上征程。

十月八日那天，市革命委員會常委丁國鈺、李冬民（我的同
班同學、北京市紅代會負責人之一）、北京市勞動局的領導與我
們話別，叮囑我們要有艱苦奮鬥的思想準備，到牧區後要虛心向
牧民學習，尊重民族風俗，把牧區建設好，還要求我們為在校未
分配的中學生帶個好頭，打響第一炮。我第一次隱約感到，他們
可能把我們去內蒙草原同中學生的畢業分配連到一塊去了。

十月九日是我終生難忘的日子。當我為自己改名為「曲折」
的時候，我確實是打算在人生的旅途中走曲折的路，曲折的道
路，就是從十月九日這一天開始的；曲折的道路，始於天安門廣
場的金水橋前。

那一天的清晨，我們十人來到天安門廣場，這裡已聚集了
上千名趕來送行的同學和親朋，北京市勞動局組織了歡送隊伍，
氣氛很熱鬧。我們在金水橋前列隊，面對天安門城樓上的毛主席
像，由我領讀誓詞：

我們心中最紅最紅的紅太陽、最最偉大的領袖毛主席：

我們無限忠於您的紅衛兵向您宣誓：您偉大的思想，是指導
世界革命人民前進的最最光輝的燈塔，我們永遠永遠無限忠實於
您，無限忠實於您的思想，忠實於您的革命路線。我們一定活學
活用您的著作，在「用」字上狠下功夫，為了毛澤東思想赤遍全
球的偉大事業，上刀山下火海我們心甘情願！前面有曲折，也有
反復，但是您的光輝思想永遠照耀著我們，我們永遠高舉您的思

想的偉大紅旗，前進！

最最敬愛的毛主席，我們遵照您的「知識份子與工農相結合」的偉大指示，邁出了第一步，我們將循著這條革命大道一直走下去，走到底！永不回頭！

在這樣充滿時代色彩的誓言的激勵下，我們帶著光榮的、也是沉甸甸的使命感，像上戰場一樣，義無反顧地北上了。

兩天以後，人民日報在顯著位置刊登了我們去內蒙古插隊的消息。中央人民廣播電臺、北京日報等也紛紛報導。（後來有些記者跟到了蒙古包，跟到了羊群邊，爭相採訪）我們的行動，在當時對全國產生了相當的影響。

十月十四日的傍晚，我們終於到家了西烏珠穆沁旗白音寶力格公社白音寶力格大隊。這長達二十個字的地名常常使我感到自豪，它的蒙古族情調總提醒著我一種全新生活的開始。熱情的牧民從幾十裡外騎馬來看望我們，送來了奶豆腐、炒米、炸餜子。為我們燒奶茶，煮手扒肉。蒙古包裡擠滿了人，歡迎會別開生面：牧民不懂漢語，我們不懂蒙語，我們用剛剛在盟裡學的幾句蒙語表了決心。

夜幕降臨，我走出蒙古包來到草地上，牧草雖黃卻仍散發著芳香，繁星眨著眼好像離我那麼近。蒙古族姑娘嘎日布站在身邊，我興致正濃，邀她為我們唱支歌，她欣然答應，唱起了《望北方》，歌聲悠揚、嘹亮，在幽靜的夜空回蕩，撞擊著我的心扉。我完全陶醉了。那一刻，我愛上了白音寶力格我的新家，愛上了新家的牧人們。

當我們十個人走出了自己人生中這轉折性的一步時，我們對以後的事並沒有多想。我們沒有想到此舉如同一顆火苗，燃起了熊熊大火，燃遍了「文革」中的中國大地。

　　我們在草原落戶後的第二個月，即一九六七年的十一月，第二批北京中學生三百多人也到了錫盟牧區，分別在東烏珠穆沁旗和西烏珠穆沁旗的幾個公社、牧場當上了「新牧民」。

　　一九六八年的夏天，我被叫回北京，協助市勞動局安置北京中學生。那時「文革」已整整兩年了，史無前例的內亂使中學生失去了升學就業的機會，該離開的出不去，該進校的進不來，社會問題十分嚴重。

　　北京市政府非常焦急，開始動員六六屆、六七屆初、高中畢業生上山下鄉或到生產建設兵團。有一幕場景使我總不能忘，北京市革委會召集有安置北京學生任務的幾省勞動部門的同志開會，其間，革委會的一位負責人站起身來，雙手抱拳，作揖請求：「各省來的同志們，都請幫幫忙，各自再增加些人，剛才東北的同志已表了態，他們再多接收400名。看看哪個省還能再多安排些？求求在座各位了」這場景、這番話，不知會讓當時正豪情滿懷的紅衛兵小將們做何感想，我卻一下子感到了一陣被當作「剩餘勞動力」、「處理品」而被拍賣的深深的悲哀。

　　一九六八年夏末秋初，4000多名北京知青來到錫盟牧區。在此前後，北京中學生成批奔赴東北、內蒙、山西、陝西、雲南，知青上山下鄉運動於十二月毛主席發出「最高指示」後在全國形成了高潮。

　　當我們非常真誠地踏上與工農相結合的道路時，我們實在沒有想到會為上千萬中學生的安置工作提供了思路，更沒想到在我們的身後，是十年間一千七百萬知識青年離開城市上山下鄉，而後又離開農村回城，造成舉世罕見的人口大遷移，衝撞得中國社會數年間動盪不安。

　　時間已到了九十年代，人們仍忘不了「上山下鄉」這場運

動。人們從經濟學、政治學、歷史學、社會學等各種角度去描述它。一千七百萬知青「過來人」，或許會有一千七百萬種評價和描述。我能說什麼呢？我在此只想把那個真實的「開始」告訴世人，留給後人。

不知是當時曲折等人的影響很大，還是新聞媒體的訛傳。如今，人們都將曲折等人稱之為文革中首批上山下鄉的紅衛兵。但是，對於這一說法，知青鄭德鴻並不認可。他在〈重大發現——改寫中國知青上山下鄉史的一張照片〉講述：二○○八年十一月二十三日，新浪博客網友「睡蓮露珠」給我發來一篇〈我們是中國「文革」第一批知青〉及一張照片。我一看，頓時驚呆了。

照片保存得相當完好，52名剛畢業的初中生排成三排，胸前掛著大紅花，一個個稚氣未脫。這可是一張「文革」開始後最早的知識青年上山下鄉的照片，照片上的日期明白無誤地寫著：龍海一中一九六六年初中畢業生上山下鄉留影66.10.16。

在幾乎所有關於知識青年上山下鄉的文獻資料裡，「文革」開始後首批上山下鄉的知青是由北京市曲折等10名中學生一九六七年十月九日到內蒙古自治區錫林郭勒盟插隊，是「文革」時期知青運動的發端。但這張照片的現身，把「文革」時期上山下鄉運動的歷史記載向前推前了一年，足以改寫中國知青上山下鄉歷史，彌足珍貴。

附：本照片提供人，一九六六年十月十六日上山下鄉到福建省龍海縣程溪公社浮山農場，現為龍海一中退休教師陳蓮根寫的文章〈我們是中國「文革」第一批知青〉原文：

　　中國知識青年上山下鄉，最早可以追溯到一九五五年，60名北京青年組成了青年志願墾荒隊，遠赴黑龍江省

去墾荒。

　　真正有組織、大規模地把大批城鎮青年送到農村去，則是在「文革」後期，中央決定給紅衛兵運動剎車的時候。一九六八年十二月二十二日，中央下達了毛澤東主席「知識青年到農村去，接受貧下中農的再教育，很有必要」的指示，上山下鄉運動大規模展開。一九六八年當年在校的初中和高中生（一九六六、一九六七、一九六八年三屆學生，後來被稱為「老三屆」），全部前往農村。

　　我們福建省龍海一中一九六六屆初中畢業生約七十多人，則在一九六六年十月十六日和十月二十七日，分別被組織到本縣程溪公社下莊大隊知青點（一九六五年已經有一批龍海一中學生到那裡插隊落戶）、浮山農場知青點（一九六四年已有石碼一批青年下鄉到那裡）、浮山大隊（新開闢的知青點）上山下鄉。

　　就整個知青歷史看，我們「六十六」這批知青，不是全國上山下鄉第一批，但從「文革」短歷史看，我們則是第一批，全龍海第一批，全福建第一批，乃至全國第一批！為什麼會有這「文革第一批知青」的出現，這是歷史的課題，我沒興趣研究探討，但我以為原因很單純，是當時極左環境造成的。作為「文革第一批知青」，我們內心卻是五味雜陳。除了個別同學是由政治熱情和年少輕狂所驅使，主動要求上山下鄉的，其他同學都是學校內定名單組織上山下鄉的。

　　我一直說是「文革第一批」讓我們免除遙遠的苦難，其實在當時，我們被內定為「文革第一批」是「唯成份論」的第一犧牲品。我們這些同學，家庭背景被大多有問

題，或有牽連：出身地主、資本家、工商業者、偽職員等「黑」家庭，或者家庭社會關係「複雜」，如有海外關係、有右派、現行反革命牽連的等等，還有一些被居委會、紅衛兵想像出來的「黑記錄」。

作為「解放牌」群體的一員，我們「生在紅旗下，長在紅旗下」，接受紅色教育，無論出身如何，社會關係如何，我們雖然不敢說自己赤紅，但在紅色染缸浸染下，我們不可能不紅的，我們大多數人是很效忠的。

「文革」初期，我們大多數人一樣熱情高漲，熱血沸騰，寫文章批判毒草，聲討牛鬼蛇神，我們並不落伍。可是當紅衛兵組織大肆興起的時候，我們卻被拒之紅色隊伍之外，更有甚者，成為同學的批判的對象，什麼「兔崽子」、什麼「資產階級的孝子賢孫」……云云。不過16、7歲的孩子，「紅」也好，「黑」也罷，其實沒有一個明瞭自己不過是風雲下一顆極細微的沙粒，製造不了飛沙走石的大氣候。

第一次出遠門，當時的路，當時的車，當時的九龍嶺，離家好遠，好遠。出發時，鑼鼓喧天，紅旗招展，我們大多數人沒有哭，奔赴建設社會主義新農村第一線，多麼光榮和自豪啊！畢竟是從激情歲月過來的，我們這「文革第一批」哪一位沒有革命熱情？「我們年輕人，有顆火熱的心，革命時代當尖兵，哪裡有困難，哪裡有我們，赤膽忠心為人民」，激情的歌聲至今餘音繚繞。當年第一批上山下鄉，我們的主動因是明亮的、高昂的，灰色種子不過主旋律外一個小插曲。

雖然有人暈車，有人隨著故鄉石碼的遠去而開始想

家，想爸爸媽媽，但一路上，我們還是歡歌笑語，唱著毛主席語錄歌。上九龍嶺的時候，我們還意氣風發，鬥志昂揚，下九龍嶺進入浮山農場，我懵了：這就是「社會主義新農村」？

回頭看看九龍嶺，見不到頂峰，石碼早已經被峻嶺阻擋在四十公里的視線外，我真想哭，但沒哭，不敢哭，開始仇恨那些大字報。幸虧有豐盛的歡迎晚宴，我生平第一個大餐，情緒暫時退出浪頭。但第一天晚上，我真的哭了，我躲在蚊帳裡偷偷啜泣，很傷心，很揪心。天哪，何時才能走出九龍嶺？臨行前，父親關於浮山許氏家族香火旺盛的美麗故事和赴京趕考貧士對仗九龍嶺的美麗傳說，夭折在黑夜裡，迷失在黑色的夢中。

陳蓮根　二〇〇八年十月十日

第四節　北京何方方掀起的上山下鄉熱潮

據劉小萌主編的〈中國知青史・大潮〉介紹：一九六八年夏到當年十二月二十一日，是各省、市、自治區開始有組織地動員畢業生上山下鄉階段；第三個階段，從一九六八年十二月二十二日《人民日報》傳達了毛澤東「知識青年到農村去，接受貧下中農的再教育，很有必要」的指示以後，至一九六九年春，此時「老三屆」剩餘的畢業生大部分已被送到農村。在前兩個階段離校的，大多是對上山下鄉方向持積極或比較積極態度的學生，特別是一九六七年率先下去的幾批。

北京市革委會的期望並未落空，一九六八年六月，作為群眾代表結合進了革委會，擔任常委曲折隨西烏珠穆沁旗安置辦的知

青到北京，和知青吳小明在北京一些中學和大學做過多場報告，介紹他們在牧區的情況。這次宣傳推動了一九六八年八月又一批知青的上山下鄉工作。確有不少中學畢業生在曲折等人行動的影響下，主動申請上山下鄉。同年十一月十一日，又有1200名中學畢業生啟程奔赴內蒙古草原和東北「北大荒」等邊疆地區安家落戶。在這批學生中，最引人注目的帶頭人有北京市革命委員會委員、中學紅代會常委、北師大一附中的高中畢業生何方方。

何是文革初期中學生最著名的造反派之一。從奮起造反，到帶頭上山下鄉，她的經歷在「老三屆」學生中不失為一種典型。她出身於革命幹部家庭，初中時加入共青團。文革前為師大一附中高三學生，擔任班裡的共青團書記，她與同班同學陳永康，是學校領導培養的學生骨幹。文革風暴襲來，校領導很快被打成「走資本主義道路的當權派」，何、陳等人順理成章地受到株連，被斥為「黨支部的紅人」、「修正主義教育路線的苗子」，不斷受到大批師生的圍攻和有組織的全校性批鬥。直到七月毛澤東回到北京，何方方等人才重見天日。

其後，何方方擔任了學校革委會副主任、北京市中學紅代會常委、市革委會委員等職。但她不安於充當拋頭露面的「學生領袖」，招搖過市，而是奔走於內蒙包頭、山西太原等地，積極參與當地的造反派活動，一九六七年秋才回到北京。九月，她聽說曲折等人籌備往內蒙草原插隊落戶的消息，立即行動起來，著手本校上山下鄉的發起和組織工作。她認為，當紅衛兵造反的使命光榮結束後，走毛主席指引的與工農相結合的道路，到邊疆插隊落戶，是擺在自己面前的一條最為革命的道路。

在學校的一次會議上她明確告訴大家，準備到內蒙古牧區插隊落戶。在校內不進行公開動員，完全依據自願原則，誰願去

誰報名。同時強調草原條件非常艱苦，去了要做好吃苦的準備，要在那兒插隊落戶紮根一輩子。她說：「我們要做一顆紅色的種子，在內蒙古大草原生根、開花，永遠同草原上的貧下中農同戰鬥，共呼吸。」

在何方方這樣一批學生骨幹的帶頭下，北京中學生掀起「文革」中第一次上山下鄉的熱潮。在短短幾個星期裡，各校報名人數達到三千五百多人。最後被批准到內蒙牧區和東北落戶的有一千兩百人。未獲批准的學生中，有的是因為家庭確有困難，有的是因為本人身體有病，有的則因為家庭存在政治問題被淘汰，理由是邊疆地區「不適合」。

據當時的《紅衛兵報》報導：這項工作得到了中央文革領導小組和北京市革委會的大力支持，由市委計畫組和有關省、區的安置辦公室派人進行了組織。這表明，當一大批畢業生自願申請到邊疆地區安家落戶之際，一場方興未艾的上山下鄉運動已鍍上鮮明的官方色彩。截至一九六七年底，北京市已有4000名六六、六七屆中學畢業生前往東北、內蒙等地插隊、插場（國營農場）。這在中國，的確先聲奪人。

何方方、曲折等人，都是文革初從中學生中脫穎而出的紅衛兵。正是在他們的發起帶動下，上山下鄉運動掀起前所未有的熱潮。

關於這批上山下鄉的情景，北京知青谷祥在〈北大荒——我的第二故鄉（一）〉中有較為詳細的回憶：一九六七年，史無前列的無產階級文化大革命已爆發了一年，全國大中學校已經放不下一張平靜的書桌。受極左思潮鼓舞的廣大紅衛兵經歷了「炮打司令部」、「一月奪權風暴」、「革命大串聯」和「複課鬧革命」之後，考大學成了泡影，去工廠不能招工，當兵要「紅五

類」……於是，很多學生都處於迷茫和逍遙狀態。當時在全國各大中城市積壓的六六屆和六七屆畢業生已有六百至七百萬人。什麼是我們的出路？我在苦苦地思索……

此時，有兩段偉人的語錄經常迴響在我的耳邊。毛主席說：「世界是你們的，也是我們的，但是歸根結底是你們的。你們青年人朝氣蓬勃，正在興旺時期，好像早晨八、九點鐘的太陽，希望寄託在你們身上。」「世界是屬於你們的。中國的前途是屬於你們的。」

……就在多日苦惱和迷茫之際，我又回想起《軍墾戰歌》的美麗動人的場景，終於恍然大悟，只有「廣闊天地，大有作為」才是一條最現實和最理想的出路。

一九六五年十月一日，反映新疆生產建設兵團軍墾生活的大型彩色紀錄片《軍墾戰歌》在全國上映。影片生動地反映了在大躍進年代，成千上萬有志氣的知識青年響應黨的號召，奔赴新疆，參加建設以及國家領導人親自視察、看望下鄉知青的生動場面。該片由著名詩人郭小川寫解說詞；作家袁鷹、詩人賀敬之寫歌詞；音樂家田歌作曲。「邊疆賽江南」的富饒美麗景色和絢麗多姿的少數民族風情，給當時的青年觀眾以強烈的感染和鼓舞。這些描寫城市知青踴躍上山下鄉的生動宣傳，使我們深受感動並有一股奔赴邊疆的衝動。

尤其是在這一年多來，我反復背誦著這樣一段話——「人最寶貴的是生命。生命每個人只有一次。人的一生應當這樣度過：回憶往事，他不會因為虛度年華而悔恨，也不會因為卑鄙庸俗而羞愧；臨終之際，他能夠說：『我的整個生命和全部精力，都獻給了世界上最壯麗的事業——為解放全人類而鬥爭。」這是尼·奧斯特洛夫斯基寫的世界名著《鋼鐵是怎樣煉成的》這本

書中，令人久久不能平靜的一段文字，已經成為我激勵人生的座右銘。

我作為1名六七屆高中畢業生，對當時二龍路中學（教育部試點學校）的無秩序局面已感厭倦，就經常跑去勞動局打聽有無招工的消息，得到的答復就是「上山下鄉」。北京市勞動局首先聯繫了新疆生產建設兵團，由於當地還在「鬥、批、改運動」中，有時兩派還發生武鬥，不能接收下鄉知青。

西城區勞動局又聯繫黑龍江省農墾局，在一九六七年七、八月份和平農場有了答復。和平農場是個小農場，代號可能是五三九農場，由原八五〇農場和八五八農場的各一部分，於一九六三年建立的。當時，和平農場未開墾的荒地很多，急需大批勞動力，可以接收下鄉知青。

我聽了這個消息很高興，心想：一是有工資；二是比較穩定；三是可以向軍墾老前輩學習，做無產階級革命事業接班人。於是，我沒有跟父親仔細商量，也沒告訴學校領導，就自己到西城勞動局報了名，準備去北大荒。

之後，我每天去西城區勞動局，義務參加接待準備下鄉知青的報名工作，爭取早日能批准下來。這時，我們家已搬到了位於海澱區花園村老虎廟的建設部樓房宿舍居住，有兩居室。為了跑勞動局方便，我晚上就睡在學校一間辦公室的桌子上。

一九六七年，北京市知識青年奔赴北大荒，是文化大革命中發生的首批大規模的知青上山下鄉運動的序曲。它是自發的，也是必然的。經過兩個多月的準備工作，北京市共報名兩、三千人，第一批只能去一千多人，有爭先恐後的氣氛。我們想方設法、四處打探，終於在西城區勞動局，見到了來北京招工的：和平農場組織科的李樹勳幹事和保衛科幹事李長德，詳細瞭解了農

場的生活情況，下定了遷戶口的決心。當時也不知道今後還能不能再遷回北京市，實在有點狂熱和衝動。

勞動局見我對報名工作有熱心、又熟悉工作程式了，希望我再義務一段時間，下一批再走。我很堅決地、也很曲折地爭取了一番，終於拿到了學校的同意書和勞動局的批准通知書，擠進了第一批北京知青去北大荒和平農場的大名單。

和我一起去北大荒的五名校友之一的高俊敏（六八屆高中生）在回憶這段不尋常的經歷時說：「因報名去和平農場的人太多，招工人員有些招架不住，就躲起來不見學生了。我們的二龍路學校距離西城區委很近，就在旁邊。聽說李樹勳和李長德他們就在區委大樓內祕密辦公，我們趕忙到區委去找。第一天沒找到。第二天不死心，繼續在區委樓裡尋找，但所有的會議室都鎖著門，看起來很難找到了。我們還是不死心，終於在三樓最裡側的一間會議室的亮窗上看到屋裡有煙霧，准是有人在抽煙。為了證實我們的判斷，穀祥推著我、登著門把手爬上亮窗，看到確實有幾個人在開會。我們就使勁敲門，裡邊的人很無奈地打開了門，果然是來招工的人在研究如何儘快做好出發工作。在我和穀祥的堅決要求下，他們只好同意把我們列入名單裡，具體情況等待明天通知學校。第二天，學校通知我們五人（穀祥六七屆高中、高俊敏六八屆高中、武向東六六屆初中、朱珊六七屆初中、王維國六八屆初中）被批准前往黑龍江省虎林縣和平農場。我們五個人是我校各個年級的代表，當歡送的大紅花戴在胸前時，感到非常自豪。也還有一些報名的同學沒有被批准。」……

一九六七年的大約十一月份，第一批報名去北大荒的知青家庭接到了一份「會議通知」：某週六晚在北京市工人體育館召開大會，市政府領導要接見下鄉知青，據說周恩來總理要出席並講

話。這可樂壞了大家，早早就積聚在工人體育館門口。結果是大失所望，此次會見因故取消。這是為什麼呢？

我們西城區第一批下鄉的知青臨時召集人，當時有張永祥、吳清萍、李弛、高俊敏和我，商議後決定去找市革委。我們費了很多周折，才直接找到當時市革委副主任丁國鈺，問清了緣由。原來市政府準備借此機會，全面開展上山下鄉的動員工作，也報告了國務院。周恩來總理向毛主席彙報了有關情況。毛主席的意見是：剛剛進行「複課鬧革命」，尚未恢復學校正常秩序。知識青年到農村去，接受貧下中農再教育應安排在一九六八年。

為此，這一批北京知青上山下鄉，就做為先行者，不要擴大宣傳了，但特派了中央新聞電影製片廠攝製小組隨我們一同去北大荒，記錄北京知青上山下鄉的行程。這也是對我們的肯定和讚揚。可惜的是，在列車上拍攝的膠片因著水受潮損壞了一部分，剩餘的片段被剪輯在一九六八年宣傳知識青年上山下鄉的新聞片中，傳說有的知青和家長看到了。

當我準備奔赴北大荒，踏上東北的黑土地時，許多同學都說：再等等看吧。結果，第二年他們大多數都去了山西插隊。臨行前，有二十位同學一起來送行。當時我們高二共有46名同學，永久留下的臨別合影卻只有21人。從此，在校期間的青年友情就這樣被割斷了，也不知今後各自奔向何方？

時隔四十年後，我們班的絕大多數同學都參加的聚會上，有的同學說：我們大都是從小學就在一起長大的，這種特殊的友誼，要不是因為文化大革命，就不會發生這種友情分裂的局面。這時我才猛然地感到：多年經過風浪考驗的同學之間的友誼，是多麼珍貴和值得珍重！我被同學的真誠深深地感動，同時心裡十分酸楚那些令人遺憾的往事。

這些先期到達內蒙、東北的知青，當時的頭腦依然還保持著紅衛兵虔誠的狂熱。知青項東方在《爸爸，給我們寄一百本毛主席語錄！》回憶說：……四十年前，我離開了北京內務部街五號院，離開了那金瓶似的小山。我要尋覓那遙遠的白樺樹。當天到北京火車站去送我的孩子隊伍，據說是全院光葫蘆大集合。這份記憶四十年後還在院裡的人脈中津津樂道。

我是全院第一批下鄉的，而且還是屯墾戍邊，到那共和國最早可見東方紅的地方。那時毛主席還沒有揮手，還沒有做出知識青年到農村去的最高指示，我就已不願再在京城混下去了，一個聯動分子，一個參與寫作了「十問中央文革」的中學生，我急切地要用我的鮮血證明我對黨的忠誠，對毛澤東的忠誠！我們天天從心裡唱著「抬頭望見北斗星，心中想念毛澤東」。既然要流血，當然要選擇個地方，我選擇了到北大荒去，當時蘇修在我東北黑龍江對岸陳兵百萬，我判斷中蘇必有一戰，我渴望中蘇真有一戰，我企盼在深深的白雪中。高高的白樺旁，在千里冰封的黑龍江畔，在漫天的炮火中一戰成名，我要用自己的鮮血證明我們第一批上天安門的紅衛兵，是真正忠於紅司令毛澤東的！於是我咬破手指寫下一生的血書，「我要到東北屯墾戍邊」！

這一年我15歲。嫩著呢。在北京站，車外送行的哭聲一片，我無淚，我高興，我興奮！我的心已經屬於遙遠的白樺樹。

我們是在勃利縣下的車，我們要去的地方叫北興農場（後改編為中國人民解放軍黑龍江生產建設兵團三師三十二團）。一路卡車一路歌，一路上笑聲不斷，歌聲，讓路邊的白樺樹搖曳的更加浪漫，笑聲，讓前方的無垠麥田在六月的醇風中無痕無忌。

一下車，我和丁衛平一行就跑向建材隊的堆木場，我們要好好地認識下白樺樹，這個蒲賽金筆下的小精靈。我撕下一片白

樺樹皮，第一層是白色的；第二層也還是白色的，在堆木場放久了，白皮就變得有些血色。

我給父母寫了一封平安信，信中夾上了這片白皮書，我說，「爸爸，給我們寄一百本[毛主席語錄]」！我用的是驚嘆號。

不久，媽媽鴻雁傳書並請來了一百本紅寶書。媽媽說：多范，爸爸已經不在毛主席著作編輯辦公室工作了，小語錄很難請到那麼多，而且一百本毛主席語錄加上郵費也是一筆不小的開支，希望你能體諒家裡的困難。我們很想你，你也自立了，但你只有15歲啊……

我看見，信箋上有滴滴淚痕，但少不更事的我還不知一封家書的分量。

敬請紅寶書的儀式很隆重地在一排排白樺樹前舉行。我和丁衛平等朋友均一身國防綠，一身打扮與一九六六年八月十八日登上天安門城樓時穿得一模一樣。當時，我的發言一定十分稚嫩，具體說了些啥，今天全然失憶，但「紮根」兩字一定是主題詞。我決心像聖潔的白樺樹一樣，紮根在這片亙古無垠的黑土地上。

日復一日的勞作，日復一日的早請示、晚彙報，我們在毛主席像前每天飯前都要宣誓，我們早上在北斗星還沒告別魚肚白時就起床出操，練兵，紅太陽剛剛升起，我們就出發下地墾荒了。連隊操場邊的白樺樹可以證明，我們是忠誠的毛主席紅衛兵，我們是有勞動力和戰鬥力的兵團戰士。很快，我成了下鄉知識青年中的第一批知青排長，成了一名學習毛主席著作積極分子。

第五節　赴西雙版納的首批北京55名知青

　　幾乎就在曲折、何方方請求插隊落戶的同時，北京還有55名知青來到了雲南的西雙版納。據劉旦主編由花城出版社二〇〇九年十月出版的《知青四十年：總得說的故事》中刊載：

　　……一九六八年，《人民日報》發表了毛澤東主席關於「知識青年到農村去，接受貧下中農再教育」的最高指示，全國範圍內的知青運動開始。實際上，早在上世紀五十年代，就已有知識青年上山下鄉，但當時的規模和人數不能和一九六八年以後的相提並論。

　　在知青上山下鄉四十週年前夕，當年的「五十五分之一」、如今的北京聯合大學副教授鄧維嘉特意和幾個當年的老知青來到了西雙版納東風農場，將當年五十五個人高舉的紅旗，交到了東風農場領導的手中，希望能夠將這面有著非凡紀念意義的紅旗永遠保存於農場。

　　老鄧是個典型的北京人，快人快語，能說會道，對於當年能夠成為五十五分之一，自然是非常自豪。老鄧說，北京的這55名知青，主要是以北京市六十五中的紅衛兵為主。

　　一九六八年二月，這批來自北京的55名知青來到雲南西雙版納落戶，成為首批落戶於此的北京知青。此前，已經有小部分的北京知青開始上山下鄉，但插隊落戶的地點往往是山西、陝西、內蒙和東北等北方農村。

　　雖然當時能夠首批落戶雲南，但當年的參與者說，其間卻經歷了很多波折，直到一次偶然的機會，這些年輕人能夠有機會親自向周恩來總理面遞〈請願書〉，才得以抓住機會。更讓這五十

　　五個年輕人沒有想到的是，他們落戶雲南十個月後，全國範圍內的知青上山下鄉的大潮開始了。

　　那是一個充滿激情的年代。從一九六六年開始，由於當時的大學已停止招生，所以北京市第六十五中學的部分同學就自發地組織起來，到國家的各個部門去瞭解情況，希望能夠有機會參與到國家建設中去。

　　在國家農墾部，同學們受到熱情接待。農墾部的工作人員向同學們介紹說，橡膠是國家的戰略物資，但目前只有海南島有橡膠生產基地，國家正在雲南建設除海南外的第二個橡膠生產基地，需要有知識有激情的年輕人到那裡去參加建設。

　　這個消息一下子就把年輕人的熱情給點燃了。農墾部也為這些同學開出了介紹信。沒過多少時間，這些同學就選出了5名代表，讓他們到雲南實地考察。

　　一九六六年底，這5名同學藉著全國串聯的機會，來到雲南進行第一次考察。五個同學的領頭人是當時六十五中的紅衛兵領袖李鎮。李鎮出身高幹家庭，相對於同齡人而言，他顯得更為成熟。

　　首先接待同學們的是當時雲南省委接待辦的康心卻，在康心卻的幫忙聯繫下，主管橡膠基地建設工作的雲南省委農林政治部主任韓文運出現在同學們的面前。

　　韓文運對於同學們要求來雲南的想法給予很高的評價。他首先向同學們介紹了目前雲南發展橡膠的情況。韓文運告訴同學們，從五十年代開始，國家就已經開始了建設橡膠基地的工作，那時起，大批復員轉業軍人、湖南支邊人員、部分雲南本省的移民以及昆明、成都、重慶的一些老知青已經先後來到雲南邊疆發展橡膠，當時的雲南橡膠產業已經具備了一定的規模。在韓文運

和同學們的談話中，他還著重介紹了西雙版納，說西雙版納的條件在當時的各個墾區中處於第一位。

　　談話結束後，韓文運為同學們聯繫了西雙版納的有關部門，讓同學們可以有機會去進行實地考察。在西雙版納首府景洪，西雙版納州委副書記兼農墾分局局長李德英接待了5名同學，不僅詳細介紹了當地的橡膠生產情況，在農墾分局的安排下，同學們還深入到農場中去，看最真實的情況。

　　結束考察之後，5名同學代表沒有耽擱，從景洪返回到昆明。可沒有想到的是，由於當時形勢的混亂，雲南省有關部門已無法接待他們，至此，同學們和雲南有關部門的聯繫中斷了。同學們仍在作各種努力，爭取到雲南去。這些年輕人依然成立了專門的籌備機構，進行積極的宣傳，以吸引更多的同學加入。漸漸地，參加的人群不斷擴大，從六十五中，擴大到了其他學校。

　　到了一九六七年下半年，同學們和雲南的聯繫渠道依然沒有打通。於是，第二次赴雲南考察組成立了。由於當時的全國「大串聯」已經停止，火車不再對學生免票，於是眾人湊錢給代表們攢路費。

　　一九六七年十月，4名同學代表登上了南下的火車，到了昆明他們發現，當時昆明的兩大派「炮轟派」和「九一三派」正在進行武鬥，街頭隨時可聽見槍炮聲。這4名同學找到了當時的雲南省軍管會邊疆組，邊疆組的負責人桑傳寶和工作人員王魁林接待了他們。桑傳寶聽了同學們的來意之後，表示理解和支持，但同時又明確地告訴同學們，由於雲南處於特殊時期，各級組織的工作不正常，無法接受他們。並給同學們提了個建議，要想到雲南落戶，必須通過政府和組織的渠道，而不應私下來，應該到北京找相關部門進行安排或者直接向中央進行反映。

回到北京，同學們又接著找北京市的各個相關部門，但事情依然沒有起色——當時得到的回答是，北京沒有去雲南的安置計畫。

一九六七年十一月二十七日，機遇來了。周恩來總理等中央領導將在當天晚上在北京人民大會堂接見首都群眾代表。聽到這個消息後，在籌備組值班的三個同學林力、張春榮和張勁輝馬上就趕到了人民大會堂，周恩來總理和李富春副總理此時正坐在主席臺上。倉促之間不及準備，三個同學在現場草擬了一份請願書：

　　周總理、李富春副總理：

　　　我們是北京中學紅衛兵，我們決心遵照毛主席的教導，走和工農群眾相結合的道路，堅決到雲南邊疆參加三大革命運動。

　　　革命的道路已選定，我們就堅決走到底。我們在去年年底和今年十月份兩次赴雲南邊疆進行調查、聯繫。

　　　我們經過幾個月的實際調查和親身體驗，深切地瞭解到雲南邊疆非常有開發前途，尤其是四大工業原料之一橡膠生產更需要用毛澤東思想武裝起來的人去開發。我們向毛主席、向黨、向人民、向革命前輩立下誓言：為加強國防，保衛祖國，打敗美帝國主義，為了給中國和世界人民爭氣，我們志願到雲南邊疆做1名普通的農墾戰士，為祖國的橡膠事業貢獻自己的畢生精力！

　　　我們現在已經在組織上、思想上以及各方面做好充分準備，只等中央首長一聲令下，我們就奔赴戰場！請中央首長下命令吧！我們再次堅決請首長下令！

利用周恩來總理稍事離開座位的機會，三個同學將〈請願書〉遞到了總理的手中。當時，周總理和三人簡單地聊了兩句。林力對總理說：「我們是中學紅衛兵，我們希望到南方去支邊，建設第二個橡膠基地。」周總理問：「你們沒有罷課鬧革命嗎？」三人回答，他們都是高三的學生，要不是文化大革命，他們應該畢業了。

周總理快速看完〈請願書〉後回到了主席臺。三個同學在台下目不轉睛地看著，看到臺上的周總理仔細地閱讀了〈請願書〉，還在上面進行了批示。

在焦急中等待了幾天後，終於等來一個讓同學們倍感振奮的消息。北京市革委會的工作人員轉告說周總理已經批准了同學們的要求。北京市革委會的工作人員還給同學們看了總理的批示：「富春、秋裡同志可考慮他們的這個要求，請與北京市革委會聯繫一下。周恩來。」

李富春副總理也作了批示：「是否與雲南取得聯繫。」

有了中央領導的批示，同學們奔赴雲南邊疆的路變得通暢起來。北京市革委會馬上和雲南省進行聯繫，雲南省方面也給予了回應，表示願意接收北京知青，還表示會安排知青們去西雙版納，人數在五十人左右。

年輕人的熱情難以阻擋，消息傳開之後越來越多的同學要求加入。最後李鎮經等人從報名者中挑選了五十五人。這55名同學馬上投入到積極的準備工作中去，甚至還一起到京西門頭溝煤礦參加勞動，鍛鍊自己。

一九六八年二月二日，在北京東城區人民武裝部禮堂，有關方面為他們舉行了一場歡送會。當時的北京衛戍區副司令員李仲奇專程前來送行。在歡送會上，這批首赴雲南的知青宣誓：

「我們下定決心，勤勤懇懇地為工農群眾服務，和雲南邊疆的勞動人民一起，艱苦奮鬥一輩子，讓西雙版納為祖國獻出更多的橡膠。」

一九六八年二月八日，是同學們啟程的日子。出發前，李鎮經帶著隊伍列隊到天安門毛主席畫像前宣誓，當時總政著名作曲家田光特意為他們譜寫了隊歌：「邁開大步，迎著朝陽，毛主席的紅衛兵奔向遠方。」

眾多趕來送行的家長親友將火車站擠得水洩不通。在人潮湧動的現場，3名沒有報名的同學也擠上了火車，要求到雲南去，他們的請求最終被批准了。

鐵道部門根據上級指示，專門調撥了一節車廂供他們使用。經過長途跋涉，55名同學終於到了昆明。在這裡，昆明的黨政官員，甚至包括之前大打出手的武鬥兩派，紛紛夾道歡迎毛主席派來的紅衛兵。雲南省軍管會後來甚至特意安排了一個武裝班護送同學們去西雙版納。

經過七天的火車、五天的汽車之後，55名同學終於來到了西雙版納東風農場的疆鋒農場。一路上，同學們受到了雲南當地的熱情接待，乘車每到一地，都有群眾夾道歡迎。

然而，熱情過後，面對他們的卻是嚴酷的生存環境。為了幫助同學們適應環境，東風農場派出老職工來領導和管理他們。在農場老職工的帶領下，55名同學很快投入到改造環境、積極建設的工作中去。

如今已是北京聯合大學副教授的鄧維嘉說，當時到處是需要幾人合抱的參天大樹，還有數不清的蚊子、螞蟥等，住在透風的臨時住所內，還會經常發現有毒蛇爬到房梁上。

「有的時候，大家正在睡覺時，突然會有人尖叫起來，被

吵醒的大家一看，竟然發現有毒蛇已經跑到了房梁上。一下子，所有人都不睡了，想盡各種辦法把毒蛇趕下來，抓到後就殺了來吃。」鄧維嘉說。

初到邊疆的這些北京孩子，卻並不感到艱苦和勞累，每天似乎都有著使不完的力氣。當時他們居住的房屋僅僅是用劈開的竹子搭建的，頂上鋪上茅草，每天的飯食也很簡陋，僅僅是不帶油腥的白水煮菜。

對於這些年輕人來說，似乎再困難的問題都無法讓他們退縮。由於他們中大多數人出身高幹家庭，在一九七三年之後，很多人被父母通過各種方式調離了雲南，只有極少數的人在一九七九年知青大返城時才返回北京。

鄧維嘉是一九七四年離開雲南的，當時的北京開始普及高中教育，師資力量非常缺乏，而當時的師範畢業生大多出身不好，最後決定在內蒙古、東北和雲南等地招1500名知青回京做教師。鄧維嘉於是被選中，調回北京蘋果園中學當了1名化學老師，一九七八年考入北京師範大學。

據雲南西雙版納東風農場知青林力在〈中國知青上山下鄉奔赴雲南西雙版納〉回憶：

彷徨　一九六七年，史無前例的無產階級文化大革命經歷了最初的如火如荼的階段。該「砸」的砸了，該「破」的破了，該立的卻還沒有立。面對當時的局面，有一小部分人開始思考，開始懷疑；大多數人則逐漸冷靜消沉，逍遙派越來越多。

當時，北京的各中學在軍宣隊領導下開始了「複課鬧革命」——軍訓代替體育課，學《毛主席語錄》代替數理化課——學生們上學無望，就業無門。在彷徨之中，一些中學生特別是高中生，開始考慮：下一步該幹什麼，要往哪兒去？

我當時在北京東城區中學紅代會鬥批改辦公室，是由二中、六十五中、女十三中、五中、二十五中等校的中學生組成，其中高中生居多。大家都厭倦校內的爭鬥，走到一起想幹點正事。搞了許多校長、老師的落實政策材料，希望能「解放」一批「問題嚴重」的，結果發現一個也「解放」不了──根本就沒人理你；在中山公園塘花塢辦了一個〈首都中學生勤工儉學成就展覽〉，結果是為「十七年修正主義教育路線」歌功頌德。但是，這些在紅旗下長大，從小受到革命英雄主義教育的青年們，滿腔熱血不甘寂寞，越來越多的話題是關於下一步怎麼走的討論。

議題之一：作為中央，怎樣來解決前後六個年級的中學生們的出路問題？當時的狀，按報紙上說，是「革命形勢一片大好」，實際上是機關癱瘓、工廠停產、大學關閉，只有農民依舊勞作──為「革命群眾」提供糧食。眼下已畢業的高、初三學生，他們中只有極少數「出身好」的可以參軍或到「三線工廠」。因此解決大批學生就業的問題，已成為擺在中央面前的難題。

議題之二：作為革命接班人的我們，怎樣才能接革命的班？當時的學生們不論是否「出身好、根子硬」，都認為自己是「生在新中國、長在紅旗下」，都對黨和毛主席「無限熱愛、無限忠誠」，都有著遠大的抱負、美好的理想，都立志為社會主義祖國乃至全人類貢獻自己的一切。

思考與探討的結論逐步趨向一致：走與工農相結合的道路，到農村的廣闊天地中去經風雨見世面，在改造客觀世界的同時改造自己的主觀世界，把自己鍛鍊成為真正的無產階級革命事業的接班人。

這樣的選擇作為當時的我們，是出於一種真誠的、天下為

公的人生觀，一種青年人所特有的積極向上的豪情，帶有非常濃重的理想主義色彩——我們為自己的選擇感到自豪、興奮，甚至有些自我欣賞。事隔幾十年，再來回首、反思，方發覺還有一種當時我們不可能意識到的東西，即對「大好形勢」與混亂局面的矛盾、彷徨；革命豪情、狂熱與受衝擊後的壓抑（當時一夜之間家庭、親友從革命動力變成革命對象，被批鬥關押因而受牽連的人為數不少），使得不少青年人不自覺地在尋找著一條擺脫現狀之路。這時候開始出現的自發或半自發的上山下鄉之舉使得很多中學生燃起了新的希望，自覺或不自覺地選擇了到新的天地中去開創局面、振奮人生、實現自我。混亂和壓抑都已使當時的大都市不那麼令人留戀，無論是對父母的依戀之情還是父母的干涉阻止，都遠遠不如當時歷史背景下所形成的自身動力和社會壓力。「老三屆」——最後一代被改造的「知識份子」，不像他們的父兄被打成右派那樣被迫下放勞動，而是自覺自願、積極主動地，至少是真心實意地去接受「再教育」，去接受歷史的擺佈。

　　革命的大方向確定下來了，大家都為這樣的抉擇而興奮不已，但是具體去哪裡呢？對我們來說當時有幾個可供選擇的方案：一是一九六六年底、一九六七年初已經有小批的中學生出發去東北黑龍江，開始了軍墾生活。二是由我們當中的曲折（二十五中的學生）提議發起，到內蒙草原去與蒙古族牧民共同發展牧業，改變那裡的落後面貌。三是由我們當中的六十五中的學生提議發起，到雲南邊疆去參加抗美援越的鬥爭，加入發展橡膠事業的行列。

　　我雖生活在北京，但向來怕寒冷，同樣是去幹革命，為什麼一定要去寒冷的東北、內蒙呢？於是我選擇了去雲南。可見即使是在那樣的年代，革命的口號也不能完全排除個人的意願，豪情

壯志之中仍夾雜著絲絲個人打算。這些作為當時的我是不可能意識到的，只是在以後十多年的艱苦歲月中才漸漸悟出，才使我學會對「人」的理解和寬容。

結果我們兵分兩路，決定去雲南的約有十幾個人，經過擴大發展，最終形成了五十多人的隊伍，即當時非常有名的「北京五十五」；而曲折他們的10人小分隊則在我們出發之前去了內蒙，開始了曲折而又悲壯的人生旅程。從那時起我再也沒有見過曲折，只是聽說過關於他們的曲折經歷的種種傳說，至今我仍然對曲折保持著一種敬意。

總理批准了！準備工作一直進行著、持續著，卻遲遲得不到批准。可以試的辦法都試過了，看來幾乎沒有希望了。可是那時的我們有著一種鍥而不捨的精神；那時的人民有著一種習慣，一遇到難題找中央，而當時的中央只剩下總理了！總理一定會理解和幫助我們的。於是起草好了報告，把滿腔熱血都寫在上面。可是，雖有熱情和信念卻沒有呈送報告的機會。

突然有一天，我同時接到了來自兩方面的消息──在《北京晚報》當記者的表哥林為民和當時的中學紅代會負責人李冬民都打來電話──總理正在人民大會堂接見工貿口的代表，我們可以被帶進會場。機會突然降臨，來不及考慮更多，叫上當時在辦公室的張春榮和張勁輝，三個人飛奔到人民大會堂。李冬民早已等在東南門，進了湖南廳，總理正在聽彙報。我們這才發現，忙亂之中竟然沒有帶上寫給總理的報告！

回去取是來不及了，只能當場再寫一份，可是現場又找不到像樣的紙，只好憑著記憶，由我口述，張勁輝補充，張春榮執筆，在一張並不正規的紙上寫下了決定我們命運的報告〈首都中學生赴滇申請報告〉。緊緊張張地寫完了報告，又開始尋找遞交

給總理的機會。時間過得飛快，突然，我們看見李先念離開座位
向門口走去，是不是要結束了？我們的心立刻緊張起來一找不到
機會怎麼辦？我們也隨著跑到廳門口，準備散會時在門口向總理
遞交報告。只過了幾分鐘，李先念又回來了，原來他是去了洗手
間。雖是一場虛驚，但足以讓我們緊張萬分，不敢鬆懈了。

　　焦急之中不知過了多久，總理離開座位走出了會議廳，我們
三人立刻跑到會議廳門口等著。不一會兒，總理回來了，我們馬
上迎了上去。面對總理那疲憊而又親切西雙版納知青在解木板的
面容，心中感到非常溫暖，緊張的心情也不由得放鬆了下來。

　　我向總理自我介紹說：「我們是中學紅衛兵，我們希望到
雲南邊疆去，支援邊疆建設，開墾中國第二個橡膠基地」總理看
著我們，親切地問：「你們沒有複課鬧革命嗎？」我們回答說：
「學校都已經複課了，軍宣隊也進駐了學校，可我們是初三和高
三的畢業生，我們希望早一點走向社會」我們邊說邊遞上那張不
大的紙，上面充滿了18歲青年的理想和激情。

　　由於激動和興奮，我們聽不見自己的聲音，記不住自己的話
語，只記得總理說：「好啊，我看看你們的報告吧！」然後帶著
我們的命運回到了他的座位上。從這一刻起，忐忑不安和種種猜
測代替了豪邁和激動，在會議廳的最後一排，我們不敢落座，站
在那裡踮著腳尖看，只見總理很認真地看著那張小紙，後來又在
上面寫了些什麼，儘管我們努力隨著總理的動作去揣摩，卻怎麼
也猜不出總理寫的是什麼。

　　回到「鬥批改」辦公室，天已經黑了，可大家都沒回家，都
在等著我們的消息。三個人向大家講述了整個的經過，每一個細
節都不放過，對總理的每一個動作都反復琢磨，可就是琢磨不出
總理在那張紙上寫的到底是YES還是NO？最後個個茫然……

但有一點大家都非常明確：日理萬機的大國總理，在全國政府職能機構完全癱瘓，八億人民生與死的沉重擔子都壓在他一人肩上的嚴峻時刻，面對來自全國各地的告急，面對造反派們的過激情緒，面對「江青阿姨」們的刁難，總理忙得連吃飯、睡覺都顧不上，可他卻那樣親切地對待一群幼稚的中學生，耐心地聽我們訴說，與我們交談，對我們的報告不是「研究研究」再說，而是當即予以批復。因此我們相信，不管我們的要求能否獲准，總理一定會為我們安排好一切，就像父母一樣。我們度日如年地等著、盼著，終於我們的要求獲准了！

奔赴版納。按照總理的批示，北京市革委會和雲南省革委會籌備小組、省農林小組很快為我們安排好了行程。總政的著名作曲家田光特意為我們譜寫了隊歌：「邁開大步，迎著朝陽，毛主席的紅衛兵奔向遠方」；我們高唱勞動之餘隊歌、高舉隊旗，在天安門廣場向毛主席宣誓；我們準備了宣傳材料、文藝節目，帶上了足夠的藥品、藥箱、理髮工具、修理自行車和收音機的工具；我們告別了父母，躊躇滿志地登上南下的列車。時間是一九六八年二月八日至二十一日，行程十四天。到達地點是西雙版納州景洪縣大勐龍東風農場疆鋒農場五隊，緊鄰中緬邊界。

同年十一月，由北京人大附中學生王珂等人聯繫組織的第二批北京知青四百人抵達小勐養關坪農場和瀾滄惠民農場。以後陸續到達雲南的北京知青共計八千多人，其中有「反動學術權威」翦伯贊的三個孫女、原北京大學校長陸平的女兒以及後來成為知名導演的陳凱歌。

一九六八年十二月二十一日公佈了「知識青年到農村去，接受貧下中農的再教育，很有必要」的「最高指示」。一九六九年到一九七一年間大批上海、成都、重慶和昆明的「老三屆」被分

配到雲南邊疆地區的農場和少數民族村寨，成為雲南知青，他們當中最小的年僅14歲。到一九七八年底雲南知青造反大返城時，來自五城市的知青人數總計達到一百六十二萬多人。

在這十年的蹉跎歲月中，「五十五個」歷經艱辛和苦難，在接受「再教育」的歷程中分化：其中兩死一瘋，把年輕的生命永遠留在了版納的密林中；其中有人青雲直上，進入了省革委領導班子；而多數人則在艱險中抗爭，曾經在最危急的時刻，恰逢總理派人詢問「北京五十五」的情況，才使我們倖免於被「批倒批臭」之災。

我本人也在這艱苦複雜的環境中浮浮沉沉，當過被批判的對象，也當過分場黨委副書記，由於「批鄧不積極」，被從兵團總部黨辦調整到衛生科，在每年春天的疾病高發期，都忙著把各農場患癌症和精神分裂症的知青們送進昆明的各個醫院。一九七八年，由於有了鄧小平的批示，我們被允許參加高考，考入了北京大學法律系，結束了近十一年的知青生涯……

第三章
12.22指示發表經過和隱藏內幕

第一節　文革中毛澤東決定下放知青動機

　　二〇〇九年九月四日人民網在刊載了一篇〈紅衛兵消失在文革中，毛澤東決定下放知青始末〉的文章，全文如下：

　　紅衛兵組織是在毛澤東支援之下發展起來的。但是，紅衛兵在文化大革命中就自然消失了，這與毛澤東對紅衛兵的態度發生了變化有直接關係。毛澤東曾經認為，搞文化大革命的依靠力量是青年學生，因此他支持紅衛兵。

　　從一九六三年起，毛澤東就認為中國存在一個官僚資產階級，並且已經掌握了基層一大部分權力。到一九六四年，他認為，搞「四清」並沒有解決這個問題，要尋找新的解決辦法。一九六五年下半年到一九六六年初，毛澤東對中國國內政治形勢作了極為嚴重的估計。他認為，在中國，特別是在中共中央內部，已經產生了修正主義分子，他們是一批走資本主義道路的當權派；學術界、教育界、新聞界、文藝界、出版界（簡稱「小五界」）的領導權已經不在無產階級手裡了；在黨、政府、軍隊裡，也有一部分權力被這些資產階級的代表人物所掌握。如果不搞掉這些資產階級代表人物，他們就會奪取政權，由無產階級專

政變為資產階級專政。因此，他下決心，要發動一場自下而上的
「無產階級文化大革命」，把被資產階級代表人物篡奪的權力奪
回來，以保證無產階級江山永不變色。而要整倒資產階級代表人
物，又必須先從「小五界」下手，這就需要搞一場「無產階級文
化大革命」。

　　從「小五界」下手搞「文化大革命」，依靠誰？毛澤東經過
認真思考之後，把目光落在了青年學生身上。他認為，青年學生
最積極，最少保守思想，又有一定的文化知識，正好適合於在以
「小五界」為重點的「文化大革命」中當主力、打先鋒。

　　毛澤東說，文革中這些群眾主要是年輕人、學生，正是前美
國國務卿杜勒斯寄託和平演變希望的最年輕的一代。讓他們親身
體驗鬥爭的嚴重性，讓他們把自己取得的經驗和認識再告訴他們
將來的子孫後代，一代一代傳下去，也可能使杜勒斯的預言在中
國難以實現。我考慮發動群眾。我把批判的武器交給群眾，讓群
眾在運動中受教育，鍛鍊他們的本領，讓他們知道什麼道路可以
走，什麼道路是不能走的。我想用這個辦法試一試，我也準備它
打敗。現在看來群眾是發動起來了，我很高興，他們是同意我的
做法的。

　　正是在對所謂「小五界」中存在的資產階級反動路線的鬥爭
中，全國各地高校和青年學生中，湧現出了一大批造反的青年學
生，並且自發地組成了一個又一個鬆散的組織，產生了一些小頭
目。但是，這些學生組織以「紅衛兵」作為自己的名稱，已是一
九六六年五月以後的事了。

　　一九六六年八月，毛澤東主持召開的中共八屆十一中全會，
除了通過了〈關於無產階級文化大革命的決定〉等文件外，十分
重要的內容，就是肯定紅衛兵組織。八月一日開會當天，全會就

印發了毛澤東給清華大學附中紅衛兵的復信。全會於八月八日通過的〈中國共產黨中央委員會關於無產階級文化大革命的決定〉（簡稱〈十六條〉）中，非常明確地說：「一大批本來不出名的革命青少年成了勇敢的闖將。」全會開會期間的八月十日下午，毛澤東親自來到中共中央接待站，對前來慶祝〈十六條〉的群眾（包括紅衛兵）代表說：「你們要關心國家大事，把無產階級文化大革命進行到底！」

全會的決定和毛澤東的講話，實際上已經明確肯定：紅衛兵是「無產階級文化大革命」的先鋒、闖將。當時，毛澤東正是依靠紅衛兵來搞「文化大革命」的。接著，毛澤東自己主動提出要接見紅衛兵，並且先後接見了八次。可是，毛澤東在八次接見過程中，逐漸發現了紅衛兵存在的問題，對紅衛兵的態度發生了變化，這種變化有一個過程。

毛澤東前三次接見紅衛兵時，真心誠意地肯定和支持紅衛兵，他希望依靠紅衛兵奪取「資產階級代表人物」手中的權力。一九六六年八月十八日，首都舉行有百萬人參加的「慶祝無產階級文化大革命」群眾大會。參加這次大會的主要是北京和全國各地的青年學生。大會召開之前，毛澤東並沒有出席這次大會的打算。當他得知參加大會的多數是紅衛兵時，臨時表示要出席這次大會。他出席大會的主要目的，就是見一見紅衛兵。他還要求工作人員為他準備了一套綠軍裝。這是建國後毛澤東首次穿軍裝。這個舉動帶有深意，說明毛澤東要直接管軍隊，還說明毛澤東鼓勵軍隊要支持紅衛兵造反。

當天，毛澤東身著綠軍裝，登上了天安門城樓，在天安門城樓上接見了幾百名紅衛兵的代表。接著，毛澤東走過天安門前的金水橋，一直走到群眾當中，同周圍的許多人緊緊握手，並且向

全場革命群眾招手致意。這時，廣場上沸騰起來，人人雙手高舉過頂，向著毛澤東跳躍著，歡呼著，拍著手。許多人把手掌心都拍紅了，許多人流下了激動的眼淚。

毛澤東這次接見紅衛兵，林彪、周恩來、陳伯達、康生等人也參加了。當時正身處逆境的劉少奇、鄧小平也參加了接見。劉少奇的精神狀態很好，只是面對這種場面，有些憂心忡忡的樣子。

當天，毛澤東在天安門城樓上表現出了對發動文化大革命的充分信心。他對身旁的林彪說：「這次運動規模很大，確實把群眾發動起來了，對全國人民的思想革命化有很大的意義。」

毛澤東第一次接見紅衛兵，很快就在國內外產生了很大影響。從國內報紙上發表的消息來看，全國出現一片歡呼和慶祝的聲音，國外一些左派政黨和組織也表示祝賀。此後，全國的紅衛兵組織展開了「破四舊」的大規模行動。與此同時，在北京大興縣發生了殘殺地富反壞的事情，有40多名成分被定為地主、富農的人及其子女被殺。這些詳細情況當時毛澤東並不知道。八月二十三日當天，《人民日報》發表兩篇社論：〈工農兵要堅決支持革命學生〉、〈好得很〉，對紅衛兵掃「四舊」表示支持。此後，一個橫掃「四舊」，揪鬥領導幹部的風潮在全國刮了起來。

一九六六年八月三十一日，毛澤東第二次接見紅衛兵。之後，中共中央於九月五日發出通知，決定全國各地的革命學生代表和革命教職工代表來北京參觀「文化大革命」。全國很快就掀起了大串聯的高潮。

一九六六年九月十五日，毛澤東第三次接見紅衛兵。由於紅衛兵已經成了毛澤東的客人，北京各單位都對到京的外地紅衛兵熱情接待，因此來北京的紅衛兵更多了。當天被接見的紅衛兵約

有一百萬人。毛澤東這次接見紅衛兵之後，黨中央內圍繞著紅衛兵運動，明顯出現了兩種不同的聲音，一種是完全肯定；一種是反對紅衛兵造反時打倒一切領導幹部，衝擊工農業生產。這兩種聲音，在一九六六年八月十七日出版的第十六期《紅旗》雜誌上同時出現。

毛澤東第六次接見紅衛兵時，已經很不情願了。一九六六年十月一日，是中華人民共和國成立十七週年紀念日。毛澤東決定把慶祝建國十七週年大會和接見紅衛兵合併進行，因此這次被接見的紅衛兵比以前要多，有一百五十萬人。

許多紅衛兵半夜就守候在天安門廣場等待毛澤東接見。值得注意的是，這一天有的紅衛兵組織在天安門廣場打出了「打倒劉少奇、鄧小平」的橫幅，公開呼喊打倒劉少奇、鄧小平的口號。毛澤東第四次接見紅衛兵時林彪的講話和《紅旗》雜誌社論，引導了紅衛兵的鬥爭方向。此後，紅衛兵的造反行動，主要是針對「文化大革命」中的「資產階級反動路線」。十月六日，首都紅衛兵「三司」在首都工人體育場發起召開有北京和地方各大專院校師生十萬人參加的「全國在京革命師生向資產階級反動路線猛烈開火誓師大會」。在這次會上，作為中共中央政治局常委的陳伯達率先代表中央公開點了劉少奇、鄧小平的名。

一九六六年十月十八日，毛澤東第五次接見紅衛兵。這次接見，毛澤東的興致明顯不如以前高。據毛澤東的警衛們回憶，他在這次接見紅衛兵時，已經明顯表現出很無奈的神情，他雖微笑著，但表情卻很嚴肅。

一九六六年十月底，在北京的外地紅衛兵越來越多，都要求毛澤東接見，不接見，他們就不走。無法，十一月三日，毛澤東只好再接見紅衛兵。這是毛澤東第六次接見紅衛兵，人數比前幾

次都多，有兩百萬人。毛澤東這次乘敞篷吉普車接見紅衛兵，顯得比上次還要疲乏，表現出很無奈的神情。毛澤東此時接見紅衛兵已經很不情願了。

到一九六六年十一月中旬，在北京的紅衛兵更多了。無奈，毛澤東決定當月的十一日接見紅衛兵。這是毛澤東第七次接見紅衛兵了。

這次接見結束後，毛澤東焦急地問周恩來：「我已經幾次接見紅衛兵了，為什麼北京還有這麼多紅衛兵要接見？」周恩來回答說：「你不見他們，他們不走啊。」毛澤東又問：「中央不是決定停止串聯，要紅衛兵回原地鬧革命嗎？」周恩來回答說：「這些紅衛兵已經來北京了，天氣又漸漸冷了，北京市的壓力很大，要盡快想辦法見他們，讓他們回去。」於是，毛澤東當即決定：「十一月二十五日、二十六日連續兩天接見紅衛兵，讓在北京的紅衛兵都參加接見。接見完畢後，再不接見紅衛兵了。由中央起草一個通知，以後串聯再不實行免費了。」

毛澤東第八次接見紅衛兵後，轉為依靠工人階級，明確提出，知識青年到農村去，接受貧下中農再教育，很有必要。一九六六年十一月，上海發生了「安亭事件」，王洪文率一部分造反的工人臥軌攔車，造成全國主要鐵路中斷。毛澤東明確表示支持這一事件。一九六七年一月，上海工人造反組織又奪了中共上海市委的權，毛澤東又支持了上海工人奪權。這就是震動全國的「一月奪權事件」。此後，毛澤東主要矚目的是工人。他在此後的一系列批示，都是支持工人造反奪權的，很少再有批示支持紅衛兵奪權了。十分明顯，毛澤東已經決心依靠工人階級搞文化大革命了。

對於青年學生及其組織紅衛兵，毛澤東是不再信任了。不僅

不信任，他還認為，這些青年學生是需要接受再教育的。基於這一考慮，毛澤東採取了三個措施：一是派工宣隊進駐各學校，由工人維持學校的秩序，甚至在黨委已經倒臺的情況下，由工人代表來當學校的負責人；二是派軍宣隊進駐各學校，由軍代表主持學校的工作；三是在後來成立的「三結合」領導班子中，讓軍隊幹部、工人代表、老幹部代表擔任主要領導人，青年學生代表雖然也結合進領導班子，但是位置排後，不擔任主要領導工作。

再到後來，毛澤東看到，學校的秩序仍未穩定下來，而且全國的大學、中學都停課鬧革命。加上全國各地都處於混亂之中，學生到了畢業期，卻難以分配工作。怎麼辦？毛澤東想出的辦法，就是讓大學畢業的學生到工廠、部隊去，接受工人階級和解放軍戰士的再教育，讓中學畢業的學生到農村去，接受貧下中農的再教育。於是，大學生們逐步分配出去了，一個知識青年上山下鄉的運動開展起來了。學校也相對安靜了下來。此後，紅衛兵組織大多自然消失，紅衛兵運動沉寂了。

據搜索，此文原載於二〇〇九年六月的《黨史縱橫》權威媒體，爾後又被人民、新華、中華、搜狐、新浪等主流媒體以頁面標題全文轉載，而各地知青網則更多全文轉載，評說爭論紛紜。甚至有說當年知青上山下鄉是引起農村農場不穩定的因素，勞民傷財等等……

法國漢學家潘鳴嘯在〈失落的一代：中國的上山下鄉運動（一九六八～一九八〇）〉中指出毛澤東發動的上山下鄉運動有兩個不可告人的動機：

一是降伏紅衛兵。自一九六七年秋起，政府就試圖恢復社會秩序，重新穩定局面。一九六八年初成立了以「三結合」為基礎

的革命委員會。然而，紅衛兵在整個上半年裡依舊拒絕停止他們之間的爭爭吵吵，還大打派仗，尤其是在北京大學和清華大學。紅衛兵組織妨礙了秩序的恢復，也失去了政治利用價值。從七月二十七日起毛和激進派們就陸續派出「工宣隊」去控制高等學校，配合加強三月份就已經派駐的「軍宣隊」。為了表示支持這個行動，毛向已經強行進入清華大學的工宣隊贈送了一籃芒果。那些進駐清華的工人們因試圖把正在武鬥的紅衛兵分割開，自己也遭受了損失：多名工人身亡，傷者以百計。此後，當工宣隊進入高校的時候，都會高舉塑膠芒果模型，這簡直就是古代皇帝授予心腹密使的尚方寶劍的現代翻版。

自此，工宣隊就開始把中學生及大學生遣送去邊遠地區，主要是黑龍江和內蒙。然而，這些青年們遲疑磨蹭，情願留在城裡無所事事，在當時的政治情勢下，就會造成對社會秩序的一種威脅。紅衛兵其實已經學會了造反，也學會了自己思考問題。像湖南一個造反派組織「省無聯」的成員開始孕育出某些足以危及制度根基的政治觀點。毛在九月發出兩條有關指示，還不夠；直至十二月二十二日又頒佈了一條最高指示，才令大批知青及閒散人員離開城市。

降伏紅衛兵與重新大規模遣送青年下鄉，這兩者之間的關係昭然若揭。下鄉運動包藏著鎮壓的殺機。這一點在官方報刊上從來沒有公開提及過，但許多紅衛兵都覺察出來了，有的是即時反應，有的是在農村待了一段時間以後才有所覺悟。隨著報刊上的公開責罵，他們對事情有更深刻的認識。當時，連篇累牘的文章猛批紅衛兵，指責他們在文化革命中的狂熱胡鬧、自私自利、缺乏革命堅定性。那時不僅是針對紅衛兵，連全體知識份子都遭到謾罵羞辱。文匯報曾大度地表示：「不要一講知識份子就是臭知

識份子，但是臭一點也可以」。對紅衛兵展開嚴厲鎮壓，還逮捕了幾個造反派頭頭，這就更使「革命小將們」明白到毛真的是下了決心要甩掉他們，「再教育」的意思是否定他們為毛所作的一切。

上山下鄉運動具有預防及懲治的政治功能，這倒是符合一貫的做法。發配農村一直用於遣散被視為城市裡潛在的危險分子，他們沒資格在那兒居住。過去皇帝執行政治流放，把犯人押送去屯墾戍邊，中國共產黨就繼承這一衣缽，在最邊遠最貧困的農村地區建立了多個勞改場。一九四九年後歷屆政治運動中遭殃的人與各種普通犯人混雜在一起，困在這些勞改場裡。一九五七年毛明確地肯定了有必要分散政治上的對立者及異見者，防止他們集合起來。一九五四年制定了勞動改造（簡稱「勞改」）條例，一九五七年反右運動以後又增加了勞動教養（簡稱「勞教」）和監督勞動，都是針對分散在廣大農村的「壞分子」，特別是「右派分子」了。就這樣，政治運動成了影響城市人口變化的因素之一。正如兩位中國學者所指出的：「自一九五七年反右以來，接連不斷的政治運動，都直接影響著中國城鎮人口的機械變動。每次政治運動的結果，都有大批城鎮人口被送到農村，使城鎮人口相對減少。文化大革命對城鎮人口變化的影響更大」。就像一九六六年，一大批城鎮居民（有出身反動的、有刑滿釋放的，等等）不得不舉家遷往農村，因為他們有可能會破壞文化大革命的順利進行。

一九六八年下半年一九六九年初，全國籠罩在恢復社會秩序、同時又萬分驚恐蘇聯武裝侵入的氣氛中，自然又是動員知青下鄉，這次不僅數量多，範圍也更大，目的還不就是鎮壓製造動亂的不安分子，防止城中心存不滿的紅衛兵及無業遊蕩的青年群

體產生一丁點兒對抗情緒？林彪在他的「武裝起義工程」（又名「五七一工程」）裡，形容上山下鄉運動根本就是「變相勞改」，他倒是點出了一部分真相（他本人也有責任），並可能期望觸動當過紅衛兵的知青們身上的某一條敏感的神經線。這種政治憂慮並不是頭一次提及，早在文化革命前就已經出現了。在那個年代裡，送到農村去的主要是出身不好的青年，他們沒有考上大學或高中，在城裡又極少有機會找到工作。

二是加強毛的「魅力領袖」式威權。官方從來沒有公認過利用上山下鄉運動把危險分子逐出城市，不過報刊上不斷地宣講該運動的根本政治目標是「鞏固無產階級專政，防止資本主義復辟」。這在當時，具體來說就是：鞏固毛的政治路線的權威，防止「劉少奇之類的修正主義分子」回籠。這裡提出的問題正是上山下鄉運動在「兩條路線鬥爭」中的作用的問題。下鄉運動當然只是這場鬥爭的一個方面，但由於它涉及的社會面很廣，因此不可忽視。

運動的一種作用就是加強毛式的權威，以及建立在領袖個人思想及威望基礎上的「魅力領袖」式威權制度。事實上，他防止了一批世襲的和專家型的精英的形成；肯定了革命的意識形態目標高於一切社會經濟活動目標（要求全體知青下鄉，就有這個意義）；使城市青年接受了他自己年輕時期的理想；僅用他個人一個簡單的指示就發起了一場社會運動，把千百萬老百姓的生活攪得天翻地覆（而根本無須考慮是否要頒佈什麼法令規章）；毛因而確定了文化革命期間他成功強制執行的魅力領袖式威權制度取得了勝利。他也更加確定了「他的」威權。正像Lucien Bianco指出的，毛執著地要預防魅力領袖式威權的常規化並不是沒有考慮個人利益的：「問題的要害在於這個魅力領袖式威權是他自

己的」。他向他的政治對手顯示這種威權，同時也施加於整個社會。

　　Hanna Arendt曾經這樣寫道：「極權主義當政者只要不停地運動自己，同時也運動他們周圍的一切，那麼他們就可以牢牢地抓住大權」。原則上說，下放幾百萬城市青年到鄉下去「紮根一輩子」，毫無疑問，那就是「運動」中國社會的絕好辦法。用人民日報的話說，就是「毛主席關於無產階級專政下繼續革命的偉大學說的一個重要組成部分」。毛本人是否完全意識到加強他的魅力領袖式威權這一動機呢？很難說。他的威權作風在某種意義上已經變成他的第二天性。然而毛也善於耍弄陰謀詭計，在發動文化革命的過程中就暴露無遺了。他非常明白思想意識形態是他主要的政治賭注。假如中國政府變成一個注重經濟效益的理性政府，毛就會失去他實際權力的一部分。

　　上山下鄉運動的政治動機似乎是雙重的，在某種程度上說還是相互矛盾的。作為降伏紅衛兵以恢復一定的政治穩定局面的手段，下鄉運動給文化革命劃上了句號；可是作為「運動」，即是說偉大舵手所企望的攪動社會的手段，那就是文革的持續發展。然而矛盾只是表面的。無論是恢復秩序，還是製造新的「混亂」，對保住毛在文化革命中重新奪得的絕對權力都是有用的。

　　因此，在大肆宣傳意識形態目標占首位的背後還隱藏著經常是遮遮掩掩的政治動機。我們將要談到的另兩種動機的關係也與此相似：它們不僅是不可分割的，而且兩者之中一方掩護另一方。

　　通過閱讀以上文章，我們可以大致瞭解到，其實，紅衛兵只不過是毛澤東用於文革政治鬥爭的工具，在「不再信任後」，就被其認為「是需要接受再教育的」。於是在採取「工管」、「軍管」「三結合」三項強有力的措施後，面臨著「難以分配工作的

困境」，不得已「讓中學畢業的學生到農村去，接受貧下中農的再教育。」

可能，以上文章會讓原來以為上山下鄉運動，蘊含著種種深遠偉大的意義和光榮驕傲的使命的許多知青心裡有些失落，甚至會被一些堅信上山下鄉是「大有作為」或「青春無悔」的知青，認為是「捏造、詆毀、歪曲」等言語而給予反駁或謾罵。但事實的真相就是如此冷酷：上山下鄉運動只是文革運動衍生的畸形怪胎之一。而相當多的沒有什麼文化的紅衛兵被冠以知識青年好聽的頭銜哄騙或趕去農場農村，只不過是這場瘋狂民族浩劫祭壇上的犧牲品。舍此之外，沒有別的理由。

如果細究起來，這場上山下鄉運動，其危害比文革還要危害惡劣幾分。因為它在中斷了我們民族一代孩子的學業基礎上，又荒廢了兩千多萬人的寶貴青春年華！造成了國民經濟近二十年的停滯不前或遲緩發展，加大了中國與世界發達國家和地區的差距，這一光陰的損失是很難彌補的。況且，它還使知青這一群體長時間的承受著不必要的苦難和困境。所以，我們完全沒有理由為上山下鄉運動歌功頌德，相反，要用自己的親身經歷和體會，告誡後人吸取慘痛教訓，防止類似的悲劇重演！

第二節　全國知青大規模上山下鄉的背景

據安徽大學歷史系賈豔敏在〈「老三屆」知識青年上山下鄉的社會動員（選摘）〉中分析道：一九六六年夏，文化大革命爆發，全國各項工作都受到衝擊，正常秩序無法維持。然而，始於五十年代的知識青年上山下鄉工作，中間雖有中斷，但很快於一九六八年下半年形成高潮。至一九六九年，全國下鄉知青達四百

六十七萬多人，相當於文革前五年（一九六二～一九六六年）下
鄉知青總數一百二十九萬人的三倍多。如此多的「老三屆」畢業
生，在不足一年的時間裡，是如何被動員到農村去的呢？本文擬
就這一問題做初步探討。

　　一九六八年，文革的「奪權」階段基本結束，以六六、六
七、六八三屆（通常被稱為「老三屆」）初、高中學生為主體的
紅衛兵的「造反」任務也基本完成。他們的安置問題被提到議事
日程。一九六八年四月四日，中共中央、國務院、中央軍委、中
央文革小組聯合批轉了黑龍江省革委會〈關於大專院校畢業生
分配工作的報告〉。報告說，在分配工作中堅決貫徹「面向農
村，面向工礦，面向邊疆，面向基層」的原則。毛澤東在報告上
批示：「畢業分配是個普遍問題，不僅有大學，而且有中、小
學。」

　　這就是說，「四個面向」的分配原則也適用於中、小學畢業
生。雖然名義上分配原則是「四個面向」，但當時的情況是，經
過兩年「文革」的衝擊破壞，國民經濟連年衰退。就工業來說，
一九六七年總產值為一千四百五十三億五千萬元，比一九六六年
下降14%，一九六八年為一千三百八十億三千萬元，比一九六七
年又下降5%，僅為一九六六年的81.8%。工礦不招工，學校不招
生，在高度單一化的經濟體制下，工商及其他服務行業嚴重萎
縮。實際上，畢業生的分配只能是面向農村，即上山下鄉。一九
六八年七月～一九六九年十月期間，各級上山下鄉辦公機構的主
要工作是動員一九六六、一九六七、一九六八，三屆初、高中畢
業生上山下鄉。

　　其實，「老三屆」知識青年上山下鄉的序幕早在一九六七年
的十月九日已經拉開。一九六七年十月九日，北京二十五中、二

十二中、女八中、女十二中的曲折、郭兆英、王紫平、王靜植、甯華、余昆、鄭曉東、胡志堅、高峰、鞠頌東等10名初、高中畢業生自願到內蒙古自治區當牧民。這是上山下鄉運動被「文革」中斷後的重新開始。所以，曲折等人下鄉到內蒙古的當牧民的舉動引起了中央領導的巨大的關注，報刊媒體也為他們製造了空前的聲勢。下鄉前，曲折等人到天安門毛主席的巨幅畫像前集體宣誓。他們的舉動受到中央文革小組組長陳伯達、組員戚本禹等人的稱讚。陳伯達指示《人民日報》立即發消息，寫評論。十月十一日，北京的各大報紙都在頭版發表了這一消息，《人民日報》還配發了題為〈走同工農群眾相結合的道路〉的評論員文章，對曲折等人的舉動大加讚揚。

儘管如此，曲折等人的影響還是有限的，主動要求下鄉的仍是極少數人。北京的「老三屆」畢業生有將近四十萬，直到一九六八年四月，上山下鄉的只有幾千人，大批的畢業生積壓在學校。一九六八年四月四日，畢業生分配「四個面向」的原則一發表，全國各地紛紛行動起來，開始有計畫、有規模地組織上山下鄉工作。

五月二日，中央安置城市下鄉青年領導小組辦公室向國務院提交了〈關於一九六八年城市知識青年上山下鄉的請示報告〉，報告說，全國六六～六八年城鎮初高中畢業生接近四百萬人，大部分要上山下鄉，各省、市、自治區應儘早制定計畫。受文革衝擊最嚴重、就業壓力較大的北京市的知青工作行動迅速，早在四月二十一日，北京市革委會就發出了〈關於分配畢業生的通知〉，通知要求農村戶口的畢業生一律回鄉；城市戶口的畢業生，凡是農村有直系親屬的，動員他們回鄉；原籍在農村又有其他親屬的，動員他們回原籍插隊落戶，原籍沒有親屬的畢業生，

各地縣要有計畫、分期分批地組織他們上山下鄉。

其他各省也作出了大致相似的規定。如江蘇省，一九六八年七月二十三日，江蘇省革委會發出了〈關於中小學畢業生分配工作的通知〉即（68）73號文件，和一九六九年二月十三日發出的〈關於上山下鄉工作中幾個問題的通知〉，即（69）16號文件。其中（68）73號文件規定：分配原則是「四個面向」。分配方案是：家住農村的，回到自己所在的生產隊參加集體生產勞動；家住城鎮的，同意規劃，全面安排，實行小型集體插隊到人民公社或國營農場。一九六九年二月十三日的（69）16號文件對一些規定的細節做了調整。

雖然制訂了具體的政策，但工作仍然很難展開。「文革」爆發後，「文革」以前下鄉的知識青年（被稱為「老知青」）紛紛返城，或要求參與城市裡的「造反」運動，或上訪要求分配工作。一九六六年底到一九六七年初的短短幾個月裡，從各地返回城市的知青多達一百二十萬人，僅廣州就有三萬人。在北京逗留、串連的知青就有四十多萬人，中央安置領導小組辦公室被抄、被砸。南京市70%的老知青返城。他們回城後，衝擊基層單位，「95%以上的區、街道辦事處、居委會被衝垮，有些幹部被打傷住院；有的躲在家裡；有的外出避風。全市軍管會都遭到連續的衝擊。有的強行遷報戶口，要求供應糧油、安排工作。如南京市紅衛區（今建鄴區）一九六四年下放到六合縣的知青在農村襲擊糧管所，強蓋公章，搶走戶口遷移證、糧油供應遷移證及空白證明、介紹信等。他們到南京後，又要強行報進戶口、供應糧油，還砸了區軍管會辦公室。省軍管會辦公大樓也被衝擊，下鄉上山辦公室的負責人遭拖打。成都市有90%的知青返城。返城風刮得最嚴重的是上海市，文革一開始，就有幾萬知青回到上海。

全國各地都不同程度地刮起了返城風，為此，中央於一九六七年一月十一日發出了〈關於反對經濟主義的通知〉。通知要求前幾年下放到農村的知識青年安心參加農業生產。二月十一日，《人民日報》發表了題為〈抓革命，促生產，打響春耕生產第一炮〉的社論。社論號召逗留在城市的下鄉知青立即返回農村，積極參加春耕生產。六月三十日，《文匯報》發表了題為〈堅持支內、支疆、支農的革命大方向〉的社論。社論要求返滬的知識青年回到內地，回到邊疆，回到農村去，同時希望知青家屬配合工作，不要拖他們的後腿。為了進一步明確中央對上山下鄉的態度，一九六七年七月九日，《人民日報》發表了〈堅持知識青年上山下鄉的正確方向〉的社論。社論把上山下鄉提高到黨內兩條路線鬥爭的政治高度。儘管如此，動員返城知青回下放地，仍然是一項艱巨的工作。因此，直到一九六八年六月，各級上山下鄉辦公機構的主要工作是動員返城的老知青回到下放地，「老三屆」上山下鄉的動員工作還沒有全面展開。

一九六八年七月，隨著一九六八屆學生畢業來臨，畢業生積壓愈益嚴重，全國一九六六～六八年三屆城鎮戶口的初、高中畢業生將近四百萬。「四個面向」的原則公佈以後，各地加強了宣傳力度。為了動員畢業生上山下鄉，文革前樹立的知青典型再一次現身說法，充當動員老三屆知青下鄉動員的工具。

邢燕子，全國最著名的上山下鄉知識青年的先進典型之一。一九五八年下鄉到河北省寶坻縣大鍾莊公社司家莊生產隊，一九六〇年被大肆宣傳，成為全國的知識青年上山下鄉的先進典型。邢燕子的事蹟曾被《河北日報》、《人民日報》、《中國婦女》、《中國青年》以及其他各大報紙、廣播電臺報導，而且還被拍成影片，編成話劇。毛澤東主席三次接見邢燕子，郭沫若專

門為她寫了當時被廣泛流傳的〈邢燕子歌〉。邢燕子參加毛澤東
的生日宴會的照片被各報刊登載。一九六八年五月十四日，《文
匯報》刊登了邢燕子的題為〈一輩子做貧下中農的「老黃牛」〉
的文章（這時邢燕子已經是河北省革委會委員了），文中談了自
己下鄉後的體會、收穫、得到的榮譽以及堅定在農村的決心。七
月二十六日的《人民日報》和《光明日報》同時在頭版發表了邢
燕子的〈農村十年〉的文章。文章不僅寫了在農村勞動的情況，
還以單獨的標題寫在農村的階級鬥爭以及對「中國的赫魯雪夫」
的批判，再次表明在農村紮根的決心。

　　侯雋，文革前知識青年上山下鄉的另一個典型。一九六二
年，侯雋在北京良鄉中學高中畢業，到河北省寶坻縣史各莊公社
竇家橋大隊落戶，一九六三年一月十三日《中國青年報》刊登了
題為〈城市知識青年立志建設新農村的榜樣，侯雋落戶農村被稱
為「特別姑娘」〉的報導宣傳侯雋，之後各報紛紛轉載，侯雋因
此名揚全國，成為紮根農村的典型。一九六八年五月十四日，
《文匯報》發表了已經是河北省革委會常委的侯雋的〈堅持走與
工農相結合的道路〉的文章，文章的格調是批判的，批判「中國
的赫魯雪夫」及其代理人，堅定在農村的決心。一九六八年八月
三十日《人民日報》又發表了侯雋的〈在廣闊天地裡，前進〉的
文章。文章談了自己在農村磨煉成一個「鐵姑娘」的過程以及農
村的階級鬥爭。文章最後發出了號召：「幾年的農村戰鬥生活鍛
鍊了我，我深深感到：上山下鄉是毛主席給我們指出的光明大
道，這是我們知識青年革命化、勞動化的必由之路。」

　　蔡立堅，文革期間樹立的知青的典型。蔡立堅原名蔡玉
琴，一九六八年三月二十一日到山西省榆次縣杜家山大隊安家落
戶。一九六八年七月四日，《人民日報》發表〈杜家山上的新社

員——記北京知識青年蔡立堅到農村落戶〉的報導。報導介紹了蔡立堅到農村的經過。在她的帶動下，蔡立堅的母校——長辛店鐵路中學的許多同學紛紛要求上山下鄉；在她下鄉的地方——榆次一中的應屆初、高中畢業生也紛紛來到杜家山落戶。

在那個缺乏理智的狂熱年代裡，先進典型人物具有不可估量的號召力。先進典型自己的現身說法和報刊的報導宣傳，對處於「文革」瘋狂時期的「老三屆」畢業生的下鄉動員是一個巨大的推動。據瞭解：一九六八年六月，曲折隨西烏珠穆沁旗安置辦的知青到北京，和知青吳小明在北京一些中學和大學做過多場報告，介紹他們在牧區的情況。這次宣傳推動了一九六八年八月一批知青的上山下鄉工作……

據武生介紹：值得一提的是，一九六六年以後，部隊就沒征過兵，六七年初最混亂時期，那時連軍隊都受到衝擊，中學紅衛兵們整天無所事事，在家閒得無聊，少數人就上街閒逛，其中有些人還參與了社會上的一些不良活動，甚至參與了打群架，使家長們很擔心，覺得這樣下去，孩子們不僅學業荒廢了，而且無組織無紀律的無政府狀態，對孩子們的成長和身心健康實在沒有好處。南京軍區司令員許世友因此決定，通過內部招兵，將老幹部的孩子們都送進部隊，名曰「到解放軍這所毛澤東思想大學校去接受教育」，當然受到老幹部們的擁護和支持，而社會上誰又能對「進毛澤東思想大學校」有意見？一九六七年三月，南京軍區從軍隊幹部子弟中招收了一批裝甲兵。

一次，東海艦隊司令員陶勇的四個孩子找到許世友，見面立刻放聲大哭：「許伯伯，救救我們吧！」原來，陶勇被迫害致死，他的孩子無家可歸了。許世友一聽，大動感情，寬慰說：「不要怕，我這是紅色保險箱。」他命令把某負責人找來，叉腿

站在房子中間，厲聲說：「陶勇和我一塊出來革命，外面說什麼我不管。他落了難，他的孩子我偏要管。」「放『地方上』不行，還會受迫害，要放進紅色保險箱，叫們統統參軍。」

他一道命令，先後有40名落難幹部子弟穿上軍裝。許世友將軍於中山陵八號，送一批幹部子女（有陶勇、聶風智等將軍子女）去大別山當兵。臨行，將軍訓話，揮揮手曰：「你們一個個都發財了（指穿上新軍裝）！」又揮揮手曰：「你們到部隊後，一個個都得給我好好幹！」又揮揮手曰：「要幹不好，回來我一個個都把你們槍斃了！」

對此，曾有人向林彪反映了幹部子女當兵的問題，認為這違背了毛主席的革命路線。林彪很輕蔑這頂帽子，提筆批了八個字：「子承父業，理所當然」。

當時文革後期有個規定部隊子女不得參加地方文化大革命，但學校停課，沒有書讀，回家又沒有事做。部隊幹部子女成了散兵遊勇，一些頭頭腦腦由於擔心孩子惹禍，通過各種關係，相繼把14歲到18歲的子女塞進了部隊。這年底，知識青年到農村去接受貧下中農再教育，掀起上山下鄉的熱潮。剛解放的許副縣長已經到縣革委會當副主任，他找到了遲敏，要求將其女兒特招到老部隊裡當兵，他不願意女兒上山下鄉當農民。可這件事讓她犯難了。部隊幹部子女當兵之事已經有人告狀了，說是開後門招「黑兵」。結果林彪的「子承父業，理所當然」而順利進行。

而林彪的子女也都參軍了，這大概就是林對上山下鄉的態度，對比周恩來就看出了一點倪端，周卻在「1222指示」之前把姪女送下鄉，後來又堅決命令軍方在將其姪女招入軍隊後退回牧區。為什麼周會如此態度？我認為其中道理不一般！

林彪對上山下鄉的態度也可以反映在他後來的「五七一工程

紀要」所說的「知識青年上山下鄉等於變相勞改」，由此可見，不僅在百姓中間，就是在高層領導幹部中間對上山下鄉都有著截然不同的看法。

第三節　毛澤東12.22指示是如何發表的

　　眾所皆知，一九六八年十二月二十二日，《人民日報》發表了甘肅省會寧縣部分城鎮居民紛紛奔赴農業生產第一線的報導，報導在編者按中發表了毛澤東的指示：「知識青年到農村去，接受貧下中農再教育，很有必要。要說服城裡幹部和其他人，把自己初中、高中、大學畢業的子女，送到鄉下去，來一個動員。各地農村的同志應當歡迎他們去。」

　　關於這一指示發表的經過，二〇〇六年八月版《文史精華》中有一篇〈文革中的一個口號是如何叫響的〉介紹說：三十多年前一句「我們也有兩隻手，不在城裡吃閒飯」的口號，在一夜之間響徹全國城鄉，霎時就掀起了上山下鄉的狂潮。有人說那是一場洗禮，有人說那是一場災難。對那場運動的是非功過現在不管怎麼評說，對親歷過那場運動的人來說，也是一段難以忘卻的歲月。

　　說起「上山下鄉」、「知青」等詞語，全國上下沒有幾人不知道的。可提起顧立清，大概沒有多少人知道了。顧立清何許人？他正是與「上山下鄉」運動有著很深的淵源的人。

　　顧立清，河北阜平縣人，一九三九年參加革命，一九四八年五月入伍參軍。現已是80多歲的老人了，但精神矍鑠，我們在採訪時，他回想起當年的事，思路還是那樣清晰。

　　「下鄉下山」溯源。顧立清在一九六七年以蘭州軍區政治部

宣傳部副部長的身分，到《甘肅日報》擔任軍管會組長，一直到
「四人幫」倒臺。

　　五十年代初期，中國共產黨在帶領全國人民醫治戰爭創傷
中，遇到了中小學畢業生升學和就業的難題。新中國成立後的第
三年，全國小學畢業生達兩百六十萬人，而初中所能容納的應屆
小學畢業生有限，與要求升學者的數目相差較大。一九五五年，
合作化運動進入飛速發展時期，《人民日報》在八月十一日發表
了〈必須做好動員組織中、小學畢業生從事生產勞動的工作〉社
論，要求各級組織積極幫助青年人轉到農村參加生產勞動。這是
第一次比較明確地向知識青年發出下鄉的號召。

　　這年九月初，毛澤東在一篇文章上寫了一段批語：「全國合
作化，需要幾百萬人當會計，到哪裡去找呢？其實人是有的，可
以動員大批的高小畢業生和初中畢業生去做這個工作。」九月四
日，毛澤東在另一篇文章上批下了後來被廣為宣傳的名言：「一
切可以到農村中去工作的知識份子，應當高興地到那裡去。農村
是一個廣闊的天地，在那裡是可以大有作為的。」中共中央馬上
作出反應，在〈一九五六到一九六七年全國農業發展綱要（修正
草案）〉中，特別寫上了一條：「城市的中、小學畢業的青年，
除了能夠在城市升學、就業的以外，應當積極回應國家的號召下
鄉下山，去參加農業生產，參加社會主義建設的偉大事業。」
「下鄉上山」的概念可能就是這時產生的。

　　三年困難時期全國開始精簡下放人員，知識青年下鄉的事情
再次被提出來。「大躍進」運動受挫，進入三年困難時期，全中
國有兩千六百萬人被精減下放，中國形成第一次人口倒流，知識
青年上山下鄉又次被提上中央的議事日程。中共中央、國務院又
在一九六二年作出了精簡職工和減少城鎮人口的決定。後來又開

始了社會主義教育運動,「上山下鄉」被稱為培養革命接班人的重要途徑,塗抹上了濃厚的政治色彩。

中共八屆十中全會,把階級鬥爭和防止修正主義提到了一個新的高度,一九六四年五月四日,《人民日報》發表了題為〈知識青年要和工農群眾變成一體〉的社論。那時候,人們對毛主席極度崇拜,對黨十分信任,這無疑向廣大知識青年展示了一個美好的前景,對於那些充滿幻想、滿懷政治熱情的青年也具有吸引力。

在當時的形勢下,知識青年上山下鄉工作,是宣傳部門的一個重要的話題。一九六八年九月二十四日,《甘肅日報》發表了〈鞏固偉大勝利,發展偉大勝利〉的社論,祝賀全省各級全部成立了革委會。革委會的全部成立,標誌著「轟轟烈烈的無產階級文化大革命」已接近尾聲,就想到對城裡人到農村去應加大宣傳。

對甘肅的情況顧立清是十分清楚的,這裡的自然條件很差,人們不想在農村待,都想往城裡擠,可城裡又沒有多少工業,不少居民沒有工作。他當時認為中央組織居民上山下鄉是對的,覺得那麼多人待在城裡,不下去幹啥?

一九六八年九月底的一天,他把《甘肅日報》駐定西記者站的記者馬占海叫到辦公室,要求馬儘快把定西地區城鎮居民上山下鄉的情況瞭解一下。

「我們也有兩隻手,不在城裡吃閒飯」的由來。馬占海當時30多歲,在報社的名氣不是很大,但人很樸實,也很勤奮。那時軍管會的地位很高,馬占海回到定西後,就直接到軍分區向政委王化宇瞭解情況。王政委對他說:「定西的情況,孫司令員掌握得比較多,你可去找他問問。」於是,馬占海就找到了司令員孫繼力。性格直爽的孫司令員對馬占海說:「定西是個窮地方,城市和農村差別不大,城裡住的,大部分也是農民,下與不下區

別不大。就算戰爭打起來，蘇聯絕不會把原子彈扔到這個地方來。」話雖這麼說，但孫還是給馬占海介紹了定西上山下鄉的情況：「本地區靖遠縣城的行動比較快，已經有50％的城市居民下鄉了，會寧下去的有40％。」孫還說，「會寧縣下去的人雖不是最多的，但工作比較扎實。」

馬占海得到軍分區領導提供的線索，便去會寧縣採訪。他通過向縣領導瞭解情況、找群眾座談，掌握到幾個比較突出的人和事：一個是居民王慶一，王在向縣革命委員會提交的下鄉申請中說：「我是一個青年，待在城裡沒事幹。農村很需要勞動力，我決心到農村去參加勞動，改造思想，建設社會主義新農村。」另一個是王秀蘭，當時已經50多歲了，有兩個兒子在外當工人，家裡只有她和兒媳婦；再一個是到土高公社陳原大隊陳川生產隊安家落戶的高玉蘭，她雖然下鄉才幾個月時間，但由於各方面表現好，已被社員們評為標兵；此外還有高中畢業知識青年王永強和只有14歲的女青年羅蘭芳。

馬占海找了這幾個人逐一進行了認真採訪。當他問王秀蘭對上山下鄉有何感想時，王秀蘭不假思索地說：「我們也有兩隻手，不在城裡吃閒飯。」

作為一名職業記者，王秀蘭這句話正好是切中馬占海此次要採訪的關鍵字，於是，他在稿子中把王秀蘭作為了一個重點來寫，並突出了她這句「豪言壯語」。

馬占海採訪回來，把稿子交給了報社編輯部。當編輯部照例把排有那篇稿子的報紙清樣送給顧立清審查時，顧立清一看到馬占海寫的那篇稿子就感到不錯，覺得王秀蘭真不簡單，那樣大的年紀了還主動下鄉；特別是她說的那句話「我們也有兩隻手，不在城裡吃閒飯」，既樸實，又深刻，很有感召力，表現出了她很

高的的思想境界。於是，顧立清就動手對稿子作了精心修改，並把王秀蘭那句「我們也有兩隻手，不在城裡吃閒飯」作為主標題放大了字型大小，還加了帶花邊的編者按，並把這篇稿子從其他位置提到了頭版。

一九六八年十二月八日，《甘肅日報》在頭版右側，以半個版的篇幅刊登了沒有作者署名的消息，標題的引題是「在毛主席革命路線指引下，會寧縣部分城鎮居民紛紛奔赴農業生產第一線，到農村安家落戶，他們說」，接著是大號字的主標題「我們也有兩隻手，不在城裡吃閒飯」。

稿子發出後，顧立清像平常發出眾多稿子那樣，就像辦完了一樁事，在腦子裡就放下了，再沒往多處想。

這則消息引起了毛澤東主席的重視。稿子登出來第三天晚上，新華社打來電話到《甘肅日報》值班室，告訴顧立清說是毛主席看了這篇稿子，認為很好，問新華社為什麼不發這篇稿子。顧立清告訴他們，自己不知道毛主席是如何看到這篇稿子的。新華社的人問顧立清：「這篇稿子反映的事屬實嗎？」顧立清肯定地回答說：「絕對是真實的。」他們講要派人來核實。

這篇看似普通消息稿，引起了毛澤東的高度重視。據說，知識青年上山下鄉這項工作推開以後，毛澤東一直苦於找不到可以用來引路的典型，使他的戰略部署得不到順利地貫徹執行。當刊登著〈我們也有兩隻手，不在城裡吃閒飯〉消息的《甘肅日報》放到他案頭後，這位一直就十分重視新聞媒介的領袖，就像寫詩一樣，一下觸到了他心裡的某個點。毛澤東立刻指示新華社和《人民日報》派人到甘肅會寧縣，實地核實這篇文章的真實性，然後轉發全國。

第二天，新華社和《人民日報》的2名記者坐飛機就趕到蘭

州，顧立清派人到機場去接他們，並派本報記者陪同他們到會寧去核實。臨行前，顧立清叮囑陪同的人：「你們的任務主要是帶路，不要妨礙他們的工作，也不要發表自己的任何意見，協助他們把情況核實清楚就行了。」

經過一週多的調查，新華社和《人民日報》的記者回來後告訴顧立清說：「會寧工作真的很有特色，稿子真實反映了城鎮居民上山下鄉工作的進展成就，寫得沒問題。」他們回到北京後又給顧立清打來電話，說是新華社要發通稿，他們建議在轉發時署新華社和《甘肅日報》兩家的名。顧立清回答：「稿子是你們親自下來採訪核實的，就不用署《甘肅日報》的名了。」新華社的同志說：「這個問題你需不需要請示一下省革委會？」顧立清說：「我覺得沒有必要，就這樣辦吧。」

在回憶起當時的想法，顧立清說：「我當時想，這只是一篇一般的消息稿，不是啥大不了的事，根本沒有想到後來會產生那樣的結果。」

一九六八年十二月二十二日。《人民日報》在頭版以整版的篇幅，原文刊登了由新華社轉發了的十二月八日《甘肅日報》的消息〈我們也有兩隻手，不在城市裡吃閒飯！〉，並加了編者按。據說「城」字後面那個「市」字，是毛澤東親自修改時加上去的。與此同時，《人民日報》還在與報頭平行的右上角《毛主席語錄》一欄裡，發表了毛澤東為推動上山下鄉運動所作的最新指示：「知識青年到農村去，接受貧下中農的再教育，很有必要。要說服城裡的幹部和其他人，把自己初中、高中、大學畢業的子女，送到鄉下去，來一個動員。各地農村的同志應當歡迎他們去。」從此，由城市居民到農村去，轉化成了知識青年上山下鄉運動。

上山下鄉掀起了狂潮。文革中，凡毛主席發表了最新指示，

全國各個城市皆半夜三更敲鑼打鼓，遊行慶祝。

消息傳到甘肅省會寧縣，縣城幾千群眾在紅軍會師樓前舉行了慶祝大會。他們表示，「一定要在毛主席最新指示鼓舞下，再接再厲，努力把上山下鄉工作做得更好，把鬥、批、改各方面工作大大推進一步。」

在《人民日報》發表的第三天，《解放軍報》、《紅旗》雜誌等全國和各省級報刊也先後全文轉載〈我們也有兩隻手，不在城市裡吃閒飯！〉一文，上山下鄉工作一下子掀起了高潮。

在報紙掀起轟動效應的同時，國內廣播、電影和電視等輿論工具，都開足馬力宣傳上山下鄉。會寧縣由於那篇報導的原因，一夜之間變成了推動上山下鄉的典型，王秀蘭也因為那句豪言壯語，成為響應毛主席號召的核心人物。廣播上有聲，報紙上有名，電影記錄片上有形，全世界的人通過這件事，知道了會寧縣，更認識了「王大娘」。王秀蘭成了當時家喻戶曉、老少皆知的大名人。由此，王秀蘭的命運得到了徹底改變，不僅有蜂擁的記者前來採訪，而且她還被選為全國人大代表。

作為上山下鄉的帶頭人，王秀蘭又動員兩個兒子和媳婦，以及孫子，只帶了一些鍋碗、一點米麵、兩個小箱子和鋪蓋卷，來到距離會寧縣城六十多公里的白草原四百戶村落戶。王秀蘭一家當時在農村的勞動很積極，鄉親們都叫王秀蘭的兩個兒媳婦為「兩隻手的兒媳婦」。

對那場運動他不願作任何評價。那則消息稿子以這樣的形式出現，並在全國產生如此的影響，但卻給顧立清、馬占海沒有帶來輝煌。他們當時只覺那是完成了一件本職工作，沒有想到署名，更沒有想到去爭什麼榮譽。可後來他們卻因為這篇稿子，在政治上受到了很大的影響，有人把知識青年上山下鄉運動形成狂

潮歸咎到他們的頭上，說他們執行了極「左」路線。

受到衝擊的首先是馬占海。他宣傳上山下鄉，把自己也捲進了那場狂潮中，稿子發出時間不久，報社也要動員一半的人上山下鄉。當時馬占海在完成稿子後因病回蘭州休息，他也被定上了上山下鄉的名單裡。這消息可讓馬占海著慌了，他聽說在阿幹鎮煤礦搞報導的楊忠同顧立清很熟，就托楊向顧立清說明自己的身體情況，希望不要安排他下鄉。顧立清也覺得他那身體到農村去吃不消，在會上表態說：「馬占海身體不好，就不要下了，如果因為那篇文章，那是我的想法，是我派他去采寫的，責任在我。」後來，馬占海被安排在離蘭州只有三十多公里的阿幹鎮煤礦，顧立清還親自給阿幹鎮煤礦的領導打電話，希望他們能照顧馬占海，他才被安排當了煤礦的報導組長。

顧立清的為人和工作能力是有口皆碑的，可他因這則消息，在副部長位置上十幾年不但再沒動過窩，後來在批判極「左」思潮時，他還理所當然地成了批判對象。

在結束採訪時，顧立清再三強調：「至於那場運動是洗禮，還是災難，各人有各自的感受，不是我所能評說得了的。後來批判說我搞了那些極『左』的東西，我也沒作過申辯。我覺得，自己當時在那位子上，應該把工作幹好。但的確沒料到，那則消息會產生那樣大的影響。也許這是那個時代的產物吧。」

採訪結束後，引起了我們對那場運動更多的思索。這場把城市人口和知識青年向農村和偏遠山區轉移，其持續時間之長、規模之大、影響之深遠實屬罕見。無論怎樣，「知識青年上山下鄉運動」已在共和國的歷史上留下了深深的印記。

第四節　關於12.22指示真偽的諸多探討

　　然而，對於人民日報編者按所加的那段最高指示，許多人並不認同。知青武生經過仔細的考究後說：二〇一〇年十二月，不少知青網上都出現了對當年影響他們一生的毛澤東在一九六八年十二月二十二日關於上山下鄉的那段著名講話的評論和探討。而問題依舊，還是對老人家那段講話發表的時間，地點，對象困惑不解。二〇〇八年底上海上山下鄉國際研討會上在主持人之間傳出毛澤東1222指示是姚文元偽造的，此語一出就更在這個問題上增添了許多神祕感。

　　因為直至今天也查不出毛澤東發表這篇講話的歷史文件的記載，到底老人家是在一次會議上專對知青問題說的，還是在他看了會甯老大媽的事蹟後所寫下的批示中的一段？要動員知青上山下鄉為什麼不挑曲折那樣的當時已自發下鄉的紅衛兵典型，也不揀周秉建那樣的更能「說服城裡的幹部和其他人」的高幹親屬自動下鄉的典型？而是找了一位偏遠縣城落戶郊區的老大媽來「說事」。因此很多人質疑毛澤東這段講話的來源。

　　據說傳出姚文元偽造1222講話是出自原中央安置城市下鄉青年領導小組辦公室的老人，難道毛澤東當年不知情？如此撲朔迷離的歷史懸案，也難怪到今天還讓一些老知青耿耿於懷，本人過去幾年在幾個知青網上也對這個問題進行過梳理，今天舊話重提，我的主張是先不去評價1222講話的是非對錯，而是圍繞這段講話探討一下當年到底發生了什麼？

　　下面先轉一篇沈志明剛發表的文章：〈再說毛澤東1222指示〉：「知識青年到農村去，接受貧下中農的再教育，很有必

要。要說服城裡的幹部和其他人，把自己初中、高中、大學畢業的子女，送到鄉下去，來一個動員。各地農村的同志應當歡迎他們去。」毛澤東的這個指示於一九六八年十二月二十二日，在《人民日報》等全國各大報紙上，以頭版頭條的篇幅發表（簡稱1222指示）。其實在頭天晚上，即二十一日，中央人民廣播電臺在新聞聯播節目裡已經告知全國了。按照當時的慣例，全國各地城市當晚都有歡呼遊行的舉動，於是，二十二日指示見報時，相關的社論、報導都隨之刊出。

翻開當年的報紙，重新仔細閱讀可以發現，這條涉及一代知青人命運沉浮的最高指示，直接的起因居然不是知青人自己。報紙引題的文字是：「在毛主席革命路線指引下，會寧縣部分城鎮居民紛紛奔赴農業生產第一線，在那裡安家落戶」，然後是通欄特大標題：「我們也有兩隻手，不在城裡吃閒飯」。直到編者按裡，才出現『知識青年』的字樣。編者按說：「甘肅省會寧縣城鎮的一些長期脫離勞動的居民，包括一些知識青年，紛紛奔赴社會主義的新農村，在那裡安家落戶……」這樣的表述，「知識青年」似乎是順帶提及的，顯然不是這個下鄉落戶事情的主體。在通篇報導中，主要對象還是所謂的「長期脫離勞動的城鎮居民」，同時寫了他們來到農村後的一些情況。其中提到「知識青年」的僅兩次，文字也不多，摘錄如下：

「知識青年王慶一向鎮革委會提出下鄉落戶申請時說：我是個青年，蹲在城裡沒事幹，農村很需要勞動力，我決心到農村去參加勞動，改造思想，建設社會主義新農村。」

「知識青年王永淑，和家裡人一起落戶到土高公社紅灣大隊上窯生產隊後，積極幫助貧下中農學習毛主席著作，社員們很滿意。現已被隊裡聘為輔導員。」

　　很明顯，這裡「知識青年」的例子，一是涉及就業，二是涉及去農村參加建設和能發揮的作用。報導用了毛澤東「勤儉建國」和「農業學大寨」的話，沒有引用1222指示，內容上也沒有1222指示要表述的主題。再有一點，知識青年是「和家裡人一樣去落戶」的。這也和之後的上山下鄉做法不同。不難看出，這樣的宣傳報導旨在肯定會甯縣城鎮居民落戶農村的事，這讓人想到在此之前不久，因為國家經濟困難，動員城鎮幹部職工及其家屬，帶著孩子回鄉務農的做法。可是，會寧縣的事之後也未見有後續報導，全國也沒有再發生讓「長期脫離勞動的城鎮居民」下鄉的事，知識青年上山下鄉運動倒是轟轟烈烈得五花八門起來。

　　毛澤東1222指示事因會寧縣的事披露的，披露的編者按說：毛主席最近又一次教導我們，接著就是指示全文。至於報導會寧縣的事何以引出這個指示，語焉不詳。何謂「又一次」，也有理解上的不便，是承接以往毛相關的話，還是重申這個指示的主題，不得而知，正如本文前面提到的，通篇報導中沒有引述毛的這個指示，內容也沒有闡述這個指示的主題。查閱資料，「再教育」的提法，在文化大革命中有過，但都是講知識份子和下放幹部到群眾中去，接受工農兵的再教育，把「知識青年」和「再教育」連貫起來表述，而且強調出「貧下中農」，是絕無僅有的。

　　再看毛的指示，倒是避開了「直接起因」，根本就沒有提會甯縣城鎮居民下鄉的事，只是要求他們「把自己初中、高中、大學畢業的子女，送到鄉下去」。是毛不十分贊成會寧縣的做法，還是在瞭解到會寧縣事情後，毛發表過一通談話或者指示，1222指示僅是其中的一段。或者，1222指示，是毛針對某個地

方某個問題方面曾經有過的指示，被用在這裡了。總之編者按及其披露的1222指示，由報導會寧縣之事引起，顯得突兀而令人遐想。

　　從文革中上山下鄉運動的實踐考察，毛的1222指示，後來成為全國初、高中學生度身定制的話，他們是「接受貧下中農再教育」的唯一受眾，而且幾無期限。其時大學生實際上已經排除在外了，何況其他人呢？我贊同研究中國知識青年上山下鄉要有歷史分期，那麼，毛的1222指示是整個事件進程中一個至關重要的點，一些歷史的細節值得探究。

　　知青武生通過對不少資料比較分析指出：……除了官方版本外，現在1222指示已有了另外四個出處：

一、人民網二〇〇九年十二月十四日登出的文章指出：毛澤東一九六六年十一月第八次接見紅衛兵後，轉為依靠工人階級，明確提出：「知識青年到農村去，接受貧下中農再教育，很有必要。」但這一指示只有前半段，缺1222指示的後半段。

二、張達維（原雲南蠻老街農場知青）二〇〇九年五月十日回憶錄：那是一九六七年冬季的一天，天氣很冷。我和另外兩位要好的同學（王開平、胡克）認真討論著剛剛聽到的關於毛主席對知識青年所作的最新指示精神。這是當時的北京中學紅代會頭頭李冬民（我的同學）剛從中央文革開會回來即刻向我們傳達的最高司令部對我們中學畢業生作出的下一個戰略部署……當時李東民傳達的毛主席的最新指示還沒有公開發表。我們只知道個大概精神，就是：知識青年要上山下鄉，接受貧下中農的再教育，很有必要。（也只有前半段，缺1222指示後半段）。

三、知青上海網論壇「讀寫交流」二〇一〇年十二月龔益民發
　　表：1222」指示是毛澤東在當年（一九六八年？）國家計委
　　上報的一份文件上的批示（全版本？），當時……人口生育
　　高峰造成的大批學生畢業後無處安排，國家計委也是迫不得
　　已提出了一個讓大批學生下鄉的方案，為了更具號召力，借
　　偉人之力，發佈號召。

四、二〇〇八年十二月上海上山下鄉國際研討會主持人發言：毛
　　澤東的1221指示（全版本）是姚文元偽造的。

　　另外，金大陸教授報告中說：他們去北京走訪顧老時，顧老
對他們說：還沒找到一九六八年1222最高指示發表的檔案，似乎
是由四人幫之一的姚文元拼湊的。

　　但是，知青無聲並不贊同這一說法，他說：我又再聽了一
遍，金大陸只是說他們到了北京聽到顧老說毛澤東的1222最高指
示到現在也沒有找到檔案出處，顧老沒說是姚文元編出來的，而
是旁邊一位與會者插話講到的。我也不認為毛澤東會認可姚文元
「假傳聖旨」！是否有可能毛澤東在當時「一步到位」沒經過政
治局討論就交給新華社發出去了呢？這有可能！這麼大的一個社
會運動可能是四人幫假傳聖旨製造出來的嗎？報上天天講，社會
上轟轟烈烈，老人家不知道？

　　金大陸還講到對上山下鄉運動的研究已從社會學轉到歷史學
的範疇了，換言之其研究方法已改變了，也就是突出了檔案搜索
和掌握的角色。說白了就是誰掌握的檔案資料多，誰就最有發言
權，舉清風出袖提到的上面的例子，如果有人從顧老那裡聽說毛
澤東的1222最高指示是被拼湊出來的，那就應追根刨底的問顧老
是從哪裡得到的資訊。與會的人有不少是社科院歷史所的專家，
這點常識是一定有的，至少要追到是誰講出來的這個「秘聞」。

顧老和中知網這麼接近，有關的人打個電話去追問一下是非常必要的，因為這涉及了一個重大問題，上山下鄉運動可能不是毛澤東親自發動的！

據我所知，黑龍江和內蒙古兩大兵團都是毛澤東親筆簽發文件批准成立的，有帶號碼的中發文件為證，而1222最高指示確實沒有聽說有過中發文件這回事。可以想見，連我們為之奉獻的震撼二十世紀的（顧老語）這樣大的一個歷史運動如何開的場到現在都是一頭霧水，我們還怎樣面對我們的歷史？看來金大陸說的對，誰有檔案誰說了算！

對此，知青二黑說：這事好辦，只要到人民日報社，查找當時文稿檔案，就清楚了！

然而，歷史就是歷史。不管怎麼說，一九六八年十二月二十二日。《人民日報》在頭版以整版的篇幅，原文刊登了由新華社轉發了的十二月八日《甘肅日報》的消息〈我們也有兩隻手，不在城市裡吃閒飯！〉，並加了編者按。據說「城」字後面那個「市」字，是毛澤東親自修改時加上去的。與此同時，《人民日報》還在與報頭平行的右上角《毛主席語錄》一欄裡，發表了毛澤東為推動上山下鄉運動所作的最新指示：「知識青年到農村去，接受貧下中農的再教育，很有必要。要說服城裡的幹部和其他人，把自己初中、高中、大學畢業的子女，送到鄉下去，來一個動員。各地農村的同志應當歡迎他們去。」

從此，由城市居民到農村去，轉化成了知識青年上山下鄉運動。之後的近十年，有一千七百萬知識青年因為這一指示而改變了自己的人生命運。由此，有的知青建議將十二月二十二日定為知識青年上山下鄉紀念日。

第五節　各地湧現的表忠歡呼和誓師情景

　　按當時流行的時髦說法，毛澤東「知識青年到農村去」這一指示發表的當晚，全國各地都湧現了集會遊行的表忠熱潮，所有機關、單位、學校、街道的群眾照例立即集合上街遊行，歡騰慶祝毛澤東最新指示的發表，好不熱鬧。

　　據新華社二十二日訊：毛主席這一光輝的最新指示，極大地鼓舞了正在深入開展兩條路線鬥爭史的學習運動，勝利進行鬥、批、改的全國億萬軍民。從昨夜到今天，全國各大城市、中小城鎮以及廣大農村的革命群眾和人民解放軍指戰員，一片歡騰，紛紛冒著嚴寒和風雪，敲鑼打鼓，集會遊行，最熱烈地歡呼毛主席最新指示的發表。廣大知識青年熱烈響應毛主席的偉大號召，掀起了到農村去的新高潮。億萬軍民表示，一定要認真學習、堅決落實毛主席這一最新指示，進一步提高兩條路線鬥爭的覺悟，認真搞好鬥、批、改，奪取無產階級文化大革命的全面勝利。

　　昨夜，當毛主席的最新指示，以及傳達這一指示的《人民日報》重要編者按和甘肅省會寧縣部分城鎮居民奔赴農業生產第一線的消息傳到各地後，全國的城鎮、鄉村、牧區和海島，到處一片歡騰。在震撼夜空的歡呼聲、鑼鼓聲和鞭炮聲中，各地軍民抬著偉大領袖毛主席畫像和最新指示的語錄牌，揮動紅色寶書，舉行聲勢浩大的集會遊行。在歡騰的海洋裡，人們寫出了熱情洋溢的詩歌：「北京傳來大喜訊，最新指示照人心。知識青年齊回應，滿懷豪情下農村。接受工農再教育，戰天鬥地破私心。緊跟統帥毛主席，廣闊天地煉忠心。」

　　北京、上海、天津和河北、山西、內蒙古、遼寧、吉林、黑龍江、甘肅、陝西、寧夏、青海、新疆、山東、江蘇、浙江、安徽、江西、福建、河南、湖北、湖南、廣東、廣西、四川、雲南、貴州、西藏等省、自治區革委會所在地，整夜在沸騰。遊行隊伍、宣傳隊伍、報喜隊伍川流不息。許多省、市、自治區革委會連夜召開會議，認真學習，熱烈討論，並立即制訂落實措施。不少地方的革委會當晚發出通知，號召廣大革命群眾以「只爭朝夕」的革命精神，爭做執行毛主席最新指示的模範。有些地區召開了幾萬到十幾萬人的動員大會，掀起了知識青年到農村安家落戶的新高潮。

　　喜訊傳到甘肅省會寧縣，全縣三十一萬貧下中農和革命群眾沉浸在無比歡樂中。會寧縣城有近兩千革命群眾在紅軍會師樓前，舉行慶祝大會。他們表示，一定要在毛主席最新指示的鼓舞下，再接再厲，乘勝前進，努力把城鎮居民和知識青年下鄉落戶的工作做得更好，把鬥、批、改各方面的工作大大推進一步。

　　各地進駐學校領導鬥、批、改的工人毛澤東思想宣傳隊，連夜召開大會，向革命師生宣傳毛主席的最新指示，並且領導革命師生狠揭猛批叛徒、內奸、工賊劉少奇的「讀書做官論」、「下鄉鍍金論」等反革命修正主義黑貨，大大地提高了革命師生的政治覺悟。人民解放軍各部隊的領導機關，連夜舉行盛大集會和慶祝遊行，並發出通知，號召廣大指戰員立即掀起認真學習、熱情宣傳、堅決貫徹毛主席最新指示的熱潮。各部隊派出了大批毛澤東思想宣傳隊，跋山涉水，奔赴城鄉，把毛主席最新指示傳到家家戶戶。各部隊都開展了寫紅色書信活動，動員自己的親友和同學，堅決照毛主席指示辦事，到農業生產第一線去。戰鬥在「三支兩軍」第一線上的廣大指戰員，在熱烈歡呼毛主席

最新指示發表的同時，積極協助各地革委會，辦起各種類型的毛澤東思想學習班，動員知識青年到農村去接受貧下中農的再教育。

全國億萬工農兵群眾、革命幹部、城鎮居民和知識青年，聽到毛主席的最新指示後，連夜進行了學習討論。他們一致認為，偉大領袖毛主席的最新指示，是毛主席的偉大戰略部署；是以毛主席為首、林副主席為副的無產階級司令部的新的戰鬥號令；是鞏固無產階級專政，防止資本主義復辟，建設社會主義的百年大計、千年大計；是實現知識青年思想革命化，培養無產階級革命事業接班人的根本途徑；是建設社會主義新農村的英明決策。

北京北郊木材廠的廣大工人批判了劉少奇的修正主義黑貨和「養兒防老」的舊思想。他們說，在舊社會是「養兒防老」，現在要「養兒防修」，要教育子女永遠聽毛主席的話，到農村去接受貧下中農的再教育。已經在農村落戶的上海市星火農場「五‧七」連隊的知識青年，暢談自己的體會說，毛主席的最新指示，是廣大知識青年實現思想革命化的必由之路。在貧下中農優秀品質的薰陶下，我們許多同志思想感情上都起了巨大的變化。我們一定要遵照偉大領袖毛主席的教導，紮根在農村，幹一輩子革命。在河南省郊縣「廣闊天地大有作為」人民公社安家落戶的400多名知識青年興奮地說，毛主席教導我們：「農村是一個廣闊的天地，在那裡是可以大有作為的」我們決心在農村的廣闊天地裡，虛心接受貧下中農的再教育，錘鍊永遠忠於毛主席的紅心，沿著毛主席給我們指引的光輝道路奮勇前進！

一些地方長期脫離勞動的城鎮居民說，過去我們有些人，

在大叛徒劉少奇的反革命修正主義路線的毒害下，變得越來越不願意勞動，越不勞動就越輕視農民，也就越脫離毛主席的革命路線，漸漸地成了有手不願勞動，有腿不願走路的「吃閒飯」的人。他們表示堅決響應毛主席的偉大號召，到農業生產第一線去，為建設社會主義新農村作出貢獻。

各地工農兵和革命幹部立即行動起來，動員自己的子女、親屬，響應毛主席的偉大號召，上山下鄉。北京、上海、天津等城市的許多工廠的廣大革命職工，紛紛寫決心書，表示一定要遵照毛主席「知識青年到農村去，接受貧下中農的再教育」的教導，動員自己的子女在農村安家落戶。北京新華印刷廠的許多職工立即把全家召集在一起，進行學習、動員。老工人陳雲秀的大女兒已經被批准去農村落戶，陳雲秀和老伴非常高興地說：「聽了毛主席的最新指示，我們堅決支持你去農村插隊，等你妹妹明年畢了業，也讓她去。我退休了，咱們全家都搬去。」廣東省海口市郵電局60多歲的老工人符茂平，在毛主席最新指示指引下，已經把兩個中學畢業的兒子送到鄉下落戶。他激動地說，毛主席的最新指示，字字句句說到了我們工人的心坎上。大叛徒劉少奇妄圖把我們的城市變成資本主義城市，把我們的後代變成「吃閒飯」的人，他好舒舒服服地復辟資本主義，我們工人堅決不答應。建築材料工業部及所屬各單位的廣大幹部和職工，從昨晚到今天，連續召開了各種類型的座談會，認真學習毛主席的最新指示。許多有子女的幹部回到家裡，還組織了家庭學習班，進行鬥私批修，教育子女走毛主席指引的光明大道。

在毛主席最新指示的鼓舞下，天津、武漢、濟南等城市今天又有一批知識青年興高采烈地奔赴農村安家落戶。各城市還有更多的大、中學校畢業生即將奔赴農村。許多學校裡貼滿了學生要

求到農村去的大字報、決心書。北京有的學生豪邁地表示：「手
捧紅書離北京，立志紮根工農中，廣闊天地煉紅心，忠心繡出宇
宙紅！」貴陽新二中畢業班紅衛兵潘洪冀聽到毛主席最新指示，
堅決奔赴農業第一線。她激動地說：「我在城裡生，城裡長，讀
了十幾年書，受到劉少奇反革命修正主義教育路線的毒害，越讀
越嬌。毛主席的偉大號召，我堅決響應。」在毛主席最新指示鼓
舞下，她和全班同學都寫了下鄉申請書。

　　在各地城鎮居民中，也出現了父母鼓勵子女報名下鄉、全家
主動要求到農村安家落戶的動人情景。江蘇省海安縣角斜鎮革命
居民在學習毛主席最新指示的時候說，吃閒飯不勞動，就要變成
寄生蟲。在毛主席最新指示發表的第二天，全鎮就有132名知識
青年和居民奔向農村安家落戶。瀋陽市和平區太原公社一位有十
個孩子的婦女激動地說：「毛主席的話句句都說到我心坎上。我
的十個孩子有八個念了書，現在已有兩個工作、一個參軍了，另
外三個，我讓他們響應毛主席的號召到農村去。我也要響應毛主
席的號召，到農村參加勞動，為社會主義革命和社會主義建設出
力。」

　　各地農村的廣大貧下中農和革命幹部表示，偉大領袖毛主席
把教育知識青年的光榮任務交給我們，我們一定遵照毛主席「各
地農村的同志應當歡迎他們去」的教導，最熱烈地歡迎廣大知識
青年和城鎮居民，到農村安家落戶。我們一定要用毛澤東思想教
育他們，從政治上關心他們，生活上照顧他們，勞動上幫助他
們，讓他們在農村三大革命運動中鍛鍊成長，儘快成為「有社會
主義覺悟的有文化的勞動者」，同我們一起把農村這個大有作為
的廣闊天地建設成為紅彤彤的毛澤東思想大學校。

　　記者在〈三十多萬冰城知青曾下鄉〉中有這樣的場景：大

批知青下鄉則是在「文化大革命」中進行的。一九六八年，那時的學校既未招收新生，也沒有畢業生升學，學生都留在學校停課鬧革命。據調查，當時哈爾濱市有初、高中畢業生和社會青年十一萬餘人需要安置。為解決這一問題，省革委會提出城市知識青年到生產建設兵團去，到艱苦的地方去建設邊疆、保衛邊疆。

一九六八年十二月二十二日，毛澤東主席提出了「知識青年到農村去，接受貧下中農的再教育，很有必要」的指示，哈爾濱市同全國其他城市一樣，沸騰起來了，連夜上街遊行，敲鑼打鼓，熱烈歡呼。為了落實毛主席指示，哈市確定正式機構繼續做好知識青年上山下鄉工作。

哈爾濱市革委會印發了數十萬份宣傳單，很快掀起了知識青年上山下鄉的熱潮。一時間，青年們都主動申請到最艱苦的地區，一些未被批准下鄉的知識青年，根本沒有辦理糧食、戶口關係就登上列車，到了建設兵團後才補辦了各種手續。

知識青年出發前每人發一套黃棉裝、一套《毛澤東選集》、一本《毛主席語錄》、一枚毛主席像章。走的時候有幹部、教師和醫護人員護送。為了大造上山下鄉光榮的輿論，每批知青離城走時都層層召開歡送會。一九六八年十月八日，為歡送99名知識青年上山下鄉，市革命委員會還召開了十萬人的歡送大會。

由於知識青年上山下鄉人數多，時間集中，每天火車都有專列發出。高潮時，一天多達兩三個專列，而且定員七八百人的列車常常超員達一千餘人。當年十二月五日前，就有八萬多人到達生產建設兵團和國營農牧場。據不完全統計，哈爾濱十二年走了三十餘萬知青。

在廣州也有很多老三屆奔赴海南、湛江。據《南方日報》報

導,在毛主席最新指示發表的當天晚上,廣州市、海南行政區和梅縣、肇慶、汕頭等專區革委會和各縣市革委會都連夜召開了會議,進行學習討論。廣州市在兩天中就有1000多名知識青年和長期脫離勞動的居民奔向韶關、肇慶、惠陽、佛山各專區的農村去安家落戶。這一年,廣州市初中、高中、大學畢業生及街道青年有十萬人到農村農場安家落戶。

裴耀松在〈永安縣首批知青上山下鄉見聞〉中回憶:「知識青年到農村去,接受貧下中農的再教育,很有必要。」這是一九六八年十二月二十二日《人民日報》傳達毛澤東主席的最高指示,與此同時,也拉開了「老三屆」初高中大中專畢業生上山下鄉的序幕。我當時從永安師範學校借調到永安縣「四個面向」辦公室搞文字宣傳工作,現將首批知青上山下鄉所見所聞整理如下:

知識青年上山下鄉,得到各級黨組織、革委會高度重視。一九六八年十二月二十二日《人民日報》在頭版刊登由新華社轉發的十二月十日《甘肅日報》的消息,〈我們也有兩隻手,不在城裡吃閒飯〉,並加上編者按。在報紙的頭版右上角《毛主席語錄》一欄裡,發表了毛澤東主席的最高指示:「知識青年到農村去,接受貧下中農的再教育,很有必要。要說服城裡的幹部和其他人,把自己初中、高中、大學畢業的子女,送到鄉下去,來一個動員。各地農村的同志應當歡迎他們去。」此後,一場轟轟烈烈的知識青年上山下鄉熱潮席捲全國各地。永安縣也在一九六八年底設立知青上山下鄉管理機構,名為「四個面向辦公室」。負責人為柯尚達(主任)⋯⋯

永安縣知識青年上山下鄉誓師大會。知識青年上山下鄉並非一般人想像的「趕鴨子」、「大呼隆」下去,至少剛開始時有

一套程式：一是本人申請；二是組織（單位）批准；三是發放光榮證。

永安縣首批知識青年上山下鄉還舉行隆重的誓師大會。一九六九年二月八日這天上午9時許，千餘知識青年在如今的三明市第二醫院正門外的大街上集合，臨時搭起的主席臺面對汽車站方向，紅旗招展，氣氛熱烈。永安縣革委會主任陳德鳳在會上講話，他的動員語調字正腔圓，言語流暢，情緒飽滿，很有感召力。而知青代表的講話也讓與會知青群情激奮，歡欣鼓舞。由於經歷了「大鳴大放大辯論」的洗禮，發言者慷慨陳詞，「滾一身泥巴，幹一輩子革命」等口號不絕於耳。會場上一些認識的知青，幾天前還在學校與我「並肩戰鬥」，如今他們打上背包，胸前掛上紅花，好比光榮參軍的出征，神情無比自豪。

會前領導交給我的任務是寫長篇通訊，要求以誓師大會到抵達公社安置的全過程為主線，將誓師大會的內容、氛圍和到達公社時幹部、農民歡迎、知青感想等貫穿始終。當時離城近的幾個公社誓師大會結束後，乘大卡車馳往公社所在地，有的再行分到各生產隊，路遠的二月九日啟程。在歡送的鞭炮聲中，我隨知青到貢川公社，那裡等候的歡迎人群敲鑼打鼓，十分熱鬧。入夜，我與老吳奮筆疾書將通訊稿完成，次日一早，我親自趕到三明報社送稿。第三日永安縣首批知識青年上山下鄉的通訊以頭版通欄標題整版見報……

據不完全統計，毛澤東的知識青年到農村去的指示發表後，全國上山下鄉由此出現高潮，當年全國城鎮上山下鄉青年達到一百九十九萬六千八百人。

知青網中人在〈另類解讀1222指示的一位「農村同志」〉講述：很多年了，提到一九六八年1222指示，我總覺得別有一番滋

味在心頭。因為我們是在這一天之前的一個月又一天，從上海城裡來到江西鄉下的。千百年來，這些山裡的鄉下人，已經把自己的窮鄉僻壤看作是「流放地」。從城裡「發配」到鄉下的「冇好人」（冇mào=沒有），凡是被從城裡下放到這裡的，多多少少是有問題的，要不然，好端端的，為什麼要到離縣城最遠的山溝溝裡來吃苦呢？不就是為了改造壞人的思想嗎？……

到了文革年代，「壞人」被統稱為「牛鬼蛇神」了。至於我們這些「短個仔」（當地對十來歲青少年的稱呼），則成了當地人從未見到過的如此年輕的「小牛鬼蛇神」，從幾千裡外下放到這裡，更是非同小可。多少年了，村民們遇到大事都以幹部的說法為准，這樣的習慣思維已經深入人心，群眾也罷，幹部也罷，莫不如此。所以，這種無稽之談起源於當地的一些幹部。儘管我們再三再四地解釋：「我們不是小牛鬼蛇神，是毛主席的紅衛兵，是上山下鄉幹一輩子革命的青年……」，但毫無效果，無人相信。我們都感到是有口難辯的莫大苦衷。

根據我的日記記載：一九六八年十二月二十一日晚上，我們正和支書、大隊長烤火，應當就是在離我們住地不遠的大隊部，正好聽到有線廣播中傳來「最新最高指示」，於是就一起進行了學習。當晚，我立即在日記本扉頁上草草記下了梗概。數日後從報紙上抄錄了全文（參見《我打開一九六八年日記》）。

當天日記裡有並不怎麼起眼的一句話──「我深深感到，插隊落戶這條路走對了，我堅決走到底！毛主席為我們撐腰，我們誓為毛主席爭氣！」粗看這只不過是一句那個年代的「應景語」，實際上包含著許多難言之隱。因為，我們已經背了一個月「小牛鬼蛇神」黑鍋！乍一聽到「最新指示」，真有獲得平反的感覺：「毛主席為我們說話了！」自從那晚之後，在那個「一句

頂一萬句」的時代，「小牛鬼蛇神」的說法果真從此銷聲匿跡
了。我們也似乎從此有了一個欽定的統一稱呼「知識青年」，也
不再自稱「紅衛兵」、插隊青年、革命青年」等等了⋯⋯

第四章
聖旨降臨後引發的
下鄉動員狂潮

第一節　因為文革被迫中斷學業的老三屆

據《上山下鄉文獻及大事記》載：一九六八年，由於「文化大革命」，整個國民經濟處於衰退狀態，工農業總產值比上年下降4.2%，絕大多數工礦和企業無法招收新工人。同時，招生考試制度又被廢除，造成六六至六八屆初高中畢業生（俗稱「老三屆」）大量積壓在城鎮，成了一個突出的社會問題，所以把出路寄希望於到農村去。

四月四日，中共中央提出畢業生分配，實行「四個面向」方針以後，各地陸續動員知識青年上山下鄉；毛澤東關於「知識青年到農村去，接受貧下中農的再教育，很有必要」的指示發表後，很快在全國範圍內形成了上山下鄉高潮。全年上山下鄉的城鎮知識青年一百九十九萬六千八百人（不含大專畢業生），其中，到人民公社插隊的一百六十五萬九十六人，到國營農、林場的三十三萬七千兩百人。此外，還有六十萬城鎮居民下鄉。全國城鎮非農業人口再次呈下降趨勢。

湖北荊州知青秋風勁在《我的文革歲月》講述：一九六六年的五月，註定是中華民族又一場深重災難的開始。五月一日是一個陽光明媚的星期天，我所在的湖北省荊州中學六六屆高三

（三）的全體同學在有著歷史滄桑的老校門前高高興興地參與畢業合影留念後，又帶著希望，帶著夢想，帶著對未來的美好憧憬，全身心地投入到了高考之前的緊張複習之中。被從各縣市擇優錄取到省重點高中，一貫學習優秀，很有培養前途的我們這些天之嬌子怎麼也沒想到，一場曠日持久的文革災難正在慢慢降臨到自己頭上，降臨到我苦難的中華民族人民的頭上。

繼一九六五年十一月份上海文匯報發表姚文元的〈評新編歷史劇《海瑞罷官》〉的文章後，這時的北京，兩報一刊（人民日報、解放軍報、紅旗雜誌）已經連篇累牘地刊登著有關「社會主義文化大革命」的社論、批判文章和消息。中央人民廣播電臺更是不遺餘力地為瘋狂的失去理性的文革造勢。一九六六年五月八日，《解放軍報》發表了〈向反黨反社會主義的黑線開火〉的署名文章，開始了對鄧拓、吳晗、廖沫沙所謂反黨反社會主義的「三家村」黑店的大批判，從而使對「三家村」的批判成為了「無產階級文化大革命」的直接突破口。全國緊張的政治空氣像一堆乾柴已經被澆上了汽油一樣，大有隨時燃起熊熊烈火之勢。文革氣氛早已經是弓在弦上，劍拔弩張了。

五月十六日，中共中央召開的政治局擴大會議上通過了〈中國共產黨中央委員會通知〉即〈五一六通知〉，從而正式拉開了文化大革命的序幕。一臉茫然的同學們面對日趨嚴重的政治變故不知所措。每天吃飯時，大家端著飯碗，懷著忐忑不安的心情擠在學校禮堂兼飯廳前的閱報欄前，觀看著當天的批判文章和新聞，猜度著，議論著，焦急著。

六月一日，《人民日報》發表了〈橫掃一切牛鬼蛇神〉的社論。社論稱：在短短的幾個月內，在黨中央和毛主席的戰鬥號召下，億萬工農兵群眾、廣大革命幹部和革命的知識份子，以毛澤

東思想為武器，橫掃盤踞在思想文化陣地上的大量牛鬼蛇神。其勢如暴風驟雨，迅猛異常，打碎了多少年來剝削階級強加在他們身上的精神枷鎖，把所謂資產階級的「專家、學者、權威、祖師爺」打得落花流水，使他們威風掃地。

六月二日，《人民日報》又全文刊登了北京大學聶無梓等七人受康生支持，得到毛老人家「欽定」的所謂第一張馬列主義大字報並配發了〈歡呼北大的一張大字報〉的評論員文章。這個向學校領導發難的大字報由黨的喉舌《人民日報》向社會的公開，把文革的戰火進一步點燃。

六月五日後，按照上級的精神，學校宣佈停課鬧革命。學校大禮堂里拉上了一條條繩索，上面懸掛著一張張由學校革命師生冥思苦想挖空心思寫出的大字報，揭批著「三家村」，揭批著本校的資產階級反動學術權威和反革命黑幫的反革命滔天罪行，橫掃著本校的「牛鬼蛇神」。那個時候，不管哪兒都有反革命。反革命無處不在，無處不有。一個單位要是揪不出幾個反革命，就是階級鬥爭抓得不力，就是沒有無產階級感情，就是沒有高舉，沒有緊跟。

數次殘酷的政治運動教育著人們，只有積極地投身運動之中，你才是革命派，你才能在這個世界上生存下來。否則，你就要被這個世界無情淘汰，甚至有被徹底掃進歷史垃圾堆的危險。學校購買了大量紙張和墨水，任憑同學們揮毫潑墨，發揮自己充分的想像力和編造力，在無端地指摘著那些為了祖國的教育事業鞠躬盡瘁恪盡職守的人類靈魂工程師和學校領導。誰寫的大字報越多，提出的問題越尖銳，給被揭露人扣的帽子越大，你就是越革命的了。

經過幾天的鬧騰之後，學校又不明不白地複了課。其後學校

對高三畢業班的同學下發了高考志願書，要求同學們認真思考認真填寫好自己的第一第二第三高考入學志願，並要求在三日內上交學校。學校圖書館的閱覽室裡，全國各高校的招生資料琳琅滿目，高三畢業班的同學們竟相翻閱著，在認真選擇著自己所嚮往的高校，在甜蜜地憧憬著自己的未來。

但是這種複課和毛老人家發動文革的思想完全背道而馳。他崇賞天下大亂的思想從人民日報、中央人民廣播電臺及各級行政領導機關等各種渠道灌輸到了基層。這時，學校突然通知高考志願書不管你填好與否立即上交學校。這意想不到的變故讓我們惶惶然百思不得其解。我懷著複雜的心情把還來不及填寫好的高考志願書十分惋惜地交給了學校。複課僅此幾天的秩序又被徹底打亂。原來，六月十三日中央已經向全國發出通知，要求所有的大中學校全部停課鬧革命，一九六六年的高考推遲半年進行。這樣，六月中旬學校又停課了。誰知道，這次的停課鬧革命就一直延續到了一九六八年的上山下鄉運動並波及到以後。而六六、六七、六八屆三屆的高中初中畢業生就被完全剝奪了高考和中考及繼續在學校深造的權利，成為了中國歷史和世界歷史上絕無僅有可悲的「老三屆」。

《人民文學》雜誌社副總編輯肖復興：說起來，這裡面真有點複雜的前因後果。一九六六年我讀高三，當時的理想就是北大中文系。但是春天的時候，中戲到我們學校招生，希望能找到一批既能編又能演的學生。我是學生會主席，組織和參加過一些演出，老師就推薦了我，而且說藝術類院校是提前招生，不耽誤我考北大，還能多一個選擇，有什麼不好呢？那年的五六月份吧，我通過了初試復試和麵試，並且收到了錄取通知書。但是「文革」來了，大學沒有上成，一個跟頭去了北大荒，一待就是六年……

　　船舫的插隊知青在《永不忘卻的記憶》中說：沿著時光的隧道，回到了四十多年前。那是個動亂的年代，從文革開始起，學校裡一直亂哄哄的。雖然文革已經進行了兩年，各立山頭的情況發展到兩大派。各地的權力機構由各類革命委員會取代。但是，這一切，對當年的形勢已經於事無補。人人都以革命者自居，兩大派系之爭非常尖銳。

　　記得文革開始前夕，我們正準備期末考試，突如其來的文革把考試推遲了。不考試對我一個中學生來說，是件很興奮的事。仔細想想，當年的想法多麼幼稚。接下來，我們不再學習，而是忙於一些與學習無關的事。大鳴，大放，大字報，大辯論，大串聯。抄家，印刷傳單，遊行示威。參加各類批鬥會。時間在我們身邊慢慢流走，我的中學生活也在悄然離去。

　　當年，學校也多次組織複課。但是，學校的努力有點力不從心，複課的願望付諸東流。我們班有些同學已離開學校，尋求別的出路。但是，我渴望上學。我求學心切的原因很簡單，我的姐姐們給我作出了榜樣，是她們把我引到了讀書的路上，所以，我必須讀書。我喜歡上學的另一種原因，是來自我的父母，母親經常說：「自己生不逢時，沒機會讀書，一定要讓孩子們讀書。」當周圍的同學離開學校，放棄讀書時，我仍然深信只要耐心等待，會有學習機會的。所以，我每天堅持去學校。和我同行的是我們班的數學課代表。我們在等待的煎熬中，迎來了六八年的冬天。這是一個多雪之冬。這一年的冬天出奇的冷，而且雪特別多。我印象中的這年冬季，天總是被陰雲籠罩著，我甚至不記得有過陽光燦爛的日子。

　　那時候，毛主席經常發表最新指示。對老人家的指示，當年的口號是：「理解的要執行，不理解的也要執行。」就在我憧憬

著美好的未來，耐心的等待著讀書的機會時，毛主席的又一最新指示發表了。那時，沒有電視，沒有收錄機，我們家只有一個有線小喇叭。每天晚飯後，我們都準時收聽小喇叭播出的新聞，以瞭解當時的政治動向。我清楚地記得，那是一九六八年十二月二十一日晚，晚飯後我和我姐正收聽新聞廣播時，小喇叭裡傳來了毛主席的最新指示：「知識青年到農村去，接受貧下中農的再教育，很有必要。各地農村的同志也要歡迎他們去。」

聽到廣播後，我沒有以前聽到最新指示的狂熱，而是首先考慮，我該怎麼辦？當年考初中時，升學率是十分之一，我們班升入正規學校的只有五個。我反思著，我也是生在新社會，長在紅旗下，我接受的是新中國的教育，難道對這教育還有非議嗎？16歲的我，反復的思考著，我該怎麼辦？我該向何處去？考慮過後決定報名上山下鄉。因為，我和我姐都是老三屆畢業生。我姐高中畢業，我初中畢業，我倆最起碼也要有一個下鄉。我姐學習很好，如果沒有這場文革，她肯定會在某高校深造。（恢復高考後，30多歲，已有兩個孩子的姐姐，重新考入了大學）我也會繼續讀書。讀書的機會沒有了，也沒有別的出路，只有到農村去，接受貧下中農再教育。才是我們的唯一出路。因為當年意識混亂，我簡單的考慮到，姐姐眼睛近視，近視就必須帶眼鏡。這會給貧下中農帶來錯覺，會給她的知青生涯帶來不便。最新指示發表兩天後的二十四號，我和數學課代表走在回家的路上，我們兩個商量著，我們也有兩隻手，不到農村去，在城市吃閒飯，是件很恥辱的事。我們該怎麼辦？我倆沉默著，快到家時，她只說了一句話，早下比晚下好。一錘定音，我倆一起到學校報了名……

雲南知青紅飛蛾在〈薩爾溫江絕唱・第一章：亂離年知青怨失落荒邊〉講述：一九六九年二月，離中國人闔家團圓的傳統

春節還差三天，昆明大街小巷卻是一派「牽衣頓足攔道哭」的離亂圖。滿城游戈的宣傳車披紅掛彩，驚心動魄的高音喇叭用高八度的時代最強音反復播送著改變了整整一代人命運的最高指示：「知識青年到農村去，接受貧下中農的再教育，很有必要……」

特殊時期形勢大好，可我們處境不妙，被我等戲稱為「臨時政府」的省革命委員會剛剛成立，武鬥塵埃還未落定，就掀起了「清理階級隊伍」、「劃線站隊」的又一輪紅色恐怖高潮，雲南兩大造反派組織之一的「毛主席主義炮兵團」被打為了「反動組織」，一時間，「反革命壞分子」、「打砸搶分子」、「階級報復分子」又成建制地誕生，「站錯隊」者被修理得鬼哭狼嚎，凡「炮派」成員人人自危。

我不幸也被揪為「炮匪」，飽享了無產階級專政的老拳。我被其實更惡劣的「革命派」清查出的打砸搶劣跡是把學校音樂室的一架手風琴和圖書室的一堆書搬回了家（我那算保管，複課鬧革命時交給了派駐學校的軍代表，否則早就在無政府主義的亂火中灰飛煙滅了），而那只是雞毛蒜皮，我最可怕的罪名是「階級報復」。

這就得交待一下我惱人的家庭出身，恐怕全中國也沒我爹那麼嚇人的黑大帽：「國民黨軍統特務，中美合作所劊子手」！看過革命小說《紅岩》的人都知道，那是「徐鵬飛」、「貓頭鷹」、「猩猩」之類的腳色，落在誰頭上都絕對是千夫所指。既然我爹攤上了這個彌天大罪，那我這「狗崽子」的命運也就可想而知了。

我經過一番又一番脫胎換骨的不懈努力，非但沒與「反動家庭」劃清界限，不想又禍從天降。我是個鐵杆無線電迷，向來配合物理老師管理本校廣播室，而老師早在運動初期就成了「牛鬼

蛇神」，我也就獨挑了廣播室大樑。為宣傳、貫徹、執行最高指示不過夜，駐校軍宣隊、工宣隊雙重領導吩咐我佈置上山下鄉誓師大會會場。先得安裝擴音設備，這就需要把教學大樓頂上的高音喇叭拆裝到球場上來。該樓是武鬥時期的制高點，樓頂佈滿了沙袋工事、機槍陣地，樓頂角固定探照燈的鐵腿課桌還架設著高音喇叭，我在拆除纏繞如麻的電線時不小心被遍地的子彈殼滑了一跤，不由自主地扯動了樓頂角的桌子，二十五公斤的鐵腿課桌刷一下就翻掉了下去，樓下頓時傳來一片尖叫！我探頭一看，倒吸了一口涼氣，初一八班的小女生們正聚在牆根腳曬著暖洋洋的冬天太陽搞「天天讀」，那張鬼使神差的桌子正殷殷砸在她們嬌弱的頭蓋骨上，實實在在地打擊了一大片！滿地落花流水……天呀！我頭皮發炸，眼前天旋地轉……隨後的過程無需贅敘，反正我的下場就如同被打入了十八層地獄，脫了一層皮又一層皮，生不如死！

萬分感謝毛老爺子病榻上那聲不大清爽的「再教育」聖旨，雖然廢黜了整整一代人，卻也剛好拯救了正處於水深火熱中的我和本派「站錯隊」的難友們！我一解放就先燒了柱高香，向教學大樓半空懸著的兩根供電線頂禮膜拜，是它們把那張奪命飛桌擋了一下，減緩了自由落體的加速度，使重點打擊目標偏向了一個身體特結實的農村籍女孩，沒置她和我於死地。這樣，我才被學校和專政機關作為發配而註銷城市戶口的本校第一批下鄉知青，真是不幸中之大幸呀！

還得感激被我「階級報復」了的那位小女生和她老實巴交的貧下中農父母，她們非但沒提著菜刀來找我這個「黑崽子」千刀萬剮，反而在我臨走前對我千恩萬謝，說是虧得有了張傷殘證明，她們的寶貝獨生女兒就不用下遙遠的邊疆農村改造世界觀了。

　　僥倖得脫的我隨著下鄉大流，逃難一般離開了恐怖世界，多一分鐘都不願待。

第二節　難逃厄運沒有中學知識的新五屆

　　眾所皆知，由於停課鬧革命的影響，不僅中斷了幾百萬「老三屆」的學業，而且造成了古今中外最為荒唐的學生群體，即沒有多少知識的「新五屆」知青，即一九六九至一九七三屆中學生。其中又以六九屆最甚，可以說是沒有摸過一天初中課本的知識青年。

　　知青我很較真在〈看看知青一代北京的六九屆〉說：北京的六九屆是上下夠不著的一屆、是被遺忘的一屆、是付出巨大犧牲的一屆、是最受不公待遇的一屆、希望六九屆的同學們聯合起來，讓歷史為我們這一屆作證，載入知青運動史冊。

　　之所以北京的六九屆是應當提一提的話題。是因為關於上山下鄉的研究文獻或文學作品幾乎沒有專門關於六九屆的評論或描述，當「老三屆」這一專有名詞載入知青運動史冊時，同時代的另一個專有名詞「六九屆」卻一次次被人忽略。在上山下鄉大軍中有相當數量的六九屆學生，三十五年過去了他們卻仍然這樣的默默無聞，也許這本身就是訴說。

　　六九屆指六九年上山下鄉的初中生。六六年文革禍起時他們是六年級小學生。那年六月小學相繼停課，他們受的正規教育就到那時為止。小學不再管轄他們，亂世中，中學也沒有及時接納他們。直到六七年十月這些人才被收編，進入了就近的中學。

　　六九屆的中學課程大致三部分，學習毛著、批判學校生造出來的階級敵人、到京郊參加農業勞動。他們既不像上邊幾屆的學

生有過名副其實的中學文化課程，也不像後來幾屆的學生「複」了文革改編教材的「課」；他們幾乎沒有上一天文化課。偶爾，酷愛自己學科的教師可能借題發揮傳授過一點文化知識，比如，借讀語錄之機講講修辭，借讀詩詞之機講講古漢語，指著場院上的糧食囤講講體積計算……就是這樣的初中六九屆也只上了不到兩年，六九年八月這批學生就開始大規模上山下鄉。他們在中學逗留時間之短真是空前絕後。

對待北京六九屆的上山下鄉政策不知為什麼特別絕，沒有像別的屆那樣的留京名額或因特殊困難的照顧名額。六九屆的去向是黑龍江、內蒙古、雲南生產建設兵團和嫩江國營農場。從八月下旬到九月中旬，北京站和永定門站每天都有北上、南下、西去的列車，把混沌的小不點兒們運送到遙遠的邊地。那時他們多數是16歲，我的同班同學梁必業將軍的女兒上學早，就只有15歲。

由於六九屆學生這樣的背景，他們在上山下鄉的群體中註定是弱勢。在生產勞動中他們還能一拼，和大同學一樣幹繁重的體力勞動，可是每逢在當時盛行的會上表態、學習體會時，他們就相形見拙。他們的發言常常通篇抄襲文理不通。後來討論「儒法鬥爭」，他們的發言更是常常把人物、年代、史實張冠李戴。聽眾中總有高年級同學無可奈何歎息：「唉，真是六九屆！」

口頭的工夫在當年特別要緊，知青中的風雲人物先得能口若懸河。由於六九屆口頭和書面表達能力的差距，他們中出人頭地的就少。當然，有些六九屆天姿國色的小姑娘被安排在師、團首長身邊做打字員、機要員、電話員，從而脫離繁重勞動倒是可能的。

一九七七年恢復高考的時候，六九屆又一次呈現群體的弱勢。老三屆有原來的文化基礎，在艱苦勞動中往往保持了一定的

學習習慣，功課說撿就能撿起來。六九屆完全沒有學過數理化等
文化課程，他們在長達八年的勞動中知道留心彌補的人很少。高
考制度恢復的消息傳來，他們卻早變成強壯的姑娘和強悍無比的
男勞力了。忽然要靠學習成績入學，六九屆的便望塵莫及全都傻
了眼。風雲變幻機遇擦肩，但歷史鑄成的錯誤卻無情地碾碎了六
九屆這群人騰飛的夢想⋯⋯

　　歲月流逝，六九屆最終沒有出現徐友漁那樣的學者，沒有
出現老鬼、史鐵生那樣的作家，我的同班同學《龍年警官》的作
者魏人好容易有點起色，卻對警匪的故事情有獨衷。一度好像有
「老四屆」的提法，但「老三屆」馬上割席，誰願意和魚龍混雜
的小可憐兒們一起進入史冊啊。

　　直到今天，我們這些人在某些特定的場合還會懷著自卑和遺
憾無限辛酸地說，「我是六九屆的。」不過，這是一句許多人聽
不懂的話。（注：兵團五師知青朋友圈塵封檔案提供）

　　實際上，不僅是六九屆，往後的七〇、七一、七二、七三
屆，俗稱的「新五屆」初中畢業生都沒有摸過什麼課本。知青小
五在〈我的前半生──從「狗崽子」到知青，沒有書讀的日子〉
也講述了他所經歷這一沒有課上的痛楚：⋯⋯一九六六年，我正
在讀小學五年級。父親的單位在「文化大革命」中，被稱為「廟
小妖風大，池淺王八多」的「裴多菲俱樂部」，徹底被「砸爛」
了！五十二人的單位，揪出的「走資派」、「黑幫」有十三人之
多！家屬院裡經常有一群一夥的造反派和紅衛兵來抄家，我父母
多年精心收藏的大量中外書籍被洗劫一空，那些珍貴的唱片，當
場就被摔在地上，砸的粉身碎骨了。

　　家屬院裡的孩子在文革時也像大人一樣分成了兩派。互相吵
架時都會把對方的父母捎上。有個小孩的父親寫的第一人稱的小

說裡有一些愛情的描寫，作品中的「我」每次看到他的意中人總想去親吻她。孩子們認定那個「我」就是那個小孩他爸爸，吵架時就罵他「你爸爸是大流氓，還想親人家女孩呢，不要臉！」對方當然以牙還牙「你爸爸是反革命，比流氓還壞！」現在想起覺得真好笑！

沒有書讀的日子，我瘋狂地迷上了跳芭蕾和唱京劇。我的夢想是上北京舞蹈學校，成為中國的烏蘭諾娃，穿上紅舞鞋在家裡蹦達是我每天必做的功課。一直折騰到六八年「複課鬧革命」時，我們這一屆六年級一天都沒上的小學生，稀裡糊塗的進了初中。那時，初中改為兩年制，課程也進行了調整：只有毛澤東思想、語文、數學、工業基礎知識、農業基礎知識。外語、化學、物理、生物、地理、歷史，統統都沒有。語文唯一的一篇古文是〈愚公移山〉。

學校裡，因為受「讀書無用」思潮的影響，上課時沒有人認真聽講。有的課，比如數學，和小學學的接不上茬兒，根本聽不懂，就更沒興趣學習了。身為黑五類「狗崽子」，我的命運註定也是下鄉。現在，想起父親母親，我都十分內疚。因為年輕時不懂事，傷害了最愛我的人——母親。

母親長的不是太漂亮，但氣質優雅，風度極佳。部隊文工團員出身的母親是天生的捲髮，為此，文革中母親總是把頭髮緊緊的編成辮子盤起來。

我11歲趕上文革，還沒學會愛呢，先學會的是恨：恨自己為什麼沒生在貧下中農家；恨同學為什麼跟我這個從來沒有見過地主爺爺、地主姥爺的孩子過不去；恨母親為什麼跟同學的媽媽不一樣，像個資產階級大小姐似的。母親的優雅，斯文，甚至連母親的捲髮，我也恨：太不革命，太丟我的臉了。母親單位和我們

學校相鄰，在路上遇見母親的幾率很大。每次碰到母親，我都躲起來，等母親過去再走，或者乾脆假裝不認識母親。

現在想起這些往事，怎不叫我撕心裂肺的痛啊！七〇年初中畢業，我和三姐去了內蒙兵團。至此，我們家七口人全部離開城市，天各一方，成了上山下鄉專業戶。

因為許多知青實際上只是小學文化程度，連一封家信都寫不好，所以常常鬧出許多笑話。本來是吃飯吃得多了的事情，說是自己肚子越來越大了。還有的知青在日常交往中，對心儀的姑娘有意思，只好請人捉刀代筆。知青唐穎中在《替阿祥寫情書》說：

我曾經替人寫過一封情書。那是我在農村插隊的時候。當時，知青小組六個男知青，無不神往大隊棉種場，不是因為那裡的棉花長得好，而是那裡有兩個女知青。枯燥空乏的日子裡，她倆彷彿就是一滴雨露一縷陽光。豈料，時間一長，「雨露陽光」真的就暗暗潤澤出一個「苗」來。

一天晚上，我正挨著昏暗的油燈有滋有味地看《苦菜花》，同伴阿祥推門進來，返身將門閂上，掏根香煙遞給我：「唐哥，求你一件事。」「什麼事呀？」見他極靦腆的樣子，將手上半截煙狠吸了一口，又慢慢地吐出來：「幫我給小翠寫個信。」我心裡頓時咯噔了一下，說：「這不行，我怎麼曉得你想說什麼。」阿祥急得直皺眉頭，說是有話倒不出來。我們在一起插隊一年多了，我瞭解阿祥，雖然是初中畢業來插隊的，可肚子裡文墨真的不多。據他自己講，初中三年停課鬧革命，他在建築工地做了三年小工。

既然阿祥信任我，且又這麼困苦的樣子，我不忍心再推辭。鋪紙提筆，當寫下「親愛的小翠」就卡了殼，下面怎麼寫？阿祥

一旁提示：「就當是你自己寫給她的。」於是我搜腸刮肚想著平日小翠給我的好印象，一邊寫，一邊盡往動情處想……阿祥巴結地為我遞煙點火，似乎他那千般情萬般愛，都想讓我用煙為他熏出來。直到半夜，滿地煙蒂，終於寫了四頁信紙，阿祥將信折了三折塞進內衣口袋裡，又用手輕輕地拍了拍，對我說：「替我保密噢。」臨出門又回頭對我說：「明早多睡一會兒，我幫你把洗臉水燒好。」我沖他嘿嘿一笑。

至於信的詳情我現今已記不清有多纏綿，可開頭結尾還依稀記得，開頭是毛主席說「世上沒有無緣無故的愛……」結尾是一首當時很流行的詩：「生命誠可貴，愛情價更高，若為自由故，二者皆可拋。」

這封信能不能撩開小翠的芳心，我無可知曉，不過，阿祥與小翠真的是好上了。小翠每到我們知青公房裡來玩，別人的髒衣服她是不屑於洗的，惟有阿祥的衣服，她一洗就是一大盆，連臭襪子也洗，惹得眾知青同伴們眼饞得要命。後來，我們陸續招工參軍離開了農村，天各一方也沒了音訊往來。阿祥和小翠是否終成眷屬，不得而知。

第三節　狂熱學子豪情滿懷的表決心血書

處於文革初期的學子顯然並沒有洞察毛澤東的真實用心，他們依然如故懷著對偉大領袖虔誠，用自己的滿腔熱忱來響應1222指示的號召。知青倪啟芬在《海南的回憶》中寫道：……一九六八年末初冬，經歷了文化大革命的青春躁動之後，我們杭州女中一大批同學在「到邊疆去，到祖國最需要的地方去」口號的激勵下，同時報名上山下鄉，準備去黑龍江省一個最邊遠的僅和蘇聯

一江之隔的邊陲小縣去插隊，我的名字也在其中。

　　然而，就在這時，我在海南的表姐來信說，她們那裡已經改建成廣州軍區生產建設兵團了。這個消息一經傳播，頓時吸引了許多同學。曾幾何時，一部《軍墾戰歌》記錄片裡身著軍裝的兵團戰士和新疆奇異風光令我們多麼陶醉、嚮往。而廣州軍區兵團和寶島的熱帶奇特風情更令我們神往！許多同學都來找我，最執著的當屬黃雍雍了。

　　於是，我和黃雍雍最先作為杭州知青來到海南中坤，接著陳金校也來了，同時來的還有張定儀和呂小妹；鍾國男和盛兆燾是最後到的。還有黃雍雍的弟弟黃鋼，當時還有其他學校的男生也加入到海南，黃海龍就是其中之一。而在我們之前，我弟弟倪啟慶早已在他剛滿18歲時就迫不及待、獨自一人奔著「建設兵團」投親靠友來了。

　　說起我們到海南兵團的經歷，並不是一帆風順。其中還有一個插曲：因為正處於交接期的農場來函明確表示只接受廣東省的知青，而我們卻是浙江的知青，自然是無緣得去海南。怎麼辦？這時我們當中不知是誰提出寫份「血書」以示決心，於是，大家當即割破手指找來一塊白布寫上了我們的請求（具體內容已經記不清了），這份血書很快就得到了回應，中坤農場來函同意接受我們……

　　起初，我們全以為是「血書」感動了農場諸位領導。不料到了海南，聽倪啟慶說，于團長把他叫去詢問有沒有爬窗戶取場部大印私自蓋章，問得他丈二和尚摸不著頭腦。後來才聽說當初的復函並不是領導們所為，而是一位掌管大印的「軍工」的傑作，原來「血書」感動的是這位膽大妄為的軍工，只可惜已記不得他的大名了。

命運就是這樣跟我們開了個玩笑，本來想到中國的最北部去「紮根」，結果卻來到中國最南邊的海南寶島，與廣州、海口、汕頭、北京等地的知青共同走過了一段難忘的歷程，這也許就是宿命吧……

看到倪啟芬這篇回憶，筆者深為這位掌管大印的「軍工」的行為而感動！可以想像，在年輕姑娘小夥們的熱血激情面前，他確實不能無動於衷，於是貿然作出了一個膽大妄為而自認為正確的行動。當然，那位於團長好奇地過問也無可厚非，真是慶倖此事後來能不了了之。否則，這封血書不知又會惹出什麼麻煩？

類似這樣寫血書的事例在當時屢見不鮮，筆者曾在在網路論壇上看到了插隊落戶江西的上海知青回憶文字，詳細敘述了寫血書的經過：……一九六七年初，寒風刺骨，我徘徊在吳淞口碼頭。剛結束在上鋼一廠軋鋼車間為期一個月的所謂「學工運動」，準備回家休息幾天，隨後搬回學校。報上登出消息，要求學生返校「複課鬧革命」。這是在「文革」開始時，號召學生殺向街頭和社會的逆向運動。年底，上海市各中學醞釀拉隊伍去農村，與占中國人口多數的農民相結合。

第二年，受北京第一批去內蒙古插隊同學的鼓勵，我校以火曉星、阮一民和楊勝輝等為首的部分同學再度組織起來，聯繫去內蒙古插隊，但當地的回音是等待明年。其時，自步行串聯時便留在井岡山地區拿山公社插隊的上海師範附中的同學回上海作報告，我們與他們接觸後，遂決定轉向井岡山。我們與上海市畢業工作組聯繫，要求去井岡山革命根據地務農，並請人特製了一面「井岡紅旗」四個大字的旗幟，上面繡有「毛澤東思想五七鋼一連」。

此時，上海市有關部門已計畫組織1000名中學生，一百人一個區，去江西井岡山地區插隊。幾位高中同學作為代表頻繁與畢

業工作組接觸，爭取把我們列入計畫，但我們大部分人的出身不過硬，面臨部分同學被留下的局面。

為表示同進退，共赴井岡的決心，一位女同學提出寫血書，該倡議獲得積極回應。夏日的一個晚上，上海中學龍門樓西側底層的一個教室裡燈火通明，十多位志同道合者聚在一起寫血書以示心志。男同學用利器，女同學則以齒破纖指，就流出的熱血用手指在紙上書寫。俗話說十指連心，當時的各種表情不言而喻。血既少又稠，只能邊擠邊寫，一會兒乾涸了，便揮揮胳膊，轉幾圈抹一下。實在擠不出來了，去操場跑幾圈，跑得渾身血液充分循環，面紅耳赤的回來繼續寫。有人割到第二、三個手指，方得竣工。

教室裡熙熙攘攘，群情激昂，大夥都被自個兒感動了。我們每個人寫一張，約兩本《紅旗》雜誌大小，我寫的是「做井岡人」。最後，大家合寫了一張，「不到井岡非好漢」，約《人民日報》兩個版面大。第二天，我們集隊前往市革委會遞交血書，一路高呼口號，途經徐彙劇場，在臨街的牆上張貼了大標語，「吃了秤砣鐵了心，不到井岡非好漢」。在我們之後，學校裡其他同學又拉出「吉林紅旗」和「淮北紅旗」兩支隊伍，分赴長白之麓和淮河之畔。

不久，我們的請求得到了批准。當時還有數位外校的學生慕名加入了我們的隊伍。至離開上海時，我們共有二十二位同學同行，全部去江西井岡山地區新幹縣洋湖公社插隊，其中十人在橋頭大隊梘頭生產隊，其餘的去樟樹下大隊後坊生產隊。一九六八年十一月二十日上午，我們舉著「井岡紅旗」大旗，作為上海第一批插隊落戶的青年，乘上西去的列車，奔赴贛江之濱。我母親和弟弟妹妹來北火車站送行，這是一個難忘的秋日……

　　南寧老知青雷秀娟則回憶說，一九七五年，在南寧上山下鄉的運動中，六中的1名學生為了表達自己的理想，和另一名同學在團市委寫下了「不戀城市景色艷，自在山區幹百年」的血書。雷秀娟說：「被這名同學的事蹟所感動，我一心想到最艱苦的地方——隆林扁牙鄉插隊，當時只有五個人去這個地方。由於父母堅決不同意我下鄉插隊，下鄉的一系列手續都是瞞著家人偷偷辦的，只有乾媽一個人知道。」

　　九月五日在朝陽廣場出發時，天上下著雨，但前來歡送的人還是很多。汽車開動瞬間，一直在車下相送的知青的親人蹬上自行車，不顧風、不顧雨地追上來。 我孤零零地坐在自己的座位上，但在跟隨車輪湧動的人流中，我遠遠地看見乾媽站在人群後面。父親雖不支持我去插隊，但也來到了送別隊伍中，從他的臉上，我看到了晶瑩的淚花……」

　　廣西生產師的知青極速風雲回憶說：一九七一年的七月份，我面臨畢業分配了。那時正是文革時期，當時高中畢業已是學業最高頂點了，大學早已停止了招生。想繼續讀書深造，門都沒有。除了到部隊當兵的同學和回鄉的同學外，留下來的就是我們這幫大多來自城鎮或企、事業單位的子女在等待分配了。去向無非是「上山下鄉」和進工廠了。那個年代，能分配到工廠的，屬於最幸運或是屬於照顧性質的了。

　　不久，有消息說廣西軍區生產師要來柳州徵兵了。應屆初、高中畢業生起碼去一半。這在當時來說，可是件新鮮事啊！那我們比往屆畢業生就又多了一個選擇了啊！整個柳州城都轟動了！這是在廣西，在柳州來說，都是有歷史記錄以來，第一次這樣大規模的「徵兵」了吧……

　　走在大街小巷，到處都貼滿了宣傳畫報，到處飄揚著彩旗，

顯眼的地方也掛上了大幅標語橫額。走到哪裡，聽到人們談論最多的就是這個話題。「你報名了沒有？」那些天，大家互相見面，問得最多的也就是這句話了。

去生產師要自願報名，寫申請書，體檢合格，政審合格才能去呢！搞得真像是當兵那麼回事的！很多同學都報名交申請書去了，聽說有文藝特長和有體育方面特長的人可以優先。那些有表演才能、懂點樂器和歌唱的人，那些會打籃球、排球的人可高興了！ 雖然我在文藝方面沒有什麼特長，更不會打籃球、排球了。我除了平時喜歡唱唱歌以外，別的只會簡單一點的游泳和跳繩、踢毽這樣的小玩藝兒，根本輪不上號啊！但我還是寫了申請報名去了。

同學們個個激情滿懷，報名的熱潮一浪高過一浪！那些多少有點文藝和體育細胞的人，叫得最歡了，那些學校宣傳隊的，連走路都又唱又跳的了；有的人都寫了好幾份申請書了，還怕不夠，發誓要一直寫到學校批准了為止。不是有那句「有條件要去，沒有條件創造條件也要去」的口號嗎，聽說有幾個連、排幹部和積極分子為了表現自己啊，還寫了血書申請了呢！可以理解啊，在那個偏激的年代，有什麼樣的過激行為一點都不奇怪呢！

我和多數同學一樣都很想去生產師，但還沒有狂熱到要寫血書的地步。那是因為我自知那時家庭的處境還不是很好，父親在「文革」的問題不久前才剛剛平反，我自身條件又明擺著差別人一大截呢！這種好事就是寫了血書恐怕也輪不到我呀！雖然有點自知之明，但我這人屬於那種既不爭強好勝，又不甘心落後的人啊！即使處在逆境時我還是第一批寫入團申請書了呢！現在要去生產師報名了，我當然也要爭取啊！……

　　浙江知青犁後喘在發的幾張照片下補充說明：原浙大附中的幾個新二屆小姑娘，年齡都不滿16歲，為了堅決響應毛主席上山下鄉的號召，寫血書，表決心。一定要到黑龍江這廣闊天地來改天換地，生根發芽。這是他們在北山頂上。向全世界發出誓言：「站在北山頂，腳踏邊疆土，心向北京城。屯墾戍邊志不移！頭可斷，血可流。捍衛毛澤東思想永不變！」

　　其實，在那個年代，能批准去兵團是無上榮光的事，起碼算是進入了解放軍序列。在《查哈陽農場誌》第十二編「知識青年」的第二章「下鄉知青」中是這樣記述：位於「反修前哨」和肩負「屯墾戍邊」使命的黑龍江生產建設兵團，就彷彿成了一塊巨大的磁石，強力地吸引了成千上萬的上海六六屆高中、初中畢業生……其中，不少的因出身不好或有海外關係，唯恐兵團將自己拒之門外，不惜一次二次地咬破自己手指，以鮮血寫下鏗鏘誓言，表達了他們矢志不移的決心。這種感人場面，真可謂「驚天地、泣鬼神！」

　　北大附中張娜依在《草原往事震撼心靈》中回憶更是印證了上述說法：一九六六年，春天來了，人們的心情卻一下沉重起來。北大附中高中樓上張貼出抵制高考的大字報，女校長被剃成陰陽頭，許多老師被揪鬥，家被抄。學校停課鬧革命，初二學生張娜依的北大夢破滅了。

　　張娜依的父親張文綱是作曲家，她和許多小朋友都是唱著父親譜寫的歌曲《我們的田野》長大的。父親解放前曾在國統區工作，自然不可避免被揪鬥，因為有反革命嫌疑被關押。母親是中國舞蹈家協會研究人員，這位抗戰幹部慌了神，她怎麼也不能相信，與之共同生活了十七年的愛人會是反革命。

　　班裡大多數同學是幹部子弟，家長受到衝擊，這些同學自然

成了「黑幫子女」、「狗崽子」，每天大氣都不敢出。出身好的
同學加入紅衛兵，穿著流行的行頭，成了威風凜凜的革命小將。
情同手足的同學反目了。

　　張娜依回憶：「一天下午，我正在宿舍裡，班裡的幾個紅
衛兵嚷著讓大家都到教室去。我心裡又怕又慌，不知會發生什麼
事。進了教室，班裡的幾個『黑幫子女』被排成一排坐著，其他
同學站在邊上。一個男生走到坐著的第一位同學跟前，掄起了皮
帶啪地抽過去，我嚇得差點驚叫出來，不敢看那被打得紅腫的
臉，還沒等我緩過勁來已經被人揪到這排同學後面的椅子上。在
我旁邊的也是一位女生，我們倆的爸爸都有反革命嫌疑，於是，
我們就當了陪綁。不知是誰喊了一聲低頭，我剛把頭往下低了
低，突然，一個廢紙簍啪地一下扣在我的頭上……」

　　一九六八年，北京第一批到內蒙古大草原插隊的知青回京，
四處演講遊說，號召去插隊。17歲的張娜依動心了。張娜依報名
遭拒，因為「內蒙古是邊境地區，要政治上可靠的，出身不好的
不要」。「當時，我也不知是哪兒來的那股勁頭，一個人偷偷用
鉛筆刀紮破了右手中指，寫了一封血書，堅決要求去內蒙古建設
邊疆保衛邊疆。」張娜依決心很大。

　　母親很愧疚，「自己革命這麼多年，孩子一下子成了『狗崽
子』」，她帶著張娜依找到內蒙古負責接收知青的工作組，說盡
了好話。

　　「我是全班第一個去插隊的，也是唯一一個去內蒙古大草原
的。」當學校張貼出被批准去內蒙古牧區插隊的名單時，張娜依
看到了自己的名字……

第四節　招工人員巧舌如簧欺騙性的誘惑

　　現在分析起來，能在短短的時間裡，動員如此眾多的知青遠別城市、遠別親人，奔赴農場、奔赴兵團，也真得「感謝」那個令人思想十分容易狂熱的特殊年代，以及那些招工者口若懸河、巧舌如簧鼓動人心的誘惑。種種有關生產建設兵團屬於中國人民解放軍「序列」，生活待遇有保證，組織系統有人管的說法，確實曾使許多知青，也包括本人，都對緊張嚴肅而又帶有神祕浪漫色彩的軍事生活，產生了一定的好奇和嚮往。這在一些知青後來的回憶中可以得到有力印證。黑龍江兵團知青空谷幽蘭在《難忘的回憶》中講述：

　　一九六九年八月十八日，這個日子對我來講是刻骨銘心的，令我終生難忘。這天的中午我和千百萬知青響應黨的號召，滿懷激情心中憧憬著美好的未來，奔赴祖國的北疆——黑龍江引龍河農場。站臺上人山人海，許多家長千叮嚀萬囑咐自己的孩子，伴著撕心裂肺的呼喊聲火車開了，站臺上頓時成了一片哭聲的海洋，那一年我還不滿18歲。

　　經過了二天多的火車、汽車和馬車的顛簸終於到達了目的地，我們都傻了眼，一片荒涼，好像到了地球的邊緣，宿舍的火炕還沒有砌好，幾個勞改犯沖著我們怪笑，連個解放軍的影子也沒有看到。下鄉前有個軍代表給我們作報告說：我們下鄉的地方是軍管農場，一切軍事化，說得天花亂墜。可看到的情況和當初講的大相徑庭，我們覺得受騙了，也不打開行李，吵鬧著要回天津，白天也不出工，晚上唱歌、哭鬧了一個多月。後來黑龍江省省長來到了我們農場作報告，叫我們「既來之，則安之」青年人

要有遠大的理想和抱負，邊疆需要你們建設，北大荒人歡迎你們，世界是屬於你們的……省長的話我們牢牢地記住了，漸漸地接受了眼前無法改變的事實。

一九六八年到海南中坤農場的知青廖國釗在〈方案〉中是這樣回憶當時的情景：……幾經蹂躪的校園，近來慢慢恢復了生機，進進出出的學生多了。那些未被文革風暴徹底打倒的殘存的老師們也紛紛出來活動，行使已經名存實亡的班主任之類的職責。

從年初以來，我就已經意識到，國家總不會讓成千上萬的中學生天天吃飯睡覺，總有一天要分配的。在這秋天明媚的陽光下，這一天總算來臨了。

梁老師忙得上上下下團團轉，好久沒有這樣的忙正經事了。因為兩年來學校老師學生忙的都是寫大字報、貼標語，揭發、批判走資派、串連，買菜買煤，娶老婆生孩子。梁老師雖然不屬根正苗紅，但出身、言行均找不出大毛病，幾派人馬都推舉他出來做「維持會長」。

官方的方案有兩個：東莞插社，海南農墾。至於非官方的，則各人「八仙過海，各顯神通」了：軍幹子弟設法去當兵，這是最上等的出路。工人子弟可以設法頂替還在壯年就退休的父母。貧農子弟設法等城市工廠的招工名額。麻六類子弟設法做輔導員，還有其他種種「設法」的，如父母有病，本人有病，獨生子女等等。剩下的無法可想的學生家長就只有一致的「響應號召」。而這號召都是由紅司令直接發出的。

我沒法可想。沒有一件可以利用的好條件，若要利用什麼「條件」的話，只會自找苦吃，可能發配得更遠。我也沒有怨天尤人，我感到一種推力：「應該這樣做」。我甚至渴望有一個轉

折，應該有一個結果才對，我感到20歲的青春在召喚。

文革兩年，眾叛親離，唯一的知己只有「同類」項毓奇。我們兩人一見面，不約而同地：「去哪兒？」，「不去東莞，我不想當農民」，「我不想收工回來自己煮飯吃」。「農民，聽起來好像有點那個」，「那……」。又是一個不約而同：「去海南農墾」，「至少集體生活，有食堂，還拿工資」，「農業工人，有個『工』字好聽些」，「種橡膠，總比種水稻強」，「聽說還會改歸廣州軍區管，有個『軍』字更威些」，「遠是遠一點……」。不過遠些又怕什麼呢？毓奇與我都有點想離開廣州這個是非之地，幾年的揪、批、鬥、抄家，已把20歲的青年弄得心灰意冷。我們要走自己的路。

一位矮壯，坳黑，渾身充滿亞熱帶陽光色彩的農場工人或幹部，他是由海南農場來招工的。接見了我們幾百個躍躍欲試的青少年。「那是一個大有前途的地方」，「橡膠是戰略物資」「林副主席親筆題字，大大鼓舞……」。農場招工者一一回答同學們的提問，聲音堅定又自信：「每年享受探親假……」、「農場之間有班車，各個農場連接在一起……」、「工餘，同學們還可以互訪……」。後來的事實，證明他講的是實話，只是這些都是理論上的事實而已，實際上卻有很大的差距。唉，「明知山有虎，偏向虎山行」，隨著招工者的宣講，我的信心漸漸大過擔心。

毓奇要回家去告別多病的母親，再計畫到「牛欄」去告知監禁中的老父。我也一樣。只是我不打算去直接告知父親，由媽媽轉告好了。因「專案組」正在對父親隔離審查，規定在「非常時期」不得與其見面，以免通風報信之類。我很自覺地服從組織這個規定。這麼遠的門都敢出，相比之下，其他的都是小事。我心裡相信，開通的父親會支持我，並坦然面對。與父親不辭而別，

心裡難免有幾分悲壯。看來，我父親的問題比毓奇父親要嚴重些，但毓奇卻歷來不這樣認為，他總是憂心忡忡地重複他父親曾為美軍做過事，不得了的一件歷史也！

就這樣，在那年秋天金色的陽光下，我和許多同學們一起，在兩個方案之間作出了一個無奈的選擇——去海南生產建設兵團。此時我的腦袋裡，只記得「橡膠是戰略物資」，而忘記了稻米是每日三餐必需。

類似的動員情景在黑龍江兵團知青關爾也有描述：大規模的上山下鄉運動終於從六六屆初、高中學生頭上開始了。五月底的一天，黑龍江建設兵團八五二農場的一位身著軍裝，個子不高但口才很好的小夥子來到我們教室。他左手把毛主席語錄端放在胸前，舉右手在臺上轉了半圈向大家敬了一個標準式的軍禮後就開始給我們全體六六屆同學作動員報告。他的報告大約講了近兩小時，報告中從農場建場的歷史講起，談到這批新去的知青每人每月工資32元（去年十二日趙同學去的集賢農場工資每月才28元），他挺善於煽動大家的情緒，談吐中不乏幽默的誇張，多次博得同學們的笑聲和掌聲。

動員報告後，有不少同學報名，幾天後我們班的四女二男被批准去八五二農場，因為八五二農場在黑龍江的虎林縣，離中蘇邊界不太遠，所以出身不太好的或表現不好的即使報名也不會被批准，有的即使你不報名也批准你去，我們班的英語課代表王鵬是獨子，雖然沒報名但第一批下鄉的名單裡卻有他，只是他父母堅決反對，所以沒走。

石良的女友小N被批准去了八五二農場，一向挺精明的石良這時就像掉了魂似的時常發呆，想起上學時那次假裝輔導小N作數學題一不留神把鼻涕流到她頭上的鏡頭，還有時常趁教室沒人

時摸著她的小手打情罵俏。文革時肩並肩、頭對頭地寫批判稿、貼大字報。幾年來，受擠兌時小N總是不露聲色或明或暗地幫自己說話、替自己圓場。此後卻要惜別千里，相見亦難，想到此石良好生傷心，但又無可奈何。由於小N家教較嚴，又不敢輕易去小N家，只好背著大家偷偷地把小N約至旮旯避光處，再斷腸柔情、灑淚暢敘一回。今別汝，再逢待何日？小N說：瞅你這德行，你要捨不得我，報名跟我一起走啊！石良說：我媽不讓，把戶口本給藏起來了……

去八五二農場的同學是一九六八年六月十三日走的，那天，我們班的二十多個同學都去北京站歡送他們。等我去陝北時我們班只剩下兩個同學：陳設和武同學去車站送我。他們的心情似乎還不錯，最起碼比我去陝北插隊時要強。站臺上的情景倒是和我去陝北時差不多，鑼鼓喧天，口號震耳、親人落淚。我頭天到東安市場給張同學（跟我和趙一起去西安串連的那位）買了幾盒北京果脯，這事張同學四十年後在我們聚會時還提起過，我倒是忘得一乾二淨。

內蒙兵團知青苑戰國在〈我的軍墾夢——兵團生活回憶錄之一〉中說：……從興高采烈地歡迎停課鬧革命開始，我參加文化大革命算起來也有三年時間了。革命造反的熱情，在「到底做得對不對」的追問中消耗，我已沒有了爭鬥的昂奮，只有對這種混亂的厭倦。

八月初的一天，我心血來潮，又去了市人委，竟然聽到一個令人振奮的消息——北京軍區內蒙古生產建設兵團來保定招兵。如能參加內蒙兵團，說不定就能親手教訓蘇修老毛子了。三月份發生珍寶島事件時，我曾滿腔怒火，義憤填膺，恨不能自己也去當兵守邊防。

⋯⋯一九六九年八月上旬，我接到通知，說兵團接兵的人第二天到我們「鋼鐵」的駐地，進行招兵動員。通知我的好像是張玉慶，他是「鋼鐵」的小頭目，也想去兵團，應該是他組織了這件事。

第二天，還沒到約定時間，市人委西北角的小院就擠滿了人。不僅有文革的積極分子，還來了不少不怎麼參加活動的准「逍遙派」。人們三三兩兩地交流著能夠聽到的各種資訊，焦急地等待著招兵的人的到來。

他終於來了，一位30多歲的白白胖胖的軍官。有人介紹說，他是內蒙古生產建設兵團六師五十二團的政委，也是六師接兵的負責人，叫蘭克夫。人們稱他蘭政委。跟在蘭政委身邊的還有一位個子不高，長得挺秀氣的學生模樣的人，看上去也就16、7歲。據說是蘭政委的助手。

蘭政委先給我們講了組建兵團的偉大意義。他滿懷深情地說，紅衛兵小將們，首先要告訴大家一個特大喜訊！今年一月二十四日，我們的偉大領袖毛主席他老人家親自批示，組建中國人民解放軍內蒙古生產建設兵團。這是毛主席他老人家對我們兵團的最大關懷！最大鼓舞！最大支持，最大鞭策！在毛主席「一·二四批示」的指引下，內蒙古生產建設兵團於今年春季誕生了。這是無產階級文化大革命的偉大勝利！是毛主席無產階級革命路線偉大勝利！

他介紹說，內蒙古生產建設兵團是北京軍區序列的生產建設部隊。由軍隊領導，建制、待遇和正規部隊一樣，同樣也發武器。不同的是，它的任務更為繁重，不僅要保衛邊疆，還要開發邊疆，建設邊疆。兵團的建軍宗旨就是「屯墾戍邊，寓兵於農」。所以，我們既是兵，又是民。既是戰鬥隊，又是生產隊。

他說，我們接兵組的同志，這次來到保定，就是遵照毛主席的「一二四批示」，為兵團挑選精兵強將。他說，內蒙古生產建設兵團六師的駐地是錫林郭勒盟草原。錫盟草原是中國的四大草原之一，水草豐茂，牛羊遍野。

在動員報告的最後，他說，歷史賦於了你們這些年輕人最神聖的任務，就是把中國革命和世界革命進行到底，徹底解放全人類。所以，你們不僅要關心保定，還要關注全國，放眼世界。我們的偉大領袖毛主席，就是根據當前的國際形勢，在祖國北疆布下了新疆建設兵團、內蒙古建設兵團和黑龍江建設兵團。這不僅對保衛中國北部邊疆有重大意義，而且對於反修、防修和世界革命都會產生重大影響。

講到這裡，他揮動手臂，激動地說，你們的面前是一副重擔，既艱巨，又神聖。把這副重擔交給你們，是毛主席他老人家對你們的信任，是祖國和人民對你們的信任。也是你們紅衛兵的光榮，你們紅衛兵的驕傲。黨在向你們招喚，毛主席在向你們揮手，你們應該怎麼辦？

被他的激情所感染，一些人不由自主地大聲回答：「參加兵團！」我已熱血沸騰，也跟著大家一起喊起來。

動員報告結束後，人們立即把蘭政委圍了個嚴嚴實實，你一句我一句地問各種問題。有人問是不是發槍，有人問能不能騎馬，有人問發不發軍裝，蘭政委都給予了肯定的回答。

他說，兵團和部隊一樣，實行供給制。吃飯，有連隊食堂，穿衣，由連裡發軍裝。買日用品，連裡發津貼，第一年5元，第二年6元，第三年7元。三年之後實行工資制。

也有女同學問什麼時候才能探家。蘭政委答復說，三年之後安排，每年一次。人們把能想到的問題，基本上都問了個遍。看

看人們基本平靜下來，蘭政委讓他的助手給大家發了申請表。我領了一份，我的好友張金貴也領了一份。我倆曾反復商討是否參加兵團，最後商定，結伴而行，共赴邊疆。

回到家裡，我把我想去兵團的想法告訴了母親。母親沒有絲毫猶豫，立即明確表示反對。她的理由很充分，也很現實。家裡收入不多，父母收入加在一起也就70多元；而孩子不少，一共五個，生活一直非常困難。我是老大，他們早就盼著我能上班掙錢，補貼家用，減輕他們的壓力。

一九六六年，我初中臨近畢業時，他們就曾為此事傷過腦筋。我想考高中，將來能上大學。而父母則希望我儘快工作，及早掙錢。可巧那年鬧起了文化大革命，上學也好，上班也好，都無從談起，此事才不了了之。現在，好容易熬到文革有了收尾的苗頭，她當然盼著我能分配工作，為家裡掙錢。

無所事事的焦躁，想找到工作開始新生活的焦急，一直煎熬著我，我當然理解母親的心情。我不僅知道她希望我擔當養家重任的心思，也知道她對我遠離故土，幾年不能回家的憂慮。可我把去兵團看作自我解脫，衝破沉悶困境，開創新生活，實現夙願的現實途徑。雖然母親為我設想的將來可能更好，但它能否實現，卻根本無法確定。

我一直信奉「手裡的一隻鳥，勝過樹上的十隻鳥」，所以決定想辦法突破母親的阻攔。我很容易地就找到了有效的辦法——用「大帽子」壓服她。人們都處於「革命狂熱」之中，父母因私欲阻攔子女的狂熱舉動，往往會被子女揭發，殃及自身，被人扣上「不許子女革命」的「帽子」，所以父母們處理此類事情會格外注意分寸。

我抓住母親也有這種顧慮的弱點，向她大講參加兵團的偉大

意義，無非是添油加醋地重複蘭政委講的那些東西，並強硬地表示不管說什麼也一定要去。

母親最終向我作了讓步，說等父親回來聽他的意見。父親那時在保定市西郊供應站華二南基地工作。單位離家很遠，不能每天都回家。由於初二我申請入團時，獲知父親有歷史問題，並向他核實，他似乎已自我矮化，不再總是居高臨下地對待我。由於影響了我的政治進步，他好像對我還有點愧疚。文革中，我參加的是「工總派」，他參加的是我的對立面「紅樓派」，我們在家時雖不像社會上的兩派那樣仇視，但也常爭得面紅耳赤。我與父親的關係，遠不如我與母親的關係密切。母親參加的也是「工總派」，雖然派性不是很強，但說起文革的事，也總會站在我一邊。

父親回來了，他支持我去兵團。他的看法是，年輕人總守著家有不了出息，出去闖蕩，才能增長見識和才幹，將來幹一番事業。他對母親說：「我的意見是孩子願意去，就讓他去。家裡的事，我們扛著。不能因為我們，影響了孩子的前途。」

母親不再反對，我去兵團的事就這麼決定了。

但是，對於這種誘惑的宣傳也有學生和家長感到懷疑。江蘇南通市丁堰中學副校長張祖濤在〈家長發難：你們老師動員學生下鄉，自己為何不去？〉一文中回憶道：

時間倒回到四十五年前。當時，我是徐州師範學院中文系六六屆四年制本科畢業生。六八年分配到家鄉江蘇省如皋縣（現已改為縣級市）參加農村勞動鍛鍊，一年後再分配到江蘇省重點中學如皋中學成為1名中學教師。到了一九七五年，因為在教學等方面表現突出，我已經是學校領導和學校工宣隊任命的初中分部（十二個班級）負責人。也就是在這一年的五月十九日，我也

上山下鄉回到了我的老家，江蘇省如皋縣馬塘公社一大隊，當了四年沒有拿工資，拿工分的農民和中國農村最基層村官（生產隊長）。其中的是是非非、辛酸苦澀真是一言難盡。

本來不該上山下鄉的我為什麼又下鄉當了農民，做了村官？我不是領導動員下鄉的，更不是因為犯錯誤被貶下鄉的。說出來今天的讀者可能不相信；我是在當時的形勢影響下主動要求下鄉的。我是江蘇省如皋中學初中分部負責人，當時每一屆高中畢業生固然都要上山下鄉，初中畢業生不能上高中的也要被動員上山下鄉。連續幾年我都要代表學校參加街道居委會對要上山下鄉的學生和家長做動員工作。

記得一次，有一位家長在半夜之後的一點多，突然向我和班主任等人「發難」說：「你們這些做老師的，年年動員自己教的學生上山下鄉，你們自己為什麼沒有一個人帶頭上山下鄉？」當時在場的所有老師都愣住了，包括居委會的有關同志一時間都啞了火。這位家長的話對我的刺激很大。是啊，自己天天用董加耕、邢燕子的模範事蹟來動員自己教出來的學生上山下鄉，為什麼自己就不能以身作則，來個身教重於言教呢？再加上當時全國在校的工農兵大學生先後有幾百人給毛主席發致敬電，要求上山下鄉並且獲得批准。我們江蘇省的鍾志民，一個老革命的後代，工農兵大學生畢業後也帶頭上山下鄉了。我們南通市更是有兩位剛剛退伍的解放軍，打報告要求到西藏去當農民，並且也獲得了南通地委的批准和歡送。正是在這樣的形勢下，我頭腦一熱，也向學校領導打了上山下鄉當農民的申請報告。幾經反復曲折，經地、縣兩級批准，我回到了老家。我發誓要和董加耕、邢燕子一樣，用自己學到的文化知識，改變家鄉的貧窮落後的面貌。

當時，縣裡的歡送大會開得轟轟烈烈；我「不拿工資掙工

分」標新立異之舉，轟動了整個南通地區，江蘇省教育廳的一位處長帶了幾位同志到南通、如皋考察調研，代表江蘇省教育廳肯定支持讚揚我，一個時期，南通專署、如皋縣委專門發文表彰我，廣播喇叭中天天號召全縣人民、全地區人民向我學習。那一年，如皋縣的知識青年上山下鄉動員工作在我的影響下變得特別順利，連好多按照當時的政策可以照顧的高中和初中畢業生也高高興興地下了鄉。其中有個女孩子王曙華是如皋中學高中應屆畢業生，她的父親是我們如皋縣委的組織部長，只有她一個孩子，她的媽媽病休在家。按照當時的有關政策，王曙華本來完全可以不下鄉，可是她鐵了心學習我的榜樣也下了鄉。

面對我近乎於「荒唐」的舉動，很多教師憂心忡忡。有人罵我是「自作孽」、得了「失心瘋」；也有人說我是想下鄉鍍金然後再向上爬。我的愛人怎麼也想不通我怎麼會突然發這樣的「神經病」，事先毫無徵兆，突如其來，面對木已成舟的事實，她不知流了多少眼淚，差一點和我離婚。說老實話，直到今天，我和她都成為老頭子、老太婆了；而對這件事，她始終耿耿於懷，一直不肯原諒我……

第五節　各級組織帶有指令威脅性的動員

毛澤東的1222指示文件層層傳達後，在那段時間，不僅是學校、老師和政府人員，而且連單位、居委會等組織全部行動起來，為了配合宣傳鼓動工作，全國城鎮的大街小巷到處都是「到廣闊天地煉紅心」的標語橫幅。有的地方還對待業在家的知青和家長採取了辦學習班的形式，讓他們深刻理解上山下鄉的偉大意義，一直達到想通應允為止。

　　廣東知青李明回憶道：當年我姐剛好19歲，待業在家，理所當然屬於動員對象之列。可是她自小身體瀒弱，弱不禁風，長年離不開那藥煲。居委會的工作人員隔三差五的往我家裡奔，對我姐進行思想動員，說什麼：「知識青年上山下鄉是黨的號召，是國家的需要，是防修反修的有效措施。知識青年要積極回應黨的號召到農村去，那裡是個廣闊天地，是大有作為的等等話語……

　　說實在，她們這種死纏爛打，費盡心機，有真有假的動員方法，使我媽和我姐難以招架。經過五個多月居委會工作人員不厭其煩的登門動員，媽媽和姐姐的思想開始招架不住了。但媽媽還是下不了決心讓姐報名去，主要是擔心弱不禁風的姐難以適應農場艱苦的生活，母女倆為此而常常寢食不安，一想起這事，便常常以淚洗面……

　　每當我看到媽媽和姐姐整天愁眉苦臉、傷心落淚的情景，我的心就像刀割一樣難受，但又無奈得很。我與媽媽和姐姐商量，請求她們讓我頂替姐姐去報名下鄉。儘管當時我個子很矮，只有1米48公分，體重不到九十市斤，瘦的像只小猴。媽媽說：「你和你姐都是我的心頭肉，你倆誰去我都心疼呀！你身體雖好，可你太小又矮又瘦，才15歲，我能放心你去嗎？下鄉不是鬧著玩的……

　　工作人員又來動員，我自告奮勇地對她們說：「我姐身體多病的情況，你們都清楚。她是不適宜上山下鄉的，如果你們一定要完成上級下達的任務話，那讓我去頂我姐。」……

　　沒想到第二天，居委會的工作人員真的好高興地帶我去區知青辦報名。又過了十多天，媽媽和姐姐幫我到街道辦事處和派出所辦理了戶口本、糧食本的遷移註銷事宜，並認領了上山下鄉購買日用品，如棉被、蚊帳、鐵水桶等有關票證。然後在家裡等待

著統一奔赴海南農場的時間。

類似的情況，自由兄弟在一九七二年探親返程時也聽說過：當時與我同行的是一個湛江地區知青，他也是一九六九年初中畢業的，一九七○年才無奈去到海南兵團三師，一路上都見他悶悶不樂。交談時才得知，原來他父親是搞文藝的，後被下放到了企業。見他身體過於單薄，但頗有音樂天分，便一直拖著沒有讓他上山下鄉，在家教他拉小提琴……

誰知一九七○年廣東省動員知青上山下鄉的文件下達之後，街道居委會天天來做他的工作，開始他父親陪上一大堆笑臉總算搪塞過去了。誰知，有一天上班，單位領導叫他先去街道學習班，學通領會上山下鄉的偉大意義之後才回來上班。一連幾天，父親實在捱不過去，只好答應讓他去了兵團。

臨行，父親一再叮囑兒子要繼續練好小提琴。可是到了農場，砍樹、放炮、挖穴，繁重的體力勞動，使他手指粗壯得不再靈活，樂感也不如從前。這次探親回家，父親聽了他拉的曲子，不僅沒有進步，反而不如從前。頓時大失所望，一氣之下，竟摔壞了他的提琴，還莫名其妙地大罵上山下鄉是誤人子弟。當時，我對此頗為憤憤不平，還說他父親思想落後。如今想起這個故事，真是有些痛心。也許，這世界上本來可以少一個種橡膠的農工，多一個出色的小提琴演奏家，然而，命運卻讓這一切都南轅北轍、無法挽救……

在記者采寫的〈13歲的少年知青〉一文中我們也可看到哈爾濱的王懷信當年上山下鄉類似脅迫的情景：「同志，我要報名下鄉！」在哈爾濱大直街上的南崗區知青辦的接待室裡，工作人員看到橫在門口的長櫃子後有個小孩子探出頭說話。

「小朋友，別鬧了，快出去玩！」他們向他擺著手說。

「我真是要報名下鄉！」那孩子使勁兒探出身子說。

「你才多大呀？」他們問。

「我都十七了。我是一二五中的，叫王懷信。要不，你們給學校打電話！」那孩子急了。

那一年是一九七四年，在這個動盪的春天，這個王懷信真的下鄉了，成了肇東縣勝利公社利民大隊的插隊知青。他是一九六〇年五月十二日出生的，報名時，他還不滿14歲，也許是上千萬的知青中年紀最小的。到知青辦報名時他虛報了歲數，為了掩飾只有1.50米的身材，還穿了厚底鞋，鞋裡塞了厚厚的墊子。

王懷信是替姐姐出征的。那一年春天，上山下鄉運動又出現了高潮，負責動員的街道幹部坐在他家裡不走。一九七二年初中畢業的姐姐一個勁兒地哭，她身體不好，個子又小，父母捨不得讓她走。懷信的父親是從馬車夫成為運輸社工人的，他有七個孩子，大姐和四哥已經到永豐農場下鄉，其他幾個孩子都工作了，只有懷信和姐姐在上中學。下鄉的事，誰也幫不上忙，只有最小的懷信挺身而出了。說實在的，他也不願意在學校混了，上小學時每天念「老三篇」，上中學了，不是下鄉勞動就是開大批判會，什麼也學不到。還不如當知青，還能掙錢養家！當時他家裡特別困難，買菜都是等收攤後買0.1元一堆的爛菜。

王懷信回憶，當時走的時候，我們一百多個中學生都戴上大紅花，坐著大卡車在街上巡遊，許多人夾道歡送，然後一直把我們送到利民大隊的隊部。下了車就是一頓大吃，從來沒見過這麼多好吃的，埋頭猛造。吃完飯又把我們分到小隊，一點名，少了一個。後來帶隊幹部在房後玩的小孩子堆裡找到了那個人，那就是我。屯子裡的老鄉像迎親一樣把我們接到住處，我被安排到姓陳的大爺家的西屋。我在炕上鋪行李，趴在窗戶上看熱鬧的小孩

子喊：「看哪，誰下鄉還帶來個小孩？」我急了，跑出去對他們喊：「誰是小孩？我都十七了！」他們哄笑著跑了，邊跑邊喊：「小崽子，小崽子！」從此，我有了新名「小崽子」。

再小的知青也要參加勞動，王懷信也不甘人後。第一次幹活是到豆地裡拔大草，個小靈活的懷信跑在最前面，拔得還挺乾淨。第二天，搞積肥，把草片鏟掉，然後用鍬堆上大堆漚。那肥堆有一房多高，懷信怎麼使勁也揚不上去。隊長只好派他去割地頭的草，割下來了卻捆紮不起來。他累得幹不動了，躺在地頭喘氣。後來隊裡又給他找了個最輕的活——「看青」。白天歇著，晚上出工，拿著把鐮刀，在地頭來回走，防止有人偷青。膽小怕黑的懷信拉著前面的那個老頭的衣襟，寸步不離，一過墳地渾身就發抖。那個老鄉總給他講鬼故事，越害怕越想聽，有時嚇得他頭髮都豎了起來。下了工，一個人不敢回住處，讓那老鄉把他送進屋，他跳到炕上，馬上用被蒙上頭。

像懷信這樣的「半拉子」每天只能給記七個工分，而其他知青和整勞力一樣記十個工分。王懷信不承認自己是個「半拉子」，他跑到縣知青辦去「告狀」，縣裡答復很明確：凡是下地幹活的知青，都是整勞力，都記一樣的分。年紀雖小，志氣並不小。王懷信心裡想，我不能靠政策照顧，要用自己的行動證明，我一點兒也不比你們差！接著隊裡開始搞水利，分段包乾，懷信和十個人一起分了三十米長、三米半高的一段水壩。他和大夥一樣掄著大鎬刨凍土，然後挑著沉重的土筐奔跑。七天的活，他們三天半就幹完了。小懷信也累倒了，躺在炕上發高燒，渾身疼得直哼哼。大隊書記摸著他的頭心疼地說：「還是個孩子，怎麼累成這個樣了！」他從家裡拿來一公斤大米，為他做粥喝。一直躺了七天，王懷信才起床。那一年，從七月十六日到

了隊裡幹活，到年底他一共掙了42元錢，還欠了隊裡70多元的口糧錢。

當時喝大米粥是很奢侈的，他們知青點的伙食就是高粱米、小米飯和玉米粥。菜就更缺了，誰要有一塊鹹菜，大家搶著吃。媽媽從哈爾濱給他捎來一瓶豬油，是他唯一的營養品，只能偷偷地吃……

愛到發燒在〈關於知青下鄉的強制問題摘錄〉也進一步證明瞭這種勒令性的動員：一九七四年以來，鐵嶺地區開始從城鎮下鄉知識青年中進行大批招生、招工、徵兵工作，城鄉之間的知青開始了對流。一些城鎮中學畢業生為了留城工作，逃避下鄉接受再教育，千方百計製造留城條件，下鄉知識青年為了離開農村，也想方設法製造回城條件，在「兩招一征」中的種種不正之風也形成了，給農村與城鎮造成了思想混亂，使知識青年上山下鄉動員工作受到了一定阻礙。

正由於上述原因，知識青年上山下鄉的動員工作便產生了一定難度，使知識青年由自覺響應號召上山下鄉，轉變為被動地上山下鄉接受再教育，甚至有少部分知識青年被迫於壓力而上山下鄉。全區各縣在動員知識青年上山下鄉時，後來採取了如下措施：

一、凡屬城鎮中學畢業生，離校前進行思想教育，使學生自覺服從黨與人民的需要，主動報名上山下鄉，接受農村再教育。

二、給不主動上山下鄉的知識青年家長辦學習班，使知青家長端正態度，支持子女上山下鄉，消除動員中阻力。

三、城鎮中學生畢業前夕召開知識青年上山下鄉動員大會，層層動員，使單位包學生家長工作，學生家長包學生工作，學校做畢業生工作，把應下鄉的知識青年動員下去。

四、對城鎮下鄉知識青年組織歡送與歡迎大會。大造知識青年上
　　山下鄉作用的輿論，為知青上山下鄉動員工作鳴鑼開路。

　　一九七四年九月，地區各縣都召開了歡送城鎮知識青年上山
下鄉歡送大會。各縣城鎮組織人民群眾上萬人，人民群眾敲鑼打
鼓、鞭炮齊鳴，下鄉知識青年挺立於各單位裝飾的彩車上，向夾
道歡送的親人與人民群眾告別，場面十分熱烈。各縣農村公社大
隊廣大貧下中農與各級領導，也走出公社、村莊，敲鑼打鼓，歡
迎下鄉青年到農村插隊落戶，參加農業生產。

　　老樵在〈曾經上山下鄉：一、無路可逃〉中回憶：……一九
六六年夏天到一九六八年夏天，造反、武鬥，「鬧」了整整兩年
的「革命」。劉少奇極其所有的追隨者徹底倒了，但是城市建設
又一次破壞殆盡，又一次導致了工業的蕭條，又一次無法安排年
輕人就業，這時候，所在的農墾學校早已解體，我成了無所歸依
之人。後來，經姐夫介紹，我到謝三礦幹上了臨時工，日工資1
元2毛4分，工作是抬煤泥，扛大料，後來下井採煤。

　　是年九月，全國各地紛紛成立「革命委員會」，成員由執行
軍管的軍人、忠於毛主席革命路線的幹部、有公職的造反派頭目
組成，謂之「三結合」。當然，閻王的茅廁沒有小鬼的糞，「紅
衛兵」們被拋在了一邊。是年十二月，終於等來了最新的〈最高
指示〉：「知識青年到農村去，接受貧下中農再教育，很有必
要。要說服城裡幹部和其他人，把自己初中、高中、大學畢業的
子女送到鄉下去，來一個動員。各地農村的同志應當歡迎他們
去。」

　　我的一個「紅衛兵」戰友找到我家，憤憤地對我說：「當初
稱我們『紅衛兵小將』，下死命令叫我們『停課鬧革命』，打黑
幫，打走資派，打劉少奇，這嗒子我們怎麼成了『再教育』對象

了？」

　　有一天剛剛到班，單位的頭頭過來傳達文件，要義是：有六十三個最最革命的、最最優秀的「紅衛兵」發出倡導：農村是個廣闊的天地，他們要到那裡經歷大風大浪，到那裡煉紅心、繼續革命，以便更加熱愛毛主席、忠於毛主席。當然，出於革命友情，他們希望所有的戰友們都去一起煉。

　　接下來就是全社會發動動員，說「農村是個廣闊天地，在那裡是大有作為的」，說「我們也有兩隻手，不在城裡吃閒飯」，說所有的城市娃兒們都應該到「廣闊天地煉紅心」！一時間，整個社會都在宣傳「上山下鄉」是聽毛主席的話，是在走一條光榮極至的道路。這「上山下鄉」不是所有的人都可去，有一個範圍，即是六六年、六七年、六八年的初中、高中畢業生。這便是以後歷史上人人皆知的「老三屆」（初中的又叫「小老三屆」，高中的叫「大老三屆」）。

　　如果你是這三屆之中的人，如果你不參加「上山下鄉」，你簡直就是下三濫、狗屎堆，沒人看得起。先是居委會到家裡來「做工作」，說的天花亂墜。後來按戶登記，並警告：反正你家孩子是三屆畢業生裡的，如果不願「上山下鄉」，到底都跑不掉你，而且將來你全家都沒有好果子吃。

　　在單位裡，先是「號召、動員」，要求凡是「老三屆」的，自己出來報名，說這是無上光榮的事，別人還想不上哩。後來，這種欺騙性的宣傳做膩了，乾脆赤裸裸地幹起來了，頭頭在全體臨時工群眾會上公然叫大家「檢舉」誰是「老三屆」。我被人檢舉，工頭當天就辭退了我。這時才知道，上面有規定：任何單位部門，不得容留「老三屆」的人就業。實際上，曾經成全了「無產階級文化大革命」的「紅衛兵」們，此時已經走投無路，簡直

就像過街老鼠，不「上山下鄉」簡直活不下去。這個時候，家裡有一點門路的人，居然給自己的孩子開有病或是殘疾的假證，以便逃避「上山下鄉」。

居委會的婆娘不失時機地趕到家裡來要我登記，央求我看在老少娘兒們的份上，給她增加一個名額。她說，上面給她們攤派了任務，完不成是不行的。沒奈何，我只好做了順水人情，親筆給自己登了記、填了那張如同賣身契的知青表。

一個大字都不認識的居委會婆娘端著我的「賣身契」橫看豎看，樂不可支地誇獎道：「這孩子，一手好字墨！」

實際上我是個急性子，平時最沒有耐心一筆一劃地寫字，字體很潦草，有時簡直就是鬼畫符，從來沒有人如此誇獎過我。

一九六八年十一月十三日，我們這個地區送走了第一批「到大風浪裡煉紅心」的傻傢伙，總共是一百三十多人，我也在其中。上午開了一個大會，給每個知青帶上一朵紅色的紙花，送了四本《毛主席著作》（到農村以後才知道，四本《毛主席著作》購價5元不到，就這麼點兒東西，連同那朵一個屁錢不值的紙花，黑心的「革命委員會」雜種們竟扣掉了我們20元下放補助費！）。然後，他們在臺上公然宣佈：你們的城市戶口已經註銷，由領隊的人把戶籍統一帶到農村去，以後再重新安置。送行的父母立刻就像賣了兒女似的失魂落魄，有人大哭。

然後，他們點名數人，點一個記一個數，送上卡車一個。這情景，立即叫我想起了電影《抓壯丁》，大家的胳膊上只差一根繩子了。知青們上車以後就有人開始哭了，大家都才17、8歲，只是一幫不會做飯、不會洗衣、不知稼穡、不知如何生活的孩子。大卡車啟動，一路卷起滾滾黃塵，把這樣的一幫男孩、女孩送到「廣闊天地」去了。

知青廖國賢在《我們決不讚美苦難》回憶：……其實知青下鄉全都是強迫的，要是讓你下鄉你不下，我以我的一個鄰居姐姐為例讓你知道後果。

這位姐姐是初六六級的，正是標準的「老三屆」，她一直堅持不下鄉。當時的街道「革委會」人員多次到她家勒令她下鄉，她就是堅決不下，後來「革委會」把她的戶口下了，在她家開「批鬥會」，批鬥她和她的父母。直到今天我都還記得「革委會」們喊的口號「誰破壞上山下鄉運動，就是破壞毛主席的偉大戰略部署，罪該萬死」。就這樣天天鬥、天天喊，這位姐姐最後不得不下到農村，而且去的是彭山最偏僻最艱苦的一個小山村。這是七一、二年的事，這可能是「老三屆」最後下鄉的知青了。

後來我還和她的弟弟我的一個毛根朋友一起，過岷江河走幾十裡山路到她的知青屋去，她給我們燒的開水倒在碗裡給我們喝，碗底厚厚的一層黃泥，浮著一圈油菜籽大小不知道是什麼東西的顆粒，這就是姐姐的知青生活。她一直沒有被招工回城，直到後來落實知青政策後才回到城裡。四十年了，這碗水我記得好清楚，這是我一輩子唯一記得的一碗水。

第五章
不同心態的上山下鄉知青表現

第一節　積極要求上山下鄉的熱血知青

　　上海知青網作者葉青的〈文革」時期知識青年上山下鄉的心態探析〉中介紹說：一九六八年的知青上山下鄉運動與以往知青上山下鄉活動的重要區別之一是政府把上山下鄉目的，拔高到消滅三大差別，建設社會主義新農村，實現理想社會的高度。在「上山下鄉光榮」的呼聲中，部分青年懷著改造農村的崇高理想，立志發揚革命先輩「一不怕苦，二不怕累」的傳統，主動要求到條件最艱苦、祖國最需要的地方去大顯身手，成就一番事業。在「接受貧下中農再教育」的最高指示發表之後，廈門六中的幾位六十八屆初中畢業生多次前往廈門市軍事管制委員會去強烈要求到革命最需要的地方去了，最終獲得批准，成為廈門市第一批到上杭縣插隊落戶的知識青年。

　　福州二十三中十九位畢業生到達建甌連縣後，要求到最艱苦的地方去，自告奮勇到遠離公社四十華里最偏僻的一個張坑大隊落戶。福州女知青沈愛妹也屬於這種類型，一九七三年正是上山下鄉潮流繼續湧動的時候，高中畢業的她就滿懷豪情，揣著建設家鄉、實現人生理想的天真之夢，毅然到閩北偏僻的小鄉村插隊落戶……

　　知青章村在〈杭州小分隊三赴北大荒紀實〉中回憶：一九六八年下半年，因文革羈絆在校的六六、六七、六八三屆初、高中畢業生的心思，是何其複雜、亢奮、慌亂和騷動不安啊。當革命推進到一九六八年下半年的時候，諸位的校園裡秋風淒切，敗葉蕭蕭，各派紅衛兵大致風流散盡，眾同學開始厭倦文革，放眼前程，繼續升學無望，工廠不再招工，一代學子何去何從？讀書郎開始厭倦文革，「黑五類」亟待逃遁現實，好兒女蓄意志在四方。在這樣的歷史關頭，昔日裡呂玉蘭、邢燕子、董加耕們以及新疆生產建設兵團的知青群體們在廣闊天地大有作為的故事，就順理成章地成為這一代人心慕足追的楷模。

　　到農村去，到邊疆去，到祖國最需要的地方去，是這一代人在那個特定歷史時期唯一和至高的理想選擇。到農村算是革命一場，赴邊疆更是加倍革命，權其輕重，相當一部分同學義無反顧地把革命的砝碼向邊疆一端傾斜。好在浙江省安置知青到邊疆已經開了先河：一九六四年杭州曾有少量知青奔赴新疆生產建設兵團，一九六五年和一九六六年杭州曾先後有兩批幾百名初高中畢業生赴寧夏插隊。

　　一九六八年八月，杭州二中的某位同學「登高一呼」，幾位同學拍手呼應，他們極想再續支寧「前緣」，遂組成小分隊，於八月十三日赴寧夏要求接收杭州知青。赴寧小分隊不辱使命，寧夏固原的六盤山地區同意接收50名杭州知青插隊落戶。九月三日，杭州市有關方面隆重歡送杭州知青六十七人出征寧夏。彩旗、鑼鼓、口號，常常是那個時代的一道迷人的政治風景。歡送的場面，給杭州二中的一些因名額限制、政治審查等原因未能登上西去列車的同學留下了深刻的印象。赴寧小分隊馬到成功的「遊說」方式，更使他們躁動的心啊，鼓起了渴望的風帆。

　　於是，這些同學就把眼光從「天高雲淡，望斷南飛雁」的六盤山收回，迅速移向「棒打麅子瓢舀魚，野雞飛到飯鍋裡」更加遼闊的北大荒。二十郎當歲的同學少年，血氣方剛，雷厲風行，上午栽樹，下午取材，心忒急。

　　一九六八年九月八日，他們連闖帶撞地直抵杭州市革委會，找到時任市革委會副主任的邱強和時任市革委會主任的王子達，要求市革委會出面，就接收知青事宜速與黑龍江方面聯繫。一向以支持小將革命行動為同學們稱道的善解人意的王子達，當即點頭答應，囑有關部門給黑龍江方面拍發電報。九月十日，黑龍江方面回電，卻給同學們兜頭一盆涼水：「兵團剛建立，無能力安排，請諒。」然而同學們豈肯就此甘休，他們又於九月十一日再次闖入市革委會找到王子達和邱強，堅決要求派遣小分隊前往黑龍江。市革委會經研究同意，並提出若干工作原則。

　　九月十七日小分隊成立，由市畢業生上山下鄉辦公室工作人員魯典、軍代表韓成、杭七中鍾民同學、浙大附中唐明同學和杭二中王鋼同學等五人組成。九月十九日，杭州市畢業生上山下鄉辦公室負責人周芝山，親切和藹地會見了小分隊成員，並仔細叮囑有關細節。九月二十日，小分隊啟程赴黑。

　　九月二十四日，小分隊一行風塵僕僕抵達哈爾濱。中午時分，黑龍江省革委會常委燕文卿接見了小分隊。燕文卿伸出的手是溫暖的，出口的言語卻是冰涼的，燕文卿慢條斯理地說：「黑龍江的兵團嘛，實在無法安排浙江知青，插隊落戶嘛，也沒有先例啊。」下午，一身戎裝的小分隊軍代表韓成，隻身到黑龍江省勞動管理局探究虛實，捎回來的消息的確讓人心裡不踏實：黑龍江當年接收知青的壓力果然很大，已經接收上海知青一萬兩百八十人、北京知青一萬五千人、天津知青九百人、本省知青一萬六

千人。此外，計畫中還要接收兩萬人，一九六八年全年將一共接收七萬一千人。

九月二十六日，黑龍江省革委會燕文卿和省勞動管理局的沈寶忠、省計畫統計委員會魯夫一同會見小分隊成員，再度明確表示，今年不擬接收浙江知青，須待明年全國統一安排。九月二十八日，黑龍江生產建設兵團政委蔣壽鵬接見小分隊成員，小分隊繼續發揚連纏帶磨的頑強作風，蔣壽鵬卻兩手一攤，連說愛莫能助，愛莫能助啊。九月二十八日下午，小分隊給杭州市革委會拍發電報：今年困難，尚在努力。

自十月一日至十月十一日，小分隊日夜兼程，馬不停蹄地參觀考察了佳木斯、牡丹江地區的集賢公社、永安公社和兵團的友誼農場、八五二農場、八五三農場等知青點。所到之處，受到貧下中農和知青們的熱情接待。兵團八五二農場的北京第一六五中學的知青們京腔琅琅，擲地有聲：「甭著急，您哪，請回去轉告杭州知青，我們歡迎他們，這裡需要他們。」

小分隊成員們心裡的希望之火沒有熄滅。十月十一日返回哈爾濱後，黑龍江省計畫統計委員會魯夫向小分隊成員傳達了黑龍江省革委會主任潘複生和副主任汪家道的指示，潘汪列數住房、安置、經費等諸多困難，明確表示不擬接收。十月十六日，小分隊第一次「出使」北大荒之行結束，無功而返，沮喪而歸。

回到杭州後，小分隊的學生代表是身在江南，心在北國，哪裡會就此善罷甘休呢。十月二十五日，小分隊向市革委會主任王子達詳細彙報情況。彙報完情況，自然又是一番再表決心，堅決要求市革委會再派小分隊二赴北大荒。

十月二十六日，王子達爽快答應了再派小分隊的要求，市革委會決定由市畢辦的魯典和浙大附中的唐明不日赴哈，小分隊

成員欣喜萬分。十月二十九日，杭州二中的紅衛兵組織「紅旗」毛澤東思想文藝宣傳隊的十餘名同學，以壯士斷腕的勇氣，連夜寫血書，「請」毛主席像，為小分隊壯行。十月三十日，魯典和唐明在杭州二中眾多同學期待的目光中登車北行。魯典和唐明在哈爾濱奔波努力的過程中，期間留在杭州的幾個同學在這裡敲邊鼓，接連給唐明發去兩份電報，敦促、鼓勵他們一定要堅持到底，甚至表示，必要時，杭州的同學將派人增援。

十一月十八日，小分隊拍來電報：「初步同意邊境縣插隊。」十一月二十日，唐明來函，細說黑龍江省革委會潘複生和汪家道同意到邊境縣插隊的經過。十一月二十八日，小分隊唐明同學回到杭州，帶來了令人振奮的消息，也帶來了令翹首以待的許多同學深感沮喪的消息：邊境縣的插隊，政審極其嚴格，非「紅五類」出身的同學將不在被批准之列。一九六八年十二月二日，哈爾濱方面來電，決定由地處中國最東端與俄羅斯接壤的撫遠縣接收第一批杭州知青。此後幾天裡，動員、報名、政審，一系列的支邊工作在杭州的幾所中學裡緊鑼密鼓地展開。十二月十日，一中、二中、七中、浙大附中等中學先後確定去撫遠的名單共計一百三人。

一九六八年十二月二十一日之於中國的知青運動史，是一個極其重要的劃時代的日子，毛澤東在這一天發表了最新指示：「知識青年到農村去，接受貧下中農的再教育，很有必要。要說服城裡的幹部和其他人，把自己初中、高中、大學畢業的子女，送到鄉下去，來一個動員。各地農村的同志應當歡迎他們去。」毛澤東這一指示的發表，標誌著中國知識青年上山下鄉運動的洶湧高潮，即刻到來。

毛澤東的指示鼓舞了被第一批到撫遠插隊排除在外的二中

的幾個同學，他們抓住機遇，又一次「闖進」市革委會找到王子達，要求三派小分隊赴黑龍江，以敦促黑龍江接收更多的杭州知青。王子達明確表態予以支持。

市革委會決定小分隊由市畢業生辦公室的魯典、杭二中的王鋼同學和萬希平同學三人組成。此番小分隊持有省革委會的介紹信，底氣十足，自然也就升格為代表浙江省的小分隊，所肩負的使命不僅僅為杭州、同時也為浙江寧波、溫州等地的知青，開闢出一片接受貧下中農的再教育的廣袤的天地。

一九六八年十二月二十三日，小分隊一行與赴撫遠插隊的130名同學相偕同車北上。鑒於小分隊前兩回出師未獲大捷，這次途經北京時，小分隊多長了一個心眼，先行尋至坐落於北京磚塔胡同的中央安置辦，打聽中央在中學生畢業分配方面是否已經出臺新的政策。中央安置辦的一位蔡姓同志和和氣氣地接待了小分隊。蔡同志說：「去年（一九六七年）各省革委會還沒有成立，國務院曾指示各地先自行提出安置知青方案，然後報中央審批。現在嘛，你們看，已經全國山河一片紅啦，中央要統一安排了。」蔡同志還說：「你們省這次一百三十人去黑龍江，是相當特殊的情況，是人家破例收下來的。以後每一批都像這樣小打小鬧的規模，看來是不可能的了。黑龍江要把本省的知青先安排好，明年再轉向你們外省。現在正在摸底，提出方案後，再由中央批准……」

中央安置辦的同志說起話來很政策，很靈活，既沒有給小分隊吃定心丸，也沒有把話絕對說死。小分隊人員仍然信心滿懷。

本次小分隊一路北上之際，還發生了兩樁中國人民政治生活中的重要事情，似乎可以算作是小分隊不虛此行的絕佳徵兆。其一是：十二月二十四日晚上，小分隊和130名赴撫遠知青抵達天

津站時，正好與北京機床一廠的工宣隊相遇。工宣隊一聽說小將們要赴北大荒去屯墾戍邊，就把毛主席送給他們的原本要送往唐山的芒果複製品，又轉送給杭州知青。複製品的芒果做得真是像極，簡直比真實的芒果還要令人饞涎欲滴。小分隊和赴撫遠的同學們無限幸福地彼此傳遞著芒果，凝神端詳著芒果，一遍又一遍地高唱《敬祝毛主席萬壽無疆》。

其二是：十二月二十八日晚間，黑龍江省革委會副主任于傑接見小分隊時，正當談到來年接收知青的打算時，中央人民廣播電臺新聞聯播節目播送了中國氫彈爆炸試驗成功的重大喜訊。小分隊的成員們喜不自勝，彼此交換了一下歡喜的眼色，心裡在說，這下我們的事情一定會有眉目了。

好消息果然接踵而至。十二月三十日，黑龍江省革委會召開常委會。在這次常委會上，還專門討論了接收浙江知青的問題，決定一九六九年接收浙江知青兩萬人，只要浙江方面把服裝準備好，隨時可以向黑龍江發送。

黑龍江方面特別強調「只要把服裝準備好」，其實是深有道理的，那是基於黑龍江的寒冷氣候而從實際出發的。也許是時間的倉促，也許是物質的匱乏，也許是經驗的不足，後來的事實證明，浙江方面的服裝準備至多只能算是差強人意了。北京、上海、天津知青的被子、大衣、棉衣、棉褲等，都是比照部隊的非常結實的斜紋布料製作的，而浙江卻是極薄的平紋布，雖然也煞有介事地染成了軍黃色，然而耐用性卻無法與真正的軍用品同日而語。

獲悉黑龍江方面的接收知青的準確消息後，小分隊無法按捺大功告成的喜悅，星夜電告杭州市革委會和學校工宣隊報喜。

一九六九年二月三日，由黑龍江省許多縣的代表組成的接收

知青代表團抵杭。其時杭州春寒料峭，黑龍江更是冰天雪地，代表團成員個子高大，且多為裹一身黑棉襖的，操一口於江南人非常陌生的東北方言……所有的一切，都令前往招待所打聽消息的杭州學生感到新鮮和驚奇。

所有的動員、報名、批准、遷戶口、領取平紋布的「黃皮子」等過程的效率，都要比今天任何大轟大鳴的事情快捷得多。三月六日至三月九日，赴同江、虎林、饒河、富錦、綏濱等縣插隊的知青專列與杭州的親人依依惜別於錢塘江邊的閘口火車站。在此後的四月、五月、六月、七月赴香蘭、鐵力、嘉蔭、寶清、鶴立河、梧桐河、依蘭等地的兵團、農場和農村插隊落戶的知青專列，一列接一列轟轟隆隆地駛離杭城，浙江知青支邊的序幕由此徐徐拉開。

知青濮存昕在〈文革初我狂熱投入滿腦子革命〉中回憶：很奇怪，文革的最初，我會那麼地投入。滿腦子都是革命，寫大字報、刷標語，半夜踩著雪，提著用自家白麵熬的糨糊去王府井貼大字報。後來「複課鬧革命」了，一九六八年再進校，我上的七十二中是北京二中的分校。說是複課，基本上沒有文化課。同年十二月毛主席提出：「知識青年到農村去，接受貧下中農再教育，很有必要。」我們這屆所謂初中生都要離開城市去農村邊疆。因為腿有毛病，我其實可以不去，但我就是要去，根本不戀家。跑到設在燈市口中學（也就是現在的二十五中）的招生辦公室強烈要求，人家檢查我正步走、蹲下去站起來。還要我寫保證書，寫就寫。很快就被通知準備照片什麼的，到派出所辦手續，每個人還發票買到一隻松木箱子，二十二塊錢一個。可惜後來沒留下，否則就是知青文物了。

聽說我要走，我媽特意從河南「五七」幹校趕回來。她要去

火車站送，我不讓，結果她還是到了學校。在校外的大客車上，同學們指給我看，說，你媽來了。其實我已經看到了她，只是故意躲著她，怕她動感情。被同學揭發了，只好不情願地到窗口問什麼事，我媽舉著勺對我說：「勺沒帶。」我接了勺就又和同學說說笑笑去了，我媽一扭臉走了。我看到了她離去的背影，後背和肩微聳著，像是已經哭了。唉，那時候的我真是不懂事。

一九六九年七月我就這麼離開了家，去了黑龍江生產建設兵團。那時我們一家人都不在北京，我父親在北京市系統的團河農場，媽媽和弟弟在中國人民銀行的河南淮濱「五七」幹校，我姐一九六八年就已經去內蒙古插隊。弟弟跟我媽到銀行的幹校放豬，我姐在內蒙古牧區放羊，我去黑龍江第三個月被派去養馬，我們家成了畜牧之家。一家五口身在四地，寫信得用兩張複寫紙複寫出三份，給三個地方投。在一封信裡，我總是先跟爸爸說，然後跟媽媽和弟弟說，最後跟姐姐說，一家人的信都互相看，跟任何一方說的事全家都知道……

連雲港知青譚學立在〈我所經歷的上山下鄉那些難忘歲月〉回憶：一九六九年起，轟轟烈烈的上山下鄉開始了，上山下鄉作為當時一次較大的運動，涉及到千家萬戶，影響較大，連雲港市知識青年上山下鄉辦公室於一九七〇年一月成立。各縣公社也成立了專門機構，負責這項工作。縣和公社作了部署，街道文書高學貴主動登門到我家做工作。以街道為單位進行了廣泛的發動，街道召開了全街居民動員大會，學習了毛主席關於上山下鄉的最高指示，街道團支部召開團員會進行再一次動員。

……在上山下鄉的熱潮中，一貫積極的我，在各種會議上表示要向回鄉務農的優秀青年典型代表邢燕子、侯雋、董加耕學習，響應毛主席的號召，到農村插隊。根據當時政策，每家有多

名老三屆學生的可以只走一個到農村，當時我和我哥哥都在下放的槓內，我奶奶堅決說只走一個，兄弟倆哪個都行，當時我們只有聽我奶奶的話，全家商量，同意讓比我大2歲的大哥去，我留城，對此街道也沒有意見。

一九七〇年七月六日上午八點多，贛榆縣青口供銷社門前的場地上，熱鬧非凡，縣裡為下鄉知青舉行較盛大的歡送儀式，十幾輛大汽車一字擺開，車身上貼著歡送知識青年下山下鄉的紅色標語，街上到處紅旗飄揚，鑼鼓喧天，人聲鼎沸，高音喇叭播放著「毛主席的話我最愛聽」等紅色歌曲，到處是歡送的學生和家長，我和奶奶、父母及兄弟妹妹也一起都湧上街頭，送我哥哥插隊去。在這個熱烈的場面中，我被感染了，竟作出了一個讓全家人都意想不到的決定，我也一起插隊去！家裡人見我這樣執意要去，也只好順從我。

由於事先沒有準備，當時沒有辦任何手續，街道答應日後再補辦，於是我就帶著一個花5元錢買的茶葉箱，鋸開作為放衣的箱子背著媽媽套的一床被子，挎著爸爸縫製的鑲紅條的一個白布包，裡面裝著一隻爸爸送我的一個草綠色的搪瓷杯，一本毛主席語錄，一個筆記本，和哥哥一起爬上了送知青的大汽車上，當我看到奶奶和媽媽眼裡流著淚，在車下哭泣時，我也忍不住的哭了⋯⋯

黑龍江兵團知青快樂平常在〈想起四十五年前離家出發時的那點事〉講述：一九六七年下半年，文革進入後期，軍宣隊進校，提出「複課鬧革命」。我們這些折騰了一年多的中學生也開始被要求回到教室。其實人在教室，心還是浮躁的。一天，我的一位同學好友突然告訴我一個消息，北大荒七星農場到學校來招人了，她很想去。這個突如其來的消息也引起了我內心的波

動——那時在文化部門工作的父母還在繼續挨整受批判，我的內心是自卑和壓抑的；多年接受的教育讓自己相信這就是一條「與工農相結合的道路」；更重要的是，我曾經讀過的一部小說《軍隊的女兒》，那如火如荼的邊疆建設生活給我留下深刻的印象。我決定報名！父母那時在單位日子都不好過，自顧不暇，剛聽到我要去北大荒的想法，他們沒有明確表示反對。於是我與好友一起到報名點去報了名。

報名後，我就開始在家裡按照規定的日程準備手續和行裝。離轉接戶口的日子不遠了，好友突然跑來相告，她的父母堅決不同意她去北大荒，她不能去了。其實，那時我的家裡也在鬧「地震」。母親回過味來，開始「發難」：以我有關節炎為由（其實現在看來就是膝關節生長痛），表示我不適宜到嚴寒地帶去生活，要我重新考慮。在與母親的爭執過程中，母親退後一步，提出讓我到協和醫院去檢查身體，並由醫生出具可以去北大荒的證明。我不得已按照母親的要求去了那家醫院。還記得一個中年男醫生在為我認真檢查完膝蓋後，表示沒有什麼問題。於是我馬上要求醫生為我開具證明。醫生一怔，反問開什麼證明。我將情況如實告訴他（那時太小不會編也不會瞎說），結果我拿到的是這樣一張奇怪的證明，診斷：可疑風濕性關節炎。無可奈何，還是不會編也不會瞎說，我將證明老老實實交給母親，心存一線希望。然而，不容「可疑」，隨之而來的又是一場激烈的爭執。沒有商量的餘地，母親堅決不同意我去北大荒。

好友不去了、母親堅決反對，都沒有絲毫動搖我的決心。我找到了負責我們班的軍宣隊員楊幹事，希望他能夠幫助我說服母親。奇怪的是我們崇敬的解放軍楊幹事，此時全沒了平日的正氣與威武，怪怪地望著我，丟下一句話：聽你媽的話吧。無奈，情

急之下，我想起我家的戶口本並不在我媽手裡，而是在我家的阿姨手裡。阿姨是我家的小時工，她家與我家只隔一條馬路。趁母親不在家，我跑到阿姨家裡拿回了戶口本。一本在手，才感覺到它的分量。內心有些空虛，我馬上喚來了發小朱芳，請她陪我去派出所轉戶口。朱芳（現已定居美國）躊躇著，有點害怕，但還是小心翼翼陪我去了那家派出所——我終於轉出了自己的戶口。

轉完戶口，擔心晚上爸媽回家會有一場風暴，於是趕緊打電話將在大學的哥哥請回家。「生米煮成熟飯」，又有哥哥在，一切終於平息。那年那月，未滿16歲，沒有動員，沒有號召，也沒有朋友或同學的相伴，就這樣義無反顧地走了。同去的還有幾個高年級的同學，是後來才知道和認識的。

離別那天，登上火車後，我們都擁在視窗向家人同學朋友告別。站臺上，一位不認識的知青媽媽率先「嗚嗚」哭了起來，我看見我媽還在勸人家。然而，火車快要啟動時，我也無法控制地哭了起來，而且哭得很傷心，因為我看到人群外不遠處的父親在哭。那是我平生第一次看見父親落淚，而且是在大庭廣眾之下。我清楚父親當初是堅決反對我去北大荒的，但那時他沒有話語權，他是「黑幫分子」、「走資派」，是正在被批鬥的對象，他只能把自己的擔憂與痛楚埋在心底。而我堅決去北大荒，多種因素之中，父親當時的處境也是重要原因之一。我期望離開家，去走一條自己的路，因為我別無選擇！在臨別的無言中，在列車啟動的那一瞬間，我與父親的心是相通的。我們都為讀懂了對方而傷心落淚。

第二節　無可奈何走向廣闊天地的知青

　　知青梁宏業在〈回憶下鄉歲月：兩個無奈的選擇〉中說道：記憶是殘酷的，也許永遠都無法抹去。「知識青年到農村去，接受貧下中農再教育」。在這「偉大」的號召下，我們這些老三屆畢業生，無論初中還是高中，全部成了「知識份子」，都必須無條件的去接受再教育。西元一九六八年十二月二十八日這一天，我被准強迫式的註銷了城市戶口，萬般無奈的踏上了開往山西的列車。從此開始了下鄉插隊生涯。

　　我沒有隨學校一起走，而選擇了獨行，這原因有二：一是因為文化大革命的派性。學校裡分成兩大派，我當時既不是保皇派也不是造反派，而是兩派都不喜歡的逍遙派。說逍遙其實就是休學在家，因為家境貧寒，學校裡不上課，我索性待在家裡正好幫媽媽幹些外活掙錢糊口，有空養些小雞、熱帶魚之類的小動物，再沒事就到海河或郊外水坑練練游泳，學校兩派爭鬥，我實在不願意參與，也覺得沒意義，所以就任我逍遙吧。到下鄉時各派結伴而行，我也不願意和他們摻和，無奈就選擇了獨行。原因二：跟學校大撥走要去河北承德圍場，那兒屬於高寒地區不產小麥，常年吃不到白麵，我在三年困難時期被餓怕了，粗糧和代食品也吃怕了，同是下鄉為什麼不到吃白麵的地方去？民以食為天，何況到哪兒都是安家落戶，首先想到的是吃好。所以我硬是不聽學校的安排，不受派性擺佈，獨自選擇了去山西。雖說遠點兒，但畢竟能吃到白麵。就是這麼簡單的兩個理由。也可以說是無奈的選擇。

　　正是這種無奈的選擇讓我無奈了整整六年。到了山西插隊所在地芮城古仁公社杜村，我才知道：知青無奈，生產隊更無奈，

他們也是在無奈中接受了我們這些跟他們來爭飯碗的城裡人。知青插隊給他們帶來的不是利益而是麻煩，村裡的地還是那些地，房子還是那些房子，平白的添了二三十口年輕人，既要有住的地方，又要安排食堂，吃喝拉撒睡處處得操心，誰願意找這個拖累，可是接受知青是上級的指示，誰拒絕就是對抗文化大革命，誰敢冒這個天下大不韙，接受我們也是萬般無奈的事。但知青的無奈是接受教育，而貧下中農的無奈是教育知青，既然是教育，方法就得聽他們的，讓知青住門洞，幹重活，評低分。這也是對無奈的一種發洩吧。

我剛進村的第二天，程元發隊長就派我和另一個知青，由一個地富子弟帶著去八十里外的風陵渡拉柴油，寒冬臘月我們自帶行李和乾糧，白天頂風冒雪，夜裡萎縮在荒郊野嶺的廢棄窯洞裡。冷的睡不著，撿些柴火點著烤火，把帶的凍饅頭扔進火炭裡，不等烤透，外邊已成了焦炭，對付著吃幾口，第二天還得趕路。就這樣我們在風雪中走了三天總算把柴油拉回村。可以說這是我平生第一次遭這樣的罪。這也是我下鄉後第一次體驗到貧下中農的「階級愛」。以後像這樣的苦活、累活也總是派到知青頭上。這種教育方法還真靈，累垮了一個又一個，累跑了一批又一批，村裡的知青越來越少，有人跑回家常年不歸，有的經常不出工，泡了。最後真正經的住考驗的寥寥無幾。我便是其中一個。我屬於接受教育表現好的，但每年分紅最多也分不到幾十塊錢，僅能維持油鹽錢，連每年回一次家的路費都沒有，那日子過得別提有多苦。

插隊的六年總算熬過來了，一九七四年我被推薦回天津上學，終於結束了我的無奈，但直到現在這種無奈的回憶卻永遠揮之不去。

　　黑龍江兵團知青孔繁鉉在〈我的上山下鄉之路〉回憶：一九六八年下半年，積壓的「老三屆」中學畢業生面臨畢業分配狀態，這是個人命運前途的大事，大家關注萬分。六六、六七屆有一定比例留在本市工礦企業工作，除此之外，還有市農和外農之分。當時，在學生心裡對「外農」兩字，感到特別厭煩。它意味著要離開父母家庭，離開繁華都市，去偏僻的山區農村務農，掙工分，養活自己。看電影裡的鄉村艱苦生活，不可想像就要降臨自己頭上，想想有點害怕。我雖屬待分配，但身體也不好，成為一樁心事。

　　六八年十二月二十一日，毛澤東最高指示發表：「知識青年到農村去，接受貧下中農再教育，很有必要……」。當夜，學生們高舉紅旗，紛紛上街遊行，聲勢浩大，各個中學紅旗、彩旗飄揚，鑼鼓喧天，宣傳上山下鄉的偉大意義，校方邀請先行者為我們作報告，鼓勵之下，有的個別學生寫血書，寫決心書，寫申請書，向毛澤東表決心，要求「到祖國最需要的地方去！」「好兒女志在四方」，「屯墾戍邊」成為當時時髦的詞語，有的學生一夜之間成了下鄉的典範和楷模。六八年底中蘇邊境發生珍寶島衝突，於是，上海各中學及時動員一批「紅五類」家庭出生的優秀學生，去黑龍江建設兵團，屯墾戍邊，擔負保衛邊疆的重任。

　　那時，我到淮海中路逛街，每天可見滿載學生的公交車，送往車站碼頭遠征。有的學生滿面笑容，實現了自己的諾言，愉快地告別城市；有的學生目瞪口呆，淚流滿面，向城市告別。此種心情難以形容。我在這種場面下，屬觀望態度。後聽去的人反應，當時務農中年齡最小的才14、5歲，最大比最小要相差10歲。

在這股波瀾壯闊的上山下鄉熱流中，有的學生滿腔熱血，有的學生等老師來動員，見機行事。有的學生屬觀望態度，觀察行事。有的學生屬牢不可破頑固派，雷打不動。我的想法是，下鄉務農完全不同於下鄉勞動，一個是短期的，暫時的，義務的。一個是長期的，正經靠雙手勞動，掙工分工資養活自己。再教育時間無長短，要充分作好一輩子打算，命運選擇面臨巨大的考驗。談何容易，個人與家長溝通，必須嚴肅考慮，深思再深思，才能拿定主意。

六九年上半年，同班同學和相好同學，相繼在本市工礦企業上班，或奔赴市郊農場和外省農場或插隊，自己卻閒在家中吃閒飯，深感枯燥乏味。文革中父親的工資減薪大半，阿哥把全部收入遞交給父母維持家庭日常生活開支，家庭生活處於較匱乏狀態。我成份屬「黑六類」，阿哥在中學搞上山下鄉工作。我已是20週歲的人了，不能拖累父母親，不能給家庭造成經濟和精神負擔，現在稱「啃老族」。

我的表姐、堂弟和相好同學錢曾強，六八年底六九年三月前後，赴黑龍江省生產建設兵團與農場。他們出征前夕，我分別為他們送行。他們赴北大荒後，經過一段時間生活體驗，紛紛給我來信，詳細地敘述了當地生活、工作情形，收入情況。我捧著他們的信，反復閱讀，決定主動向街道上山下鄉辦公室打報告，要求到黑龍江邊疆屯墾戍邊，並獲批准。準備赴黑龍江尾山農場。

準備行裝時，我無任何要求，要一隻家中笨重的鐵皮箱，極其簡單，盡可能讓父母少花費。臨行時，母親往我手裡塞了10元錢，說路上用。10元錢在當時很值錢，占家庭收入的十分之一，我怎麼捨得花。在農場收入第一份工資，留下伙食費和零用，把多餘款與10元錢一同郵寄家中。

　　動身前，父母親、哥嫂、叔叔對我進行職前教育，千叮萬囑要努力，腳踏實地工作，為人和氣，處理好人際關係，經常與家人通信。交朋友要謹慎，句句忠告牢記心中。繼祖母特意從蘇州趕來為我送行，父母親提議，邀請親友、鄰居到復興公園拍照留念。當晚，母親掌勺調製膾炙人口的佳餚。親友鄰居為我餞行，願我一路順風，工作順利。

　　動身那日，在盧灣區第二中心小學操場集合，在操場上，除親屬外，還有小學老師和同學，還有街道黨委書記、街道主任。街道上派來了公交車，把我們知青送往老北站火車站，公交車擠得滿當當，車子駛過繁華的淮海中路，內心有說不出的感受，簡直難以形容。

　　滿載知青的車，駛入老北站。母親、阿哥，姪女、侄子已在那裡等候我。我急忙下車，與他們話別，並合影留念，（相片我珍貴地收藏著）。背景是遠征的列車和送行的家屬。母親愛子之心，無法形容，再三叮囑我要注意身體。遠在千里以外，必須學會自我管理。滿載知青的列車，突然啟動，我們一致急忙把頭伸出視窗，與親人揮手告別。這時，車內、站臺上響起一片震天的哭喊聲。我遏制不住，流出熱淚。淚流滿面的我們直至無錫，才慢慢休止。我們首次出門，奔赴北大荒。俗說出「山海關」，叫「闖關東」，又叫「充軍」。此時赴北大荒務農，不知何時能返滬，（前有社青赴新疆為例），心裡一切無數，內心能不難受麼？就這樣我跨進了上山下鄉的行列。從此經歷了十年不平凡的北大荒生活，在我的一生中著上了濃重的一筆。

　　十年中，我當過工人，下過農田，喂過牛馬，做過勤雜工，上山打過柴，甚至充當煤礦工人，下過深井採煤，背過煤，歷經多次調動，走遍了大半個黑龍江省……

　　知青宋德濱在〈一夜之間我從紅五類變成黑五類〉一文中，也講出了他當時上山下鄉的無奈：……文革開始前我是高一班裡的團支部組織委員，校團委幹事，市教育局團代表，文革一開始，省委派的工作組入我校後，我自然成了學校一百二十人左派積極分子，並被班級同學選成班文革籌備組組長，沒過兩個月毛主席炮打司令部一張大字報，造反有理興起，我又變成了劉鄧資產階級反動路線的孝子賢孫和執行者，保皇派，想革命，造反派都不允許。

　　當時流行「炮轟有理，捍衛對，逍遙派萬萬歲」，我看不貫那些天天在毛主席像下宣誓「刺刀不見血，不回來見您老人家」，在校內外打、砸、搶狂熱分子的行為，說了點不滿之詞，立刻被班裡造反分子批鬥，甚至拉來班主任老師陪鬥。我想脫離運動當個逍遙者都不行。

　　一九六八年夏，我父親，一位一九四五年在北滿根據地北安鐵路參加共產黨的工人出身的幹部，只因對江青文攻武衛，挑鬥群眾鬥群眾不滿，在單位說了一句「江青是毛主席的小老婆」。一夜之間被單位一些人打成現行反革命，蹲了牛棚。這真是「屋漏偏逢連夜雨，船破又遭頂頭風」。我也一夜之間從紅五類變成黑五類。六八年十月，我本想跟好同學何懍安等一起下鄉到兵團五師大西江去，結果報到校裡分管同學下鄉工作的革委會委員，原校團委書記線留新老師那裡，一句「你政審不合格」，給打了回來。

　　其實我班裡有國民黨校官等子女同學，她也批准下鄉到兵團的、我文革初跟隨校黨支部，校團委，才成了保皇派。文革中造反同學批鬥線書記時，我從不參與，更沒碰過她一根手指頭。我保她，她不保我，現如今卻落得如此報應，真是人心叵測、令人

寒心。非旦如此，更是將我與郭新華、唐繼笙等政審不合格的同學送往勞改農場。

一九六八年十月二十三日，在那淒風苦雨深秋蕭瑟中，我怕年邁的老母親傷心，便隻身來到哈站廣場，眼望黑暗中成千的離別人群，這裡沒有震天動地的鑼鼓聲和響亮的口號，有的只是默默的淚水和哭泣聲，驀然回首，只見老母親在小妹的攙扶下來到我的面前，看到老母親眼淚悲痛欲絕的面容，我忍住淚水往肚子裡咽，勸回老母親，毅然同本校和哈三中、師大附中、鐵中、五十八中等校黑幫子女、黑五類子女上千人登上了開往北安的火車……

福州知青潘亞昭在〈追憶知青歲月：為逝去的青春掃墓〉悲傷地回憶：……一九六九年一月二十四日，這個終生難忘的日子。整個福州紅旗飄揚，鑼鼓喧天，我的學校福州一中是福州市第一批上山下鄉的，地點在閩北順昌，我的大姐和三妹也一同前往。我的母親帶著年幼的小妹在故居老屋的昏暗燈光下，一針一線的為我們整理行裝。父親還在「牛棚」裡勞動改造，不能為我們送別。

離別的那天，我們在福州火車站登上的是鐵罐貨車，站臺上站著一排帶槍的士兵，不讓送行的親人靠近。一聲汽笛長鳴，列車開動了，站臺上鑼鼓敲得更響，送行的親人揮舞著雙手。在連續的汽笛聲中，車上車下哭聲漸起，伴隨著車輪的哐啷聲，哭聲越來越響。

隨著列車的奔馳，故鄉福州離我越來越遠，我的心裡充滿迷茫和悲痛，此日一別不知何時才能重返我的福州家鄉，重歸我的故居老屋？天黑了，剛才唱歌的人累了，車廂裡沉寂了，月光從小窗縫透進來，冰冷冰冷的。我閉上雙眼，但怎麼也睡不著。

　　朦朧中，列車停靠在一個小站，有個人在高聲喊叫：「洋口到了，去洋口的下車了！」我與大姐、三妹不在一個地方插隊，我在洋口上鳳，大姐與三妹一起在大幹羅坊。我在洋口下車後，想看看大姐與三妹在哪個車廂，但沒有看見。馬上列車又開動了，在黎明的晨曦中，繼續往前奔跑。

　　在洋口下車後，馬上就有大卡車載著我們與行李，沿著富屯溪邊的公路急馳。很快前方傳來一陣陣狗吠聲，接著歡迎的鑼鼓敲了起來。大隊幹部將我們帶到大隊部擱樓上，男生與女生各一間，地板上鋪著稻草，我們全部睡在地鋪上。緊接著開始了幾天的政治學習與活動，再後來，就把我們分散到各個大隊與小隊去。

　　我們十三位知青分配在第一小隊，還算是條件不錯，離縣城只有十裡路。上鳳第一生產隊本地人叫「伏州」，「伏」字音不念「福」而是念「苦」。我們十三位（六男七女）「插友」就在這無福而有苦的小山村安頓下來，開始漫長的插隊生活……

　　在我記憶中，最不能忘卻的，是當時分配到富屯溪對岸、鐵路邊的潘坊大隊的知青們。那裡條件比較艱苦，沒有公路，去縣城去公社都只能靠雙腳，要坐車、要收寄郵件就要靠小木船過渡到我們這邊來。在他們去潘坊的那天清晨，濃霧迷漫在富屯溪上，凜冽的山風卷著地上的枯葉，天氣異常寒冷，我們留在上鳳的知青去送別他們。只一夜時間，男生頭上的青絲全不見了，光禿禿的泛著青光，是削髮明志還是出家？我不知道。現場氣氛十分壓抑。渡船靠岸了，搬上行李，人也上船了，那種悲壯的神情，充滿「風瀟瀟兮易水寒，壯士一去兮不復返」的氣概。走的與送的均無語，我的眼淚流了下來。船漸漸融入霧中，富屯溪上傳來歌聲：「再見了，親愛的故鄉！勝利的星會照耀著我們；再見吧，媽媽！別難過，莫悲傷，祝福我們一路平安吧！」

寒風吹幹了我的眼淚，卻吹疼了我的心，這一幕已定格在我的腦海中，深藏在我的心裡。四十年過去了，我還是難以忘懷，那泛著青光的頭皮，那悲壯的歌聲，那十幾顆年輕的心……

第三節　跟隨大流上山下鄉的平民子女

與一些主動或無奈的知青不同，相當多的知青都是隨大流上山下鄉的。知青胡果威在〈四十年了〉一文中講到：一九六九年三月五日，我清晨就起身了，臨行的惡劣心情使我一宿不眠。父親還是關在「牛棚」裡，母親跟著我下樓，邊走邊哭。到了門口，樓下的阿娘和女孩拖住母親的胳膊。我轉過身抱了母親一下，然後不回頭地離去。我跟哥哥和幾個要好的鄰居步行到學校。我的樟木箱已經托運到吉林，他們輪流幫我提旅行袋。

全校都在操場集合。我們四十二個分配到同一個大隊的同學每人胸前佩戴一朵如籃球那麼大的大紅花，面對大家坐在一個臨時搭起來的臺上。早請示和忠字舞的儀式完畢之後，誓師大會正式開始。

「同志們，」教政治的張老師在麥克風前開始講話。他曾經組織批判我初中同班的周同學，就因為她說解放前家裡有「一襪筒管首飾」。現在他成了我們學校的革命委員會主任。這是第一次他不以同學稱呼我們，標誌我們已經成人了。「我代表我們偉大的導師、偉大的領袖、偉大的統帥、偉大的舵手毛主席和偉大、光榮、正確的中國共產黨向你們表示衷心的祝賀。你們響應偉大領袖毛主席的號召上山下鄉，這是我們學校的驕傲。你們的母校堅決支持你們的革命行動。貧下中農正在等著你們。就像在學校裡一樣，我相信你們將成為他們的好學生。我們的偉大領袖

毛主席教導我們，『農村是廣闊的天地，在那裡是可以大有作為的。』你們必須投身階級鬥爭、生產鬥爭和科學實驗這三大革命，做紅色的革命接班人。」

台下的觀眾全體起立鼓掌。他們一邊敲鑼打鼓，一邊高呼口號：「上山下鄉最光榮！甘將熱血灑邊疆！」「我們寧願當風雪中的松柏！不要做溫室裡的花朵！」

張老師說：「現在讓我們向我們偉大的導師、偉大的領袖、偉大的統帥、偉大的舵手毛主席莊嚴宣誓。」我們都跟著他舉起了右手。

「毛主席揮手我前進！」

我們都跟著他齊聲念叨。

「我們不要做飛走的鴿子，我們要紮根農村一輩子，在那裡生根、發芽、開花、結果。」

我們又跟著他齊聲念叨。

「毛主席萬歲！萬歲！萬歲！毛主席萬萬歲！」臺上台下全體起立振臂高呼。

我們坐上等待的汽車到徐彙區革命委員會去和其他學校的學生匯合。在那兒我們又開了一個大同小異的誓師大會，然後一百多輛汽車的車隊就浩浩蕩蕩地上路了。街道兩旁都是夾道歡送的市民，男女老少都有，他們燃放鞭炮，揮舞紅旗，敲鑼打鼓地歡送我們。

兩邊的人群一邊揮手，一邊喊口號。因為我們家在衡山路以南，我想再看一眼自己的家，所以也坐在車子的南側。熟悉的大中華橡膠廠、中國唱片廠、已經被紅衛兵改名為反修賓館的衡山賓館、整齊的法國梧桐樹、數不清的臉、紅旗和標語就像電影似的一幕幕在我眼前閃過。突然我看見父親站在郵局前面的人群

裡，拄著拐杖，老淚縱橫。我哥哥和鄰居扶著他跑了幾步到車子邊上。我在行駛的汽車上觸了一下他的手，他只來得及說了一句話：「常來信啊。」後來我才知道父親出版社的工宣隊居然開恩，批准父親請假給我送行，支持我的革命行動。於是父親就等在路南側，希望能再看我一眼。

我們根本不知道車子往哪兒開，因為要避免擁擠，所以我們的出發地點是保密的。一出徐彙區車隊就開始加速，許多人騎上自行車追趕。我看見一個小男孩抓著一根從車窗裡伸出去的貼標語的竹杆，跟著車隊就不用蹬了。在一個急轉彎處，他重重地摔倒了，後面的十幾輛自行車也跟著倒下。我們的汽車從旁邊飛馳而過，我看見他們的臉上痛苦的表情。就好像沒事兒似的，整個車隊加速前進。

等我們到公平路碼頭時，那兒已經是人山人海，也不知道人們是從哪兒打聽到的消息。我們下車後開始登船。因為碼頭上實在太擁擠，「文攻武衛」隊員們把我們一個個地舉起來，從跳板上的一條人鏈上傳送過去。他們毫不費力就可以認出我們，因為我們每一個人都穿著同樣的國防綠棉襖、棉褲配棉帽。

船上的汽笛終於長鳴一聲，頓時哭聲大作，船上船下的人都開始嚎啕大哭。那時突然下起雨來，雨水和淚水混在一起。幾十個高音喇叭開始播放熟悉的「大海航行靠舵手」來壓倒人們的哭聲。斯情斯景，那支歌選得實在不能再得體了。

我熱淚盈眶地再看了一眼那座哭泣的城市，向上海、故鄉的親人們和伴隨我長大的一切告別。汽笛又長鳴一聲，輪船往北開向霧汽彌漫的遠方。我覺得好像被扔進大海，孤身一個人，向一個從來沒有人去過，也從來沒有人回來過的地方漂流……

知青朱自強〈我們下鄉的村莊是名副其實的反修第一線〉講

述：我是一九六九年十一日去黑龍江愛輝縣在一個名叫東崗子的小村莊插隊落戶的，當時的口號是：「農村是一個廣闊的天地，在那裡是可以大有作為的」。「文革」結束後，按照相關規定，下鄉就成了我的第一份工作，因為我的連續工齡就是從下鄉那一年開始計算的。

雖說我是六九屆初中畢業生，但嚴格地說，我在下鄉時，中學還沒畢業呢。由於當時上山下鄉是「一窩蜂」，我也就隨著上山下鄉的洪流，和我們浦光中學的91名同學一起去了黑龍江插隊落戶。那時我家裡很窮，隨身行李僅一隻箱子，裡面除了一些破舊衣物之外，就是一些日用品。每遇逢年過節，同學家裡常有包裹寄來，改善生活，而我只能望「包」興歎。

那些年農村正在「農業學大寨」，除了種地，農閒也歇不下來，要興修水利，刨糞積肥。每天我們除了「接受貧下中農再教育」，還要「鬥私批修」；要學《毛選》、背「老三篇」，還要搞階級鬥爭，一天下來都弄得既緊張又疲勞，勞動強度很大，但文化生活卻很貧乏。

我們下鄉的村莊地處中蘇邊境，距離黑龍江邊只有四十五公里，是名副其實的反修第一線。當時「珍寶島」事件發生不久，中蘇關係相當緊張，一觸即發。我們到了那裡就成了不穿軍裝的後備軍，稱為「基幹民兵」，為了落實毛主席「要準備打仗」的指示，駐軍部隊經常派出官兵幫助我們軍訓，我們常常在半夜裡被拉出去進行軍事演習，隨時準備參加中蘇戰爭。

插隊期間的生活很苦，記得我下鄉時從上海帶去的一條蘭色土布面子的被褥，下鄉的當年就被燒了個大洞。剛下鄉那陣沒經驗，那年冬天特冷，一位同學為了取暖把火炕燒得過熱，結果把我的被褥都燒著了（因為我睡在炕頭），差點引起火災。由於

家境困難，我一直捨不得扔掉它，反正鋪在炕上，鋪著床單，別人也看不出來。這床燒壞的被褥一直陪我讀到大學，後來我大學的一位同學母親看我實在可憐，就幫我新縫了一條被褥，才與它「拜拜」。

我下鄉時，母親早已去世，上海家裡就剩了年邁的父親和妹妹，那時妹妹還在讀書。記得我第一次回家探親，第一次把工分錢交給父親時，父親激動得老淚縱橫。那時父親的工資很低，這些錢已趕上他好幾個月的工資了。第二天，父親張羅了一桌好飯，當我們父子倆端杯喝酒時，儘管他老人家很是高興，但我們倆人竟相對無言，心裡都很苦澀……

東北兵團知青一葉知秋在〈那些年的理想那些年的事——遙遠的旅途〉中講述：火車離開永定門火車站的瞬間，車廂了哭成一片，但我沒哭。車廂內200多名女生，都是我九十六中的同學，臨出發時，校領導交代我，在同學中起帶頭作用，協助送行的老師和軍宣隊領導，做好工作。以我從小要強的個性，和聽老師話的辦事準則，我默默地履行著領導的囑託，不停地勸慰著我的同學。其實我心中也是一片茫然，不知所措，只是期待著，到底期待著什麼，也說不清。

列車經過山海關、錦州、四平、瀋陽、長春、哈爾濱等地，整整行走了兩天兩夜。記得列車過了山海關以後，天色漸黑，車窗外的涼意徐徐飄來，同學們哭累了，也被涼風吹醒了。既然走上了這條路，只有面對，別無選擇。車廂中的氣氛逐漸活躍起來，大家紛紛打開行李，加衣、吃飯、聊天。列車員也提著水壺來倒水了，抬眼一看，這不是我家鄰居美英嗎，她是六六屆初中生，怎麼在這裡不期而遇。原來她被分配在北京鐵路工作，剛上班就趕上跑這趟車。好羨慕她呀，能留在北京，而且是這麼好的

單位，這在當時可謂鳳毛麟角。美英忙過一陣以後，專門把我拉到一邊，悄悄地囑咐，千萬別跟家裡人說，一定替她保密，我答應了她。猜想她是對前段院裡發生的事心有餘悸。那是半年前的事，南屋大嬸家六八屆的兒子，分到北京，高高興興上班沒幾天，又被退了回來。後來聽說是院裡有人寫了告狀信，把他拽下來了，因為寫信人的女兒也是六八屆的，是出於嫉妒，還是有別的恩怨，不得而知。在那個人性泯滅的年代，人與人之間沒了信任，沒了溫情，本來和睦相處的鄰里，倒要像防賊似地相互防著。有了前車之鑒，美英的小心也在情理之中了。

列車繼續前行，車窗外漆黑一片，我毫無睡意，悄悄找到八班的薛紅，她和我雖然不是一個班，但同在校宣傳組，我們無話不說，我倆手拉手，走到兩個車廂的連接處，憋了半天的眼淚，開閘似的傾瀉出來。也巧，怕人看見，偏偏被人撞上，送我們的軍宣隊劉漢文排長，此時來到面前。他是領導，又是長輩，在校時我們接觸較多，他也常去家裡，在他面前我和薛紅都很放鬆。於是我們聊到很晚……

離開北京的第一夜就這樣過去了。此情此景劉排長回去後還是告訴了媽媽。一九七一年九月，我回家探親時，媽提起這事時說，「你真是媽的好孩子，知道心疼父母。」還是媽最知道我的心。

經過兩天兩夜行程，第三天下午三點多，列車停在了七台河火車站。走出這個小站，空地上停著幾十輛大卡車，我們按編號分別上了指定的車，等待隨行的鋪蓋卷也上了車，我們或坐或靠著自己的鋪蓋，卡車搖搖晃晃的開動了，天也慢慢黑了。沒走出多遠，本來還是響晴的天，突然下起了雨，司機停車，將一塊大苫布扔給了我們，坐在車廂邊上的同學，吃力地、死死地拽著苫

布。雨水還是從縫隙中不停地打進車裡，很多同學的衣服濕了，被褥也濕了。經過大概有一個多小時的顛簸，我們到了目的地——三連。我們是幸運的，這是離七台河最近的連隊，又在公路邊上，交通便利。分到溝裡偏遠連隊的同學，後半夜也未必到的了。

北大荒給了我們一個下馬威，沒到連隊就淋了場大雨。淋濕了我們的衣服，淋濕了我們的被褥，也淋濕了我們的心。連隊將我們安置在幾間空著的家屬房裡，男同學好像直接進了大禮堂改造的集體宿舍。望著泥湖湖的地，黑乎乎的屋，看著濕漉漉的衣和物，我們不知如何是好，束手無策的只會哭。幸好連隊領導和先期而來的知青，在不停地安慰大家的同時，打水、送飯，一直到安頓我們住下。印象最深的是六八年來的哈爾濱知青——佟麗華，只比我們大1、2歲，她個子不高，話不多，手腳不停地忙前忙後，有了他們，我們平靜了許多。淋濕的行李七拼八湊，再加上佟麗華她們抱來的被褥，我們總算在經歷了兩天兩夜的火車後，躺在了北大荒的土炕上，從此開始了漫長的知青生活。

知青楓月影在〈那一年，在準備下鄉的日子裡〉說：一九七四年的春天，已經開學了，新書也發給了大家，本來還是要繼續再上一年學的，可是有幾個學校的學生卻發起了上山下鄉的熱潮，在我們學校，也由幾個女生帶頭，貼大字報、表決心，堅決要求上山下鄉。說實在的，在我的心裡一百個不願意，雖然在當時上山下鄉是我們的唯一出路，可我還是想再多學一點東西。

我上的那所中學在文革前是一個傳統的省重點中學，我們班在學校裡非常的優秀，三好班、優秀團支部、數學競賽第一、運動會第一、大合唱第一，我的班主任J也是一位能力非常強的女老師。在學校我們班在各方面一直都是最好的，只是到了這最後的一個學期，在上山下鄉的問題上，我們讓J老師失望了。很多

班的同學都在表決心，而我們沒有，各方面都想得第一的J老師著急了，好幾次批評我們為什麼不積極？可我們還是拖著，一直到全年級各班都表了決心，「決心書」貼滿了學校的大門口，才不得不在最後一個表了個態。

上山下鄉開始了，雖然不情願，可還是得去。國家對我們的要求是「紮根農村一輩子」，這一輩子的事可真是要好好準備一下。當時學校讓我們組成知青小組，並且可以自由組合。這下讓我為難了，雖然和我關係好的同學不少，但是要能夠長期生活在一起的好朋友卻不多，特別是女生；那時的學生很「封建」，男女生之間平時交往的很少，現在可到哪去找？

讓我想不到的是我們班一位非常出色的女生找到了我，希望能和我組成一個小組。這真是太讓我高興了！即便是上山下鄉這樣另人煩悶的事，也變得讓人期待和嚮往。她和我都是班幹部，相互之間比較瞭解，她是一個很特別的女生，聰明、能幹、做事自信、果斷，工作能力很強，班上有許多同學都很喜歡她。離開學校踏上社會，我們都還沒有做好準備，但是能和自己喜歡的人在一起，來共同面對今後的生活，確實是一件非常重要的事。

為了準備下鄉的事，我們的接觸逐漸多了起來，經常在一起商量、策劃。通過和她的交往，更深刻的感受到她的深思熟慮、才智過人。雖然和她的接觸多了，可每次和她在一起我依然感到緊張、心慌，也許是她給了我太大的驚喜，她的聰明和智慧，她的青春和亮麗，讓我感到目眩，讓我透不過氣來。對於下鄉以後的生活，我已經想到肯定會有很多的困難，但只要能和她在一起，那也一定是愉快的、美好的。

下鄉的分配結果公佈了，非常另人失望，我們並沒有分在一個組，而且還不在同一個地方，相隔很遠。我不知道這是為什

麼，據說J老師認為，班幹部不能都在一起，應該要「帶好」更多的同學……

天哪！我不知道應當怎樣來評價我一直非常尊敬的J老師，她真的就是一個隻講工作、講原則、鐵面無私的老師?!我們倆是班長和團支部書記，為了搞好這個班，我們真的付出了很多的時間和勞動，做了很多工作，也是老師最得力的助手。下鄉時我們希望能在一個小組，這並不妨礙任何人，就這麼一個小小的願望，老師都不成全，這點人情都不給，我實在是想不明白。在學校時要我們管理同學，為全班的事操心，現在畢業了，已經不是班幹部了，為什麼還要去「帶」別人？從進入學校開始，我們作為班幹部就比其他同學要多做許多事情，現在畢業了，為什麼還要讓我們再為別人去承擔責任？J老師是一位非常優秀的教師，教書、帶班都很出色，我一直都很佩服她，但是對於她無情，我卻始終不能理解。此時的J老師不會不明白我們的心思，為什麼就不能成全我們？

那幾個帶頭要求下鄉的女生，在這個時候全都選擇了逃避，找了種種理由要求「免下」！她們太聰明瞭，「帶頭」的是她們，逃跑的也是她們，這讓我有生以來第一次知道，做人原來還可以這樣的無恥！

下鄉的日子終於來到了，四月的一天，整個古城像是一個喧鬧的海洋，數以萬計的人們在「歡送」我們，可是我的心裡卻是冰涼的，一點也歡樂不起來。周圍都是同學和送行的老師、家長，沒有機會讓我們多說些什麼，只有在默默地注視中送去心裡的祝福。汽車開動了，載著我們分別朝著不同的方向——她漸漸地、漸漸地離我遠去。歡送鑼鼓、口號是那麼的熱烈，可我好像什麼都聽不見，心裡面一直是沉甸甸的……

從那之後是四年下鄉插隊的生活和我們五年苦苦的相戀，那段艱苦卻又承載了太多情感經歷的生活，在我們的心中留下了永恆地、不可磨滅地記憶。在那樣一個時代，在農村艱苦的環境中，因為我們不在一起，生活上不能相互關心和照顧、勞動中不能相互幫助，留給我們的只有無窮無盡的思念。可有誰知道，兩顆相思、相愛卻又無法相聚、相守的心該有多苦……而造成這一切的原因就是因為我們都是「班幹部」！

由於種種原因，我們最終沒能走到一起，但一直以來我們都是最好的朋友。我有時也在想，如果當年J老師能把我們分在了一起，那又會是什麼樣呢？大概一切都不會有太大的改變，我們之間的事怨不了別人，只能怪我們自己太年輕；不過，如果我們能分在一起，下鄉的那幾年一定是最快樂和最幸福的時光，而絕不會有那麼多的思念和眼淚。

不知道為什麼要寫這些東西，也不知道想寫給誰來看，只是覺得心裡面壓著一塊石頭，好沉、好沉……在我們心中的這些往事，在別人看來也許只是一件很平常的小事，或者只是按規定、按原則所做的一個非常普通決定的結果而已。我不應當也沒有權力去責怪J老師，我想那時的她也一定不會刻意的用這個決定去傷害我們，在文革那樣環境中的她也許只會這樣做，在那個時代是不講人情的；不能指望老師會對我們有什麼特別的照顧，我們也只能是那個時代的受害者！

J老師也許還能記得我們，但老師不一定會記得她曾經做過的那個「小小」的決定，也不一定知道那個決定帶給我們的是什麼……

第四節　悲哀的黑五類子女與家庭決裂

　　在當年上山下鄉的洪流中，由於時代氣息的壓抑，一些黑五類子女竟將此作為與家庭決裂的手段。曾經插隊落戶內蒙知青徐軍在〈悲別母親〉在中回憶：一九六八年八月三十日這個讓人終生都難以忘卻的日子，是讓我現在想起來都震顫心肝的日子。這一天，我們赤峰二中500多名高一到高三的全體學生齊集赤峰北大橋橋頭準備奔赴北部旗縣，完成一次文革以來最悲壯的旅行。

　　這天的天氣是出奇的冷啊，佈滿了陰霾的天空，還有刺骨的北風，風裡夾雜著小雨兒，刮得人一陣一陣地從心裡往外打噤噤。誰也沒有想到，這一去就是八年啊，每當我回憶起這近三千天的驚心動魄的日子，常常在夜間醒來，回想到傷心欲絕的情景，總能淚滿枕巾。

　　我是家中長子，下有兩個妹妹一個弟弟。我父母都是教師，在那個知識受到鄙視的年代，我們家的命運是可想而知的。父親因為他中學時期的所謂「歷史問題」，經歷了多年的改造之後，報國的熱情已如水下灰燼連一點兒熱乎氣兒也沒有了。母親更因為一心撲在教育事業上被稱為「地主階級掌握教育大權」而整天挨批鬥。我在學校裡因為父母的問題，文革一開始就被班裡的造反派奪了紅領巾大隊長的權，而曾被指定為「第一批入團對象」竟入不了團，一怒之下，首批申請下鄉插隊。母親的內心之痛可想而知，她本不想讓我去，又覺得沒有更好的出路，而天天以淚洗面。

　　我出發的那一天，身體本不好的母親，堅持步行走到北大橋來為我送行。汽車的鳴笛聲一響起，車隊緩緩上路，母親從心底

發出一聲撕心裂肺的哭聲，引得我從緩動的車上跳下，我們母子抱在一起，痛哭不止，車隊又停了下來，當我啜泣著再次回到車上，八年三千天的旅行就開始了……

知青程濟威在〈今生只為父親下了一碗麵〉中講述：……父親張了張嘴，終於開口了：「濟威，能不能先為我下一碗餃麵？」父親所說的餃面就是當時在東關一帶小有名氣的大眾餃麵，是大眾食堂陳師傅的拿手絕活。那時，味精對於大多數平民來講還基本陌生的時候，大眾餃麵專用河蝦籽調料取鮮。所不同的，別人將蝦籽放在碗裡而陳師傅是將蝦籽放在麵鍋裡煮，煮的時間越長，麵湯就越鮮。難怪，身為湖南人的父親也喜歡揚州的餃麵，隔三差五地利用抄書的錢也去下一碗麵打打牙祭。

父親一生，長年躍馬橫戈，參與過古北口、台兒莊、新牆河、長沙保衛戰等幾個大的著名戰役。戰事雖緊，而勤奮學習之精神，始終不懈。他隨身行李，除被褥之外，總是以書籍為主。戎馬倥傯之餘，即批閱揣摩，手不釋卷。對書法的興趣也很濃，只要有暇，臨池揮毫，字體兼顏、柳之長，端莊遒勁，頗具功夫。由於父親愛好書法、詩詞在軍中頗有名氣，因此，素有儒將雅號之稱。

父親工詩詞，善書法，原以為在那個年代不能當飯吃，然而，困難時期居然還真的派上了用場。古籍書店人的負責人慕名找上門來，請父親幫忙抄寫一些我們弄不清的東西。其實，那是古籍書店的負責人有意在幫父親的忙。當然，隔三差五的也給一點報酬。父親就將這有限的辛苦費留著自己零用，下下麵、洗洗澡。文革期間，古籍書店亦難免浩劫，當然，也斷了父親抄書的後路，父親已經多日沒有錢下麵了。剛好，我接到了下放通知，有了幾塊錢的補助。所以，父親第一次向自己的兒子開了口。當

然，也沒有忘記對下麵錢的交待，父親說：「麵錢你先墊著，等
日後再有書抄時掙到錢就給你。」

那是一九六九年初秋的一天，我很快就要下鄉了。已是工人
階級一員的母親疲於生計，每日要步行到七八公里以外的地方去
上班，儘量多掙點錢支撐著這個風雨飄搖的家庭，因而抽不出時
間為我準備下鄉的物品。其實，經過文革以來的反復鬧騰，家裡
的日子已是捉襟見肘，委實也沒有什麼東西可以準備的了。考慮
到天氣轉涼，父親頗費一番躊躇，決定為我改一件棉衣：將父親
自己穿的黃呢軍衣改成我可以穿的棉衣。以前，這件軍衣一直由
我父親自己穿著，當然是在比較重要的場合才穿。因為，那件軍
衣上口袋處曾經留下過日本人的彈洞。

那是在洛陽戰前的一次途中，突然，看到一位老婦女在草
堆旁痛哭，父親趕緊叫警衛員去問個究竟。老婦人說，她的兒子
去打鬼子了，媳婦剛剛生養，可家中連粒熬粥的米都沒有，不得
已，只有忍痛將正在下蛋的雞拎到鎮上換了兩塊大洋，當用錢買
米時，米店老闆說大洋是假的，老太婆由此悲痛欲絕。父親聽
後，傷感不已。叫老婦人將兩塊假大洋給了他並順手裝入軍衣的
上口袋中，然後叫警衛員給了幾塊大洋給老太婆，叮囑老婦趕緊
買米、熬粥，照應坐月子的媳婦。

接下來，在與鬼子激烈的遭遇戰中，一粒流彈正好擊中了父
親的胸口，當隨從人員感覺父親有可能意外時，父親卻自己站了
起來。原來，這粒子彈擊中的地方，恰好被兩塊假大洋擋住了，
只是軍上衣口袋處留下了一個圓洞。戰後，父親將這段傳奇告訴
母親，母親說，可能那老婦人是菩薩化身來保佑你的。是的，說
來也怪，八年抗戰，打了多少惡仗，父親身上居然沒有一處傷
疤。所以，這唯一的軍衣在解放後沒有上繳，一直保存在家中，

直至文革。

17歲考入湖南陸軍講武堂（後改為黃埔軍校長沙分校），畢業後參加過北伐的父親，過早的離開家庭，沒有親人身邊照顧，縫補洗濯全靠自己，因而對針錢活多少有點講究。當我準備為父親去下這碗麵時，父親正戴著厚片的老花眼鏡，一雙不再結實的大手對著陽光在穿著針線，已經翻開的黃呢軍衣裡面襯了一件舊的單衣做裡子，中間夾了一層薄薄的棉花，然後再用針錢將呢衣與單衣連接起來。我沒有想到改制棉衣就是這樣的簡單。然而，我並不欣賞父親的這份情意，甚至還認為是多此一舉。從小到大，我從沒有這麼近距離地看望著父親，細看，父親真的蒼老了。一件已經穿了多年的黑色夾衣，渾身上下到處是麻紗細眼，不經易一捅就能捅出個洞；一長條父親自己縫在領子上的補丁清晰可見父親的粗針馬線，父親的面容卻由此被襯映得更加憔悴。64歲的年齡頭髮已經完全花白。一邊高一邊低亂蓬蓬地記錄著人格尊嚴遭受的恥辱也烙著文革鮮明的印記。看得出來，父親的健康狀況比我想像的還要差。

平日裡，我與父親的感情總覺得有一定的距離，猶如中間隔了一層薄霧。我怨他從小就將我送入私塾去讀那枯燥無味的經書，還說什麼，長大後你就會知道讀了這些書的益處。8、9歲時，我自認為熟讀了三國、水滸、隋唐演義等古典名著，經常在人面前賣弄其中的很多故事時，父親又會毫不留情地當著大人的面指出我的許多不是，由此我很反感。印象中，我幼年的生活沒有過什麼樂趣，經常感到孤獨和寂寞，感到自卑和屈辱。我因為厭煩那些無聊的書，不時會從家裡的抽屜裡翻出幾個硬幣去東關城門口的小人書店看小人書。有時，一看就是一天，甚至忘了回家吃飯，因此，將父親氣得真是可以。於是，有好幾次父親發狠

要打我。一次，還真的特地從外邊找回幾根柳條，看到小指頭粗的柳條，我當時有點發慌了。可父親發了老大一頓火以後，只是將柳條高高的舉起，又輕輕的落下，略為在我屁股上掃了一下就住了手，還歎了口氣，大有恨鐵不成鋼之意。

在階級鬥爭瘋狂的年代裡，大哥二哥與我均受到了牽連，兩個妹妹年齡雖小也未能倖免。我們不由得將受到的影響牽怒到父親身上，從而交流就更少了。平日裡，我很少與他在一起，上街時也總不願意與他走在一道。尤其是文革期間，父親衣服後面貼了一塊具有時代特徵的標籤後，人前人後的我更加感到無地自容；有時兩個妹妹在學校受了委屈回家，不自覺的又將大不敬的言語拋向父親，因此，父親更加沉默了，彼此交流更少了，他也更加蒼老了。

看了父親蒼老憔悴略帶浮腫的病容，我無法將他曾經八年抗戰曾經是數萬人部隊的將領聯繫起來。忽然間我的心酸了，我迅速地拿起一隻茶缸子，那個年代特有的那種茶缸子去盡現兒子的良知。

大眾食堂的餃麵生意出奇的好，每天下午四點一過，麵攤的案板上就擺滿了各式各樣的茶缸子。大大小小高低不一的茶缸上全部印著先進生產者、先進工作者之類的字樣，儼然工農兵學商的陣地。看到那麼多的茶缸子，我突然有了生怕今天下不到面的恐慌。

只見陳師傅的助手麻利的用帶著嘴子的醬油茶壺飛快的為每個茶缸子澆上醬油，刮上葷油，挨個兒撒上蒜花、胡交，麵鍋已經沸騰了。看到陳師傅開始用大水端子依次澆湯，我不由得指著我的茶缸：師傅，請多擱點湯。

看到我真的將麵下回了家，父親放下針線活，用微微顫抖的

大手接了過去，想說什麼，最終還是沒有說。看到父親專注地享用著，腦門上還沁出了汗珠，不由得我也感覺到一種欣慰、一份滿足。我那裡知道，這是今生為父親下的唯一一碗麵。

　　沒有幾天，我就走了，同去的知青全部集中在渡江橋碼頭，一起乘船到邵伯然後換乘鎮淮長班去水鄉的農場。母親特地請了半天假送我，父親堅持也要去，我們拗不過他，只得由他了。父親幫我拎著背包，背包裡揣著父親為我趕制的棉衣，一路步行到渡江橋時，我生怕知青們認出父親彼此尷尬而放慢了腳步。母親意會我的心情，勸父親先回。此時父親也不勉強了，只得轉身先回家了。我望著父親漸去漸遠，仍舊貼著時代標籤過早衰老的背影，不由得一陣心疼。

　　船開了，沿著古運河緩緩的行駛著，平靜的河水被推湧出層層浪花，我倚著船欄心如浪花翻騰。說不清是慶倖自己終於離開只有窒息屈辱的家庭還是對那個未知前途的疑慮。船行到東關城門口時，那也是我住了十多年，兒時經常在那裡玩耍的地方。突然，我看到父親拄著一根拐杖，立在碼頭中間的園臺上眺望著。當他看到船來，看清楚我倚著船欄目光朝岸邊尋找什麼時，向我揮了揮手。我隱約地看到他的嘴在動，不知喊了什麼，輪船上老式蒸汽機發出的突突聲響掩蓋了父親的呼喊，瞬間，輪船便無情地從父親的身邊馳過，看到在溲溲涼風中淒慘父親的面容，我禁不住流下了平生第一次眼淚。

　　萬萬沒有想到，那一次有距離的告別居然成了我與父親的訣別。到農場後，顯赫的家庭出身很快使我被打入另冊。那是源於自信，以為到了新的地方一切就會過去，竟忘了自己「應該自卑」的身分，以致很快受到了不僅來自當地造反派也來自同去知青的衝擊。過度的歧視使得那個冬天特別的寒冷，父親為我改制

的棉襖終於發揮了作用。我穿著它、暖著心，度過雙重的嚴冬，迎來了春天。但父親終於沒能捱過寒冬的最後片刻，走了。電報發到農場時，造反派的革委會負責人，面對著全會場狂熱的群眾用高音喇叭讀了電報內容並當著數千群眾的面問：「你劃清界限的時機來了，你看著辦吧？」從而，我失去了向父親最後道別的機會。

知青小五在〈我的前半生──從「狗崽子」到知青〉回憶：……文革中，我們全家人陸續離開了城市，到廣闊天地修理地球去了。可以說是「上山下鄉專業戶」因為一九七一年初，我的家人分別在：

父親（國家幹部）：河南西華縣紅花集公社插隊。

母親（國家幹部）：河南開封縣杏花營公社插隊。

大姐（六八屆中專生）：黑龍江生產建設兵團。

哥哥（六六屆初中生）：河南社旗縣永紅公社插隊。

二姐（六八屆初中生）：河南固始縣汪棚公社插隊。

三姐（六九屆初中生）：內蒙古生產建設兵團。

小五（七○屆初中生）：內蒙古生產建設兵團。

家裡的東西，家具什麼的，都隨母親搬到杏花營去了。家裡其他同志都是鋪蓋一卷裡上幾件衣服就走了。我是家裡最小的孩子，去兵團時15歲，身高一百六十八釐米，體重九十斤，營養相當不良。其實，我挺樂意去兵團的，因為我在學校很不開心。我念小學是在省實驗小學，同學們的家長大多是省直單位的，其中不乏「走資派」和出身不好的。反正大家彼此彼此，誰也不歧視誰。上了初中可慘啦！同學們的家長大多是搬運工人和建築工人，我這個爺爺、姥爺都是地主，父親是走資派的雙料「黑五類」子女，生活在那個時代社會的最底層，歷盡滄桑，受盡人間

屈辱。當今年輕女孩兒的夢想，大多是遇見白馬王子，過上幸福的生活。而我年輕時的白日夢是：我其實是貧下中農的女兒，後來被我的父母收養的（在此向天堂中的父親母親致歉）。那時做夢都想根紅苗正過著自尊自信昂頭做人的生活啊。

當年，對於上山下鄉，沒有感覺像受了多大委屈似的，因為大家都一樣，那是千百萬同齡人的共同命運啊。人家紅五類子女還下鄉呢，我還有什麼說的。

在兵團，和老三屆的知青相比，我和三姐成了小不點兒。幹活時不覺得咋的，到了雷打不動的「天天讀」，就顯得極其沒有文化。實際上只有小學文化程度的三姐，是連裡的政治學習骨幹，她用每月5元的津貼費訂了一份《人民日報》，還鼓動我通讀毛選四卷。我如偷懶，平時溫文爾雅的姐姐會厲聲呵斥：「人家書都寫出來了，難道你讀一下就不可以嗎?!」姐姐從小酷愛讀書，回城後，姐姐通過自學考試，以優異的成績拿到英語和文秘兩個文憑，這是後話。

內蒙兵團隸屬中國人民解放軍北京軍區，連以上幹部是現役軍人，班排長多是退伍的老兵，還有十餘萬全國各地的知青。我們的任務是「屯墾戍邊，亦兵亦農」。我們的口號是「紮根邊疆，紅在邊疆。建設邊疆，保衛邊疆。」。15歲到22歲，人生的花季，我都是在兵團度過的。七年的兵團生活，最難忘的就是那身肥肥大大的軍裝。在那個崇尚英雄主義的年代，穿軍裝是很時尚的，是根紅苗正的標誌，也是身分的象徵。那種感覺相當於現在穿世界名牌時裝，一個字：酷！我的父母是文化人，都出身於地主家庭。雖然他們青少年時就投身革命，文革中照樣進了「牛棚」。我這樣的「黑五類」子女，想參軍簡直就是癡心妄想。所以，當我穿上「兵團綠」的軍裝，成為1名保衛祖國邊疆的革命

戰士，真是心潮澎湃，激動萬分，熱淚盈眶啊。終於找到了組織，紮到革命堆裡啦！那心情相當於現在的「二奶」突然有了個名分似的，被認可的感覺真好啊！……

第五節　被迫扶老攜幼舉家下鄉的知青

最為悲哀的是，在當時上山下鄉過程，一些黑五類知青竟連自主選擇的權利都被剝奪，他們幾乎是被「連人帶家」趕下鄉的。知青葉青的在〈文革時期知識青年上山下鄉的心態探析〉中介紹說：當一九六八年十二日二十二日毛澤東的「最高指示」發表之後，青年學生不分貴賤只有上山下鄉接受貧下中農的「再教育」一條出路，那些在文革初期飽嘗血統論迫害的青年第一次體驗到政策的冷酷。因此，出身不好的青年學生大多表現得比一般學生更積極主動。

廈門四中「走資派」的「狗崽子」李建解回憶道：「上山下鄉已在全市掀起高潮，看來，只好回母親的出生地——河北省保定地區，外婆還在那裡生活。這是唯一的出路了，妹妹沒人照看，也只好帶著她一起回鄉了。」另一個「黑五類」知青一家人的生活確實捉襟見肘，父親的單位天天來逼迫他們哥倆下鄉，單位領導陰陽怪氣又帶著威脅的口氣說：「好好學習《毛選》進行改造，你們這些黑七類子女還想申請什麼補助，若不下鄉，你父親就別想恢復自由！」最後，他們兄弟兩人在相隔不到十天內，都在無可奈何之中也下鄉了。顯然，對於「黑五類」子女而言，他們大多「沒有大多數同學的那種激情與熱望」，他們大多懷著此行一去無歸期的苦楚與對家揪心的擔憂，帶上最簡單的行裝，開始了痛苦的上山下鄉生涯。

　　知青劉宜漢在〈帶著奶奶去插隊〉更是催人淚下：我們是一九六八年十二月一日下午到晨光大隊的。一夥兒知青分成幾個小組，就分別到二隊、三隊、八隊、九隊去插隊落戶了。我和另外四個同學到了二隊，五個人都是高中六七屆的，是一個標準的知識青年小組。當年春節過後，我和另外幾個同學把自己的弟弟妹妹（正是在可下可不下，很快就要下的年紀），也從武漢辦到了晨光，讓他們提前成為「光榮的知識青年」。他們幾個小傢伙安排在一隊，我的弟弟武宜那時不到15歲。

　　摘抄幾篇當時日記，其他記敘省略。仔細看一下就知道為什麼會「帶著奶奶去插隊」了。

　　一九六九年三月十九日，多雲、陰，早晨到多祥河買米，一上午。下午挑磚。收到哥哥發來的電報，說家中有急事，要速歸。晚上到各隊去收了一些信，便條。

　　一九六九年三月二十日，陰雨，早晨起來買肉。挑一擔子到多祥。十一點多鐘上船，晚上9點多到漢口。到了哥哥那兒才知道爸爸媽媽都已在十六日自殺了。和哥哥嫂嫂一直談到深夜。

　　一九六九年三月二十八日，陰雨，中午和晚上都到指揮部找老秦同志（軍宣隊）談家的安排問題。決定搬家。

　　一九六九年四月一日，多雲、陰，晚上9時，從廣播中聽到特大喜訊：黨的九大勝利召開，毛主席作了極其重要的講話。思念戰友，徹夜難眠。上午到武大辦了奶奶轉戶口、小弟弟轉學轉戶口的證明。下午到區革委會上山下鄉辦公室、紅衛山街辦公室辦奶奶的手續。

　　一九六九年五月一日，多雲、小雨，出工。我和×××做埂子、車水，女生找綠肥。武宜回來了，奶奶來了，大弟弟（下放到京山）也來了。

一九六九年五月二十四日，晴，出工。扯秧，打秧，插秧。從今天晚上起，我搬到一隊去了，明天開始在一隊出工。

就這樣，奶奶就在晨光一隊的一間倉庫裡住下了。成了晨光一隊知識青年小組的一員。奶奶和她老人家的兩個外孫武宜、漢宜三個人組成這個小組。其實這就是一個家庭——我們這個殘缺不全的家庭到了天門，到了晨光——晨光一隊的劉姓的父老鄉親們收留了我們！

奶奶是我媽媽的媽媽，是外婆，一直是叫奶奶。奶奶是一八九七年生的，下到晨光那年是72歲。不下行不行？現在想來也不是不可能。但是那時父母是「死有餘辜」，我們是人亡家破，掃地出門，更何況還有個「我們也有兩隻手，不在城裡吃閒飯」的運動正在搞著。不把奶奶安排好，我們兄弟幾個都不能安心接受好再教育。那我們的前途何在？我是奶奶的大外孫，還有一個弟弟跟著我，我來照顧奶奶是責無旁貸的。不是我回武漢照顧奶奶，而是奶奶到我插隊的天門，我得照顧她。

奶奶是大戶人家出生，一雙腳是放過的，從小也念過書，能看小說，講故事。說是個知識青年只是年紀不合適。奶奶見的世面也不少，日本人打來的時候，她老人家就帶著孩子逃難到湖北的山區遠安縣，還在那裡拜了幹姊妹，結了親戚呢。幾十年過去了，她老人家又到了鄉下，能過好嗎？

爸爸媽媽死後，奶奶大病了一場，在武漢住了幾十天的醫院。出了院直接就從醫院來到晨光。奶奶來到我們身邊，身體很快就恢復了。一是因為社員們對我們好，對她老人家更是好，不管是隊長還是孩子都親熱地喊她「奶奶」，她放了心，身體就好多了。二是因為她知道她還有任務：她還要照顧她的兩個外孫，她還要關心在潛江、在京山、在武漢的外孫們，她知道她要好好

的活下去。

奶奶給我們做飯，洗衣服，打掃衛生，我和武宜就像農村青年一樣，而不像知識青年那樣要自己做飯洗衣服。我們的任務是多出工，早工、日工、晚工、夜工，什麼工都出，什麼工分都要掙。工分越多越好，只有工分多，才有糧食分，才有錢分，才能不作超支戶，才能讓奶奶過得高興一點兒，我們這家人在隊裡過得尊嚴一點。在家裡我們只需挑水、種菜、碾米，別的家務事都是奶奶不聲不響的做好了。

奶奶還養雞，到了雞下蛋的時候，我們也能吃一點雞蛋。大部分雞蛋奶奶都攢起來拿到集市上賣掉，換成錢了。我們家要買鹽，買肥皂，買香煙……不靠雞下蛋，靠誰呢？奶奶常常這樣念叨。奶奶攢的雞蛋，我們都不肯上集市去賣，怕醜。奶奶就請社員的孩子去賣。一些家務活奶奶也做不了。奶奶就和年輕的社員（主要是大姑娘，小媳婦）換工。我們家有一架縫紉機，這次隨奶奶到了晨光。那時候鄉下很少見縫紉機，奶奶的縫紉機就大受歡迎。要學的，奶奶教，有縫縫補補的奶奶給做，一律不收費，統統是「換工」。大家都很樂意，紛紛來幫奶奶做家務事，使我和弟弟少受了累，多了時間去玩，去串門子，去唱歌，唱樣板戲，去看書寫字，給在廣闊天地四面八方的知青戰友們寫信。不是我們照顧了奶奶，是奶奶照顧了我們。

日子過得苦得很，有時候餓肚子，多數時候缺油寡葷，香煙也買不到。我們年輕人有「革命理想」支援，認為是再教育的必修課，是「天將降大任……」的前兆，還能高高興興，意氣風發。奶奶也從不叫苦，從不歎息，她的身邊常常跟隨著社員的孩子，她和他們熱熱鬧鬧的聊天。那一年過年。幾個弟弟都來到晨光，在奶奶身邊過年。

　　年三十晚上，奶奶做了一大桌子菜，大家圍坐在桌子邊準備吃年飯。奶奶又多擺出兩個碗，兩雙筷子，我說：「碗筷夠了，奶奶。」奶奶卻站在那裡說起話來：「綏松、際芳，回來吃年飯哪！回來和伢們一起吃年飯吧！」我們兄弟頓時淚流滿面，又不敢放聲大哭，生怕被別人抓了階級鬥爭。我小聲吼住奶奶：「不說了，不說了，別人知道不得了的！」奶奶又小聲說：「際華，你們還在嗎？……」我趕緊過去捂住奶奶的嘴巴，把她扶到凳子上坐下，再次說：「這不能說，別人聽見不得了哇！」際華是奶奶的二女兒，我們的小姨，一九四八年去了臺灣。幾十年沒有音訊，奶奶還是想她的女兒啊，奶奶的心裡苦哇。奶奶真是堅強。

　　奶奶在晨光的日子一天天的過著。她看著我們出工、收工，我們出遠工，去挑堤、挖河、修鐵路，她給我們淘米做飯洗衣服，問寒問暖問平安。武宜弟從「三根筋挑著一個頭」的放牛娃，長成了1.80米高的壯勞力，成了「晨光知識青年隊」的第一任手扶拖拉機駕駛員，也是整個晨光大隊的第一個拖拉機手。我也在一隊做了記工員，大隊小學的老師，晨光知識青年隊的隊長，帶著青年隊成為湖北全省知青的先進集體。奶奶後來也跟著我們住到了青年隊，還是1名「老知青」。奶奶更老了，她不用做飯，但她也閒不下來，個個知青都是她的孫子孫女，幫他們做一點事也是好的。奶奶的縫紉機又發揮了大作用，知識青年們的衣服破得快呀，奶奶的縫紉機就軋軋的響個不停。

　　一九七五年底，也就是我們下鄉七年的時候，我和武宜先後招工了。我們的居住條件讓我們沒有辦法同時把奶奶接回武漢。青年隊後來去的新知識青年們讓奶奶留在了晨光青年隊，他們擔負起照顧奶奶的責任。他們來到晨光青年隊，長的只有一年，短的只有幾個月，他們和我們、和奶奶在短短的時間裡建立了深厚

的感情。他們願意幫我們，他們更願意幫助奶奶。奶奶在晨光青年隊又待了幾個月，多做了幾個月的「知識青年」。

一九七六年的春天，武宜在紅鋼城附近的灣子裡租了一間房子，我去把奶奶接了回來。武宜又擔負起照顧奶奶的責任。奶奶79歲了，才又回了武漢。她的身體更差了。她沒有盼到她的二女兒從海外回來看她的這一天，她也沒有等到她的大女兒、大女婿平反昭雪的那一天，她也沒有看見她的幾個外孫婆媳婦的日子。

我們沒有照顧好奶奶。奶奶中風，偏癱，痛苦不堪，我們雖然餵飯喂水，端屎端尿，但是沒有能力讓她老人家得到好的治療和護理。她老人家走的時候我們都不在身邊，以至於我們不知道她老人家仙逝的具體時辰，只知道那天是一九七七年六月二十八日。

奶奶的戶口一直在天門沒能轉回武漢。你們說，我的奶奶她是個老知青嗎?!我的奶奶，我們的奶奶——我們都想念你！

知青胡發雲補充說：昨天見到漢宜〈種菜〉的帖子裡提到他奶奶，便跟帖說了一句，讓他寫寫帶著奶奶插隊的事，沒想到今天就收到他這一篇文章。漢宜的父母都是武大的，父親是中國著名文藝理論家劉綏松，大學教材〈中國新文學初稿〉的作者，在文革清隊開始的時候，與夫人一起雙雙自殺（這是文革第二個自殺高潮時期，第一次當為一九六六年夏秋）。文章寫得很平實，時過境遷，當時那些刻骨銘心之痛，大約已經化作久遠的思慮。值得一提的是，整整二十年之後，漢宜和一幫學友同窗，又一次罹難，這已是另一篇文章了，不知何時能寫。

同隊知青蕭遠動情地說：我是流著淚讀回憶奶奶的文章。漢宜所在的一小隊是我們晨光大隊中最窮的小隊，奶奶患哮喘，常

常從雞窩裡摸出兩個蛋叫武宜去場裡（收購市場）賣了到診所換幾顆氨茶鹼（一種廉價的止喘藥）……於是晨光知青回武漢，大家都記著給奶奶帶點氨茶鹼。春天，青黃不接時，漢宜家常常揭不開鍋，只好到其他知青處去告借。那段苦不堪言的日子我想起來心裡就滴淚，同時又義憤填膺：就在漢宜家最困難的時候，武漢大學工宣隊的軍代表卻偷偷地把他父親劉綬松寫書的稿費1400元取走據為己有，還反污蔑是他們幾兄弟拿了，直到一九七八年劉綬松平反追悼會開過，在周揚、陳丕顯干預下，那個軍代表才吐出來。面對這種無異於攔路搶劫、落井下石的混蛋，漢宜的苦和恨就更深了！我一想到他們兩位老人在所謂「寬嚴大會」之後的當晚，不甘其辱，不能有尊嚴的活，竟選擇了有尊嚴的死——夫妻雙雙自盡共赴黃泉，我就有一種崇高的敬意。這需要何等的勇敢和堅強啊！「不求同日生，但求同日死」，這是何等淒美而忠貞的愛情啊！

最讓人感到憤怒的是，當時還有一種無情地對待一些主動上山下鄉的黑五類知青。Limincui在《思念陳小悅》講述了這麼一個故事：今年春天來得太晚，停止供暖後，屋中立刻顯得冰涼。退休後待在家中，終日與鍵盤滑鼠為伴，很少出門。

那日，手機收到短信，短信是四十多年前在附中讀書時的校友彭承元、鄭祥身發來的。看了短信大吃一驚，短信中說五月八日下午兩點在母校召開陳小悅追思會，陳小悅因患腸癌兩年不治，已於二〇一〇年三月十九日在廣州病逝。心中一陣痛惜，不由得使我回憶起與陳小悅接觸的那些日子。

一九六三年，我考入附中，還是個懵懂的孩子。在學校舉辦的運動會上，一個高中同學打破了當時中國女子跳高冠軍鄭鳳榮1.77米高度的記錄。這個人就是陳小悅。

　　雖然是女子跳高紀錄，但是作為一個中學生，打破了一個國家級運動健將的記錄，不能不說是一個壯舉。隨後，陳小悅又在北京中學生運動會上多次獲得了跳高冠軍，並代表北京市參加了全國中學生運動會，據說最高紀錄已經達到了1.80米。

　　附中的教育方針一貫是重視學生的德、智、體全面發展。培養有社會主義覺悟、有文化的勞動者。馬約翰教授指教清華後，提出的口號是要求每一個清華學子能健康地為國家工作五十年。陳小悅就是一個德、智、體全面發展的優秀同學，當時就成了我心目中的偶像。

　　直到一九六八年初夏，我們學校部分同學被分配到黑龍江北大荒墾區的八五三農場。早在一九六五年，一部反映新疆墾區的新聞紀錄片《軍墾戰歌》在全國上映，激發了無數青年人對建設邊疆，保衛邊疆事業的嚮往。一本反映新疆墾區的小說《軍隊的女兒》出版，更喚起了人們美好的理想，要像小說主人公劉海英那樣，去當1名軍墾農場的康拜因手，開墾祖國的荒原、收穫成熟的稻穀。一九六七年冬，我們班的薑幼海、林嘯嘯、宋曉梅等同學通過自己聯繫，去了北大荒墾區的綏濱農場，看了他們在拖拉機前面的合影，更堅定了我去北大荒的決心。

　　我們坐著火車北上了。臨時知青列車，走走停停。三天後的一個下午，到達黑龍江中蘇邊境附近的小站密山。邊防站的工作人員上車說：列車上混有沒有被批准、沒有正當手續私自來邊疆的人，不符合邊境地區管理辦法。前邊就要進入邊境地區了，要這些人立即下車，不然大家都走不了。

　　中蘇邊境，神祕莫測的地方。大家新奇的望著車窗外，靜靜地等候這些人下車。一個多小時過去了，沒有人下車，邊防站的工作人員又來催促，還是沒動靜。車廂裡混亂了，甚至有人大

聲喊：自覺點，別耽誤大家了。當時我真的不知道，擁擠的了車上，私自混上列車的人當中，竟有陳小悅。

當夜，列車到達邊境小站迎春，坐了一夜大卡車，凌晨到達八五三農場。我與高一、徐重遠、王森、韓寶仁、孫毅、張新月、周耀南、謝建華等男同學及10名清華園中學的女同學分派到四分場一隊。黃海、李春生、吳光華、韓東方、王江漢等10名男同學分配到工副業連。另外20名女同學被分配到四分場二隊和五隊。

曬場西邊有三排平房，第一排是拖拉機車庫，第二排是拖拉機零件庫，臨時改成女生宿舍，清華園中學的10名女生住在那裡。第三排木工房就臨時改成了我們男生宿舍，南北兩排大通鋪。到北大荒就是為了當拖拉機手、康拜因手。陳小悅、丁愛笛、李午陽、陳孟平等私自來場的同學沒有去工副業連，就混雜在我們當中來到了農業連隊，一起住在了這裡。

其實，實現當拖拉機手、康拜因手理想的人很少。事後多少年，我們當中只有我和高一兩個人真正當上了拖拉機手。如果說，在學校的時候，我覺得陳小悅是我崇拜的偶像，很高、離我很遠，現在我卻實實在在的和陳小悅工作、生活在一起。我們一起吃飯、一起睡覺、一起出工勞動。

陳小悅言語不多，為人沉穩，卻很有親和力，不是像我當初認為的那樣深不可測，高大遙遠。更不是像當年在學校文藝演出時帶領大家唱「漁鼓調」、率先剃光頭，招引得全校男生效仿，以致造成全校一片「禿瓢兒」的李春生那樣活寶。在列車上，李春生就掏出了一包香煙，看著我們吃驚的眼神，就笑著說：「咱們不是學生了，已經是國家正式職工了。」

到農場後，陳小悅、徐重遠、孫毅等人像大哥哥一樣在工作

上、生活上幫助我們幾個年齡較小的同學。去北大荒不久，就是麥收，康拜因收下的麥子被運到曬場，我們冒著烈日翻場曬麥、大雨來臨時冒雨搶場，被澆成落湯雞。最後是揚場、灌裝麻袋、裝車上交國家糧庫。

如果說翻場、搶場、揚場都是可以接受的不太激烈的體力勞動，灌裝麻袋和裝汽車就真的讓我吃不消。裝麻袋的鐵簸箕叫搓子，力氣大的人三搓子就灌滿一麻袋。陳小悅、徐重遠等人就行，我當時瘦小的身軀就不能勝任，咬著牙在旁邊幫他們扶麻袋，協助他們工作。收工時就累得腰酸腿痛，剛回到宿舍，汽車喇叭就響了，農場車隊的汽車來拉糧了，我們知青住在曬場邊上，大家就跑過去裝車。一百八十斤的麻袋怎麼弄到汽車上去呀，身體瘦小的我們就負責抽肩，兩個人吃力地把麻袋抬離地面，陳小悅、徐重遠等人就勢往下面一鑽，用肩膀把麻袋拱上車廂。我這時候才深深的感覺到有一個強壯的體魄是多麼的重要。

一段時間下來，我真的感覺吃不消。下工後躺在床上，思想就有些消沉。陳小悅走過來說：「累啦？下盤圍棋解乏吧？」我不會，真的不會，我從來都不知道圍棋是什麼，就連五子棋都不會。陳小悅說：「你看看，能學會的」。北面大通鋪上，李午陽和丁愛笛已經開殺了，陳小悅把我拽過去觀戰。逐漸，我知道了什麼是粘、什麼是連、什麼是飛，怎麼做眼，怎麼叫吃。我發現圍棋是一門很高深的學問，需要有全盤統籌的戰略思想。逐漸，我由1名棋盲變成了對圍棋略知通曉的愛好者。如今每當我手持黑白子，運籌於三百六十一目方寸之間，總是想起陳小悅，是他領我入了門。

夏天，太陽很晚不下山。丁愛笛說：「我教大家太極拳吧」。曬場上，人們排成兩橫排，模仿著丁愛笛如行雲流水、剛

柔並進的動作。不想大家卻笨手笨腳不成模樣，相互調笑之間，就忘記了身體的疲勞。

當我們生平第一次領到工資的時候，大家手捧著這32元錢，心情很是激動。陳小悅等人因為不是農場正式職工，卻分文沒有拿到。

接著是秋收，掰玉米，割大豆。我們知青的勞動表現得到了農場老職工們的肯定，都說這群北京青年幹活真厲害，特別是提到陳小悅、徐重遠、孫毅等幾個身強力壯的同學，大家都挑起大拇指。

天氣漸涼。一天連幹部們忽然來到宿舍，命令陳小悅等人立刻離開農場。我們大家以理據爭：是毛主席號召我們走與工農相結合的道路，我們來到邊疆，就是為了鍛鍊自己，建設邊疆。初六三二班的謝建華站在床上，指著副連長楊民主的鼻子說：「是毛主席批准我們來的，你趕陳小悅他們走，就是反對毛主席的革命路線」。楊民主眨眨眼睛說：「是毛主席批准的？拿條子來」。伸手向謝建華要條子。農場的幹部都是轉業軍人，大部分來自貴州、湖南，軍人向來看重上級的批條。楊民主是湖南人，這個條子的「條」字，從他口中說出來，怎麼聽怎麼是「吊」字的第三聲發音，以至於後來相當長一段時間，壞小子們見面，都相互打趣，伸出手說：「拿吊子來」。看到大家沒有拿出條子，楊民主話鋒一轉：「沒條子吧，告訴你們，據我們調查，陳小悅的父親是美國特務。我們這裡是反修前線，別人可以留下，他必須走」。

陳小悅的父親在上個世紀四十年代，畢業於美國哈佛大學。畢業時，正是太平洋戰爭，他的父親就留在美國，為美國海軍服務。在文革中，這就使陳小悅身上背了一個沉重的包袱。

後來聽說陳小悅與丁愛笛離開農場後，到陝北延安地區插隊，同樣受到當地農民的好評，並於一九七七年恢復高考後，作為可以教育好的子女，以優異的成績考取了清華大學……

注：陳小悅，為清華教職工子弟。自幼在清華大學幼稚園、清華附小、清華附中，一九六四年高中時入清華大學在附中開辦的預科班。文革中上山下鄉，一九七七年恢復高考，考入清華大學。畢業後留校，又赴加拿大獲取博士學位，生前任清華大學管理學院院長，中華會計學院院長。二〇一〇年三月十九日因患癌症不治病逝。

第六章
面對下鄉狂潮表現各異的家庭

第一節　主動送子女上山下鄉的家長

　　上山下鄉的阻力很大一部分來自畢業生的家長，所以動員時做好家長的工作非常重要。一般群眾看幹部，如果各級幹部能帶頭送子女下鄉，對其他家長將產生很大的影響。當時，為了配合最高領袖1222指示宣傳，一些黨和國家高級領導人也紛紛將自己子女送到農村農場去。其中最為積極帶頭的要數周恩來總理和代主席董必武。他們都先後把自己的姪女周秉建和兒子董良翮送到農村勞動鍛鍊。記者關宏、實習生王旭東采寫整理的知青周秉和自述〈帶著伯父周恩來的鼓勵奔向農村〉的文章就講述了這樣心態：

　　一九六八年，是我們那代知識青年難以忘卻的，知識青年上山下鄉運動拉開了帷幕。從一九六九年到一九七○年初，全國共有五百多萬知青奔向了農村。

　　我的伯伯就是我們敬愛的周恩來總理，我們家人管鄧穎超叫七媽。一九六六年以後，伯伯一般很少私人會客，即使是親屬見面的機會也很少。當伯伯知道我要報名去延安插隊的消息後，破例邀我去他那裡共進晚餐，可見他很重視這件事情。我清楚地記得伯伯略微提高了一下聲調對我說：「插隊是你自己定的？

好！」然後他笑了起來，會意地和七媽點了點頭，又一字一句地說：「我們支持你去延安。」

那天，伯伯深情地回憶起在戰爭年代延安老百姓對人民軍隊的支援，以及軍民團結最終戰勝敵人成立新中國的歷史，告誡我一定要繼承發揚艱苦奮鬥的延安精神，要有吃苦的思想準備，勉勵我向延安人民學習。伯伯說：「你能響應號召，到陝北農村插隊落戶，我和你七媽非常高興。陝北民風淳樸，群眾忠厚善良，陝北的人民為中國革命的勝利做出過巨大的貢獻和犧牲，我已經二十多年沒有回過延安了，對那裡的情況瞭解不多了，對你能到那裡插隊生活，我和你七媽堅決支持。希望你能在那裡虛心接受貧下中農的再教育，鍛鍊改造思想，過好思想關、勞動關和生活關，做好生活艱苦和長期落戶的心理準備，有困難和問題經常來信，我和你七媽等你的消息。」

一九六九年一月九日，從北京到延安縣馮莊公社插隊。那年我17歲。到陝北的第一年，我來到了離延安縣城九十里遠的馮莊公社新莊科大隊。這裡是山區，基本上沒有水，勞動和生活的條件非常艱苦。一九七〇年初，我從陝北回京探親，抽空到中南海，向伯伯說起自己在延安農村插隊的感受，以及知青工作的問題，引起伯伯極大的關注。伯伯問我們吃飯怎麼樣，與我一起去的何利群說最初是隊裡派人做，以後就自己學著做。開始不會燒柴，飯總是做不熟，慢慢地就都學會了，還會貼餅子，做高粱米飯。剛去時我們分住在老鄉家裡，後來搬到新建的窯洞，由於新窯潮氣很大，不少知青身上長了瘡，有的還化膿，又疼又癢。當時糧食不夠吃，在配給的糧食中有相當一部分是黃豆，知識青年在北京吃慣了大米、白麵，一時不能適應陝北農村的飲食，常常出現消化不良等情況；從勞動強度看，搞基建，拉石頭，運送

糞，掏羊圈等比較重的活都壓給了知識青年，知青幹勁很足，沒有多久各種各樣的農活都會幹了，而且大部分知青幹活不偷懶，上進心很強。

談到陝北人民，我們告訴伯伯和七媽，那裡雖然窮，但人民熱情淳樸，有樂觀精神。他們像對待親生孩子那樣教我們生活，逢年過節還請我們到家裡吃飯，最好的飯就是羊肉胡蘿蔔餡的餃子。我們和青年農民交往多，他們業餘時間也和我們議論國家大事。公社演電影，他們帶我們走幾十裡地去看，回來時大家結伴而行，他們打著手電筒領路，有說有笑，這種樂觀情緒給了我們安心插隊的精神力量。

我們跟伯伯談的這些事，引起了他的高度重視。一九七〇年三月十日，國務院在北京召開了一次「延安地區插隊青年工作座談會」，會議由周總理親自主持。總理在會議一開始時提到，是因為有幾個在延安插隊的北京知青向他反映了延安的現狀和知青上山下鄉所發生的一些情況，感到有必要召集有關同志來京瞭解更翔實全面的情況，共同商討如何解決北京知青插隊落戶中遇到的各種問題，以保障上山下鄉運動的正常發展。

當年五月十二日，中央轉發了毛主席批示的文件。文件下達後，各省、市、自治區普遍加強了對知青工作的領導，切實解決了一些實際問題，各大城市還向插隊知青集中的村隊派出了帶隊幹部，使得各地知青都不同程度地受到了當地的重視、保護和關懷。

董老的小兒子良翮在河北省晉縣周頭公社賀家寨大隊插隊落戶，也在農村摸爬滾打了好多年。良翮下鄉前，董老還送了一條在戰爭年代用了多年、打著補釘的舊毛巾被給良翮，叮囑他：「你是革命的後代，要嚴格要求自己，生活上要艱苦樸素，和群眾同甘苦，決不能高人一等。你只知道吃糧食，不知道糧食是怎

樣種出來的。下去後要拜老百姓為師，從頭學起。你不能當特殊農民，要做一個普通農民。你要聽老農的話，聽隊長的話。」良翮後來還擔任了大隊黨支部書記和縣裡的領導。良翮在農村下鄉的事蹟，當時在人民日報都有報導。

除了周總理和董老之外，時任中共中央政治局委員、國務院副總理華國鋒同志也十分支持上山下鄉工作。據報載，湖南省革命委員會誕生後，華國鋒作為革命領導幹部的代表，被結合進革委會。一九六八年八九月；益陽三中一批紅衛兵組成「支農兵團」，要求上山下鄉。華國鋒當即指示以省委名義給他們寫賀信，隨即又簽發文件，號召全省師生向支農兵團學習。這年十二月，毛澤東發出「知識青年到農村去，接受貧下中農的再教育」的指示。

華國鋒聞訊後連夜召開湖南省革委常委會會議，決定立即在全省掀起學習、宣傳、貫徹毛主席指示的熱潮，來一個大動員，同時，要求各級領導幹部積極回應毛主席號召，帶頭送子女下鄉。會上，他第一個表示，把自己第二個兒子送到農村去。在他的帶動下，省革委的許多領導幹部都主動送子務農，全省很快掀起知識青年上山下鄉的高潮。

作為1名高級幹部無論是於公於私，華國鋒在認真貫徹、執行毛澤東有關知識青年上山下鄉指示方面，似乎都可以說無懈可擊。就在華國鋒第一個給兒子報名下鄉以後，有人曾建議送他兒子去當兵，被他謝絕。當時，從中央到地方，許多領導幹部托門子、找關係，通過「後門」送子女當兵，同時也就反映出他們對毛澤東指示陽奉陰違的態度。華國鋒卻不但送子下鄉，而且教育他嚴格自律，不要搞特殊化，以致當地農民不知道他是華國鋒的孩子，認為跟自己的孩子沒什麼兩樣。

　　華國鋒調北京工作後，再次主動送子女上山下鄉，他的女兒小莉，曾在北京一一六中學就讀，一九七四年即將高中畢業。當時他身邊只有這一個最小的女兒，按政策可以留城，他卻支持她到農村去，走毛主席指引的上山下鄉的道路。他親自出席子女所在學校召開的家長動員會，並支持女兒上山下鄉，在當時也是很有影響的範例。

　　一九七四年三月二十一日，華國鋒同志下班後，看到北京市一六六中學關於召開家長會的通知後，立即同在這個學校上學的女兒小莉一起，步行穿街過巷，趕到了學校，參加學校畢業生上山下鄉動員會。並坐在教室後排側面的一個小課椅上。

　　當時，另一位學生家長、老工人李德茂走進教室，緊挨著坐在華國鋒同志身邊。「請問你是做什麼工作的？」華國鋒同老李打起了招呼，拉起了家常。老李覺得這位家長十分平和，話語親切，就問：「同志，你貴姓？」「我姓華！」老人沒有聽清楚，又問了一句。華國鋒同志就用右手指在左手掌上邊寫邊說：「中華的華」。他們說到這裡，家長會宣佈開會了。

　　幾位家長發言後，華國鋒同志接著發言。他說：「知識青年上山下鄉，是毛主席的偉大指示，我們革命家長，聽毛主席的話，堅決支持自己的子女上山下鄉。農村需要有文化的知識青年，知識青年更需到農村這個廣闊的天地裡鍛鍊成長。學校讓畢業生到平谷縣去插隊，平谷是個半山區，很好，艱苦的地方更有利鍛鍊。小莉是我最小的女兒，身邊就這一個了，我還是支持她走毛主席指引的上山下鄉的道路。」

　　不久，校門口，一輛小汽車開來了，車上來了幾個解放軍同志。值班教師一瞭解，原來是華國鋒同志來到了我們學校！這幾個解放軍同志也是事後聞訊才趕來的。

還未離校門的師生們轟動了，他們奔相走告，心情無比激動。中共中央政治局委員華國鋒同志不發一個通知，不打一聲招呼，迎著凜冽的寒風，步行來到一個中學，參加一個幾十人的家長會，這只有在我們社會主義國家裡，才會出現這樣的事。這一革命行動，教育、帶動了許多家長，鼓舞、動員了更多的同學走毛主席指引的光明大道。一個熱氣騰騰的局面在我校出現了。這一屆應上山下鄉的高中畢業生，全部背起背包、昂首闊步地到農村插隊了。

後來學校領導向上面彙報和反映了上面這件事，《北京日報》的記者做了上面的報導，才被人們所知。不久，小莉和同學們一起到京郊平谷縣樂政務公社許家務大隊插隊落戶。

青島知青謝家男在〈父親送我下鄉〉回憶：一九七五年，全國上下積極回應毛主席的偉大號召「一切可以到農村去的知識青年都可以高興地到那裡去，農村是一個廣闊的天地，在那裡是可以大有作為的」教導，開展了一場轟轟烈烈的上山下鄉運動。那時有一個著名口號「我們也有兩隻手，不在城市吃閒飯」。不知憂愁的我憑著年輕氣盛天天對父親和母親說「我要到農村去經風雨、見世面去！」

母親見我「下鄉」決心已定，而且當時的形勢誰也阻擋不住，所以母親只有偷偷地落淚，她不時地對我說「農村不比城市，別想得太美了，下去就得抱著吃苦的準備……什麼都得自己，你能行麼？」其實父親作為工廠的主要領導，他事事都得帶頭；當然，我的上山下鄉志願已經不是自己說去就去、說不去就可以不去的。**轟轟烈烈的上山下鄉運動是全國性的，父親當時已經決定送我下鄉了。父親為了做好單位的上山下鄉運動，當時還帶頭向工廠黨委遞交了〈決心送子務農〉。其全文如下：**

廠黨的核心小組、知青領導小組：

　　通過學習毛主席關於理論問題的重要指示和毛主席關於要說服城裡幹部把自己初中、高中、大學畢業子女送到鄉下去，來一個動員的教導，使我們認識到知識青年到農村接受貧下中農再教育很有必要。不僅是抵制資產階級法權、逐步縮小三大差別的重要措施，而且是實現反修、防修、防止資本主義復辟、培養無產階級革命事業接班人的重要保證，也是廣大知識青年走與工農相結合的唯一正確的金光大道。

　　我身為1名共產黨員、黨的幹部就是要堅定不移地執行毛主席的革命路線。不能把自己的子女看成是自己的私有財產，應該把孩子一生交給黨安排。為此，我決心把自己的孩子王紀民送到鄉下去，接受貧下中農的再教育，讓他在農村廣闊天地裡滾一身泥巴，在三大革命運動中鍛鍊成長為既有文化又有社會主義覺悟的勞動者。

　　　　　　　　　王風琦　一九七五年四月二十五日

　　父親的〈決心送子務農〉讓我看完後，也要我寫了一份〈上山下鄉志願書〉。於是，當時幹臨時工的我滿懷豪情地向工廠黨委寫下了上山下鄉志願書……

　　母親眼看我「下鄉」的局面已定，而且當時的形勢誰也阻擋不住，好在和我一起下鄉的知識青年都是父親一個單位的職工子女、大家都是一個宿舍看著長大的。儘管如此，母親還是捨不得我離開。這也許是天下所有做母親的天性。俗話說「兒行千里母擔憂」，隨著我下鄉日期的不斷臨近，母親越發坐立不安、心情鬱悶，有時她不由地就偷偷地落淚，她還不斷地囑咐我「農村艱

苦，你要抱著吃苦的準備，往後，我不在你身邊，你什麼都得自己幹，自己得照顧好自己。」

　　五月五日，那是一個陽光明媚的日子，早晨，春風吹在我的臉上，太陽的溫暖像慈祥的母親使我感到暢快。這天，青島市召開熱烈歡送知識青年上山下鄉動員大會，大會結束後，我們乘車遊行。那響徹雲霄的鞭炮聲、鑼鼓聲、汽車喇叭聲和著人們的歡呼聲將我們擁入了激情的海洋，我們彩車當道、市民萬眾夾道歡送，場面甚是熱烈。18歲的我與14名原來一個宿舍長大的同齡男孩女孩站在遊行的汽車車廂中接受著人們的檢閱。當時我們年輕的心，真是體會到了什麼是「心花怒放」啊！

　　遊行結束後，彩車滿載我們的一腔豪情飛馳在下鄉的道路上。舉目遠望，我心中不由地浮想聯翩、滿懷激情。啊！我們偉大的祖國農村的天地多麼的廣大、多麼的廣闊呵。我就將踏入您的土地、投入到貧下中農的懷抱了。呵，人生的前途、理想，而今毛主席指引的走與工農相結合的光輝道路就是前途！在廣闊的農村大有作為就是理想……

　　更有糊塗一時的父母，聽信招工人員的宣傳，背著替孩子報名將孩子送到農場的，知青五月艾的講述：……那是一九六九年秋天的一個下午，我們幾個農友圍著一個大放悲聲的小姐妹，心裡酸酸的，卻不知道該怎樣安慰她。原來她母親瞞著她辦好了戶口遷移手續，直到第二天將啟程奔赴海南才告訴她實情，她急得大哭，問我們該怎麼辦？是否可以躲到廁所去逃避這突如其來的命運安排？

　　當年她只有13歲，剛上初一，由於家庭出身不好，她媽媽擔心女兒的前途命運，聽說海南生產建設兵團享受當兵的待遇，以為是給女兒找到了光明的前途，到處托人找關係，把本不應上山

下鄉的女兒送到了海南生產建設兵團三師十團。

到農場後，剛開始她還有信給我們幾個小姐妹，隨著時間的推移漸漸失去了聯繫。我調回家鄉工作後，偶然有一天在街上碰見她，叫她的名字卻不答應，只是用一雙直勾勾的眼睛望著我。原來她在海南得了重病，農場通知她母親去把她領了回來。至今她的病仍未見好轉，她母親深感痛悔，因為自己的「愛」，反而害了女兒一輩子……

第二節　無奈送子女上山下鄉的家長

在知青金卜惠的《苦澀的回憶》中，可以清楚看到這種無奈的選擇：時光倒退到一九六九年，全國的中學生畢業的唯一選擇就是下鄉上山。媽媽在街道辦事處給大哥領了下鄉青年統一分配的布票和買臉盆的證明等政府規定的小商品。

離下鄉的日期越來越近的日子，父母也越來越無語了。那時，父親正是文革中被打倒的對象。很清楚的記得那是五月的下旬，街道組織了一個鼓隊，一早上就敲鑼打鼓在大院門口，表示歡送下鄉上山青年。

由於我們家的出身問題，我下鄉是在一九七〇年。父母是出於無奈。他們是毫無保護子女的能力。眼睜睜看著三個孩子，走了兩個。父母在單位都自身難保，怎麼可能保護子女？

15歲的我，其實還是個小孩子，在心智尚未成熟的年代，就開始了獨立生活。這樣的日子，我整整過了五年。五年裡，我心中埋藏著對社會出身等級的仇恨。我埋藏著對前途的迷茫。我埋藏著對人生的恐懼。我學會了抽煙，也學會了偷懶，更學會了表裡不一。

　　五年裡，因為飢餓，我學會了偷老鄉的狗，殺了充饑。五年裡，我學會了偷隊裡的花生種子，也是為了充饑。五年裡，我學會了偷菜園裡的黃瓜，也偷林業隊還沒成熟的蘋果。五年裡，我學會了農民口裡最下流的語言，也學會了農民嘴裡最齷齪的語言。五年裡，我學會了最簡單的投機取巧的出工不出力的勞動技巧。

　　那些日子裡，心裡沒有任何前途和理想。心中最大的快樂，就是遇到連綿的陰雨天。這樣的天氣是不出工的。那些日子裡，心裡最大的滿足，就是能吃頓有肉的菜，有白麵的飯。那些日子裡，心裡罵得最多的，就是這個不平等的社會。出身好的，可以參軍，可以就業，可以吃公糧。出身不好的人，就只有下鄉。

　　我們也集體鬧過事。集體去縣委情願，要求改善知青待遇。要求有足夠的糧食吃。但似乎沒有得到什麼具體的改善。後來，陸續有些參軍就業的機會，但和我都沒有關係。原因是；我沒有能力，我父母也沒能力給大隊書記送禮。再後來，知青小組就只剩下我自己了。其他人都就業了。直到最後一次的拔點，我才回到城裡。就業在一家聾啞人的福利工廠。想想這五年的生活，我怎麼也想像不出是怎麼捱過來的。

　　現在，想起在農村的日子。一方面會想到農民真苦，小隊產值好的，幹一天活，能掙十分工分。等於七角錢。小隊不好的掙十分，才等於三角錢。也就是說，好的小隊，幹一年三百六十五天也就是255元左右。扣除糧食和電費，所剩也就是百八十塊錢。我第一年，勞動了一年，才分了20多元錢。隊裡還給我打了個白條。

　　在下鄉上山運動四十週年的日子裡，我寫這篇苦澀的回憶，是為了紀念我們這代人，在少年時代有這樣痛苦的記憶。對後來

的生活有些影響。這些影響也許一直伴隨著我們的一生。讓我們一生都籠罩在苦澀的包圍之中。

這個社會就是如此。直到現在，出身也影響人的一生。悔也罷，不悔也罷。一切都是過眼雲煙，能平安地走到今天，已經是幸運的了。比起在下鄉幾年中，出意外和得了不治之症死去的知青，我們還能說什麼？

知青山人說：一九六八年文革高潮，學校突然宣佈，所有的六屆學生一起畢業，大部分同學要分配到農村去插隊，要接受貧下中農的再教育，並且紮根農村，在那裡生活一輩子。那年我哥哥20歲，我剛滿17歲，接到消息全都呆了。我姐那年18歲多一點，已經做了二年知青，在偏遠農村，勞動很苦，掙的錢很少，連自己吃飯都不夠，每個月都要父母寄錢補貼才能生活。我們當然不想步她後塵。我們想用自己會的一點小技術，譬如說木工、修理鐘錶等小手藝幫人家幹點小活混口飯吃。

其實在當時是沒有可能，沒有工作證明，沒有單位寸步難行。沒有戶口也躲不到哪裡，街道大姐和工人糾察隊常常在半夜裡闖進我家查找，學校的老師和工宣隊也常到家裡動員，一坐就是半天。應付的辦法我們常常是從天臺爬到人家屋頂逃走。（直到現在，我在夜裡聽到門鈴還是有點提心吊膽。不過幸好香港一般人不會上家來找，就是要來也會預先來電話。）後來學校看看我們還是不去，就把母親「請」到「學習班」，白天晚上都進行教育，思想通了才能回家。還不奏效，聽說可能還要停發工資。母親對著我們流淚說，不去全家都沒法生活。就這樣，我們去了農村插隊。

知青余傑在《離開上海的那一刻（五）》轉述了知青C講述的〈工宣隊天天在家，我不走行嗎〉的故事：現在講起那時上山

下鄉的事情，我的氣就不打哪處來。要不我現在能混到這樣的地步嗎。如果沒有上山下鄉，我們這代人會是怎樣的結局呢！

我那時堅決不肯上山下鄉。從小在家裡我就耳聞目染外地是怎麼回事情。我的叔叔和舅舅都是支援內地的。去的時候，廠裡花好稻好地哄騙他們，是什麼挑選了優秀的技術人員，支援國家的重點工程什麼的。他們去的時候也是豪情壯志的。可是去了一年以後回到上海時叫苦連天啊。在我們家裡，我聽他們講在四川的大山溝裡過的生活。聽著聽著，媽媽都哭了好幾回。那時在外面又不好講，你要是講了，可是「階級鬥爭」的新動向，弄的不好就給你戴個「反革命」的帽子。

學校裡開始上山下鄉動員的時候，我就是不去。我的班主任還好，喊是來喊我的，見我不去，他是有效無效責任盡到。就是那些可恨的什麼毛主席派來的工宣隊，見我不去就採取了「革命措施」了。先是讓那些我們下一屆的紅衛兵揚言要鬥我。然後他們跑到我的父母單位裡告狀，搞得我們的父母只好答應讓我上山下鄉。但是我就是不肯！於是他們就來到我家裡，搞什麼「學習班」。什麼「學習班」呢，就是天天有兩個工宣隊的人一早就來到家裡，對我講什麼毛主席的偉大指示，講大好的革命形勢，還有現在有多少多少同學已經踏上了上山下鄉的道路啦等等。他們每天兩班，一直搞到晚上十一點。據說是中班下班了。這樣一來，搞得我們家裡天天不得安寧。父母只好陪在一旁默默無言，因為他們已經同意了。

這樣僵持了一個星期。工宣隊裡那個最凶的張師傅，年級大約40來歲。據說原來是廠裡造反派的二把手，因為貪污了造反隊的錢被撤職了，派到我們學校當工宣隊了。這個人有一個最大的愛好，喝酒。那天他的幾個所謂的造反派小兄弟來叫他去喝酒，

留下的一位工宣隊的阿姨很好的。她很同情我們一家，就對我們說，你們再好好想想，我也走了。難得有這樣的安寧，是幾天來第一次。一下子我們全家好像都不適應了。爸爸在沉默中終於開口了：「兒子，為了這個家，你就去吧！」媽媽哭的很傷心，她一邊哭一邊說：「孩子，不是我們大人逼你啊，再這樣下去我會發瘋了！」

那個晚上我一夜沒睡！是啊，現在家不像個家，每天在沉默和斥罵中度過。兄弟姐妹都跟著遭罪。鄰居們有看笑話的，也有同情的，還有趁機發難的。比如，我們家原來與隔壁的劉家在灶間裡為了擺放一個垃圾桶的事情吵過，這時他們趁機把我們家的這個桶給扔掉了。氣人不氣人啊？無奈之下，我答應了。這就是我上山下鄉的開始曲。後面的事情就不說了，由此我開始了將近十年的雲南農場生活。一句話，苦不堪言！

余傑在〈下鄉的苦難——沒有自願〉中還講述：我記得，在動員上山下鄉的時候，我所在的學校裡發生了這樣一件事情。一位學生的家長因為不願送孩子上山下鄉，在四層樓的欄杆上大哭大叫，揚言要自殺。幾位老師好言相勸，那位家長越哭越凶，雙腳跨出欄杆。這是一位工宣隊的領導來了，他見狀大喝一聲，讓她跳！我看她敢跳！這一說不要緊，這位家長被逼的無路可退了，鬆開一隻手，準備下跳。站在邊上的一位男老師一個箭步沖了過去，緊緊抱住已經向外傾斜的身子。幾位女老師也過來相勸。那位工宣隊的領導得意地說，我量他也不敢跳，嚇唬誰呀。說完，叼著香煙揚長而去。

這一幕至今難忘！上山下鄉，我們沒有自願啊！「車輪戰」、「三班倒」。工宣隊帶著老師，加上里弄幹部的密切配合，一天二十四小時守在你家裡，不讓你和家人睡覺，直到你

「自願」同意上山下鄉為止。強迫、威脅、哄騙，只要能夠讓你離開上海，什麼手段都可以。給我們帶來的是無奈、無法和無所適從。

知青D在〈為了父親，我走了〉講述：說起當年上山下鄉的動員，現在看來真的是滑稽可笑，也有很荒唐的成分在裡面。我不否認確實有一些朋友在那個時候是「滿懷豪情」積極要求上山下鄉的。在我們這些人當中，那時有一些人用現在的眼光來看是很「左」的。什麼寫決心書之類的，甚至有寫血書的。問題是到了今天，怎麼都忘記了呢？我們學校一位寫血書的人，後來去了江西插隊，據說過了僅僅兩年，在那裡混上一張黨票以後，突然病退回到了上海。以後因為他是黨員，從街道工廠起步，混到區裡，當上了幹部。唉，這些人真的能混啊。所以，我對現在這些掌權的人不屑一顧。什麼玩意呀。當然你說的對，這些人不是全部。

我的父親那時是一家工廠的副廠長，屬於「走資本主義道路的當權派」。從「文革」一開始就被打倒了。到了我要上山下鄉的時候，他還在車間裡被監督勞動。我是堅決不肯去上山下鄉的。於是學校裡革委會的那個造反派頭頭想了一個很惡毒的辦法，與工宣隊一起跑到我父親的廠裡去。他們到了以後就說是走資派破壞上山下鄉，不許自己的子女上山下鄉，與毛主席的革命路線唱反調。這些帽子在當時是十分嚇人的，足以將你「打倒在地，踩上一隻腳，永世不得翻身」了。

那天我看見父親回到家裡的時候，額頭上、臉頰上都是血跡斑斑的傷痕。我知道父親一定是又被挨鬥了。那時這樣的事情經常發生的，我除了心痛外毫無辦法。父親見我哭了，連忙擺擺手說，沒有關係，家常便飯了。晚上臨睡前，媽媽悄悄地告訴了我

爸爸被打的原因。我氣憤極了，揚言明天一定要到學校去找他們算賬：我是我，我不去上山下鄉，與我的父親有什麼關係呢。何況他已經是一個被打倒的「死老虎」了。聽我一說，媽媽急了。她叫來了爸爸勸我不要到學校裡去鬧。見此情景，爸爸向我說了老實話。廠裡和學校裡的領導說了，要是我不去上山下鄉，就要將爸爸拉到里弄裡來批鬥，罪名是破壞上山下鄉，要逮捕法辦。說到這裡，爸爸歎了一口氣說，孩子，你自己決定吧，不要管爸爸。但是你不能去學校鬧事！

這一夜我沒有睡。我決定走了。最終的結果是什麼呢？我走的時候，爸爸被剝奪了送我到車站的權利。後來媽媽告訴我，那天在我的火車啟動的時刻，爸爸是偷偷從廠裡跑出來，躲在一個角落裡嚎啕大哭了一場。後來，這些混蛋依舊給爸爸戴上「破壞上山下鄉」的帽子，繼續批鬥。直到打倒「四人幫」以後才得到平反。

高山寒雪在〈家長背著知青偷偷走了〉說：一九七四年十一月六日，我們二十多個同學響應毛主席「廣闊天地，大有作為」的號召，毅然背起行李上山下鄉。

我們是三線企業職工子弟學校高中畢業，廠裡用車把我們送到距家六十公里的宜昌縣鴉雀公社童畈大隊林場。因為是廠裡第一批知青，廠裡很重視，兩部車家長就占了一部。因當時父母在外地，是三姐來送我的。到了點上，已近中午。大隊開了個簡單的歡迎會後就開始吃飯。因為人很多，不能同時就餐，於是組織者就安排兩批先後吃。家長安排在第一批，知青安排在第二批。

當家長們吃完後，知青們早餓得等不及了，紛紛急匆匆地魚貫而入，大口大口地吃起來了。我當時正有點事晚了點，就猛然聽到汽車嗡嗡的發動聲，我一抬頭看到坐在汽車最後一排的三

姐，這時候汽車上早坐滿了家長，車已經起步了，三姐在車上也看見我了，她一邊向我招手一邊說著什麼，我聽不到她說得什麼，只是看到她眼圈紅紅的。很快車子就消失在騰起的塵霧中了。

後來，我才想到，這是組織者精心策劃的一幕，怕知青初次離家，受不了分別的打擊，就利用知青吃飯的時候，偷偷把家長拉走。可謂用心良苦啊！由此看來，我還是幸運的，可憐那些只顧吃飯的知青，哪裡知道，飯後等待他們的是什麼呢？

貴州知青「蹉跎歲月」在〈我的上山下鄉經歷〉回憶：一九七五年八月的一天，記得天氣還不錯，稱得上是陽光明媚，父親單位的一位司機，在我高中時是我的「黑教練」，我記得那時每到下午上課就開始「批林批孔」，不上課，我這位「黑教練」，增經在越南戰場上運過炮彈，運過寄養，他和我爹關係不錯，他看到我們學校每天下午堵在寫大字報，就對我說，「批哪樣批嘛，還不如學點實用的，學校畢業後好找工作，跟我學開車算了。」就這樣每天下午我就從家裡出來，在半路上的一個轉彎處等他的車來。

那天，就是在他開車護送下，我們幾個來到了位於毛主席〈七律長征〉詩詞裡所提到過的烏蒙山深處的梅花山腳下的一所知青農場當了1名「無上榮光」的下鄉知青。但具體的下鄉時間我幾年以後已經不知道了。後來因為要核查我具體的下鄉時間，因為涉及到我的警銜銜級認定，必須找組織人事部門查找原始人事檔案，我才知道，在封面有「知識青年到農村去，在那裡大有作為」的最高指示下面有〈知青證〉三個字的裡面，藏著有我正二八經的下鄉的確切時間——一九七五年八月二十一日。但我們分局政治處的老爺們認定我參加工作的時間卻在一九七五年九

月。就這樣，很搞笑的是，和我同期參加工作，但學歷比我低的的弟兄認定警銜的銜級卻比我高，去他媽的。

第三節　無緣送子女上山下鄉的家長

　　知青麥蒔龍在〈紅衛輪的那一響汽笛聲〉的述說：……大凡六十年代末七十年代初從廣州起程往海南的知青們，絕對忘不了紅衛輪，也絕對忘不了紅衛輪即將起錨啟航時那響撕心裂肺、催人淚下的汽笛聲……

　　就在那一聲汽笛驟然拉響的一剎那間，無論是船上即將離岸遠航的准知青們，還是碼頭上送行的親友們，全都被突如其來的汽笛聲撼動了。所有人的五臟六腑都被揪了起來，早就在眼眶裡積聚的，但一直強忍著不讓它流出來的淚水，就像被阻擋著的滔滔洪流，汽笛聲猶如開閘的號令，閘門驟開，洪流洶湧而出一瀉千里。被碼頭工作人員阻隔在十米開外的送行的親友們，亦彷如聽到一聲號令，不顧一切地衝破警戒線，湧至正徐徐離岸的船舷邊，扯開喉嚨大聲哭號呼喊，那聲浪完全掩蓋了歡送的鑼鼓聲和高音喇叭播出的樂曲聲，久久地在洲頭嘴碼頭的上空回蕩……

　　相信沒有人作過這樣的統計：當時正在船上的准知青們，在告別親友、揮別生活過的熟悉的城市那一瞬間，有多少人熱淚滿臉放聲痛哭，而又有多少人鐵石心腸沒有落下過一滴淚珠？自然，成千上萬准知青們，在那一刻的心境絕不會千篇一律，有哭的，有笑的，也有不哭不笑表面肅穆內心卻波濤洶湧的。在他們中間，涕淚橫流肝腸寸斷者有之，盡顯了在莫測命運面前不知所措的青年對未卜前途的彷徨哀愁；意氣風發鬥志昂揚者亦有之，

展現著不知天高地厚的莽撞少年們「壯士一去不復還」的紅衛兵幼稚氣概。

與大多數准知青一樣，在紅衛輪那聲汽笛撕心裂肺地鳴響的一剎那，我也流淚了。不過，那淚水不是為我自己而流的，也不是為即將離別這座城市而流的。我相信，那一刻我內心的萬千感受，在船上所有的人中間，絕對是獨一無二的。因為，就在紅衛輪拉響憾人肺腑汽笛的那個水域位置，正是我父親被迫投河自盡沉入河床的地方！

那天，沒有任何親人來送船，送行的人群中也沒有我認識的同學朋友，我是孤身一人告別我生活了十多年的熟悉的故鄉廣州的。

父親已含冤離開了人世，母親還戴著「黑七類」的政治帽子被關在「牛棚」，兄姐各散東西，弟妹紮根海南，就這樣，我孤身只影地登上了紅衛輪。

那一聲汽笛，於我而言，是對我那葬身白鵝潭的父親的祭祀，也是代表我發出的與父親最後告別的心聲。那時候，我沒有再踏上這座城市土地一步的念頭。

如果硬要歸類，我寧願把我父母親歸類為「藝術家」而不是「國家幹部」，雖然他們都有國家正式任命的不算太低的幹部級別。父親年輕時是學美術（油畫）的，與中國著名漫畫家廖冰兄是同學。抗戰爆發，救國的熱血促使他投筆從戎，參加了軍隊。但他骨子裡仍然是一個文學青年，而且有著藝術的天賦，於是他並沒有真正地投筆，而是不斷向抗日的報章投寄文稿，結果因此認識了在夏衍先生主編的一份抗日報紙任編輯的母親，編務的接觸使兩人日久生情，終由抗戰同志而成革命夫妻。

後來父親母親同在著名的抗日救亡演劇隊工作，這支由共產

黨領袖周恩來通過郭沫若直接領導指揮的抗日文藝宣隊伍（後來
許多演劇隊人員去了延安），表面上隸屬於國民黨軍隊編制，所
以「集體加入國民黨」便是不可避免之事，這就成為全國解放後
歷次政治運動中，革命了一輩子的父母親不得不備受「歷史反革
命」懷疑而必須接受各種政治審查的禍根之一。

說我父母是「歷史反革命」真是冤哉枉也，如果當初他們反
對革命或者不參加革命而躲在安逸富裕的家中，我那未滿1週歲
的三哥，又怎會在戰火威脅之下夭折?!

我外公是湖北一位著名的開明大士紳、書法家和慈善家，在
當時的湖北乃至中國政界很有影響力，曾任議會議長，後成為佛
學研究家。母親出身這書香世家，自是大家閨秀，從小學一直讀
到師範大學成績均優異出眾，無奈受進步思想影響，在個人感情
方面不甘受媒妁之言父母之命的梏桎約束，為逃婚而離家出走，
更踏上了革命之路。我母親到了解放後的五十年代才第一次回
家，外公已經仙逝。可以說，母親年輕時的經歷與長篇小說〈青
春之歌〉中的女主角林道靜十分相似，所以在我烏石農場的「私
人圖書館」裡，那本破爛不堪補了又補的〈青春之歌〉，一直是
我的至愛珍藏。

父母到香港從事進步演藝活動，是四十年代後期的事了。父
親導演了不少針砭時弊、嚮往新生活的話劇和電影，例如《香港
暴風雨》、《水上人家》、《想入非非》等，而在改編自趙樹理
小說的電影《小二黑結婚》中，我母親還飾演了一個重要角色。

我就是那時來到這個世界的。我剛滿週歲，正就讀香島中
學的大哥突然失蹤，不久我父親也不知去向，後來才知道，他們
都是在香港地下黨的安排下，北上去了東江解放區，加入了東江
縱隊，10幾歲的大哥其實早就加入了地下狀態的新民主主義青年

團。後來，他們隨著解放大軍進入廣州，父親在軍管會主管文藝工作，他的頂頭上司就是中國大作家秦牧。

不久，也就是在廣州解放之時，母親離開了香港《文匯報》，帶著一家老少北上，投入了即將展開的國家大建設的行列，具體的工作就是協助籌備成立珠江電影製片廠。大哥參軍在北京當上了空軍飛行員，姐姐參加抗美援朝當上志願軍文工團員。父親的最高榮譽是進北京接受周恩來總理的接見和握手合照，直到他決心赴死以示對國家與人民忠貞之心，在投河前兩天最後一次與我談話時，我還清楚地記得，他提起過此事，足見他當時心境的悲壯。

五七年的反右運動是我的家庭走向衰敗的轉捩點，父親的一些現在看來極為正確的觀點，成了他招來大禍的「右派言論」，「廣東文藝界大右派」的罪名不但使他搖身一變成為勞改農場的另類，沒有任何「右派言論」的母親也受到株連，被「下放」到湛江吳川當了1名中學教師，從此被迫離開了她終身熱愛的文藝事業。哥哥和姐姐也受到連累，先後離開部隊。父親的「右派份子」的帽子和其他莫須有罪名，是在他以非常方式離開這個世界二十多年之後的改革開放時期才被摘去的。那是後話。

六十年代中期，一股由領袖親手煽起的政治黑風，由弱至強，開始席捲神州大地。剛獲開恩給予「敵我矛盾作人民內部矛盾處理」不久的父親，再一次遇到了滅頂的政治劫難。這次的罪名更加嚇人，誰戴上了誰都永世不得翻身，而且絕對株連九族。中國知識份子「寧為玉碎不為瓦全」的錚錚骨氣，使他毅然步老舍先生的後塵，選擇了以一死抗拒批判鬥爭的不歸之路，用「士可殺不可辱」的決絕態度，向無情無義無理無據的政治運動說「不！」

　　於是，便有了鞭屍般的批判：「以死來抗拒黨和人民的批判」，是「現行反革命」！

　　其實，如果他願意，像音樂家馬思聰那樣出走海外，是非常容易的事，在父親的老家番禺黃閣，由叔伯兄弟安排他偷渡往港「易過借火」，何況香港有他許多演藝界電影界戲劇界有錢有勢的密友。然而那不是他的性格，正如廖冰兄世伯後來對我說的：「如果他那樣做，那他就不是他了。」

　　就在後來紅衛輪鳴笛啟航的那個水域位置，父親趁著夜黑人稀無人留意，悄然從往來珠江兩岸的渡輪上下水，他留戀地再望了岸上燈火一眼，毅然地潛下水去，並呼出了胸腔的空氣，任由身體往河床沉去。父親會游泳，而會游泳的人自願投水自盡，極為困難。可見他一死之心是多麼決絕。沒有人目睹這一切，渡輪工人揀到父親留在船上的一雙舊皮鞋和一個公事包，發現了他留在公事包裡的絕筆遺書，才推測出他投河的時間和位置。

　　二十多年後，我讀到了父親在生命最後時期寫的一首詩，充分表露了他「志未酬、心不死、恨悠悠」的嗟歎：長嗟空負少年頭／瞬息人間五十秋／幕下雖曾施末技／台前尚未展新猷／三千桃李情難了／十萬文章志未酬／思想未紅心不死／白雲千載恨悠悠。

　　母親深切體會痛失親人的哀痛，所以當她得知秦牧叔叔在挨批鬥之後突然失蹤，立即與秦牧夫人吳紫風阿姨一起四處尋找，最後終於及時在白雲山一處石岩邊將準備一躍而下的秦牧叔叔攔住。一句「留得青山在」，打消了一代散文泰斗輕生之念。後來聽母親自責地說過，如果父親投河前她有所覺察，是有可能改變我們家的歷史的。

　　母親也受到「群眾運動」的衝擊，掛黑牌、挨批鬥、掃大

街、住「牛棚」，一個「黑七類」在文化大革命中該受的，她全都經歷了。但母親的胸襟寬闊，即使對在運動中批鬥過她甚至動過拳腳吐過唾沫的人，她全都寬恕了。對當年也曾寫過批判大字報的一些子女，她更是寬容得連外人都為之動容，這反而令一直愧對母親的兒女們汗顏。

我也是愧對母親的其中一個子女，文革運動初期，尤其是「老子英雄兒好漢，老子反動兒溷蛋」剛出籠那陣，為了心目中崇高的革命理想，我也曾在一種虔誠的理想主義支配下，寫過批判母親的大字報，但這種「反戈一擊的革命行動」並不能改變「狗崽子」的命運，我始終被拒於紅衛兵組織門外，連革命的資格也沒有。

不久前我在寫「在毀樹與植樹中思考」一文（見香港知青聯網及會刊）時，正值老母親忌日期間，由於內心對她老人家一直有愧，所以就把這種心情寫進了文章，這才有了「……那時候年輕幼稚不懂事，曾經抱著善良的虔誠，無知地傷害過您。母親，今天，我們贖罪來了，我們要用自己真誠的行動，向您懺悔……」的文字，我是流著淚寫這段文字的，每每重讀，心頭都會泛起一陣熱浪。

母親是偉大的。當她以92歲高齡臨離開這個世界時，還再三叮囑身後事一切從簡，不必開追悼會，不必通知其他人，不必登報，不必立碑，就讓她靜靜地走。這位不但受到子女尊敬也受到許許多多認識她的人尊敬的堅強的革命老人，走得平靜而無憾。父親沒有留下骨灰，我們把母親的骨灰安放在一個雙人骨灰盒裡，兩張照片並排，在屬於父親永遠棲身的位置，放置了他生前導演的一齣值得他驕傲終生的著名戲劇電影的CD影碟，父親說過，那榮耀，也有母親的一份奉獻。就讓凝集了他們畢生鍾愛的

藝術創作結晶，伴隨他們終生吧。

正因為父母都是「黑七類」，所以我原本連去海南島當1名「土八路」（光榮的兵團戰士）的資格都是沒有的，只配去農村插隊接受貧下中農再教育，一位工宣隊長惡狠狠地對我說：「想用中國人民解放軍的金漆裝扮你這狗崽子的黑面？休想！」如果不是接連寫了十一封誠意拳拳的決心書和矢志「紮根邊疆一輩子，永遠革命不回」的保證書，加上死乞活賴軟纏硬磨（就差沒有請客送禮），我這個因有「惡毒攻擊」言論和「私藏武器」（家有一枝彷真度相當高的自製木槍）被公安局監禁審查近一年，剛從監獄裡放出來「混蛋」（工宣隊長語，「果然是老子反動兒混蛋」），是沒有資格登上紅衛輪的，也就無緣聽到那響催人淚下、憾人肺腑的汽笛聲了。

所以，我那天登上紅衛輪，即將前往那個遙遠而陌生的海南島時，我對廣州這座城市已經沒有多少留戀和不捨。看到旁人熱淚盈眶，我當時想，有甚麼好哭的呢，如果讓我有機會去越南打仗，巴不得戰死了當個烈士得個軍功章，或許可以用我的命來換回母親的自由。

唯一觸動我的是，當我倚在船舷冷漠地望向岸上送行的人們時，突然想起自己身處的這個地方，正是父親投河的水域位置……

我還來不及細細品味這其中的含意，那聲要命的汽笛，就震耳欲聾地驟然鳴響了。一隻無形的大手頓時緊緊地揪住了我的五臟六腑，我的心疼痛得顫抖了起來，說過不流的眼淚，就在這時情不自禁地奪眶而出。就在轟鳴的汽笛聲持續的長時間裡，我放盡喉嚨，喊出了自從父親死後就再也沒有喊過的一句話：「爸爸！！！……

　　知青王鐵軍在〈回家過年父親請我喝酒〉也講述了這樣父母無緣相送上山下鄉子女時的難受和愧疚：自從知青們「很有必要」地被「歡迎」到了七連後，城市裡便沒有了自己的位置。原來的家變成了曾經的家，一家人的團聚，特別是過年時的團聚幾成奢望。守規矩的或膽兒小的知青眼巴巴地盼著不知多久才會批准的探親假，膽兒大的或「渾不論」的就會在過年前「逃跑」回家，至於回連後挨批還是寫檢討，只能是走一步看一步，到時候再說了。

　　就算千辛萬苦想辦法回到家裡，也難得安生。那年頭每到過年，報紙上、廣播裡連篇累牘都是對知青的呼籲：「過一個革命化的春節」。說白了，革命化的春節就是不許在家與親人團聚，必須返回農村，跟貧下中農一起勞動，這才是「革命化」。呼籲後面跟著的是實際的行動：派出所、糾察隊在「小腳偵緝隊」的配合下，哪家有知青探親，就不斷去他家「查戶口」，有正式批准手續的尚且勸你早點返回農村幹革命，沒有手續的乾脆就是「轟」了。泯滅親情、泯滅人性的行為，在革命的名義下橫行，革命的光環也在沒有人道的行為中隕落。

　　我在七連的幾年裡，不敢也不可能動「逃跑」的心思。被批准過兩次探親假，不知是湊巧還是有意，假期都是在元旦後春節前，這意味著，無論是陽曆「年」還是陰曆「年」，都不能在家過。而在我心裡，回家的那幾天就是在過與家人團聚的「年」。

　　第一次探家是一九七〇年初。從文革開始，我已將近四年未見過父親。我下鄉時父母均在「牛棚」，家中再無他人，便將門窗用鐵釘釘死來到了七連。一九六九年底父親從「牛棚」「解放」出來，第一時間設法通知了我，我才爭取到了這次探親假。

　　父親雖然「解放」了，但還在鍋爐房勞動，與人合住在一套

房內，屋子面積只有九平米。小屋裡一張雙人床和幾隻箱子占去了大部分面積，剩下的地方只夠放幾把凳子，兩個人同時活動就得互相讓道，否則一定撞到一塊兒。我回去後，晚上睡覺時一家三口橫過來躺在床上，腳下再搭上幾把凳子湊合。

探親假快結束時，離過年已不遠了，父親第一次想請我喝一回酒。文革前我們各忙各的，我又只是個大孩子，不可能與父親喝酒，文革後更沒機會了。那幾年我事實上已開始接觸這種麻醉人的飲料了，但本次探親時並未對父親說過。父親大概早已看出來，或許覺得我已是20歲的大小夥子了，再回來不知要到何時，打算用喝酒來認可我的成人？他不知從哪裡「淘換」回來一瓶白磁瓶的汾酒，讓我到「秋林」附近的飯館用二兩肉票買了一份「溜肉段」（今天人們可能無法想像，但千真萬確必須用肉票才賣給你，為買「溜肉段」，我來回用了差不多一個小時）。買回來的肉段重新熱了一遍後，放在了當桌子用的箱子上，旁邊就是那瓶汾酒。這時我站起來想去拿個碗，哪知碰了箱子一下，上面的酒瓶晃了幾晃，「砰」的一聲掉到地上摔碎了，頓時小屋子裡瀰漫的全是酒氣。我和父親在滿屋的酒氣中對視了許久，誰也沒有說話。

將近四十年過去了，每臨過年我都會想起那一幕，彷彿仍能聞見刺鼻的酒氣，眼睛好像被酒氣刺得欲淚。我一直在自責，我若不站起來，那個年前之「年」是否感覺會好些？雖然父親後來再未提過此事，但我心裡清楚，此事對他的刺激比我感覺的要重。此後幾年，我返城回家，父親卻得了重病，於一九七七年去世了。期間我們父子雖一起喝過酒，但那天的感覺永遠找不回來了。

也許，是那一「摔」成讖？

知青王銘的回憶〈親眼目睹父母被揪鬥的不多，我是一個〉
更加淒慘：……一九六六年，我13虛歲，正在初中一年級讀書
（一九六五年秋入學的）。那一年的兒童節，《人民日報》發表
了一篇題為〈橫掃一切牛鬼蛇神〉的社論，敲響了我一家十多年
磨難的喪鐘！

在兒童節後的一週裡，學校組織我們去參加萬人大會，在上
萬人的與會者裡，有我，也有我的父親。在這次萬人大會上，他
們從茫茫人海裡，掃出了我的父親（一直到一九七八年的三中全
會後，才徹底解放）。同年七月的一天，學校組織我們又去開大
會，在進會場前，我看到了我的父親，被人推了十字頭，胸前掛
著一個大牌子，大伏天裡站在那兒「享受」著「日光浴」。就在
這次會議上，母親又被人架著「飛機」，從我的座位旁邊的人行
道上，「開」到臺上去了。母親是一個剛烈女人，「開」到臺上
後，被兩個壯漢摁著，還掙扎著高呼「打倒法西斯！」結果呢，
她上「飛機」登機時是一個「地主婆」，到臺上盤旋了一下，就
變成了「現行反革命」了。

從那時起，我有一個「歷史反革命」的爹，還有一個「現行
反革命」的娘。還好，爹娘給我帶來了一條終身乾淨的左臂，從
未套過那血淋淋的紅箍。

誠然，在那個歲月裡，「黑五類」子女是很多的；但親眼目
睹自己的父母被揪鬥的是不多的。我可能天生就不是一個孝子，
看到父母被揪鬥，心是木然的；即使不木然又能怎麼的？現在說
「還好，爹娘給我帶來了一條終身乾淨的左臂，從未套過那血淋
淋的紅箍。」可那時候，每個人的左臂上都有一道紅箍，我沒
有。說它是「血淋淋的」，那是我童心的滴血！

就在一九六六年的夏天，我也因父母的問題，被永遠的踢

出了學校的大門。但他們永遠踢不走我讀書求知（不是求學）的欲望。在離開學校的歲月裡，我首先讀完了姐姐（一九六五年初中畢業，去了農場）留下的初中教材。再偷讀了幾許「毒草、禁書」。不認識的字查字典。終於養成了終身讀書自學的習慣。四十多年來，從未離開過讀書。

昏頭昏腦的過完了一九六八年，六九年元旦剛過，學校派人找我，要我去學校，我渾渾噩噩的去了，他們居然還塞給我一張〈畢業證書〉，還說什麼最新指示「知識青年到農村去，接受貧下中農的再教育。」一月二十二日，他們又通知我明天開會，二十三日，我去開了歡送知識青年上山下鄉的大會。嗨！他娘的！還不滿15週歲，才讀了一年初中，就成為知識青年了。開會時，其他同學有父母、兄弟姐妹相送，我沒有人送行，不是我父母雙亡，是我的父母被隔離在天各一方接受審查。開會時，同學們都有一隻黃色的搪瓷杯子、一支芒果牌牙膏、一支牙刷，那是居委會送的，我因出身不好，沒有。會上還發了「紅寶書」四卷，人人都有，我也有，只是後來在鄉下出人情，換「六大碗」吃下去了……

剛下放農村的頭六個月，公家每月發7.5元的生活費，第六個月的生活費發下來時，兩個小插商量一下，進城去瀟灑下子，反正是「斷奶費」，用完了地球就毀滅了，早用完早毀滅。兩個小插進城了，我先買一件新汗衫穿起來，那倒是我第一次用自己的錢為自己買衣服，也會打算，買件大一點的，穿的時間長些，就買了一件七十五釐米的海軍藍翻領汗衫，穿上身看看，就是有點嫌大，其他感覺還好。然後兩個小插就逛大街、看電影、吃冷飲、拍照片、下館子，除了回程路費，其他全部用完。回到知青點後，又狠狠睡了一覺。次日日上三杆，兩個小插醒了，四目相

對，一副「百思不得其解」的樣子，一個說：「媽媽的，這個倒頭地球好像還在轉嘛？」另一個說：「媽媽的，它轉就轉吧，反正不是我要它轉的。」

媽媽的，這個倒頭地球還在轉，那我只有繼續過了。這時候，我發現我有問題了，幹活幹不過同齡人，甚至還幹不過比我小的農村人，還有該長毛的地方，別人長了，我不長。六九年夏秋之交，我在農場的姐姐回來了，媽媽讓她帶我到醫院查一查。姐弟倆來到縣醫院，掛號的人問我姐：「誰有病？」姐指了指我說：「他。」掛號處裡出來了一本病歷和一張掛號單，那張掛號單上的字，我至今還記得清清楚楚，是「兒科」。

這兒科就是兒科，不行，未查出我的毛病。姐弟倆又到地區醫院，這回直接掛內科了。那個女醫生很有本事，用聽診器聽聽，就給聽出來了，給我的診斷書上是這樣寫的「先心室缺？建議不做重勞動」，在以後的多家醫院診斷，都是這一結論「先天性心臟病室間隔缺損」。啊！我原來還是「先天性心臟病」患者。

我才下放到農村時，第一次插秧，生產隊隊長說我插的秧是刮的東南西北風，我還以為他是表揚我的，就問「東南西北風」是什麼意思？他說「就是狗屁狗圈浪子風」，我氣的發昏，但我想到了偉大領袖的詩詞「天高雲淡，望斷南飛雁……」，立馬改成「天低雲濃，×××嘔慫……，第二天就在生產隊廣泛傳播，弄的隊長娘子又是打招呼，又是送好吃的，又是罵自己的男人不是東西。有一次鋤草，我看到一處有一米多的地方，只有一棵棉苗，很不順眼，就把它幹掉了，正巧被蹲點的書記看到，結果是一頓臭罵。

我當時下放的生產隊，一個強勞力幹一天（十小時以上），十分工是八分錢（一斤鹽）。我幹一天只有兩分錢（一盒火

柴），還算是照顧的了，我幹一年，不夠生產隊分給我三百斤口糧（原糧）的錢。一九七一年秋，在農場的姐姐看我在農村實在無法生存，就把我牽（遷）到農場去了……

知青劉銘在〈下鄉四十週年祭〉沉痛地回憶：四十年前的今天，即一九七二年二月二十三日，是我被上山下鄉的祭日。這個日子我自己並沒有記住，是前天接到一個電話，同下一個公社的知青們準備聚會紀念，通知我參加，可惜我不在成都，不能赴約。

四十年前的今天，我所經歷的那一幕淒涼與無奈，至今仍然清晰地留在我的腦海裡，永難忘懷！父親被關押，母親在千里之外的五七幹校，兩個妹妹在還小，沒有人為我送行，我獨自扛著行李，從陝西街走到紅廟子街，到省商業廳大院集合上車。

我是隨父親所在單位的子女下放的，下放地是四川省中江縣（這個縣出了兩個名人，一個黃繼光，一個謝娜）。商業廳是一個很大的單位，下屬若干公司，當年上山下鄉的子女有好幾百人；而中江縣是百萬人口的大縣，分若干個區，廣闊天地，可以容納的知青豈止幾百。我被安排在廳機關子弟這一組，下放的具體地方叫中江縣永興區白果公社八大隊七小隊。

中江縣當時屬於綿陽地區，現在歸在德陽市；永興區後來更名叫永門區，現在叫永興鎮；白果公社事實上並無白果（銀杏）樹（估計一九五八年以前或許是有的），現在叫白果鄉；八大隊有一個非常不雅的名稱，叫「美女曬胯」（四川話念ka），貧下中農對此津津樂道，他們不止一次告訴我，兩條分岔的路猶如兩條大腿，而大隊部則是大腿中間那個部位，我問他們為什麼不叫「男人曬胯」，他們便發出無比愉悅的淫笑，意淫是可憐的中國農民長期以來主要的娛樂項目。

　　七小隊又叫黎家灣，全生產隊的人都姓黎，只有一戶姓黃，女主人是黃繼光的親戚，她的兒子是個傻子，被社員們喚作黃繼光的小舅子，實際上是錯誤的，黃繼光是未婚青年，不應該有小舅子。黎家灣的祖上是當年湖廣填四川遷移來的湖南人，口頭禪愛說「麼個」，據說毛澤東也是「麼個」長「麼個」短的。半年後，我已經一口土湖南話，現在還會不少。

　　記得四十年前的今天是一個陰天，商業廳的辦公大樓前拉了一幅橫標「響應偉大領袖毛主席上山下鄉的號召廣闊天地大有作為」，院子裡停了三、四輛解放牌卡車，我們將行李扔上車廂，人就坐在行李上。車上的人我一個也不認識，而其他人好像彼此很熟悉，他們歡樂的打鬧著，其中一個叫「黃狗兒」的人相當活躍。前天的電話裡我得知，一直很潦倒的「黃狗兒」剛剛因肝癌去世。

　　點名後，一個當時進駐商業廳機關的工宣隊領導講話，大意是祝大家一路順風，到農村後安心接受貧下中農的再教育。在他的身旁擺了一面大鼓，幾個機關幹部在他講完話後，開始有氣無力地敲鑼擂鼓。在「咚咚咚」的鑼鼓聲中，塞滿了知青的大卡車隊出發了……

第四節　被上山下鄉狂潮撕裂的親情

　　這股上山下鄉狂潮對社會各階層各族群各親情的撕裂，其所形成的巨大心理障礙和壓力和對家長子女的傷害更是難以言述的。黑龍江兵團知青子蘊在〈我的母親〉中有這麼一個片斷：

……雖然母親自恃甚高，但我從未佩服過母親。我認為母親有小聰明無大智慧，正是母親的小聰明害了自己。母親自詡果斷，但

母親的果斷因為沒有經過深思熟慮應該說是莽撞。而母親為此也付出了巨大的代價。

就說上山下鄉這件關乎我們一生命運的大事吧！當轟轟烈烈的上山下鄉運動席捲北京城的時候，弟弟恰好是六六屆初中畢業而我應該是六八屆高中畢業。六八年的一天，弟弟回家說他要上山下鄉了去北大荒。讓母親給他買個箱子。母親說，咱家就剩你們倆了誰也不許去。那時姐姐大學畢業已分配到河北三河燕郊中學任教，哥哥大學畢業分配到遼寧阜新電子管廠當技術員。而父親若干年來一直在外地。我出於私心對母親說，反正一家只能留一個子女，弟弟不去我也得去。母親為了留下我，只好同意弟弟下鄉了。

但是，弟弟一上火車母親就後悔了，而我也為自己的私心為這句話付出了代價。母親天天埋怨我「如果不是你說這句話，我根本不會讓小弟下鄉！」從此我陷入了良心責備和無盡的悔恨中。那時弟弟也就16、7歲，在兵團農業連受了很多苦，他個子小身體單薄，扛著裝滿糧食的一百十斤重的麻袋上跳板，往高高的糧囤裡倒，超負荷的勞動真是可以瞬間要了他的小命。

面對母親的無休止的埋怨和責罵，我先後兩次和母親大吵後衝出家門想報名到雲南。因種種原因均未成行。一年以後，時機來了，弟弟所在的三十二團又來北京招工了。那時我已在學校報名去內蒙古羅北兵團。母親找我談話，讓我去北大荒三十二團，說過兩年她也去北大荒找我們。父親聽說我要下鄉馬上從外地趕回北京，苦勸我不要走。我記得我和父親在景山公園附近散步，父親說，你如果再走，咱家就徹底完了，我連家都不能回了。那時候父母已經彼此不講話，父親回京雖然住在家裡，有什麼事都靠我在中間傳話。

正在我猶豫不絕時，母親催我去銷戶口，面對母親的堅持，我賭氣銷了戶口。弟弟聽說我要去北大荒，打電話阻撓不住，馬上坐火車趕回北京。弟弟說他已經下鄉走了，不能再搭上一個，再說按照政策父母身邊應該留下一個子女。但一切都晚了，生米煮成了熟飯。當姐姐也趕回家時，我忍耐了一年的怨憤，委屈，無奈的情緒噴湧而出，大哭不止。姐姐雖然理解我，但也只有陪著我掉眼淚的份兒。就這樣，懷著一邊和母親賭氣一邊為自己贖罪的心情，我踏上了北去的火車。根本不像有些電影裡演的豪情滿懷的鬥志昂揚的上山下鄉去。豪情滿懷的不是沒有，六六，六七年就已經走了，等不到今天。火車開動時，車上車下哭聲震天，而我沒有流一滴眼淚，反而心情平靜又輕鬆。

母親再一次後悔了，這一次的果斷母親付出了更慘痛的代價，想想看她一個人守著三間曾經充滿孩子們歡聲笑語的空房子度日月是什麼滋味，母親開始抽煙，開始給我和弟弟寄包裹，寄巧克力寄桂元肉寄蜂王精膠囊寄鹹菜寄松花寄辣醬。同時為了讓我和弟弟返城，母親又開始了艱難的申辦孩子們的返城之路。如果說我和弟弟下鄉受到的是皮肉之苦而母親經受的卻是精神上的煉獄之苦。

我無意埋怨母親，上山下鄉是時代的大氣候，是政治運動，是任何個人都阻止不了的大潮流，一個小小老百姓豈能螳臂擋車?!我和弟弟也從未為自己下鄉後悔過。上山下鄉鍛鍊了我們，使我們的思想，體魄，情操都發生了變化，使我們一生受益不盡。我想說的是，如果母親能理智一些處理這個問題或許她能少受許多磨難。……

反對文革第一人劉文輝的弟弟劉文忠在〈上山下鄉熱〉講述：……一天在「牛棚」裡，「右派」兼「現反」的老陳師傅含

著淚告訴我，小兒子中學畢業，面臨分配，但在學校、單位工宣隊的雙管齊下的壓力下，抓住他右派家庭出身，又是「現行反革命」子弟，硬逼他插隊落戶黑龍江，兒子走時什麼東西都不要，只留下一句話：「你們為什麼生我在這樣一個家庭？我恨爹娘，走了！」老陳說，上山下鄉去年秋天就開始了，他三女兒已經插隊落戶去了，照理說，小兒子可以按國家政策，「一農一工」或至少安排在市郊農場，但兒子的家庭出身，沒有人會給他落實政策，16、7歲的孩子，硬逼他遠走北大荒。

我給老陳說，為什麼不留住孩子在家中，即使吃閒飯也比背井離鄉強，何況誰也不知以後政策會不會變。老陳傷心地說：「不是我不想留住兒子，而是我不敢哇，我這個牛鬼蛇神樣子，實在對不住兒子啊！」他憤慨萬分地呼怨道：「這年頭，牛鬼蛇神是糞坑，是蒼蠅，是毒蜘蛛！誰戴上了這頂帽子，誰就意味著被社會拋棄，而且是毀滅天性的拋棄，連你子女都不放過。你是右派、現反、牛鬼，你就死路一條……」我聽了他這一番直言痛訴，默默無語，說不出一句安慰他的話，是啊！我家裡的悲慘現狀，比他不知要嚴酷多少倍呢。

上山下鄉的浪潮洶湧地沖刷著上海這座大城市中每一戶家庭，首當其衝的就是我們這些「有問題」的人家。大姐的三男一女，除了小兒子幼年，都得上山下鄉，大兒子早已去農村插隊落戶，到祖國農村的廣闊天地中去接受再教育，同「黑五類家庭」徹底劃清界限，走自己新生的道路。殊不知這一走，給家中含辛茹苦的父母帶來多大的傷心痛苦。

首先做父母的無不有「負罪感」，像無數條小蛇伴隨晨鐘暮鼓噬咬他們，使他們心靈上千瘡百孔，眼神只能充滿內疚、惶惑與卑怯，連自己孩子也保不住啊！同時，做父母的牽腸掛肚著遠

方年幼無知的孩子，只得從自己微薄的工資收入中，節衣縮食，撥出活命錢來資助鄉下的子女，一個、兩個，甚至一家有三、四個子女在遠荒僻壤，嗷嗷待助。我常見大姐為大兒子寄郵包，怕他在農村沒有吃的，寄去的罐頭食品、生活日用品，這些又是父母多少日子可吃的青菜、米飯啊！也是從在家的幼弟幼妹牙縫裡硬扣下來的。父母愁苦地白了鬢髮斷了肝腸，在家的孩子也落個面黃肌瘦、營養不良。正如老陳師傅所擔憂的，我們這種牛鬼蛇神家庭，誰不是「死路一條」呢！

　　一般人家的子女倘若不下鄉，父母馬上會被停止工作，逼令參加沒完沒了的「學習班」，什麼時候同意子女下鄉什麼時候結束。而「牛棚」裡的父母則連進學習班的資格也沒有，只有被訓斥和挨打的非人待遇。所以毫無選擇餘地清一色送子女第一批上山下鄉。一般人家送子女上山下鄉是光榮事，上大紅榜，戴大紅花，還有單位的經濟補助。牛鬼蛇神們的子女下鄉打點行李可慘了，因為家裡幾次遭抄、搶，幾乎值錢可變賣的東西什麼都沒有了。監督勞動，工資已被減半，甚至被減為20元左右的個人吃飯費用，哪有分文再給兒女添行李買東西呢？單位絕不會給牛鬼們發補助，只得四處借債，或委屈子女空身一走了之。寶貝的兒女驟然離去，到那高山密林或廣袤的田野上去了，長夜漫漫，作父母的惟有內疚、痛楚……

　　「文革、文革，革著自己的命，又在革著家庭孩子們的命呵！」有些牛鬼蛇神家中的子女懂事，體諒、同情父母，而多少牛鬼蛇神家的孩子，受學校強烈的「階級鬥爭、路線鬥爭」教育，遭遇社會無情白眼奚落後，反而無知愚昧，把滿肚子怨氣發在父母身上，所以都帶著怨恨父母的心情憤然出走，甚至像老陳師傅兒子那樣責備怨斥了父母幾句才悻悻離家，這不是在父母流

血的傷口上又撒上一把鹽嗎？我單身已深感文革株連對親屬的沉重壓力，更何況像陳師傅他們？我內心裡深深同情他們，理解他們，但無法分擔他們一絲一毫的苦楚。他們的身體難以支撐政治和生活的兩座大山。

沒有錢還不算苦，八十年代以前，大家都窮，反正憑票買東西。但政治的歧視，頭上的帽子才是真正的苦，階級敵人屬於敵我矛盾，人人與你劃清界限的日子並不好過，連夫妻吵架也罵「臭右派，想翻天」？子女也會頂嘴，「你是右派父親，我不認你，要和你劃清界限。」這些痛心窩的罵聲，出自睡在一個鋪炕的妻子和從小養大的子女之口，使人沒勇氣活下去。

類似的悲劇在劉文忠所述的〈懸樑別親子〉果然應證了：……李大姐是廠裡的老女工。她有一個兄弟在青島某單位工作，一九六八年底「清隊運動」中經不起批鬥折磨，在強大的「逼供信」壓力下，先後「坦白交代」，實際胡編亂造說自己三九年參加過國民黨救國軍，曾任上海聯絡員，發展了姐姐（李大姐）、姐夫、爺叔多人加入。外調人員一到上海，馬上殃及這三位親屬，分別被單位隔離審查。

李大姐被日夜批鬥，我曾陪鬥過幾次。我聽造反派專案組審問她：「你參加了國民黨救國軍後，出賣、屠殺了多少共產黨烈士？」從未參加過此類組織的李大姐怎麼回答得出呢？她只知道丈夫參加了抗日的國民黨「救國軍」。造反派就說她「頑固不化，死路一條！」動手揪她頭髮，用腳踢她。一個老實本分的女工，禁得住這般人格凌辱嗎？李大姐每次批鬥每次血淚洗臉，痛苦不堪。

我心裡想三九年，國民黨抗戰時有過「救國軍」編制，那是組織一批熱血青年投入抗日戰爭；解放前夕四九年，國民黨內也

有「青年救國軍」，那才是對付共產黨的反動組織。造反派審查批鬥時根本不分青紅皂白，毫無歷史知識，把兩者混為一談，大力「逼供信」，無限上綱上線，竟認定李大姐是罪惡不赦的歷史反革命分子。李大姐有口難辯，冤沉海底，日夜在隔離房內飲泣不止。

她的丈夫也同時被單位造反派隔離審查，家中留著年逾花甲的老母親和四個子女。最大兒子17歲，忍受不了雙親突然被囚禁，自己成為反革命子弟的嚴酷迫害，憤然離家上山下鄉去了黑龍江。當李大姐在隔離室看到女兒寫給她的信，說大哥拋棄家庭和弟妹、痛恨父母反動歷史而離開上海，她突然癱坐在地，痛哭了一整天。聽她一聲聲呼天搶地的痛哭，讓人心碎寒顫，看守人還不斷訓斥她。

一個多年為工廠為國家辛勤勞動的女工，一個上有老母，下有四個子女的母親，被莫須有罪名剝奪了人身自由，精神上又遭凌辱不堪，丈夫也被隔離審查，大兒子在這遭難關口不瞭解父母冤苦而離家出走，正像一把把利劍直刺她心頭。她失去了精神寄託，惟有無法挽救的絕望，她的身體與心靈全線崩潰了。「屋漏偏逢連綿雨」，女兒又來信告訴她，自從父母被關後外婆很快病倒，15歲的女兒被迫挑起了家中重擔，「病、貧、愁」三合一向她襲來，叫天天不應，呼地地不靈，親戚家又不敢去求助，怕牽連。她與兩個幼小弟妹都成了反革命狗崽子，受盡鄰居世人白眼。

李大姐讀著女兒這封灑滿傷心淚的信，眼淚如珠，流淌在隔離室水泥地上。她唯一可以說話的人就是我，等待傍晚上樓打掃時，邊泣邊訴地向我哀告了自己目前的絕望慘景，她一再喃喃地說：「活著難做人，死了不甘心啊！」

　　一天晚上七點多，我下班走出廠大門，李大姐的女兒趕緊上前來問我，母親這幾天情況怎樣？這位小姑娘，失去了父母照顧與大哥扶助，既要服侍病重的外婆，又要扶養年幼的弟妹，實在可憐巴巴的。她常來廠門口，求原來相識的廠內叔叔阿姨透露些母親消息，為關押的母親送生活用品，詢問什麼時候母親可回家？在這個年頭人們大多是明哲保身，對她這位「反革命子女」躲避還來不及，誰敢搭話遞物呢？她知道我與她母親一樣是牛鬼蛇神，又肯熱心幫忙，我曾幫她傳遞了幾次日用品，又將她母親的話轉告她。這次她哭著說：「媽媽已關了八個月了。外婆病越來越重，又沒有錢看病。弟弟妹妹天天吵著要見媽媽，不知媽媽什麼時候能回家？家中一點錢也沒有了，每月廠裡領回去的一點工資半個月就花完了，可否向廠工會申請補助些錢？」

　　我面對這個眼淚汪汪，孤苦求助的小姑娘，真不忍心告訴她母親三日兩頭被揪鬥，以及在隔離室中的悲慘景象。我只對她說，向工會申請該找誰，怎麼樣寫申請報告。我知道她家中困難得揭不開鍋，但她還問我媽媽缺什麼，我自己也給這個懂事的乖孩子感動得要落傷心淚。後來有次傍晚在廠門口又遇見她，在她苦苦追問下，我忍不住把她母親的話轉告她：「你媽媽說，父母是冤枉的，你與弟妹要相信這一點。萬一父母不在了，你們兄妹幾個要好好活下去，照顧好外婆，生活困難就變賣家中一切值錢的東西，儘量少找親戚，會牽連別人的。」

　　女孩子聽我說後哭得成了淚人，她吞吞吐吐說：「叔叔，我外婆快不行了！家裡實在沒有錢給她看病了，我不知道怎麼辦才好？」我被她的哭訴傷感得內心發抖，隨手將剛發的18元工資分了一半給她。她縮著手不敢拿，我告訴她，叔叔有錢。其實當時我也是個窮光蛋。記得這天是星期六，晚上上樓掃地時，我忍不

住告訴李大姐，她女兒又過來了，問你需要什麼東西？李大姐見我口氣吞吞吐吐、欲言又止，急著追問家裡出了什麼事？我只得告訴她，你母親病重了。李大姐「哇」地一聲大哭出來，哭了片刻，她猶猶豫豫地拿出一封信，沉重地託付我一定要交到她女兒手裡。

第二天是星期日，「牛鬼蛇神們」是沒有休息天的，我像往常一樣，早上到廠裡打掃衛生、監督勞動。大約八點，換班看守人員驚慌地從二樓奔下來：「不好了，不好了，李……李上吊了！」門衛與值班一邊打電話，一邊叫我上樓去幫忙。我飛快奔上樓，踏進空蕩蕩的車間，沖進已開著門的隔離室，只見李大姐直挺挺地懸吊在橫樑上，雙眼突出，瞪得大大的。我慌忙把她放下來，已經斷氣多時了！真是死不瞑目啊！很快，公安人員和廠革會頭頭都來了，驗屍後，直接被送去龍華火葬場。廠頭頭通知她女兒來廠取遺物，我想起口袋裡還藏著李大姐託付我轉交的一封信，忍不住拆開一看，心裡頓時傷痛得緊縮起來，原來是一封遺書！我真後悔，怎麼沒有覺察到她要走絕路，否則也許能救她一命，現在一切都遲了。

李大姐的遺書上這樣寫道：「孩子，從今天起你們將失去媽媽，媽對不起你們，是誰剝奪了你們的一切，不是父母，而是文革。如果媽媽能夠找到有一條更好的路，決不會拋下你們離去，媽捨不得你們！現在媽媽必須永遠離開你們，你們與一個死了的反革命媽媽劃清界限不是容易一些嗎？告訴你哥哥，不要怨我們，父母冤枉，媽死得不瞑目啊！你們不要哭我，哭一個這樣的媽媽在今天是有罪的。你們要把眼淚流進肚裡，把父母記在心裡，他們真的是冤枉的。告訴你爸，我不等他了，先走了。可憐的孩子，媽無奈啊！心痛啊！老天對我不公啊！」

　　我讀著李大姐的遺書，感到自己手裡拿著的不是一封信，而是一塊滾燙滾燙的鐵片。人啊人，這是什麼人間世道啊！多少人家生活在水深火熱中啊？父母被關押批鬥，孩子孤苦伶仃，在苦難的海洋裡掙扎。李大姐這位老女工帶著血淚冤恨，是升天堂，還是進煉獄？反正她永遠逃離了這座人間地獄。李大姐肯定認為，死是她的解脫，只有以死來表明自己被冤枉了，與其讓孩子一起跟著她背黑鍋，還不如讓他們當孤兒，也許日子好過些。我情不自禁想起了裴多菲的名句：「大地你吃了什麼？為什麼這樣渴？要喝那麼多眼淚與鮮血？」

　　中午，李大姐女兒來廠取母親遺物，哭得斷腸絕聲，我掩住淚，悄悄塞給她這封滾燙鐵片似的遺書。我望著這位悲痛絕望的小姑娘，心想這令人詛咒的文革又逼死了一位可憐的母親，毀滅了一戶善良的家庭。

　　景德鎮知青詹真風在〈祖母——因我下放抑鬱而逝〉傷心地回憶：……我下放的第三天，在馬路上遇見一位在楓樹山林場工作的鄰居告訴我：「你的祖母生病了。」我覺得奇怪，我上車時她身體很好，在家還要搞幾個人的飯菜怎麼我一走就病了？當天，我趕回市里，一進家門大門半掩著祖母病在床上，床旁邊的一個方橙上放著一隻茶杯和切成小片蘋果，身邊沒有一個人。祖母病倒之後，我來往鄉下與城市較頻繁，父母離異，父親在工廠上班，兄妹又小，大弟在壽安公社農村中學讀書，最小的妹妹只有5歲，姑姑因歷史問題在五七幹校接受勞動改造。有時我到鄉下不要說照顧病人，祖母連吃飯都成問題。

　　因我到市里頻繁，公社、大隊幹部總是埋怨我。我沒有辦法，好痛苦好難過，又有誰來理解七個月斷奶的我，一直和祖母睡在一張床上。因父母離異是祖母撫養我長大，天氣熱醒過來是

她老人家坐在我身邊搖著扇子趕蚊子。祖母一病倒就再也沒有起過床，拖了一年半左右就離開了我們。

鄰居告訴我：「從你下放走的那一天，你祖母每天半夜就哭啼，白天裝著若無其事。她病在床上，她的老姐妹三天二次過來看望她，她經過文化大革命運動，膽子小怕事，就是對我下放農村不滿，為我擔憂，但她從不敢說出口，只是壓在心裡。」直到我長大成人懂事了才理解她的心。不是我下放農村離開她，她不會病得這麼快，走的這麼早，太可憐了。祖母永別對我來說是多麼傷心和痛苦。我邊鋤草邊思念，想得難過禁不住眼淚一滴一滴地流出來。

祖母逝世之後，我從鄉下回到市里度假，與以往不同的是祖母在世就是病在床上大門總是開的，現在大門緊鎖進不了家門。我坐在鄰居家等父親下班，想到我們的遭遇，邊想邊流淚。第二天上午，我一個人跑到祖母的墳墓前大哭一場。當時我只18歲，僅僅兩年的時間我從一個天真活潑的少女，經歷了這麼多的苦難，命運改變這麼快，在這艱難的日子裡，我在慢慢成熟、長大。

第五節　知青與家長難捨難分的告別

上海知青網中人一九五二回憶了他去江西插隊落戶的情景：一九六八年十一日十五日晚上，我在百般無奈之中作出了去江西插隊落戶的決定，經過兩天緊張的準備，將行李送到學校集中。原先我總以為，我這個「黑六類子女」能像其他政審合格的同學成為上海首批插隊落戶的紅衛兵一樣，也會由學校敲鑼打鼓地給家裡來賀喜，使我家那扇沉重的黑漆大門上終年不斷的慘白色「認罪書」能有機會換上代表革命的大紅色光榮喜報，從而給在

里弄裡被整得抬不起頭來的全家人帶來一絲喘息之機……

誰知，這一美好企盼全然落了空，盼了三天，直到我離開上海的前一天十一月十八日晚上，仍然沒聽到一聲鑼鼓，沒見到一縷紅色。「有罪之人」——被宣佈為「資產階級反動學術權威」的爸爸和「有歷史問題」的爺爺對此都深感失望，我更有一種被愚弄的感覺：同樣是「插隊落戶幹革命」，為什麼我沒有資格享受同等「政治待遇」？可是，「黑鍋」在身，還是老老實實為好，所以也就忍了、認了，沒有去追究個中的原因。想到自己馬上就要踏上「革命征途」、平生第一次離家「遠遊」，我怎麼也睡不著，迷迷糊糊之中，一宿就過去了，這是在上海家裡的最後一覺。

十一月十九日，天晴，氣候悶熱。年過花甲的爺爺比平日起得更早，當時他被勒令必須每天天不亮就打掃里弄的清潔衛生。這天，他二時半去掃里弄，三時四十分完工。四點鐘就燒了早飯。全家也就起身了，為我送行。爺爺特意為我炒了一大碗蛋炒飯，雪白的大米飯，黃澄澄的炒雞蛋，油光光，香噴噴，極其誘人。在那個物質生活極度匱乏的年代裡，上海人愛吃的大米成了稀罕之物，按人頭配給，每人每月三至五斤，其餘的能吃秈米就不錯了，有時還硬性搭配麵粉、山芋等等（據說，為了解決國內糧食緊張狀況和「備戰、備荒」，國家出口一斤大米可以換回幾斤麵粉）；雞蛋等副食品同樣是嚴格地定量供應的，一個七口之家每個月只能購買兩到三次雞蛋，每次僅兩百五十～五百克；炒菜的油也極為寶貴，每人每月僅兩百五十克……所以，能吃一餐蛋炒大米飯是一種相當奢侈的享受了。

可是，在與家人離別的時刻，我無論如何吃不下這蛋炒飯。為了我突如其來的投身於上山下鄉的「革命行動」，家裡傾盡全

部財力準備我的行裝，因為已經說明是去插隊落戶，是到農村「幹一輩子革命」，所以不能像去市郊農村參加「三夏」或「三秋」勞動那麼簡單地打個背包就行的，光衣服就得一年四季的全部備齊，還得有替換衣服，甚至考慮必要的「後備」——誰知道這一去何時再回家？一個男孩子孤身在外地，又不會女紅活計，衣服的更新怎麼辦？此外，在那窮鄉僻壤之地「與天奮鬥、與地奮鬥、與人奮鬥」，體力之消耗是可想而知的，為此，又從全家配給的食糖中硬是擠出幾斤讓我帶上。還有，肥皂、洗衣粉之類日常生活用品都得備上一些。再有蚊帳、雨具等等，都要一一添置……

這一切對我家是不堪承擔的重負。因為自從一九六六年夏天「橫掃一切牛鬼蛇神」起，我的爸爸就被扣發了工資，扣發的幅度是讓我們全家維持在最低生活線上，籍此來「改造世界觀」。所以，全家的生活費用一直是極其拮据的，突然之間要為我花費那麼多錢，只能舉債應付，向親友借一點，向媽媽所在部門的互助基金借一些，但這終究是「寅吃卯糧」，也就是說，我走之後家裡還要勒緊褲腰還債！家境如此窘迫，家人如此痛苦，我的食欲早已蕩然無存，爸爸媽媽爺爺再三再四地催促我吃早飯，我都沒動一口，一口都沒有吃，我反復說：「時間太早了，我不餓，所以不想吃任何東西。」他們見我實在不肯吃，也就依了我，可是也沒有人去碰那碗蛋炒飯，它默默地、靜靜地待在方桌上，彷彿被人遺忘、冷落了，也許，它和我一樣，內心充滿了孤獨、感傷？

五點一刻，我一步三回頭，離開了家，到學校集合。在老師同學和家長的陪伴下，我們這些插隊落戶「先行者」坐上大客車，在全市數十萬人的夾道歡呼中來到北站，一路上，鑼鼓喧

天，紅旗招展，還設立了許多高音喇叭支持的宣傳鼓動站，革命樂曲響徹雲霄，革命口號震耳欲聾，整個上海城失去了清晨的寧靜，氣氛之熱烈，場面之壯闊，彷彿是歡送鐵軍出征、歡迎英雄凱旋，這種排場即使在當年也可算得上高級別了，記得一九六六年來自「反修前哨」的阿爾巴尼亞總理謝胡由周總理陪同蒞臨上海時，歡迎場面也不過如此。

爺爺在這天的日記裡寫道，他送我離家後，就去買了一角錢大青菜，把小孫女從被窩里拉起來，急忙替她穿衣服，揩面，刷牙梳頭。早飯後兩人乘十八路電車到北站，沿途由西藏路淮海路起，夾道歡送的人們，直至北站，鑼鼓喧天，熱鬧空前，隆重至極。

離開車還有兩三個小時，為的是安排正式的有「市革命委員會」領導出場的歡送儀式，可是，偌大一個火車站，根本無法舉行像樣的集會，那邊轟轟隆隆地在舉行什麼大會，我們這裡老師同學家長聚集在一起開小會。班主任薛老師瞭解我們這些才16、7歲的「小青年」的心理狀態，有意安排了拍照留影等活動，把大家的注意力從依依惜別中分散開去。為了把自己學校的「小場面」搞得大些、熱鬧些，老師還在事先「縱容」同學「偽造」了一批由「區革會」蓋章的粉紅色「歡送證」，使一批同學混進了北站，就使原本不大的車站站臺更加擁擠不堪。

老師靈機一動，從火車廂底下鑽到列車的另一側！雖然那是路基，但場地空曠，幾乎無人，相當清靜。不記得是誰帶來的照相機，大家盡情拍照留念。由於沒有一尺多高的站臺，在「擺拍」車廂門前告別老師同學的鏡頭時，由於在車廂門口的踏步上實在擠不下我們幾個插友了，有一位插友只能依靠別人在身後用力抱得高高的，以免進不了鏡頭，偏偏那位「攝影師」還要指

導一個個插友調整站位角度、面部笑容等等，讓那位「默默無聞」的抱人者累壞了，忍不住大叫「快點啊！吃不消啦，抱不動啊！」那張照片拍得相當成功，洗印了幾張寄給我們，被一搶而光，我落手太慢，只能「望片興歎」。可惜沒有人保存至今。

由於有一列火車的相隔，儘管近在咫尺的其他人哭哭啼啼的，我們這裡卻始終未受影響，一片笑語歡聲……爺爺帶著小孫女進了站，到火車上尋找，由尾至首，跑了兩次，都沒有見到，後來巧遇我的同學，才知道我們是在路軌對面，與同學和薛老師等拍照留念。他只是「隔台相望」，在日記裡說，「今天親眼看到薛老師的活躍，與學生的活動，真令人佩服，他使同學在等候時間減少與家人離別難過」。

確實如此，我在這種氛圍之中，也暫時減輕了痛苦和煩惱。我們從車廂底下重新回到站臺這一側，沒多久，將開車前五分鐘，聽大喇叭叫喊：到江西去的紅衛兵上車。我向車廂走去，爺爺與路過身旁的我握了一握手，「囑你冷熱當心，路上平安」。我強顏歡笑，和家人說上幾句，互道珍重。

我們離開了歡送的人群，來到列車上，擠在車視窗，與站臺上的老師、同學、親人揮手告別，許多人到此時再也忍不住而放聲痛哭起來，我們的老師仍然激勵著我們：「堅強些，好樣的！」年輕力壯的同學老師擠在最靠近列車的地方，我的視線越過他們的頭頂，向他們身後掃描，尋找著我的親人……

啊，他們在我視線右前方的一根柱子邊，和擁擠的人群保持著一些距離，大概怕患有高血壓的爺爺經不起人群的碰撞；他老人家老淚縱橫，神情漠然，懷裡抱著才5歲的小孫女，這是我的小妹妹，此刻，她還不懂事，好奇地看著她還無法理解的場面；爺爺身邊是我的弟弟妹妹，再過去是我的媽媽，側身護著兩個年

幼的孩子，滿含淚水的雙眼，緊緊盯著我所在的窗口；爸爸呢，爸爸沒有來！他被「革命造反派」告知，不得參加「歡送紅衛兵上山下鄉」的活動，他被剝奪了為自己的兒子送行的權利，還得像往常一樣準時去單位報到、打掃衛生！我想起在離家時和爸爸道別的情景：他說不出更多的話來，只是一再叮嚀我，凡事要多動腦筋思考，好好參加勞動，同時要注意身體……

十點，南下的列車終於啟動了，親人們無法擠到前列來和我握手，只能站在遠處揮動手臂和我告別，我向著他們使勁地揮手，在心裡默默地呼喊著：再見，爺爺！再見，媽媽！再見，弟弟妹妹們！……還有，我向著爸爸所在單位的方向默默呼喊：再見，我的爸爸！我再度想到了我的爸爸，我不敢想像我走之後他的命運如何，全家人還會遇到些什麼樣的厄運……，頓時，我感到極度的悲哀：我以插隊落戶為自己尋找了一條擺脫「精神地獄」折磨的路徑，可是，他們呢，他們今後受苦受難，我卻撒手不管、不聞不問，這不是太殘酷太無情了嗎?!我對不起他們！我再也無法控制自己的感情，我失聲痛哭起來，眼淚如決了堤的洪水，把我許久以來、特別是三天前突如其來地決定「出家」以來壓抑在心頭的苦悶通通發洩出來……

爺爺在日記裡也是這樣寫的：「火車汽笛又鳴，是開車了，乃與孫遙遠揮手送別，那時孫兒也眼淚流出，難過分別。」那一次，我確確實實把淚水熬到了最後一刻。

船舫的插隊知青在《永不忘卻的記憶》中說：當年上山下鄉，無須體檢和批准。自願的要走，不自願的動員你走。當時，老師不再教書，他的職責就是把自己的學生，送到偏遠的山村去。那時，因為年幼無知，顧及不到老師的感受。這麼多年過去了，想想當年的老師，他們也覺得我們升中學很難，也和我們家

長同樣的心情，為我們失去讀書的機會而惋惜。但那時的上山下鄉是一場運動，是一次潮流。誰敢以自己微薄的力量以卵擊石，逆流而上呢？前幾年，巧遇我插隊前的班主任徐老師，他的第一句話是：「好學生，什麼時候從農村回來的。」談話間，老師的眼睛一直是濕潤的。看得出，老師的情緒有些激動。

報名後回到家，看到母親和伯母正在給我補一件黑色的棉衣。慈母手中線，遊子身上衣。潛意識告訴我，長輩所能做到的僅次而已。此情此景，無須多語。淚水已模糊了我的雙眼。多年以後，直至今天，母親和伯母為我補衣服的情景，仍然歷歷在目。

當年，我們的國家還很困難，處於剛剛起步階段。國內外反華勢力和自然災害，使我們的祖國物質基礎比較貧乏。緊接著的社會主義教育和文化大革命，更使年輕的共和國力不從心。當時買東西除了錢還要用票。我們知青報名後，國家發給每人一丈多布票，一套毛澤東的著作，一套毛主席紀念章，一床灰色的，再生的線毯子，一塊紅色的塑膠布。東西雖然不多，但是，國家還是盡力而為的。

父親知道我報名後非常沉默，晚飯後，他和我進行了一次長談，一直談到深夜，內容很簡單，一是到農村要好好幹，二是農村很艱苦。就是這兩件事，父親反復的嘮叨著。記得我下鄉時穿的棉衣補了多個補丁。這不單純是為了讓貧下中農看的，我們當初的生活確實拮据。從報名到離家，幾天的時間一晃而過。姐姐每天和我行影不離，從這一刻起，我們不單是姐妹，是緣分讓我們成為姐妹，是命運把我們栓在了一起。姐姐的心情很不好，每天早晨姐姐的眼睛都是紅腫的。但她還是默默的幫我做準備工作，儘量使我開心，姐姐的同學也來我家。她們可能覺得人多熱鬧，會沖淡家裡冷清的氣氛。

　　我們報名的三天後，準備好去平度。清早，我姐幫我帶好行李，一個舊旅行包，裡面裝有我的全部家當——一套毛主席著作，一套毛主席紀念章，一套換洗的衣服，一日記本，另外還準備了信紙，信封等日用品。一床被子，一床褥子，一床線毯子，一塊塑膠布打成的被包。臨行時改去五蓮。原因是要在五蓮縣辦軍墾師，我們是首批成員。聽到這一消息，同學們都群情激昂。以當年的慶賀方式，高呼萬歲。我一個人靜靜的坐在腳落裡，看著這些忘乎所以的同學們，我甚至有點納悶，他們為何如此興奮。但不管結果如何，只要不走就該高興。我懷著忐忑不安的心情，在家鄉和我的家人渡過了六九年的元旦。

　　元旦後，在當年的政府會議中心——地委禮堂，正式召開了成立「軍墾師」誓師大會，當年的地區革委會主任張延成（這人原本是濰柴的職工，靠造反起家，是「九大」代表。當年濰坊地區的領導人）講話。他正式宣佈了在五蓮辦「軍墾師」的決定，並承諾「軍墾師」完全按照部隊編制，設班、排、連。連長由軍人擔任。我們也跟服兵役一樣，這就意味著我們只是離家幾年，而不是紮根。我們學校編為一個排，下設四個班，我們排全部來自一個學校。所以，我們排的人心是最齊的。

　　在濰坊，以當年最時髦的辦學習班的形式，渡過了在家鄉的最後幾天。在這幾天裡，我們家人的情緒，沒有因為成立軍墾師而改變。全家人都心照不宣，但誰也不講話，我甚至覺得一開口會淚如雨下。

　　母親不知從哪弄來了一棵桃樹，讓我自己種在院子裡。母親和我邊種邊唱：「媽媽放寬心呀，媽媽別擔憂，光榮下鄉去，不過三五秋，門前種棵小桃樹，盼望三年後，回來把桃收。」為了不讓母親牽掛，我才這樣做的。我甚至懷疑，天這麼冷樹能活

嗎？但為了母親的期待，我什麼也沒說，只是默默的做著這一切。從那一刻起我成熟了許多，似乎明白了，當一個人很無奈時，只有保持沉默。

學習班結束時，宣佈了我們的去處——五蓮縣石場公社。當年石場公社船舫大隊的李固寨名氣很大。李固寨是那個年代學習《毛澤東思想》的典範，全省乃至全國都去李固寨參觀已成為風氣。因此，它首先具備了，辦「軍墾師」的政治條件。

一九六九年元月五日的清早，母親早早起床，為我包好了餃子。這不單純是一頓早餐，它包含了母親的希望和期待。我們家鄉有個風俗——孩子外出或開學時，要吃餃子。既天之驕子，這是為了使孩子能用更多的聰明才智，去適應社會感悟人生。這也喻意著能交好運，既轉運歸來。母親可能是希望我由此長大和成熟，期待我早日結束再教育。為了迎合家長的心理，我勉強吃著餃子。早餐後我沒有讓父母送我，和他們道別後，由姐姐陪伴我來到了知青的集合點。

集合點在當年，我市最繁華的鬧市中心——百貨大樓前。這裡已經是人山人海，講話聲，啜泣聲夾雜在一起。那是我今生見過的最混亂，最凄然的場面。這個場面一次次的使我的眼睛濕潤，一次次的使我的視線模糊。我又一次次的告誡自己，千萬不能讓眼淚流出來。

離別的時候到了，我們開始點名上車，送行的人們朝前擁擠著，他們邊流淚，邊叮囑自己的孩子（或兄弟姐妹）。臨行前，我沒有跟姐姐道別，我甚至不敢看姐姐一眼，我不願看到姐姐那張被痛苦和無奈扭曲的臉。

我們乘的車在市區緩慢的行駛著。送行的人跟在車後面，哭聲喊聲叮囑聲連成一片。汽車離開市區，避開送行的人，沿著健

康街，跨過國防橋，向南，向著五蓮的方向急弛而去。麻木的我捲曲在車的角落裡，腦子裡一片空白。我們在送行的人群中，在親人的眼淚中，離開了濰坊，離開了這片生我養我的土地。

廣洲日報劉曉星、張丹羊在〈黃風卷塵沙 熱血送流年〉中記敘：鄭克出身於高級知識份子家庭，父親解放前是北洋大學的教授，解放後擔任過天津大學校長。「文革」後，父親被打倒成了天津市反動學術權威，鄭克也自然成了「狗崽子」。父母被關進了牛棚，保姆被辭退，哥哥嫂子在北京工作，照顧弟弟妹妹的重任便落在了還在念初中的鄭克頭上。

一九六八年十二日，天津的數十萬知識青年響應毛主席號召，分批奔赴邊疆。「我當時沒有太悲觀的情緒，反而覺得到農村去是一種解脫。」鄭克下鄉那天，還在牛棚裡的父母被工宣隊押著去了火車站送孩子。一家人默然相對，心底苦澀，卻無眼淚滑過臉龐。

清風明月在〈第一次送別，記憶深刻，忘不了〉回憶說：那年，我的那位去雲南橄欖壩農場的同學，把發給每家兩張送別的站臺票，給了我和夏同學，因為他家的兄弟姐妹一個在崇明農場、一個在外地工作。也沒其他的親人。這位同學的母親是地主成份，且其母親此時已是重病纏身，臥床不起。

在我這個同學要走的那天，我和夏同學接了送站票後特當回事，上午就去了他家，可他家是冷冷清清，母親躺在裡屋的床上，他一個人收拾著行李，行李簡單的出奇，沒帶一點食物。我和夏同學覺得很難過，也囿於自己囊中羞澀，我倆掏翻了兜合在一起只夠買一隻麵包和一本筆記本送他。

就在離家的那刻，他進了裡屋和他媽媽告別，然後他咬著牙，眼淚在眼眶中打轉，硬是狠下心來拉上了門，在寒風瑟瑟中

離開了家。當我們不由自主中回望那屋門時，感覺屋門卻略開著，我說了一聲，門怎麼開了，我們又往回走了幾步。這分明是同學他媽不顧一切，拖著病軀，在門縫裡目送孩子的遠行，我那同學楞了一下後，卻依然決然地離開了，我和夏同學卻一步三回頭地朝那門揮手，揮手……

　　下午我和夏同學直接去了上海北站送別，當許多同學享受著親人們臨別囑託時，我的這位同學卻只有我和夏同學陪伴著。火車一啟動，我的同學和我們拉拉手，表情凝重、冷峻，而我和夏同學卻哭得淅瀝嘩啦的。那是我人生中第一次送別，記憶深刻，忘不了！

第七章
為上山下鄉而運轉的社會架構

第一節　為鼓動知青而創作的歌曲電影

在〈回眸青春——中國知青文學〉〈彩虹的誘惑——文革前知青題材文學的社會效果〉的章節，筆者摘錄了這麼一些文字：

到五十年代後期及六十年代前期，城鎮青年上山下鄉的浪潮不斷；在這種形勢下，反映下鄉知青的農村生活、勞動場景的文學作品應運而生。在當時來講，並沒有嚴格意義上的「知青文學」，相關的作品只是充分肯定知識青年上山下鄉，重點描寫知青接受農民（貧下中農）教育以及知識青年「在階級鬥爭風浪裡成長」的事蹟，顯然，這是一種鼓勵廣大青年上山下鄉、帶有政治宣傳性質的文學作品（這裡所指的是公開發表的作品）。

這時期反映城鎮知識青年下鄉務農以及奔赴邊疆軍墾農場（生產建設兵團）的代表作品，當屬《朝陽溝》、《西去列車的視窗》、《年輕的一代》以及《邊疆曉歌》等；此外，《軍隊的女兒》與《雁飛塞北》作為反映軍墾農場的小說，對後來知青奔赴邊疆亦起到了極大的激勵作用。上述作品，對當時以及後來尤其是文革中的知青，都產生了不同程度的影響。從當時的報導、當事人的日記、文革後的回憶文章，尤其是知青網路文章，便可看出這些影響所在。

　　《朝陽溝》（豫劇）為編劇楊蘭春創作於大躍進時期的一九五七年，一九六三年由長春電影製片廠拍成電影。故事內容為：從小生長在城市的銀環和同學栓保在高中畢業後，表示了決心，要堅決到農業生產第一線，做一個社會主義的新型農民。由於銀環和拴保有愛情關係，他們一同來到拴保的家鄉——一個偏僻的山村朝陽溝，決心為建設山區貢獻力量。可是當銀環下到農村，實際參加了農業生產後，碰到一些困難，思想又動搖了：她認為農業勞動既勞累受苦，農村的生活又單調乏味，覺得在農村幹一輩子是屈了她的才；加上媽媽舊思想的影響，銀環便要離開農村，回返城市。在黨支部和社員們的耐心幫助下，經過種種思想鬥爭和實際鍛鍊，銀環終於認清了農業生產的廣闊前途，堅定了做一個新型農民、建設社會主義新農村的志願。

　　《朝陽溝》被視為是第一部寫城鎮青年下鄉務農的作品（戲劇與劇本）。《朝陽溝》主人公銀環的生活原型趙銀環並不是上山下鄉的知青，而是一個土生土長的鄉下人，也沒念過中學，充其量也就是具備高小文化。作者將她塑造成城鎮知青，似乎是為了突出「知識青年與勞動人民相結合」的政治教化作用，以及強化該作品對城鎮知青的號召力與影響力。《朝陽溝》雖然主要是圍繞著一對戀人兩個家庭，沒有像其他幾部作品那種濃烈的集體主義、英雄主義、浪漫主義及理想主義的色彩，但畢竟是第一部描寫城鎮知青下鄉的作品，因此在後來的知青中還是產生了一定的影響。

　　〈西去列車的視窗〉是一首長篇政治抒情詩。一九六三年春夏間，新疆生產建設兵團到上海吸收了一大批支邊青年。詩人賀敬之到上海親自參加了這次征招活動，並與上海支邊青年一起乘火車從上海奔赴新疆。〈西去列車的視窗〉就是以此為題材寫成

的一首長篇政治抒情詩，對集體主義、英雄主義、理想主義進行了熱情的謳歌：「……呵，在這樣的路上，這樣的時候，／在這一節車廂，這一個視窗……／你可曾看見：那些年輕人閃亮的眼睛，／在遙望六盤山高聳的峰頭？／你可曾想見：那些年輕人火熱的胸口，／在渴念人生路上第一個戰鬥？／你可曾聽到呵，在車廂裡：／彷彿響起井岡山拂曉攻擊的怒吼？／你可曾望到呵，燈光下：／好像舉起南泥灣披荊斬棘的鐮頭？／呵，大西北這個平靜的夏夜，／呵，西去列車這不平靜的視窗……」

在詩詞國度的悠久傳統，理想主義的宣傳與教育，加上革命年代的浪漫情懷，〈西去列車的視窗〉的誘惑力無疑是十分強烈且致命的。事實上，〈西去列車的視窗〉本身也就是理想主義宣傳與教育的最佳教材。作者賀敬之是聲名顯赫的延安老革命詩人（官至文化部副部長、代部長，中共中央宣傳部副部長），革命加浪漫是其爐火純青的創作手段。不可否認，在那個年代，〈西去列車的視窗〉對讀者的影響是十分深刻且牢固的。亦不可否認，理想與浪漫自有其超越性——超越時空與階級，故即使時至今日，人們對〈西去列車的視窗〉仍是寵愛多於批評。浪漫散去激情未減，即使下鄉後經歷苦難仍對其影響更多持肯定態度。

《年輕的一代》（話劇），是由編劇陳耘、徐景賢（一九三三～二〇〇七）創作的，一九六三年六月由上海戲劇學院教師藝術團首演。劇本發表於《劇本》一九六三年第八期，經修改後於一九六四年出版單行本。《年輕的一代》通過幾個青年對生活、勞動、升學、工作分配等問題的不同看法，反映了無產階級和資產階級兩種幸福觀及世界觀的鬥爭。劇中勘探隊員蕭繼業和林育生同是地質學院畢業生，卻走上了截然不同的人生道路。蕭繼業不畏寒風烈日，登山探礦，甚至當他的腿因救人受傷需要截

肢的時候，仍然頑強地堅持工作。而林育生一心追求安逸舒適的個人幸福生活，為了達到長期留在大城市的目的，竟至偽造病情證明。養父林堅是工人出身的老幹部，當他發現林育生已經走入歧途時，深為痛惜，拿出了林育生親生父母的遺書，告訴他原是烈士的後代，在事實教育下，林育生決心痛改前非，繼承父母的遺志，於是與女友夏倩如隨蕭繼業赴青海。林育生的妹妹林嵐也與社會青年李榮生等赴江西井岡山農村插隊務農。劇本除蕭繼業外，還塑造了林堅、蕭奶奶、林嵐等先進人物，以及夏倩如、李榮生等「中間人物」的形象。《年輕的一代》曾獲文化部授予的一九六三年以來優秀話劇創作獎。一九六五年，被改編、攝製成同名故事片。

《邊疆曉歌》（長篇小說），作者黃天明（一九三〇～），作家出版社一九六五年三月出版。這是一部反映一批知識青年響應政府的號召，組織志願墾荒隊，到雲南孔雀壩墾荒戍邊的長篇小說。這些知識青年義無反顧地離開城市，奔赴遙遠的邊疆，在那裡，他們戰勝了炎熱、疾病等重重困難，艱苦奮鬥，白手起家，終於建成了亞熱帶經濟作物農場。小說處處可見政治宣傳口號式的語句，他們唱的歌是：「我們青年不能讓荒地長野草，我們青年不能讓荒地睡大覺，青年們到祖國偉大的邊疆去！墾荒隊員們向困難進軍！」女主角蘇婕夜訪心儀的男主角林志高，心中想的是：「這是一個新的開始啊！茫茫黑夜永遠地過去了，一個從未受過正式教育的青年，為了黨的事業，踢翻了重重障礙，開始跨到廣闊的知識天地裡來。體力勞動與腦力勞動之間的千年冰峰，在新時代的曙光中崩坍了。歷史的創造者，終要成為文化知識礦藏的真正主人！」儼然國家政策、意識形態的代言。

當然，小說也用頗為藝術化的筆觸，對墾荒生活進行了浪漫

的描述，在西雙版納美麗神祕的大自然中，墾荒隊員捕捉孔雀、飽吃香蕉、白天開荒，晚上圍著篝火跳舞，暢談理想，過著集體主義、軍事共產主義的生活。這對於充滿革命激情、浪漫理想的年輕人來說，又無疑是一個具有強烈誘惑力的、田園詩般的世界。

長篇小說《軍隊的女兒》是作家鄧普創作，中國青年出版社一九六三年出版。該小說故事的生活原型為：一九五二年，不滿14歲的少女王孟筠（一九四一～）虛報歲數從湖南參軍到了新疆生產建設兵團。她性格倔強，重活、累活搶著幹，過重的勞動和艱苦的環境，使她患了嚴重的風濕病，雙耳失聰。她以驚人的毅力，頑強地與疾病進行抗爭，同時，以日記的形式寫下了〈病床上的歌〉。病情稍有好轉，她又堅持工作，看別人口形與對方交流。一九五六年，作家王玉胡發表了介紹王孟筠事蹟的報告文學〈生命的火花〉，國內各大報紙相繼刊載。一九六二年，王孟筠所在農場的宣傳幹部鄧普根據報告文學編寫了同名電影劇本，由西安電影製片廠搬上銀幕。一九六三年鄧普的中篇小說《軍隊的女兒》出版。小說講述，女主人公劉海英15歲報名參加新疆生產建設兵團，成為一個拖拉機手，因為救落水小孩與抗洪接連遭受兩次嚴重疾病的打擊，變得又聾又癱。在老場長的關懷教育下，她以堅強的意志和樂觀的精神與疾病抗爭，表現了生命的極限和奇跡，最終戰勝了中耳炎與癱瘓，健康成長起來，重新駕起拖拉機。

儘管作品主人公不算是真正的上山下鄉知識青年，卻是軍墾農場——即若干年後大量知識青年蜂擁而至的生產建設兵團的先驅者。而且以真人真事為藍本，從報導、報告文學、電影再到小說，一系列的文宣造勢，更使主人公劉海英的形象已近乎神化；其所在地——大西北、新疆生產建設兵團，更為其神化的形象撐

開了一個頗具英雄主義與浪漫色彩的背景。因此，對城市青年奔赴邊疆起到十分強烈且有效的號召力與榜樣作用。時至今日的回憶，依然殘留幾許青春浪漫的緬懷之情。

長篇小說《雁飛塞北》是作家林予創作，作家出版社出版一九六二年出版。該小說具有真實的歷史背景：一九五八年一月二十四日，中共中央軍委發出〈關於動員十萬轉業官兵參加生產建設〉的指示，於是全國各地八萬多轉業官兵（加上隨軍家屬及流放的右派共約十萬人），彙集北大荒，其中包括一批軍校畢業生以及不少參軍前就是清華、北大、復旦、同濟等著名院校的畢業生，還有軍隊的文化教員、作家與藝文工作者。短短兩三個月時間，號稱十萬的移民隊伍迅速進入荒原腹地，開墾出大量荒地，建起一大批農場。林予一九五八年轉業來墾區，在負責八五三農場四分場（雁窩島）的場史撰寫工作的同時，以一九五六年鐵道兵和一九五八年轉業官兵開發荒原上的雁窩島、建設農場的生活為原形，創作了這部「反映了北大荒人艱苦創業的英雄氣概和獻身精神」的長篇小說。這部小說不僅描寫了北大荒人開荒種地，艱苦創業的真實情景，還描繪了天廣地闊、野草茫茫，以及「棒打麅子、瓢舀魚，野雞飛到飯鍋裡」富有詩意的奇特景象，對表現「北大荒題材」的小說創作產生了深遠的影響。

該小說雖然也沒有正面反映知識青年，但由於有「十萬轉業官兵開發北大荒」的真實歷史背景，《雁飛塞北》所體現的集體主義與英雄主義色彩——軍人的天然色彩——更為濃郁，「棒打麅子、瓢舀魚，野雞飛到飯鍋裡」的傳奇性則增添了作品的浪漫主義色彩，而由北大荒變成北大倉的遠景規劃，又無疑提供了理想主義的想像空間。於是，《雁飛塞北》對城鎮青少年的誘惑力與吸引力是十分強烈的，文革期間上山下鄉運動中，北京、天

津、上海、杭州等大城市的知識青年最嚮往的就是北大荒。文革後，知青文學中最具理想主義與英雄主義色彩的作品，也多出自北大荒知青作家的創作。而「青春無悔」的旗幟亦首先是矗立於北大荒的黑土地。

　　總而言之，上述幾部作品確實給當時讀者（主要是年輕人）提供了集體主義、英雄主義、浪漫主義及理想主義的教化，不過這些教化，是透過對農村、邊疆生活的美化、牧歌化、田園詩化的描寫來實現的。因此也就給了成千上萬年輕人展現了一個彩虹般的幻境與理想，在日後大規模知識青年上山下鄉運動中，不少年輕人就是帶著美麗的幻想奔赴邊疆與農村的。

　　知青白雲濤在〈磨難——我職業生涯的一筆財富〉回憶：我們是北京市委敲鑼打鼓歡送出去的最後一批北京知青。還記得一九七七年四月的那天，我們一行二十八人手捧「紅寶書」，接過市里送給我們每人一件的風衣，在鑼鼓喧天的熱烈歡送中踏上了西去的列車。那年我18歲，揮別了親人、同學，義無反顧地離開了北京，一種要紮根農村的壯志豪情激勵著我們去實現自己的人生理想。在西去的列車上，我們捧讀毛選，大聲朗誦賀敬之那首著名的詩歌〈西去列車的視窗〉，幫著打掃車廂，一種對新生活的嚮往鼓舞著我們。這種熱情一直保持到了延安市。一下火車，延安市幾千人打著鼓夾道歡迎我們。可是，在往縣裡走的路上我們的心越走越涼。看著兩邊光禿禿的山脈，沒想到這地方這麼貧瘠，不通車，交通工具就是毛驢。本來一路上都是高歌著的我們，這時情緒一下子跌落下來，一想到我將一輩子在這麼窮的地方生活，心裡充滿了矛盾。……

　　知青孫浴塵在〈電影《年輕的一代》觀後〉日記中寫道：今天我們年級全體同學來到一宮，參加市委組織的歡送張勇烈士的

弟弟張健到呼倫貝爾大草原插隊落戶大會。會後放映了彩色電影
《年輕的一代》。我感到，張健是我們學習的好榜樣。他參軍服
役期滿，不留大城市，主動要求到他姐姐張勇烈士戰鬥過的地方
插隊落戶，這種精神多麼可貴啊！電影《年輕的一代》是一部好
影片，已經看過多次了。可每看完一次都讓我激動一次。

　　知青佚名在《邊疆曉歌》〈讓我做起「知青夢」〉回憶：記
得是在初中三年級讀書時……我看到了這本《邊疆曉歌》，首先
是書的封面一下子吸引了我。當我讀了第一頁時，便覺得放不下
手了。……書中知識青年那種英勇豪邁的革命熱情和創業精神，
使我深受感動；書中知識青年戰天鬥地，不怕困難的一段段故
事，深深地映在我的腦海。從那時起，我就立誓長大了要像他們
一樣，做一個優秀的知識青年，到廣闊天地裡去，經受革命的暴
風雨的鍛鍊和考驗。有很長一段時間，我都沉浸在《邊疆曉歌》
封面那幅畫裡，沉浸在它的一段段故事裡，朦朦朧朧地做著我的
「知青夢」，甜甜美美地做著我的「青春夢」。那時，我並不知
道知青生活的艱苦，農村生活的艱辛……兩年多後，我的「知青
夢」彷彿在一夜之間成真了。一九七四年十二月，我也像《邊疆
曉歌》裡的知識青年一樣離開安樂窩似的城市，到完全是農村生
活方式的國營林場插場了，成了一個名副其實的知識青年。在那
裡，我才真正懂得了什麼是生活，它不是爛漫，不是幻想，而是
歷盡艱辛，跋涉前行；什麼是人生，它不是享樂，不是逍遙，而
是風雨歷程，坎坷長途。

　　淄博知青冷秋寒月在〈《軍隊的女兒》——影響我一生的一
本書〉中回憶：當有機會從晚上到凌晨一氣讀完這本感人至深的
小說時，我14歲。回首或深或淺的半百人生，腳印裡竟然有著許
多「劉海英」的痕跡，方知書中自信、自立、自強的精神已經潛

移默化到我的靈魂和一生當中去了。七一年建設兵團來淄博招人的時候我剛滿16歲，因男女比例，女孩要的很少，我便學著書中劉海英樣子整天跟著帶隊首長軟磨硬逼，連哭帶鬧的最終踏上了去孤島建設兵團一師一團的客車，成為1名穿軍裝種米糧的軍墾戰士。

知青張家炎在〈滿懷熱情要下鄉〉中回憶：我未經父母的同意，就偷偷報了名。這麼積極的態度在當時確實少見，我的熱情來源於一部長篇紀事小說《雁飛塞北》。書中介紹的是一九五八年中國人民解放軍十萬轉業官兵奔赴黑龍江的北大荒，開發雁窩島的真實故事。我被書中所描繪的廣闊天地、野草茫茫、用棒子就能打到麅子、野雞自己飛到鍋裡、用瓢就能舀到魚的美好神話，深深吸引了。

彩虹的誘惑，美麗卻也致命。

為了鼓動知青上山下鄉，當時的宣傳機構還制做了不少鼓勵上山下鄉的歌曲，在學生青年中播放。福建省委革命歷史紀念館藍桂英在〈上山下鄉運動的跫音——小議知青歌曲〉介紹：……一九六八年十二月二十一日，毛澤東發出了「知識青年到農村去，接受貧下中農再教育很有必要」的號召。一時間，千百萬正在全國各地「砸爛舊世界」的紅衛兵小將，像滾滾洪流奔向農村和邊疆。而在此後的近十年時間裡，上山下鄉幾乎成了每個中小學畢業生惟一的人生選擇。歌曲，這一青年人最喜愛最易於接受的藝術形式，就成了鼓動知識青年上山下鄉的工具。

對農村和邊疆的美化和對艱苦勞動的理想化描寫，是公開出版的知青歌曲的一個主題。一首名為《富饒美麗的潞江壩》就有這樣的歌詞：「稻田翻金浪，棉桃吐銀花，甘蔗如林芒果大，牛羊成群滿山爬，香蕉串串枝頭掛。河邊建電站，坡上豎井架，新

蓋廠房迎朝霞，公路彎彎入雲端，汽車日夜把貨拉。」儼然是一派田園風光和社會主義新農村的景象。像這類美麗的謊言對天真的青年來說具有很大的誘惑力。

對於艱苦勞動，公開歌曲以誇張和超現實的手法，進行理想化的描寫，如「天寒心裡暖，三伏汗洗衣，我為革命來種田，越是艱苦越歡喜……」「扛起鋤頭上山崗，兩眼要把北京望……」在這裡，勞動似乎已不是生存的需要，而僅僅是鍛鍊的手段。

為了鼓動廣大知識青年到農村去，到邊疆去，煽起他們的激情是必須的，翻開文革時期出版的歌曲集，許多歌曲左上角的曲調要求上都注有「豪邁」、「激情」、「雄壯」、「有力」等字眼。而歌詞往往也都是這類豪言壯語式的。「我們年輕人有顆火熱心，革命時代當尖兵……」「到邊疆去，到農村去，到黨最需要的地方去……」「革命青年志在四方，回應偉大時代的召喚，在革命的大風浪中鍛鍊成長……」

激昂的歌詞譜上高亢的旋律，使歌唱者油然而生激昂之氣。富有激情的年輕人更是極易感染，而年輕人一旦激動，就會勇於跳進時代的風浪中去「當尖兵」。公開出版的知青歌曲使人們確信，只有接受貧下中農的再教育才能改造自己的主觀世界，把自己培養成無產階級革命事業的接班人，才能在廣闊天地裡大有作為。《廣闊天地，大有作為》這首歌就反映了知青的這種思想感情：「晴朗的藍天，小鷹展翅飛翔；祖國的大地，春花四處開放。一身的汗水，換來了豐收的歡樂；兩手的老繭，磨煉出火紅的思想。廣闊天地，大有作為。『五七』道路，多麼寬廣。我們革命青年四海為家，在火熱的鬥爭中百煉成鋼！」

而下面這首歌，更直白地道出了這個意義：「我們生活在廣闊的天地，毛澤東思想把我們哺育；貧下中農是我們的好老師，

烈日風雨沖洗我們身上的濁水污泥。我們有決心，我們有勇氣，徹底改變舊思想，接受貧下中農再教育；我們有決心我們有勇氣，徹底改變舊思想，永遠忠於毛主席。」

像這類豪言壯語式、語錄式的知青歌曲大約有六七百首，它們大多被編印成冊，公開出版。當年的知青正是唱著這些歌，懷著一腔熱情，走上了上山下鄉的道路。

李吉生在〈一詠三歎「知青歌」一、宣傳鼓動性的「知青歌曲」〉論述：……較早出現的「知青歌曲」，當屬六十年代初的《到農村去，到邊疆去》、《中華兒女志在四方》等，這是隨著國家把城鎮青年學生參加農業生產確定為長期工作任務後而產生的。

「到農村去，到邊疆去，到祖國最需要的地方去！祖國啊祖國，養育了我們的祖國，要用我們的雙手把你建設的更富強。」「迎著晨風，迎著陽光，跨山邁水到邊疆，偉大祖國天高地廣，中華兒女志在四方……」這些歌曲宣唱了「支農支邊」「志在四方」的號召，激發了青年學生的理想志向，也強化和滿足了他們的使命感、自豪感。

一九五八年到一九六六年，上海、天津等地大批青年學生奔赴新疆、甘肅等建設兵團支邊。一九六四年，一部反映兵團知青生活的紀錄片《軍墾戰歌》上映，插曲《邊疆處處賽江南》描繪渲染了邊疆農場（兵團）的美景：「朝霞染湖水，雪山倒影映藍天……」、「紅旗飄處綠浪翻，戰士歸來魚滿船」，「牛羊肥來瓜果鮮，紅花如海遍草原……」

這首歌優美的旋律和唯美的歌詞頗具感染力，不僅鼓動性很強，而且成為常唱不衰的抒情歌曲，這幾乎是「傳統」知青歌曲中的特例。

　　這時的「知青歌曲」並不是知青自己創作以反映自身生活和感受的，但也不能簡單地稱為「官方」作品。它們反映了那個時代的精神，適應了形勢的需要。雖然內容上帶有政治色彩，但其語言與「文革」中的歌曲還是有區別的。特別像《邊疆處處賽江南》那樣膾炙人口的歌曲，堪稱經典。

　　這個時期鼓舞青年學生樹立「志在四方」理想和艱苦奮鬥精神的，並不僅限於這些特定的「知青歌曲」，還有五六十年代流行的諸多青年歌曲，如：《我們年輕人有顆火熱的心》、《勘探隊員之歌》等。而像《我們村裡的年輕人》、《草原晨曲》等電影及其優美的插曲，也激勵著青年人到農村、到邊疆投身社會主義建設的熱情。

　　在青年學生們即將告別父母、告別家鄉時，蘇聯歌曲《青年團員之歌》成了他們唱給自己的壯行曲：「聽那戰鬥的號角……青年團員們集合起來，踏上征途……我們告別了親愛的媽媽，請你吻別你的兒子吧，別難過，別悲傷，祝福我們一路平安吧！」這首既有崇高的使命感，又有一分悲壯的歌曲契合了青年學生離家遠行時的心情。

　　文革中，上山下鄉運動掀起了大潮，一批宣傳鼓動性的「知青歌曲」也應運而生。這些歌曲在延續了文革前知青歌曲激勵青年人理想、志向主題的同時，還帶有濃重的文革色彩。像《青春獻給偉大的黨》中的歌詞「到農村，到工礦，到基層，到邊疆」直接引用了中央文件中「四個面向」用語；《革命知識青年之歌》的歌詞「貧下中農是我們學習的榜樣，在三大革命中百煉成鋼……五洲的風雷胸中激蕩，誓為人類解放貢獻力量……」具有鮮明的文革語言特點。

　　文革中大批知青下鄉後，描寫下鄉知青生活的歌曲也大量出

現。這些公開發行的歌曲除了政治功用外，也在一定程度上反映了知青下鄉初期所表現出的熱情和奮鬥精神。如《廣闊天地，大有作為》：「晴朗的藍天，小鷹展翅飛翔；祖國的大地，春花四處開放。一身的汗水，換來了豐收的歡樂；兩手的老繭，磨煉出火紅的思想。廣闊天地，大有作為……我們革命青年四海為家，在火熱的鬥爭中百煉成鋼！」。

這類歌曲還多具有地方特色，如：《延安窯洞住上了北京娃》、《志在寶島創新業》、《兵團戰士胸有朝陽》、《富饒美麗的潞江壩》等。文革中的這些公開發行的知青歌曲可以說極不具生命力，熱鬧一番（甚至沒傳唱開）就歸於沉寂了。幾十年後，在「懷舊」的風潮中也很難再聽到它們的聲韻。

據查，記錄片《軍墾戰歌》是一九六五年由八一電影製片廠攝製，影片描述了新疆生產建設兵團自組建以來在墾荒造田、興修水利以及工業、糧棉畜牧園林等各方面所取得的成就。老一輩的中國人民解放軍指戰員，以及後來的知青與當地各族人民一起，為保衛邊疆、建設邊疆，流血流汗，不怕犧牲，不畏艱難、前赴後繼所取得的光輝業績可歌可泣。影片中抒情勵志歌曲《邊疆處處塞江南》、《要把沙漠變良田》、《中華兒女志在四方》成為傳世之作。這首歌對當時在校的學子產生了很大的幻覺。

海南兵團知青馬名偉在《終身難忘的知青歲月（八）宣傳隊》中回憶：一九七〇年代初，為了號召更多知青來寶島海南島，為體現知青在兵團的生活，學習，勞動狀況，為參加歐洲電影節，珠江電影製片廠來海南拍攝《一代青年在成長》紀錄片，導演要找四男四女參加拍攝全過程，為期兩個月，在兵團眾多的演員競爭中我竟然被錄用並做主角，我捧著導演給我的電影劇本認真細閱，積極配合拍攝持槍隊列操練，勞動歸來，割膠，膠林

文藝演出，溝火晚會等等全過程，該片公演後反影很好，並在歐
洲電影節上獲獎。華南地區的知青被記錄片內容所感化紛紛報名
到海南兵團務農，又掀起一場到海南兵團熱潮。

第二節　為誘騙知青而組織的講用報告團

　　大概從一九七〇年開始，為了穩定已經上山下鄉的知青，消
除他們的不安心情緒，繼續哄騙在校畢業的高初中學生奔赴農場
農村，有關部門連續幾年開展了「活學活用、紮根邊疆、紮根農
場農村的積極分子評選活動」，還組織「先進標兵、先進典型」
在知青或學生中進行巡迴演講。企圖用「精神激勵」「信仰支
柱」來麻痺減少知青要求回城的負面影響。

　　上海知青趙全國在〈一份活學活用毛澤東思想的講用稿〉中
回憶：何謂「講用稿」？現在的年輕人恐怕不甚了了，大概在詞
典裡也找不到它。在三四十年前它可是個流行詞哦。它指的是
在會議上講述如何活學活用毛澤東思想而取得成績或進步的發
言稿。

　　自打插隊第一年起，我們海源知青班就年年被評為公社級
或縣級的先進集體，因此每年總要寫出一份先進事蹟的材料供表
彰會上講用。頭幾年，大夥確實是豪情滿懷，老是哼著毛主席語
錄歌的旋律：「我們這一代青年人將親自把我們一窮二白的祖國
建設成為偉大的社會主義強國⋯⋯」也確實當得起「先進」的稱
號。後來年復一年，常年與繁重的體力勞動為伴、與折磨人的柴
米菜地打交道，身體乏了，心也累了，豪情就慢慢減退了。眼見
得自己的日子越過越艱難，還看不到一點出路，又何談去改變國
家的一窮二白？但終究算是矮子裡面挑長子，先進班的榮譽還是

常常落到我們頭上。

那天傍午，公社知青辦主任李太華來到村裡來組織講用材料。按慣例，整理講用材料必定是復旦大學下放的楊老師或者中心小學的洪老師的任務，他們都是公社有名的筆桿子。不知為何這次卻是例外，老李吩咐我們知青班自己寫一份材料。我們早知評上先進只是一種虛名，並沒有任何實質性的好處，都興意闌珊的，一心想推辭，都說不先進。老李執意不許，嚴肅地說，這是公社黨委的決定，先進不先進哪能由你們說了算？好嘛，這不是典型的「說你是，不是也是；說你不是，是也不是」嗎？於是無可奈何地接受「先進」。最後大夥又以我曾在水庫工地上的一次發言，把昏昏欲睡的與會者攪得睡意全消為理由，把重擔推給了我。開始我也不肯，忽然一個念頭浮上腦子，就爽氣地接受了任務。老李對我不熟，不大放心，再三囑咐：「拜託，拜託，明天一早我就要帶著稿子走的。」我只是笑笑，沒下保證。

早已忘了這是哪一年，但清晰地記得那天是五月三十一日──兒童節前日。當時我已經在村裡的小學當民辦老師，我完全能以寫材料為理由給自己放半天假的，但我偏不，還是領著學生們又歌又舞地排練節目。老李心裡不踏實，到教室找我，只見到一派熱鬧的情景，我卻還未動筆，就焦急起來：「你怎麼還不動手寫？學校可以放假嘛，我去跟主任說。」我淡淡地一笑，說：「不急，來得及的。」他還是不放心：「你可不能湊個幾百個字來應付我噢。起碼得二千個字，還要保證質量。」我點點頭，便自顧自指導孩子們，不再搭理他。他搖搖頭，走了。

晚上，老李又心急火燎地到處找我，踏進廚房才見我正跟小杜一起在灶頭煎油果子餅，已經煎了滿滿一臉盆。他問：「你兩個在幹什麼？」我解釋說：「明天是兒童節，我想帶學生們到山

上搞聯歡，先演節目再吃油果子餅。」一向以好脾氣著稱的老李終於忍不住有點怒氣衝衝了，提高嗓門批評我：「你這個小趙，不肯寫可以早點說，又何必軟磨著拖延時間呢？現在再請別人寫已經來不及了，你說怎麼辦？」我還是平靜地笑笑說：「老李你別發火，我立刻去寫還不成嗎？」老李捉起我的手腕，指著我那只銀晃晃的「春蕾」表說：「你看看，已經幾點鐘了？」時針正指著八點半。

見老李急得這個樣子，我心中只想笑。雖說這段時間我沒有動筆，其實一直在暗中打腹稿。醞釀至此，大致上已經成竹在胸了。他老李哪裡知曉呢？

燈下，我攤開一疊信紙就唰唰地寫開了。雖然我從未寫過什麼先進集體的講用材料，但是沒吃過豬肉卻常看見豬滿世界跑的。這類講用稿我見得太多了，全部套路早就爛熟於胸，只要加上具體的實例就能輕鬆地敷衍成文。可能老李不諳作文之道，以為寫講用稿是一樁十分神聖而又艱難的事情，才急成這個樣子。

困難總還是有一點的，特別是老李強調，不但要寫上與貧下中農相結合、鬥天鬥地鬥階級敵人的內容，還要寫為紮根農村一輩子作具體準備的事蹟，特別要寫如何自力更生解決吃菜等生活困難的事蹟——而這正是我們班的軟肋。事實上，我們的菜地種得相當糟糕，菜根本不夠吃。每逢輪到做飯的那位總要為無菜可燒而撓頭皮，有時不得不把家裡寄來的揚州醬菜、紹興蘿蔔乾貢獻出來，有時只能以油拌鹽咽飯。當然這些是絕對不能上講用稿的。

還好，破解的法子我已在大半天的思索中想好。我至今還記得講用稿大致的內容。我寫道，紮根農村不是一句空話，必須落實到實處。學習了三五九旅的南泥灣精神，在貧下中農的關懷和

幫助下，我們經過刻苦努力，灑下了無數辛勤的汗水和心血，終
於使菜園呈現出一派欣欣向榮的氣象。菜園裡「白菜青青，辣椒
彤彤，瓜瓞綿綿」……又寫道，我們打算引進安哥拉長毛兔和義
大利蜜蜂，接下來又用一大段文字濃墨重彩地憧憬那時的誘人前
景。不必說，文章又恰到好處地引用了好幾段最高指示。

我寫講用稿始終堅守著一條底線：誇張可以，決不造假。
我們的菜地雖然不如南泥灣那麼美麗，但還是長著幾株白菜的；
只要到了坐果期，也少不了幾個紅彤彤的辣椒；瓜棚上或多或少
總算掛著幾個大小不等的黃瓜或絲瓜。至於長毛兔和蜜蜂，我們
確實不止一次地商議過，但僅僅是商議，根本沒有具體的打算，
基本連影子也沒有，所以我寫的是「打算」而不是事實。也得坦
白，我確實狡猾地耍了一點小手段，刻意模糊「打算」與現實的
界線，誘導粗枝大葉的人誤以為這是我們海源班的美好實況。當
時我寫著寫著，連自己也幾乎沉浸在那種詩情畫意中了，忘了虛
幻和真實的距離。我想，我的目的應該是達到了。

連寫帶謄，大約用了三個來小時。寫完已過半夜，一塊石頭
落地，我便沉沉睡去。

第二天清晨，李太華就急匆匆來敲門。我打開門，隨手就把
幾張稿紙塞給他。他大喜，卻又有點疑惑：「真的寫好了？質量
能保證嗎？」我故作玄虛地一笑：「稿子是寫好了，質量我可不
敢保證噢。」

吃罷早飯，我正準備率領著孩子們上山，老李在禮堂門前
攔住我。他樂呵呵地說：「寫得好，寫得好。沒想到你能寫得咯
好，還寫得咯麼快。當時真的急死我了。」我自然不免謙虛了幾
句。他又指著「瓞」字問我是什麼意思。這個詞語我也是最近剛
學到，現買現賣的，於是解釋說：「這『瓞』就是小瓜，『瓜瓞

綿綿』就是大瓜小瓜爬滿藤的意思。怎麼，你不相信？可以到我們菜園去看看啊。不過，現在還不到季節啊。」「哪裡會不信，講用稿裡寫的是去年的豐收季節吧？」我笑而不答。

後來每逢見到老李，他開口第一句話就是：「嗨哩忒！你怎麼咯麼會寫文章？那夜，你可害得我一夜沒睡踏實哦。」我嘴裡裝作謙虛，說著「全靠李主任督導有力」，其實心裡很得意，並且幻想著有奇跡出現。但是奇跡始終沒有出現。

現如今，我應該承認我當年耍的那一點「陰謀」。實際上那天學校完全可以放假半天，讓我從從容容地寫講用稿。但我覺得這樣完成任務也太平淡無奇了，不能給老李留下一個深刻的印象。我故意磨磨蹭蹭地拖時間，讓老李的火氣慢慢上升，然後又給他一個驚喜，這樣就形成了一種戲劇性的效果。有了這種效果，他就會記住海源有一個很會寫文章的知青，以後安排工作時或許會想起我來。但是後來的事實證明，我這番苦心是完全白費了。我這個講用稿的作者連出席講用會的資格也沒有，除了獲得一聲「咯會寫文章」的贊許，那事對我一點兒實際意義也沒有。眼睜睜看著出身好的「插友」一個個都另謀高就去了；出身差的，哪怕像呈祉、同凱、照明、小沈那樣的優秀知青，一個都沒有上調，直至國家大政方針改變，才或上大學或病退回了上海。

再說幾句題外話：我很久後才知道官場給上級寫總結報告的訣竅：一，無中生有；二，誇大成績；三，把計畫做的事情寫成已經做成了的。第一條不算，後兩條「寶典」幾十年前我竟然已經在不經意中無師自通了。想到此，我不知道應該感到得意還是慚愧？還好，我至少沒有無中生有，比他們還稍稍強一些。

知青sunbird在〈一個先進知青輕生的前前後後〉回憶了這種被人當槍使的內心痛苦：

這是一個多年不願公開的祕密，這是一段久久不忍回首的歷史。鄧小平指出：多少年來我們吃了一個大虧，社會主義改造基本完成了，還是以階級鬥爭為綱，忽視發展生產力。文化大革命更走到了極端。是啊！這個「極端」幾乎把國民經濟推向崩潰邊緣，同時造成了大大小小的社會悲劇。鄧小平短短幾句話，高度概括了億萬人民對這段歷史的切身感受，我知青時的一段特殊經歷便是這個悲劇的一個音符。

我是成都市某中學初六七級學生，一九六九年一月隨成都三中高六七級的哥哥到雅安漢源縣三江公社插隊落戶，接受貧下中農再教育。像那個時代多數青年一樣，我懷著神聖的信仰和戰天鬥地的雄心，與哥哥姐姐們揮汗山村。我先後獲得過漢源縣和雅安地區先進知青稱號，還參加了成都市上山下鄉知識青年彙報團，與當年名震四川乃至全國的先進知青巫方安，梅耀農同台彙報。可是就在別人以為我處於榮譽巔峰時，我卻採取極端方式結束自己的生命。昏迷中我被救護車拉出生活勞動五年的鄉村，送往近百裡外的縣府所在地醫院搶救。

我走出這一步的直接原因是抑鬱症，這種疾病最危險的症狀就是自殺。專家告訴我們，這種疾病的消極情緒行為與個人意志品德無關。也許我基因中就有某種缺陷——我爺爺在兵荒馬亂盜匪四起的上世紀初葉抑鬱恐懼自縊身亡。當然這只是一種可能發病的潛在因素，正如很多人都有患癌的可能性一樣，只要沒有某些特殊的外因刺激影響，人們可以無癌一生。那麼，是哪些因素使年僅23歲的我爆發了如此嚴重的抑鬱症呢？事情得從頭說起。

我出生於教師家庭，從小喜愛學習，積極上進。小學時期我在歡樂中度過，年年被評選為（四）好學生，並擔任了大隊委。初中學升學考試我成績優秀，卻沒能進入老師指導我填寫的一所

全國知名學校。後來老師遺憾地告訴我，因父母歷史問題我政審不過關，這給我幼小的心靈留下了第一道陰影。上中學後，正當自己以優秀學業和踏實工作換來老師喜愛同學尊敬因而漸漸撫平著心靈傷痕時，文化大革命爆發了。在被打成黑五類狗崽子時，我才知道自己的歷史問題有多嚴重：同父異母的大哥臨近解放隨就讀的國民黨海軍軍官學校到臺灣，母親因解放前當過校長並參加過某些黨團組織而被暗中戴上反革命的帽子（六五年揭帽時母親才知道）。我的上進表現被視為偽裝積極，我的優秀成績正好證明臭老九們不講階級路線不問政治醉心培養修正主義苗子。於是我的日記被肯定記載有反動思想而遭查抄，我的洋娃娃被懷疑藏有通敵的發報機而遭撕毀，這一切給我心靈留下了深重的傷痕。

一九六八年十二月二十一日，毛主席發出知識青年到農村去接受貧下中農再教育的號召。我家兩兄妹，可以只走一個，我卻執意跟著哥哥到農村去。一方面，成長在五星紅旗下的我們對黨和毛主席懷著忠誠；一方面，我想用行動證明自己，我們不應該受到歧視。

由於父母生育我已年過四十，我身體素質先天不足。十多年生活在大城市，驟然來到山區，面對艱苦的勞動和生活環境，我的身體嚴重不適，幾月後成都知青工作組來漢源檢查工作時發現我滿臉病容，感到我病得不輕，把我帶回成都。經檢查我心臟出了毛病，醫院建議我治療一段時間再檢查。治療待查時期漫長無聊，就在這個階段，初中同學約我到母校插隊落戶的川北平武散心。

平武是與漢源差不多的大山區，我們是七月去的，幾天後打算返蓉時遇到連天暴雨，山洪沖毀了路基，我們只好待在平武等

待。不久我們用光了錢，大家憂慮著怎麼回家，這時插隊平武的
同學為我們聯繫上六三年從成都到此地林場的老知青。其中一個
叫諶曦的青年非常健談，他給我們分析知青的現狀，講得既有趣
又在理，而且很催人奮進，我們對他產生了好感。他本人正打算
回成都探親，爽快答應儘量幫我們的忙。幾天後他找到車，捎上
我們一行數人。由於車子出毛病以及同車工人師傅對他挽留，本
來一天就可以返蓉的車程我們走了四天。這幾天行程中我驚訝地
發現眾多工人對諶曦非常友好，而我們被作為諶曦的朋友，也受
到熱情款待：車旅食宿免費，並有幸和諶曦一道被工人師傅帶入
德陽第二重型機械廠參觀。這是國家的重點建設，當時我們這種
出身的人是很難進入這個廠門的，我們在這裡大開眼界。這一切
使我們加深了對諶曦的好感。

　　回成都後我們到諶曦家致謝，諶曦個人房間全佈置著他自
己抄寫的毛主席詩詞和相配的寫意畫，在我們眼裡這些字畫簡直
像出於行家裡手。我和女伴們滿懷驚歎坐在這個小屋，在這裡我
們見到了諶曦的父親，言談中聽得出他是一位對共產黨懷著感恩
之心的窮苦出身的幹部。諶曦也給我們做了有趣有益的交談，他
談到初下鄉時的幼稚，談到生活中會有挫折，談到與人相處需寬
容，談到要搞五湖四海。在他的寫字臺上，我發現一個空本扉頁
上寫著這樣幾句自勉的詩句：困難阻擋不了堅強的人／任何挫折
喪失不了有遠大理想的人／真正革命就經得住一切考驗／他任何
時刻決不停步地勇往直前／為人類偉大的事業而貢獻一生／願自
己永遠成為這樣的人。我推想已下鄉六年的諶曦正是靠這種理想
決心在遠離家鄉的平武林場戰勝了種種困難，鍛鍊得如此富有才
能，人情練達，於是拿出筆來打算抄下這幾句話激勵自己。諶曦
見狀，索性把這個本子送給了我。

　　我們在平武初識諶曦就是從他抄寫的毛主席詩詞〈詠梅〉及他畫的一束梅開始的，幾天感性理性的瞭解，我把諶曦視為學習毛澤東的優秀青年。帶著當時個人崇拜的思維特徵，我對諶曦產生了由衷的敬佩；又由於他給了我們雪裡送炭的幫助，我對他懷著深深感激。經醫院檢查我身體情況宜緩走，我卻再也不願百般無聊地待在成都，我要向諶曦這樣的先進青年學習，我迫不及待回漢源了。不久，身處千里之遙的我和諶曦幾乎同時向對方發出了第一封信，開始了我們漫長的友誼史。

　　其實漢源那一夥知青也很有理想才學，而且能歌善舞。下鄉前期就自辦《廣闊天地》小報，出發時把油印機也帶到身邊，大家高唱著俄羅斯的共青團員之歌慷慨悲壯離開家鄉。初到漢源時，我們翻山越嶺到各隊去宣傳。然而當我十月返回漢源時，大山區艱苦的條件和貧乏的文化生活使一些青年早已調走。由於我心中有偶像，加之本隊的同伴們都不甘沉淪，我們相互鼓勵，保持著高昂的熱情。我們努力和貧下中農打成一片：一樣背糞上山，一樣爬樹摘梨，一樣頂烈日抗旱，一樣冒嚴寒開田；我們打柴、背煤、養豬、磨面、啃玉米饃、喝酸菜湯。我們還盡力為建設農村作貢獻：辦夜校，搞醫療，推進良種，試製農作物促生素，從成都為生產隊購物……

　　我們感受著疲憊，疲憊得天天盼望下瓢潑大雨，能在家中好好睡一整天；我們也體驗著貧困，貧困得用漆樹臘當食油炒菜。可我們仍然拉琴、唱歌、作詩、歡笑……我們在學紅軍長征精神，我們下鄉期間真的沿當年窮人背茶包的崎嶇山路到鄰縣瀘定，去參觀過銘刻著驚世駭俗的紅軍精神的瀘定橋！直到一個個知青招工離去，我隊只剩下我和一個比我小的女知青，這時聽說招工停止，需要找關係走後門才能離開農村，我開始感到惶惑不

安。我們已竭盡全力，可由於工分值低，我們無法養活自己。純樸善良毫無名利可失的山民對我們重在政治表現，我當選過縣先進知青，還擔任著生產隊民兵副連長，公社科研員等職務，一次次被推薦招工；但不少當權者害怕惹麻煩丟烏紗，只執行「有成分論」，我一次次政審不合格。能讓哥哥調回成都照顧年過六旬的父母已算萬幸，身為臭老九的父母早就幾乎淪為無業遊民，哪有什麼關係背景？看來我是難以調回去了，該不該找後門呢？

帶著這個問題，一九七三年春節回蓉探親時我找到諶曦請教。其時由於誤解我們已近兩年沒有通信，久別重逢消除誤會後我們都特別高興。彼此互贈禮物詩文。我對諶曦的友誼迅速轉向愛情。對於我的問題，諶曦果斷認為不該走後門：應該抱定這樣的想法，一輩子就在農村又怎樣呢？他還拿出一張宣傳紮根農村的成都知青梅耀農的報紙給我看。我雖然感到這條路對我來說很艱難，但出於對諶曦的情感，我暗下決心奮力攀登，達到諶曦的思想高度。

這一年我和諶曦保持著頻繁的通信，那年月的「革命青年」是不會把那個獨特的「愛」字掛在口頭寫進文字的，更不會有肌膚之親。以己度人，我認為諶曦給我的那些言談書信詩畫也蘊含了那個字，於是提議互贈照片。諶曦給我的照片後摘抄下了他自己寫給我的詩詞：「互勉之，身在山林心系天涯」。至此，我認為我們的關係已基本確定。

也許是極端壓抑和興奮兩種迥異的情緒混合出現，這一年我生理思維出現了許多奇特現象。為解釋它們，我抽空查閱了大量書籍。媽媽七月初來勸我參加當年的升學考試，我對母親談到那些奇奇怪怪的現象。母親是三十年代川大生物系高材生，教了幾十年生物課，熟知生理心理神經系統方面的知識，卻聽得一頭霧

水。諶曦應我母親之求也寫信要我報名升學，我認為諶曦曾鼓勵我向紮根派學習，且他本人也在堅守農村，我又為何不能呢？何況我要出工，要履行社會工作，還要探索我那些生理之謎，哪有時間去複習功課？我拒絕了貧下中農對我的推薦，這年十一月，我送走了身邊最後一位女伴，全公社只剩下我1名知青。對諶曦的情感支撐著我去應對空前的繁忙和勞累。

一九七四年春節返蓉，我希望與諶曦明確關係——我們畢竟沒有說穿過。當我提出這個問題時，諶曦卻拿出一封他媽媽給他的信，信中要求他遵循已故父親早年與師兄定下的兒女婚約。可是一九七三年我們重逢時諶曦父親已經去世，我們這一年還有著那樣多深情的精神交流啊！據諶曦後來說他對我有過暗示，可沉浸在初戀歡樂中的我全然不知，對我們的情感信仰般忠誠的我也從未懷疑。諶曦這番話使我如墜深淵，一顆尋求呵護的稚嫩的少女之心無法承受這沉重打擊，我的身體精神悄悄起著病變。

休假完畢返回農村的當日，生產隊長通知我馬上到雅安參加知青代表會籌備工作。忙碌的採訪寫稿工作暫時轉移了我心靈的傷痛。正式會議共有好幾百知青參加。開幕式很隆重，少先隊員高舉隊旗敲響隊鼓整齊步入會場給大會致賀信，地委書記親自到會致開幕詞。會議從三月中旬持續到月底，會後還用十七輛卡車把與會知青載到大邑縣地主莊園參觀階級教育展覽。每天啃著玉米饃披星戴月從事艱辛勞作的准農民們，此間住進了高檔賓館，一日三餐享用變換著花樣的好飯菜，大家突感社會地位倍增，不由胸中激情燃燒。

與會先進知青們的活力熱情感染著我，在大會發言中，我真誠表示要紮根農村永遠和勞動人民在一起。至今我堅持認為，不管當年毛澤東動員學生到農村是出於培養青年成才的考慮還是國

內政治經濟形勢所迫，客觀上我們在農村鍛鍊了體格意志，培養了獨立生活能力，體察到國情，這些對我成長有益。但要長期紮根農村，現在回頭看去，對我並不適合。即使我可以在農村生存下去，決不可能比得上我後來搞教育給社會帶來的價值，那於社會和個人都是不合算的。這是社會對我們的誤導。實際上各行各業都需要生力軍，都可以培養青年的意志才能啊！

回到生產隊，抑鬱之情就向我襲來。不久新來一批小知青安排到知青樓裡與我同吃同住，我被指定為家長，得去應對小團體生活思想的種種矛盾，我感到難以勝任。六月我接到通知前往雅安知青彙報團，這時我對紮根農村已很不自信，但我已被樹成先進知青，我得按照社會對我的期待繼續走下去。在雅安彙報完畢，接著我又參加了成都市上山下鄉知識青年彙報團。這個彙報團是成都市革委直接領導，團市委、市青辦、市婦聯、市教育局聯合出面組織的，有記者，畫家參加。

成都市下放到各地區的20幾名新老知青住進成都市革委招待所，每天學習討論，接受採訪，外出彙報，有時安排觀看電影京劇，還組織遊覽了草堂和都江堰。現在想來，這樣高規格的待遇顯然是要知青們為當時的「路線鬥爭」衝鋒陷陣。或許應該更客觀地說，當時中國巨輪正陷於時代的百慕大，被奉為神明致使科學民主缺失因而難於獲取航行所需的各種真確參數，困惑的舵手也許認為奮力左行便可駛向鶯歌燕舞的彼岸。在那無限忠於的時代，彙報團成員作為知青先鋒，當然義不容辭身心口筆相隨。炎熱勞累加之內心矛盾，我在此間大病一場乃至休克。

彙報團的重量級人物是巫方安、梅耀農，他們樸實謙虛，有理論水平和實幹精神，很受大家尊敬。我生病時巫方安大姐送我上醫院，幫我取藥，還給我送水喂藥。彙報空隙，巫姐給我們講

到一段鮮為人知的個人經歷：文化大革命初期，她家一下出了兩個「反革命」，一個是有點歷史問題的父親，一個是不小心坐在印有毛主席頭像報紙上的妹妹。這一下巫姐可大禍臨頭了。當時派性爭鬥正酣，對立派高音喇叭裡反覆播送這則消息，彷彿揪出了一個隱藏的階級敵人。巫姐自願紮根涼山的壯舉被誣衊為撈取政治資本，她擔任的一切職務被撤銷，還被發配到偏遠山村的破屋裡落戶。每逢雨天，滿屋漏水。出工勞累了一天，回到家裡卻找不到安歇之處，甚至由於柴火濕透而做不了飯吃。後來一個曾受到孫傳琪、巫方安事蹟激勵而追隨著她們的腳跡到大涼山插隊的成都青小夥兒不怕受連累，也不顧巫姐姐的善意拒絕，堅決向巫姐姐表示了愛意，並在巫姐姐最困難時同她結了婚，把巫姐從那風雨飄搖的陋室接到了他清貧溫暖的家。

巫姐姐的形象言行全然不是那個時代的鐵姑娘，而更像溫和可親善解人意的鄰家大姐。相似的身世和巫姐的成熟堅韌坦誠使我對她產生了深深的信賴，所以當她向我提及彙報團1名根正苗紅（當時指出身好）的優秀知青願和我處朋友時，我點頭接受了，因為我受傷的心靈需要精神支撐才能兌現紮根農村的諾言。儘管我對那位青年談不上激情，但的確懷有敬重。後來這位插隊川南的青年常常約我共同外出彙報，並提議互贈照片，還邀我到他家見了眾多親人，擺了兩桌當年算得上非常豐盛的飯菜。

彙報完畢回到漢源，在那片隨處都可引發我對譙曦思念的土地上，我體內潛伏著的抑鬱迅速生長蔓延。它使我體能減退，思維遲緩，難以承受艱苦勞作和帶領新知青的重任。當時我根本不知這些現象是病症，當然談不上就醫治療。適逢當年招生工作展開，貧下中農又推薦了我。我覺得這是擺脫內外困境的一條路，猶豫中報了名。可是報名之後我心理迅速惡化，認為自己違背了

誓言，欺騙了黨和人民，非常自責。誠信是我最看重的品質，一九六六年寒冬，15歲的我在步行串聯途中曾為了信守諾言，獨自扛著長征隊旗翻越人煙稀少的歌樂山，此刻我怎能容忍自己背叛一貫做人的原則呢？

可在現實中我尋不到一條可行的路，思想被逼到絕路。川南那位青年回隊後關切地給我寫過幾封信，還寄來儒法鬥爭的學習資料。我寫信告訴他自己報名讀書心情很矛盾，他回信用彙報團某些成員也要去讀書的事例來寬慰我，鼓勵我放下包袱去讀書。可隨後一封信裡他卻遺憾地告訴我，組織不同意他與我的戀愛關係。諶曦的離去就使身世經歷獨特的我模糊感到一方面是我家庭出身阻礙，一方面是他不能解讀我身體思維的奇特反應；而川南那位男青年根本不知道我身心的特異現象，我認為阻礙我們關係發展的因素只可能是我的家庭問題。實際上收到他最後一封信之前我已採取了未遂的自絕行動，他的棄約並沒有增添我的痛苦。但他這封信更使我感到，無論我怎樣努力也無法擺脫與生俱有的沉重的十字架。難言的悲哀使我再次踏上不歸之路，我咽下了大量安眠藥……

鬥轉星移，七八年底召開的十一屆三中全會終止了階級鬥爭為綱的國策，確定將工作重點轉到以發展生產力、建設四個現代化為中心。四人幫倒臺那年我中專畢業跨入教育戰線，在教學同時，我用農村生活錘鍊出的特別能吃苦的精神完成了英文中文高等學業，33歲那年與漢源一位恢復高考後升入大學踏上翻譯職位的農家子弟成婚，養了一個兒子，現在北大就讀。二〇〇六年退休時我從教整整三十年。漫長的教師生涯中我主要擔任高中英語教學，還兼任過團隊領導教研組長和班主任。我和同仁共同努力為社會、高校輸送了一批又一批人才，一九九四年被評為高級

教師，還獲得過很多榮譽。我的經歷見證了中國走過的一段曲折道路，見證了曾陷入理論誤區的共產黨敢於正視糾正自己過失的勇氣。一九九八年，中國遭受百年不遇的大洪水，中國共產黨砥柱中流，救民眾於水火為民眾謀發展的堅強負責形象深深打動了我。雖然我們國家還有許多不盡人意之處，但我親身體會到她在進步，我願為她的不斷發展盡綿薄之力。這一年我遞交了入黨申請，年過天命成為了中共黨員。

　　川北川南那兩位青年一直很優秀。當然人無完人，我們都有各自的缺陷。重逢時我沒有深問過去，在那階級觀念滲透一切領域高於一切道德的時代思維格局制約下，不管他們出於什麼原因離開我都可以理解，談不上個人恩怨。實際上，個人情感磨難客觀上起到了助我成長成熟的特殊作用。諾大世界相識便是一種緣分，何況他們給過我真誠的友情和幫助，我依舊把他們視為好朋友。在回首往事心靈仍然有些隱隱作痛的同時，我更多懷著感恩之情：感謝自然，感謝社會，感謝知青生活！

　　而有些報刊雜誌也是公然造假，以欺騙後來在校學生能繼續上山下鄉。黑龍江兵團知青瀟灑在〈緊急通知：帶上游泳衣趕往打漁隊〉回憶：留影「假日」——這是一張珍藏了三十五年的老照片，畫面上定格了那特殊年代裡的小故事。

　　一九七一年八月末的一天，農工班正在連裡的曬麥場上加固麥囤，忽然間，聽到場邊大喇叭裡傳出不同尋常的急促喊聲：「五連的劉長玲速帶游泳衣到打漁隊集合」。聽音兒一點兒沒錯，是營部的廣播員在講，可是會不會是惡作劇？我這裡丈二和尚摸不清頭腦，廣播卻一連氣兒播了好幾遍。邊幹活兒邊繼續瞎猜著，又見連裡的文書往曬場跑來，上氣不接下氣地沖我打招呼，手指場邊杆子上的喇叭：「沒聽見裡邊叫你了嗎？還不快

點，營裡來電話了，連長派「尤特」送你去打漁隊。」我心裡想，什麼任務這麼急，拿上游泳衣去打漁隊？發愣的我趕快放下茭子，忍不住問：「帶游泳衣幹嗎？不是不讓下河洗澡嗎？」

同屬四營的二連有塊麥地緊靠饒力河，前幾天營裡搶收二連那塊大田的麥子時，我們得了第一。為了慶祝一下，決定犒勞自己，順便洗洗滿身的灰土和汗水，我們幾個女生偷偷換上游泳衣，收工後，冒著秋寒下河游泳享受了一回大自然的沐浴。

誰料想，只要河邊走，難保不濕鞋。就這一次試水，居然也被連長崔用智發現了。回來挨了好一頓批：「誰讓你們下河「洗澡」的（當地管游泳叫下河洗澡），說！淹著了怎麼辦？連長虎著臉那嚴厲的摸樣，至今不忘。「回頭在排裡好好『檢查檢查』」。幸虧有後面這一句，才讓我們下了台。也難怪連長發火，按下葫蘆浮起瓢，到兵團兩年了，聽聞各團各營出的大小事兒真不少。可不讓下河這事剛過去沒幾天，怎麼又來了一百八十度的大轉彎兒？還必須帶游泳衣？還有專車相送？我更糊塗了？

匆匆趕到連部，崔連長笑眯眯地說：「解放軍畫報社記者來了，拍你們知青，快去吧！」

等到了打漁隊才清楚，原來是解放軍畫報社要拍攝一組反映兵團戰士休息日生活、娛樂的「假日」專題照片，要貼近生活，要真實，要生動。準備發在十月份那期的解放軍畫報上，供全國軍民閱覽。你們看：照片上，有人揮槳划船，有人抱臂站立，有人躍起跳水，好一派愜意的兵團戰士娛樂休閒的生活場景……

其實，那時正是農忙時節，地裡場裡的活兒都幹不完，那天也沒人願跳水：北大荒的八月底天氣已經很冷了，組織者一撥撥地把我們從艇上往下轟，跳了兩次，別的人都是跳「冰棍」，參加過游泳比賽的人，習慣的是比賽時的入水姿勢。最後選出來兩

個人跳水，其他人權作背景了，隨即正式開拍。

入過水再上船，秋風刮來，渾身那個冷啊。站在小艇上沒下水的人都冷得抱起了胳膊，連著幾遍入水的，更是直打冷顫，誰還願跳呀。營裡說立刻打酒來，大家才繼續跳水。就照片上這個場景我們跳了五次，最後記者滿意地點了頭，我們才離開換衣服。可是直到全程結束，那期待的燒酒也始終沒送來，誆了我們一回。真是的！

後來也沒見這期軍刊發表，一打聽，原來是即將發行之際，恰逢林彪事件，該期畫報被停發了。於是，這張相片一直在八五三農場展覽館掛著，挺大的。每次看到，我還挺自豪：在那迷茫的歲月裡，有著這樣一張定格了的青春記憶。

七五年返京前，我去懇求團宣傳股的幹事，才得到這張組照中不算最好，但珍貴萬分的照片。那手指已觸進水面的，就是本人。緊隨我入水的是「大喇叭──船上有人這樣叫她」，最近才打聽到「大喇叭」是上海的知青季來娣。

第三節　為安撫知青而派出的慰問回訪團

為了安撫思想波動的知青，一些省市還先後組織了回訪團到知青插隊落戶地方瞭解情況，逢年過節還組織一些慰問團，帶上一些紀念品分發給知青。有些省市甚至抽調幹部組成慰問團分派到本省市知青較多的地方長駐，協助當地做好知青的穩定工作。**據上海地方誌記載：**一九六九年初，上海市革命委員會主任張春橋提出「五七」幹校幹部「四個面向」（即面向邊疆、農村、工礦和文教基層系統）藉以驅散原黨政機關的工作人員。八月二十七日，市革委會召開動員大會，並層層分配指標。當時的口號有

「四個面向是執行毛主席革命路線的組成部分」、「四個面向是又一次路線站隊」。結果，上海市革委會派出2000多名幹部組成的「學習慰問團」（共分七個總團，五十五個分團，兩百三十三個小組）分赴黑龍江、雲南、貴州等上海知青安置地，既做知青的思想工作，又幫知青解決一些實際問題。

與此同時，市革委會還與黑龍江省革委會達成協定，派出170名幹部帶著戶口、糧油關係和十六萬知青一起去黑龍江「插隊落戶幹革命」。一九七三年十一月二日，中共上海市委根據國務院副總理華國鋒索要各省市上山下鄉領導小組組長名單事宜，發出正式通知成立上海知青上山下鄉領導小組（一九六九年十月，上海市革委會曾成立市知青上山下鄉辦公室，軍宣隊張芳信為主任。一九八一年一月一日，上海知青上山下鄉辦公室宣佈撤銷，其業務併入市勞動局），中共上海市委書記王一平任組長，黃克、呂美英，張芳信任副組長。一九七三年十一月十日，上海市知識青年上山下鄉領導小組召開第一次全體會議，由王一平主持並講話。

會議通過三條建議：（一）建議向各省派出由670名幹部參加的慰問團，分頭赴各省慰問上海知識青年，幫助當地安排知青的生活。（二）建議召開第二屆送子女上山下鄉革命家長代表會議。建議農口召開上山下鄉先進分子集體代表會議。（三）建議上山下鄉辦公室增加一個大組，下設宣傳動員，城鄉聯絡、信訪接待、辦事四個小組，處理經常工作。一九七三年十二月十六日，上海市知青領導小組召開了第二次會議，討論知青上山下鄉工作。參加這次會議的，除上海的有關領導外，還有中共安徽省委、省革命委員會負責人，會議討論上海知青在外地的情況，還決定派代表去貴州研究上海知青安置落實問題。

一九七四年上半年市委再次召開會議研究「學習慰問團」事宜，並向中共中央、國務院作了專題報告。當時，全市共動員兩千多幹部組成八個「學習慰問團」，分赴有上海知青的九個省（區），深入兩百六十五個縣、三千七百八十二個公社，五十四萬九千多個生產隊及兵團、農林場，對四十六萬八千多下鄉知青進行慰問。至一九七五年「學習慰問團」的幹部進行了輪換，具體安排如下：工交系統五百四十多人去江西、安徽，少數去雲南。科技系統五十多人去內蒙、黑龍江。郊區系統五十多人去雲南。財貿系統九十多人去貴州。文教系統一百多人去吉林。市革委會機關和公安系統一百三十多人去黑龍江。

同時，市委決定：今後「學習慰問團」不再搞春節回滬整訓，兩年內，可分批安排幹部回滬休假一次，為期二十天。批示聲稱「學習慰問團」不僅是「教育幹部、煆煉幹部的有力措施，對堅持上山下鄉的方向，限制資產階級法權具有重要意義」。以後隨著知青的返城，這項工作也就自然結束。值得一提的是曾去黑龍江插隊的那批幹部，因上海方面不接收，暫只得轉向安徽銅陵新橋礦、江蘇大屯和張家窪，後又在三地待到中共十一屆三中全會後才陸續返回上海。

江西省革委會知識青年上山下鄉辦公室在向省革委會提交〈關於解決上海慰問團住房等幾個問題的報告〉中指出：上海市委從一九七一年起就開始派出赴江西上山下鄉學習慰問團，協助江西省做好上山下鄉知識青年的安置鞏固工作。他們採取定期輪換的辦法，在縣設慰問小組，地區設慰問分團，省設總團。幾年來，已經輪換了三批，目前，在省的第三期慰問團共四百一十八人。此外，上海市委還在財力和物力上對上山下鄉知識青年也給了很大的支持。到一九七五年止已提供了大小拖拉機兩千六百二

十五台，柴油機、電動機等農機具和小作坊設備三千兩百四十五套，提供無息貸款1750000元，等等。為進一步做好這一工作，建議：（一）請省革委在現有的辦公樓中調整三到四間房子給慰問團辦公。調整一部分住房給慰問團住宿；（二）請指定在一個招待所劃出一個五至六間房子的樓面來作來往的同志住宿；（三）慰問團辦公所用的辦公用具和生活用具如桌、椅、床、文件櫃等，由省革委會解決或撥款給省革委會知識青年上山下鄉辦公室負責購置，列入省革委知青辦的固定資產；來往接待所需費用，請省革委每年預撥一定的金額。由省革委會知識青年上山下鄉辦公室掌握使用，年終統一結算。

知青老區百姓在〈邯鄲知識青年上山下鄉運動大事記〉也記載：一九六九年我市農校、五中、衛校、礦區的張金萍等559名紅衛兵「執行毛主席最新指示最堅決，行動最快，於一九六九年一月中旬前已到農村插隊落戶」。

一月二十七日至二月三日，邯鄲地區革委會首次組成由工人、解放軍、革命幹部、知青代表參加的慰問團，分別到大名、曲周、磁縣、邯鄲縣、（城）郊區、峰峰礦區熱情慰問上山下鄉知識青年，並向知青贈送了「紅彤彤的紅寶書《毛主席語錄》和金光閃閃的毛主席像章」。「代表團走到那裡，就在那裡開慰問大會。上山下鄉知識青年受到莫大的鼓舞，一致表示，紅心獻給毛主席，立志農村幹一輩子革命。」邯鄲地區電影隊隨慰問團為在農村安家落戶的知青及當地的廣大貧下中農放映了電影。

一月二十八日、二月六日，我市舉行了兩次分別有十萬軍民參加的歡送大會，侯德新、李惠英、陳兆芝、姚亞明、閻花芹等3000多名青年分別到邯鄲各縣區上山下鄉。「知青們心情激動，熱血沸騰，大家揮動著紅寶書，一遍又一遍的向毛主席他老

人家宣誓：要用毛澤東思想統帥一切，在廣闊天地裡把自己培養成為無產階級革命事業的接班人」，「他們胸前佩帶著金光閃閃的毛主席像章，精神抖擻，背起行裝，向社會主義新農村飛奔而去」。安置落戶的有關公社、生產大隊的貧下中農們早早就等候在村街口，敲鑼打鼓迎接他們的到來。離開邯鄲的前一天晚上，我市在建工局俱樂部和工人劇院先後為知青演出了話劇《槐樹莊》、革命現代樣板戲——京劇《沙家浜》。

一月十九日，天津河西區上山下鄉辦公室組織訪問團去插隊地區進行訪問，其中二十八人乘火車晚上十點到達邯鄲。

一月二十日，邯鄲專區負責同志張科長（解放軍）向天津河西區訪問團介紹邯鄲的情況。然後分成三個小隊，第二天分赴各縣。

一月二十一日～二十五日，天津河西區訪問團分赴各個公社訪問，每到一處都請當地負責同志介紹情況，當地貧下中農憶苦思甜，參觀當地知青住處（邯鄲知青），觀看當地文藝宣傳隊演出的文藝節目。

一月二十六日，天津河西區訪問團各隊返回邯鄲，總結訪問情況。當天夜車返回天津。

與許多省市的慰問團不同，有的慰問團在慰問中，也確實發現了一些欺凌污辱知青的問題。如鄧賢在〈黑幕上裂開了一條縫〉講述：……這一切，都是從四川省知青慰問團到雲南的慰問活動開始的。

在四川省知青慰問團到雲南之前，這裡曾來過一個北京革命委員會的慰問團。不過，四川省知青慰問團的規模比北京知青慰問團大十倍，因為四川知青比北京知青多十倍。而兩個慰問團的本質區別卻是：北京知青慰問團是來大吃大喝，遊山玩水的，而

四川知青慰問團是來探望子女和晚輩的。四川知青慰問團的不少成員有子女或親屬在雲南生產建設兵團插隊落戶。他們直接深入到自己子女所在連隊，和子女吃一樣的飯，住一樣的房子，還和子女一同參加勞動。子女當然也就將實際情況向家長彙報了：

某團男知青某某因為和連長吵架了，便被扒光了衣服送進了馬棚。雲南亞熱帶地區蚊蟲成群，尤其是馬棚牛圈，更是蚊子、馬蠅的聚集點。馬有尾巴可以驅趕它們，而捆起雙手的知青很快被咬昏過去。第二天早晨，當那個男知青被抬出馬棚時，全身已腫得不像人樣了。

某團有個男知青，因為身體不舒服，在開荒時多休息了一會兒，連長便讓他在烈日下毒曬，一直到他中暑休克。

某團一對男女知青小李和小王，在中學時便青梅竹馬，來插隊後相親相愛，這在當時當然屬於犯忌之事，是沒好好改造小資產階級思想不安心接受再教育的典型。他們有一次在橡膠林中談情說愛，熱烈親吻擁抱時，被幾支手電筒光柱照住，當即被扒得一絲不掛，押回連隊，站在空場前面，接受全連一百多人的批判。

還有個男知青，一個多月沒有吃過肉，實在太饞了，到連裡唯一一個魚塘偷捕了兩條魚拿水煮煮，灑點鹽，狼吞虎嚥下去。誰想到第二天便被正申請入黨的同伴告發。民兵排長派民兵捆起盜竊犯，用槍托和木棍打斷了他的腿，讓他這輩子再也不能下水游泳。還有……

綁捆吊打知識青年在不少連隊已成家常便飯，一些營和團部動不動就重刑折磨犯了點小錯誤的知識青年，幾乎每個連隊都開過知識青年的批判大會，進行人身侮辱。

還有一些連長、營長每天祇是打牌，吃喝玩樂，把並不多

的豬，很少的雞，屈指可數的魚視為私有財產，想吃便吃，而知青們一個個都營養不良。最繁重、最危險的活兒，都派知識青年去，每年都發生因排嘔熗、因砍大樹、因山火而有知識青年死去。有父母、親屬作為慰問團成員而來雲南的知識青年紛紛悄悄哭訴這些遭遇，他們當然不敢公開說，因為慰問團總會走，也因為他們還要表現出為了改造思想能吃一切苦，受一切罪的大無畏精神。

女知青們似乎很少訴苦，被捆綁吊打的大多是調皮的男孩子。她們的父母發現自己的女兒眼中常常閃現過一點悲傷和憂怨，但他們以為是女孩子想念家鄉的一種表現。有一個女知青躲躲閃閃地講過自己住了一次醫院，她是想說自己做了一次人工流產手術。她倒不是想揭發姦污過她的那個人，只是想說明兵團對她照料得很好，連長親自給她送過雞湯。她還只有17歲，她所受過的教育竟然使她還不大懂人工流產是怎麼回事！

四川知青慰問團的成員們為自己的子弟所遭受的境遇感到氣憤，他們把收集到的材料集中起來，沒有向兵團領導反映，而是交到了新華社駐雲南分社負責人的手中……

但四川省慰問團的材料終將這人類史上空前的大姦污案的黑幕撕開第一道裂縫。新華社駐雲南分社負責人楊某無法成眠了，他一根煙接一根煙地抽著，屋內白霧朦朦。他那張大號寫字臺上放著四川省知青慰問團中幾個省報記者彙集的知青反映的情況和問題……

但是，有的慰問團成員不僅沒有起到穩定協調知青日常生活的作用，反而利用職權幹著索賄受賄、姦淫女知青的勾當。插隊貴州的知青濤聲在《醜陋交易揭開驚天大案——難以啟齒的插隊回憶》講述：說是難以啟齒，的確如此。我其實早就想要寫一

寫這件事了，但是一直猶豫，擔心會在無意中傷害到一些人。不過，上山下鄉運動畢竟已經過去了四十年，而現在有人居然還在高唱「青春無悔」。更令人擔憂的是，如今的年輕人對此已經到了茫然無知的程度，難道還不應該讓他們瞭解真相麼？儘管真相是醜陋的，甚至殘酷的，但只有把它揭開來，才能明白我們這個國家有一代人，曾經經歷了如此荒唐的歲月。大家要接受教訓，再也不要重複那種荒唐才是。

我們下鄉之初，是沒有家鄉派慰問團來關照我們的。因此，我們感到好像是「沒爹娘的孩子」，被無情投入到陌生的山寨裡面。巨大的生活條件的反差，從未接觸過的繁重體力勞動，加上普遍發生的水土不服帶來的各種身體不適，產生了大量的問題，得不得妥善的解決。後來，大概是家鄉政府瞭解到了這些情況，於是為了穩定知青們的情緒，妥善解決他們各種實際問題，特地派來了慰問團。慰問團的到來，對我們知青來說，好似家鄉的親人伸出了溫暖的援助之手，讓大家心裡暖融融的，頓時覺得有了依靠。

在鎮上區政府大樓裡面，專門騰出兩間房。一間是慰問團的辦公室，另一間是臥室。老H是州裡慰問團的副團長，長期派駐在我們區，主持下面分散在三個公社的500來名知青的協調工作。他那個辦公室，馬上成了知青的活動中心和溫馨家園，天天有知青來訪，非常熱鬧。特別是到了趕場天，知青們都來到鎮上，放鬆一下，採購一些必須的日常用品，見一見好久不見的好朋友，大家聊聊天，交流一些資訊。而老H的辦公室，更是他們必到的地方。常常是人聲鼎沸，熱鬧非凡。

我不是一個愛交際的人，更不愛到領導那裡彙報工作。所以公社也好，區政府也罷，我是基本不去的。即使是大家都喜歡的

老H那裡，也僅僅是偶爾到訪。因此我對老H的印象不深，是可以理解的。只記得他是個中年人，大概四十剛出頭的樣子，臉黑黑的，個子不高，典型的幹部模樣，說話總是非常和氣。據我所知，他對知青是不錯的。凡是知青有事找他，他好像總是盡力幫忙，並不推脫，所以他的口碑是相當好的。

記得在一個夏日早上，我有事去找老H商量。大概因為心急，沒有敲門就闖了進去。老H急忙起身攔住了我，說有事到外面談，就馬上急急忙忙把我推了出來。我退出來時，忽然眼睛一瞥，似乎看到有一個頭髮蓬亂，穿著背心和短褲的女知青趴在桌上哭。我那時很傻，也根本沒有在意。心想，也許是受了什麼委屈，前來訴苦的吧。何況我一心只是想著自己的事情，並未意識到那會有什麼名堂。匆匆和老H談完了事情之後，就直接回生產隊去，把這事拋到了腦後。大概半年之後，隔壁隊裡有名的「包打聽」忽然跑來，神神祕祕地告訴我：老H被抓走了！天啊！真是想不到，究竟是為什麼？他透露說，聽說是有個女知青把他給告了。總之，他的問題非常嚴重，市裡派人來調查他呢！

在接下來的幾天裡，各種小道消息不斷傳來，越來越聳人聽聞。我此時才忽然想起自己親眼看到的情景，終於恍然大悟。原來他這個「好人」，我們的「親人」，竟然是個禽獸！真是令人難以置信！我絕不是一個愛打聽的人，更不是愛多管閒事的人。但還是聽到無數的傳言，也不知是真是假。據消息靈通人士說，老H本來是市政府的1名科長，早就犯過生活作風的毛病，受過處分。但是把他派到這麼偏遠的地方來「充軍」受苦，也真是難為他了。不過，在知青當中，貌美的女知青還真不少。派他這個偽君子來，真好比是一群無知無助的羔羊迎來了披著羊皮的大灰狼。他有很好的風度，對付這些羔羊恐怕是手到擒來，不費吹灰

之力的。更關鍵的是他手中有權，可以輕易決定她們的前途和命運。當然，若要得到好處，代價肯定是免不了的。不過，他也有「殺手鐧」：他向她們保證，絕對不會出事。因為他早已做過結紮手術，完全可以放心的。

於是，醜陋的交易就開始了，而且一發而不可收。起初，一切平安無事，大家「雙贏」，心照不宣。不料，最終還是出了問題（其實，這也是必然吧？）。這最後一位女知青，在滿足了老H的心願之後，竟然意外被招工單位涮了下來，雖然經過再三努力，還是沒有成功。於是她一怒之下，撕破臉皮，給家鄉政府寫信，結結實實告了老H一狀。

這麼一來可是非同小可！要知道那時正是開始嚴打「破壞上山下鄉運動」的壞人的時候。上面當然立刻派人調查。可沒成想，調查進展異常艱難。雖說有人檢舉，有人揭發，然而真正落實的受害者據說只是個位數。許多被調查的女知青，他們已經上了大學，到了廠礦，或者當了教師，儘管調查人員使盡了渾身解數，並答應替她們嚴格保密，願意承認並指證他的人是寥寥無幾。當然，她們抵死也不承認，是完全可以理解的。可是小道消息滿天飛，據傳，受害人數十分驚人。到底有多少，誰也說不清。最後，老H被判了五年監禁。

更驚人的還在後面。老H不知怎麼搞的，好像吃了豹子膽，竟敢提出上訴。大概他覺得自己受了冤枉。據說，他以為有些人是主動投懷送抱，好換取上大學，進工礦的機會。至於其他人，也基本是自己情願，並無一點強迫。既然如此，為什麼要判他那麼重的刑呢？可誰知，這一下可要了他的命了！那時正碰上嚴打破壞上山下鄉運動壞蛋的最高潮，他恰好撞在槍口上了。他的情況被彙報給了市領導，M大人一看，大發雷霆，還當了得？居然

還敢猖狂上訴？好！馬上提筆在原來的五前面加了個十。改判十五年，讓你把牢底坐穿吧！結果，老H終於沒有熬過去，死在監牢裡了。

老H的下場是慘的，但並不可憐！他實在是罪大惡極，咎由自取罷了。慰問團的光輝形象被他徹底破壞了。許多女知青的美好形象也被完全毀了。在她們的內心，這個恥辱的傷疤將伴隨她們一生。徹底將其忘掉是不可能的，必須深埋在心底，一個人默默承受痛苦，一直到閉上眼睛的那一天。對男知青來說，心裡也是非常苦悶。要談朋友麼？本來當然要找老鄉的。現在呢？

那些現在還在說什麼「青春無悔」的人們，睜開眼睛看看吧。當年最醜陋的一頁難道不存在麼？造成這種醜陋的根本原因在哪裡？過了那麼多年的時間，我認識到，翻開這醜陋的一頁並不可怕，這是災難深重的歷史環境造成的，無法改變了。最可怕的是不承認醜陋，還要掩蓋歷史事實，避開真相，繼續高唱讚歌，那才是危險的傾向。不值得每一個人深思嗎？

第四節　為接納知青而倉促改編的兵團（師）

知青張春生在《一張珍貴的照片》中回憶：上面是我於一九七〇年四月一日拍攝的一張照片。在兵團我拍了許多照片，記錄著當時的生活、工作，苦難和歡樂。隨著時間的流逝，不少已經散落、丟失，杳無音信，唯有這一張我一直把它珍藏著，因為它記錄了歷史，有著一定的歷史價值。

我們去雲南的時候，一直講是去「中國人民解放軍雲南生產建設兵團」，可是到達後才知道「兵團」還在組建之中，編制仍然是農場，作為我們這些家庭中多多少少都有點兒「問題」的

人，當時誰要掛上「中國人民解放軍」的牌子，那身分立馬就改變了，所以不少同學都盼著兵團早日成立。好在上層的動作還算快，一九七〇年三月一日，11團的團部成立了，各營確定四月成立。

我當時是六九年十月底，水稻收割結束後，從弄島農場一隊（十一團四營一連）借調到農場「整黨辦公室」，主要管理資料、寫寫材料。平時不忙的時候就去宣傳辦公室幫忙，與宣傳辦公室的同學關係很好（還有一個原因是宣傳辦公室成員全是知青，大家說得來）。從參加完團部成立大會回來，營部成立大會的籌備工作就開始了，製作橫幅、安排會場的連隊位置、準備大會的發言稿、籌畫大會的獻禮內容、會場的彩旗、音響等等……。開始，我並不知道農場還有照相機，到了臨開會前兩天，當時的「革委會副主任」、馬上要上任的副營長徐複仁，從他的辦公室拿出來一台老式的「上海」牌120照相機，6×4.5的取景框、翻蓋伸縮的鏡頭腔。他問我會不會用，我一見高興極了，心想：我從上小學就開始和哥哥們學照相了，哪能難得倒我。連忙接過來劈劈啪啪地試了起來，可能這個照相機當時在農場算個貴重物件，保護得相當的好，光圈、快門、轉軸都和新的一樣，靈活、準確。老徐見我挺熟練，大概也放了心，就安排人去買膠捲，並把相機鄭重其事地交給我，囑咐要把成立大會的場面照好，我滿口答應下來。

當我回到宿舍，把相機拿給同宿舍的同學看時，大家都高興起來，因為，當時因為照相只有跑上三十八公里去城裡照相館，太不方便，現在有了它，就方便多了。……

到了四月一日，營部成立大會那天，我和大夥把會場的事兒一干完，就趕緊裝好膠捲，等著會議開始。看著滿操場的人群，我挑了幾個角度把會場的人山人海情況照了下來，可是主席

臺太寬，會場又是一個大平臺，密密麻麻的全是人，再往後退，也只能照些後腦勺，⋯⋯我左轉右轉，就找到中間的一個稍好的位置，拍下了這張照片，遺憾的是兩邊還都沒照全，不過還算把主要的照了下來。記得拍攝當時是農場第一批膠工向大會獻禮，中間發言的是二連的北京知青路曉平，後面手持第一批煙熏膠片的左起：耿桂榮（北京）、王小平（一連北京）、陳某某（三連老工人、連長的夫人）、李若瓊（一連昆明）、張友婷（二連北京）、李鳳英（十二連昆明）；右邊的左起：（七連北京）、舒卓（十二連、老四川）、後幾個記不清了，好像有一個是五連的趙輝臣（北京）。⋯⋯膠片上的字是林彪在海南的題詞「大力發展橡膠，滿足全國人民需要」。是我用隸書在紅紙上寫好，貼在第一批煙熏好的膠片上的。⋯⋯

這張照片沖洗之後，放大了不少張，當時自己也沒有特意保存，放大的照片都發了下去，我現在保存的這張，還是我愛人後來去服務社照相館時，看到有她在上面，隨手要走的。這樣，她就一直保存到現在。我想肯定有不少人手裡還有放大好的這張照片，那樣翻拍出來的效果一定比這張要強。

一張小小的照片，記錄了三十多年前的一段歷史，留下了我們的足跡和回憶，讓我們無法忘記自己逝去的青春年華、無法忘記自己經歷的火熱生活、無法忘記灑滿自己汗水的膠林、水田，無法忘記邊疆的鳳尾竹和鉈鑼聲⋯⋯

上述文章從一個側面記錄了當時決策者，為了安置穩定知青而成立雲南生產建設兵團的經過，而自由兄弟〈關於海南及全國生產建設兵團的哥德巴赫猜想〉則有著更詳細的介紹：⋯⋯如同「1+1」這個「哥德巴赫猜想貌似簡單的問題一樣，直到現在，誰也不能準確說出從一九六九年至一九七○年間，在原有的黑龍

江生產建設兵團大規模擴大建制的同時，全國大江南北為何突然
又新成立了內蒙古、蘭州、廣州、江蘇、安徽、福建、雲南、浙
江、山東、湖北共十個生產建設兵團以及西藏、江西、廣西的三
個農墾師的主要提議者、決策者和具體操作者及其內在外在動
因。特別是隨著毛澤東、林彪、周恩來等老一輩離去，有些問題
將會成為永遠塵封的祕密，再也無法找到其準確的答案。

當時，加上五十年代組建的新疆生產建設兵團，全國共有十
二個生產建設兵團和三個農墾師，被國外媒體稱之為遍佈中國的
幾百萬「准軍事部隊」。但是，隨著歲月流逝，人員更替以及幾
經周折，檔案資料不全，現在已經很難準確詳細說清其中的人員
之數，編制如何，甚至連其成立、撤銷日期都很難一一查清。於
是，這個來去匆匆，宛若曇花一現的特定事物，一個時代的流行
名詞和象徵之一，也如「哥德巴赫猜想」一般，令許多學者和對
其頗有幾分感情的當年知青們著迷不已。當時全國生產建設兵團
和農墾生產師的殘缺簡況摘要如下：

一、十二個生產建設兵團：

（一）新疆生產建設兵團——一九五四年十月八日成立；一
九六九年八月二十三日劃歸新疆軍區領導，目前下
轄十四個師，一百七十四個農牧團場、五千多家企業
等。是全國保留至今的唯一生產建設兵團。

（二）黑龍江生產建設兵團——一九六六年一月成立；一九
六八年六月十八日劃歸瀋陽軍區領導，編制六個師，
轄六十四個團，一九七六年撤銷。

（三）廣州生產建設兵團——一九六九年四月一日成立；隸
屬廣州軍區領導，編制十個師，下轄一百四十八個
團，一九七四年十月撤銷。

（四）蘭州生產建設兵團——一九六九年四月九日成立；隸屬蘭州軍區領導，編制六個師，下轄五十七個團場；其是將一九六五年組建的原甘肅、寧夏、陝西、青海四個農業建設師收編至旗下擴建而成的，成為當時全國唯一的跨省兵團。一九七三年撤銷。

（五）內蒙古生產建設兵團——一九六九年五月八日成立；隸屬北京軍區領導，轄六個師，四十一個團（廠），四個直屬廠團。一九七五年撤銷。

（六）江蘇生產建設兵團——一九六九年九月成立；隸屬南京軍區領導，轄四個師，四十一個團。一九七五年撤銷。

（七）安徽生產建設兵團——一九六九年九月十七日成立；隸屬南京軍區領導，接管國營農場、茶場、林場等四十二個。一九七五年撤銷。

（八）福建生產建設兵團——一九六九年成立；隸屬福州軍區領導，轄二十八個團場。一九七四年撤銷。

（九）雲南生產建設兵團——一九七〇年三月成立；隸屬雲南軍區，由雲南省和雲南省軍區領導，轄四個師，三十二個團，四個直屬單位。一九七四年撤銷。

（十）浙江生產建設兵團——一九七〇年五月八日成立；隸屬南京軍區領導，下設三個師，十五個團。一九七五年六月五日撤銷。

（十一）山東生產建設兵團——一九七〇年成立；隸屬濟南軍區領導，下轄二十個團。一九七五年撤銷。

（十二）湖北生產建設兵團——一九七〇年成立；（具體編制不詳）一九七二年撤銷。

二、三個獨立農建（生產）師：

（一）西藏農建師——一九六九年成立，隸屬西藏軍區領
　　　導，下轄九個團，一九七五年撤銷。

（二）江西農建師——一九六九年成立；隸屬江西軍區領
　　　導，下轄八個團。一九七五年撤銷。

（三）廣西農建師——一九七〇年成立，隸屬廣西軍區領
　　　導，下轄十二個團，一九七四年撤銷。

　　作為曾經生產建設兵團知青，自由兄弟在搜尋到了上述簡況
之後，曾特意打開全國地圖，聯想當時的國際國內形勢，反反復
複地揣摩了許久，從新疆、內蒙、黑龍江，再到海南、廣西、雲
南，十五個生產建設兵團（農墾師），除了湖北生產建設兵團之
外，全都沿著邊疆省、區恰好將偉大祖國圍成一圈環環緊扣的長
鏈。顯然，決策者之所以要大規模成立生產建設兵團，其首要用
意是考慮防禦外敵的入侵。

　　眾所皆知，當時由於中蘇長期交惡，雙方關係已從原來的政
黨觀點分岐，發展到邊境武裝磨擦衝突。蘇聯「老大哥」為了恐
嚇壓服中國這個「不聽話」的大老弟，已經在邊境陳兵百萬。而
東北亞，日、韓當時與中國尚未建交，時有矛盾。在東海，臺灣
老蔣企圖趁我「文革」動亂之際反攻大陸。在越南，誰都知道中
國有十多萬部隊人員在幫助抗擊美國五十多萬大兵。戰火隨時有
擴大的可能。在緬甸，國民黨殘餘部隊和以種販毒地方割劇勢力
時常對我邊境騷擾不已。而泰國，則是美軍的後勤基地。與西藏
一山之隔的印度，更是對不久前的中印邊界戰爭敗北耿耿於懷，
伺機再報一箭之仇。不過，當時發生戰火最大可能則是中蘇、中
越邊境。

　　如果發生中蘇邊境戰爭或美國擴大越南戰火，就當時軍事技

術和武器裝備，我們勢必以雙倍甚至更多的兵力才能抗之。而一旦出現抽調大規模部隊北上或南下，所留武裝力量空缺地帶該如何補充？這不能不成為高層領導人為之擔憂的事情。因此，籌建生產建設兵團，組建「准軍事部隊」就成了理所當然的事情。

這一點在海南生產建設兵團每個團幾乎必建一個武裝連，其他的連隊必建一個基幹武裝民兵排上可以得到佐證。不算普通民兵，光基幹民兵就達十一萬零八百人，再加上兩千九百多的現役軍人。足足是十個加強師的後備兵力。而內蒙兵團一九七一年職工總人數約為十點一萬（其中知青七萬五千人），卻配備了5600多名的現役軍人。可以說現役軍人幾乎配備到連或排。

……

短期內組建如此眾多大規模的生產建設兵團，自由兄弟還有一個因果猜想，就是高層領導試圖對建國以來一系列政策失誤的彌補或掩蓋。眾所皆知，從建國初期到上山下鄉運動期間，一方面是過多過激的政治運動，嚴重阻礙了生產力的發展。如在工商業改造中擴大了所謂沒收官僚資本範圍和帶有強制性的公私合營，完全壓抑了民族中小企業的發展；又如反右的擴大化，使得當時生產力中最活躍的知識份子如履薄冰似的無法發揮創造熱情；再如大躍進中的「共產風」，幾乎完全摧毀了社會主義初級階段應該具備的多種經濟成分；文化大革命開始後的三年時間，工廠停產、學校停課，又幾乎是靠吃老本來支撐國家機器運轉，根本難有更多的積累擴大再生產，建立更多的工礦商企業來創造大量新的就業崗位。

另一方面是忽視了人口計畫生育。一九四九年建國初期，中國的人口才是五點十二億，但在信奉「多子多福、早婚早育」的觀念影響下，人口增長的很快。一九五七年人口就達六億四千七

百萬。為此，馬寅初先生曾提出了計畫生育、控制人口的建議，但是沒有得到重視，反而受到批判。結果在「人多好辦事」的思想指導下，全國人口到一九六九年就突破八億零七百萬大關。二十年間，人口增長近三億，淨增長數量竟是中國八百多年人口增長的總和。

此時的國家已陷入了一個兩難處境：一邊是人口的急劇增長，一邊是就業崗位的緊缺。而當時我們的父輩又正當40多歲的中年，無法退休騰出崗位給兒女頂替，文革三年累積的上千萬的初高中學生又等待消化，否則，任憑他們集聚城鎮無事可做，就會發生大的社會動亂。於是，將上千萬知青分散到農村，就成了國家高層領導必然的無奈選擇。但到農村插隊畢竟還算不上正規就業，出於擴大就業崗位所想，將部分知識青年分配到國營農場當工人、領工資，有勞保福利待遇等，從事的是有程序式的生產，就算是安排了就業崗位，無形中也成了高層領導的最佳方案和指導思想。

這一觀念，在一九七八年十二月全國知青工作會議上出臺的〈知青工作四十條〉中可得到最充分的佐證。該文件針對農場的政策只有一條：「……今後邊疆農場（兵團）知識青年一律按照國營企業職工對待，不再列入國家政策的照顧範圍。」由此可想而知，到兵團的知青是更為長久的上山下鄉，甚至是永久的人口遷徙。試想，如果沒有當時雲南兵團知青以死抗爭，這一政策不知還要延續多久。

但是，當時這種涉及人數眾多的大規模遷徙安排工作，必須要有堅強的組織結構和中堅力量，才不至於在派性鬥爭仍未消除的各個國營農場發生大的亂子。於是，習慣依靠部隊軍管來維護特別時期秩序的最高領導，也就自然而然地想到組建生產建設兵

團這一形式，用強有力軍事機器來完成這一大規模人口遷徙安排工作。後來事實證明，當初運用這一形式對於安排近兩百六十多萬（有說是三百萬）知青到農場「就業」和恢復農場生產，也確實起到了積極作用。……

第五節　為運送知青而臨時設立的中轉站

為了完成當時成千上萬的知青運送安置工作，許多省市、兵團都抽調人員在一些樞紐地點設立了知青接待中轉站。海南兵團知青邢伯偉在〈兵團接待站二三事〉講道：所謂「兵團接待站」是俗稱，正式名稱叫「中國人民解放軍廣州軍區生產建設兵團安置辦公室」。一九六九年四月兵團成立時並沒有這個機構，後因八月份有大批知識青年將分配到兵團，為了應付即將到來的對知青的接待工作，大約在七月份時兵團臨時組建了這麼個機構。筆者有幸參加了接待站早期的一段工作，現將當時的一些經歷和趣事寫出，供大家回味。

組建接待站。一九六九年大約是七月中旬的一天下午，我正在菜地勞動，連隊王九書記把我叫去，說團部來電話，抽調我去「搞接待」，時間是「三個月」，並叫我馬上準備，第二天就到團部報到。當時的「準備」工作很簡單，收拾幾件換洗衣服就出發了。開始我還以為是到團部工作，到了團部，才知道是到海口兵團司令部去工作。同時被抽調的還有我團另一個連隊的巫宗文，他是化州「政治學徒」。所謂「政治學徒」是我們對比我們早到農場幾天的一批化州城鎮知識青年的稱呼，他們原是做幹部苗子培養的，參加過農村的政治運動，但文化大革命中斷了他們的仕途之路，也像我們一樣被分配到海南農場。巫宗文年紀比我

大，社會經驗比我多，我跟著他，就像跟位大哥一樣，處處聽他
的多。在團部待了一晚，第二天一早我們一起搭乘團裡運膠片的
貨車趕到海口。運膠片的車只到秀英倉庫，不進海口市，所以我
們在秀英附近換乘公共汽車來到海口市區指定地點報到。「接待
站」的地點在反帝路七十八號，也就是原（老）農墾局大樓。文
化大革命時，農墾局的幹部都被下放到各農場，成立兵團後，兵
團司令部是放在秀英即現在的海南農墾局的位置。所以反帝路的
老農墾局機關除了有部分用做招待所外，大部分辦公室一直是空
著的，我們去辦「接待站」時，很多辦公室的房間還保持著當年
人們離開時的原狀。

原農墾局機關人員下放後，局機關被改成招待所，留有一
些服務人員和炊事人員，新建的接待站就是在原來農墾局招待所
的基礎上擴編形成的。原來招待所的食堂炊事人員和一些服務人
員按他們的編制不動，叫做「後勤組」；我們這次從各農場抽
調上來的11名知青和幾位原農墾局的幹部，另外組成一個「接待
組」，兩個組合起來叫「接待站」。接待站總負責（指導員）是
軍隊幹部老鄭，我們接待組的「組長「是原農墾局幹部老朱。接
待組開始只有十六個人，後來根據工作需要又陸續從各團（農
場）抽調幾批人員增補，最多時近三十人。接待站直屬兵團司令
部管轄。

反帝路七十八號招待所總的接待能力不到兩百人，知青來的
人數較多時，反帝路的招待所地方不夠用，我們就臨時借地方學
校教室用（七、八月剛好是學校放假時間）。離我們招待所不遠
的海口九小和遠在府城的原海南大學外語樓我們都借用過。招待
所的住宿條件相對好些，分房間有床鋪睡。臨時租借的地方條件
就差一些，睡的是地鋪，在租借來教室鋪上床板草席，拉上蚊帳

就是一個床位。有時沒有床板就直接睡草席，人多時地方不夠，還要互相擠著睡。因為就睡一晚上，大家都能湊合，沒有什麼意見。

接待工作。我們要做的接待工作是將乘船從大陸（這是海南對內地的習慣稱呼）到海口（秀英碼頭）的下鄉知青先接到海口市（接待站）休息一晚，次日早飯後，由各團（農場）來車接送去農場。知青到各團的分配名單是上面定的，老朱拿回來，我們就根據名單安排吃住。一般到海口（秀英碼頭）的船都是在十時後等海水漲潮時靠岸，我們用兵團汽車連的車把「新戰友」從碼頭接到招待所，安排到預先分好的房間住下，吃中午飯。吃午飯前我們向大家宣佈當天的日程安排，告知注意事項。下午通常都是自由活動，讓「新戰友」逛逛街，熟悉海口市。在當時的情況（環境和心境）下，知青們很少說有心情滿街閒逛的，一般都是在附近走一兩條街，買點生活日用品，個把小時很快就回來了（當時的海口市也就是反帝路附近的幾條街熱鬧點）。但有時也會遇上幾個玩心重的知青會逛到吃晚飯前才回來。曾有一次一位女知青到吃晚飯時還沒有見人，把我們急得要命，到處找，以為她剛來海口，走迷路了，擔心的夠戧。最後直到七八點鐘才見她慢悠悠地走回來，手裡還拿著一包東西，找她一問，原來她跑去海口的親戚家「走親戚」去了。我們給弄得哭笑不得，她去親戚家高興去了，我們幾個工作人員卻是找她找到連晚飯都沒好好吃，因為當時把接待知青的工作叫做「政治任務」，如果剛到海南（兵團）就少了個人，那可不是鬧著玩的。

通常在吃晚飯前我們向這些「新戰友「宣佈第二天下團部的車輛安排及候車地點。晚飯後的時間也是自由活動。

剛到海南，大家比較關心的是自己將要去的目的地（農場）

的情況，如：離海口的路程，兵團（農場）主要從事的生產內容，有沒有橡膠割（因為當時一些新建的農場只是種橡膠，還沒有開割的膠樹），割膠是怎麼回事，工作環境和生活條件艱苦不艱苦，等等。自然我們這些「老戰友「就成為被提問和打聽情況的對象。當時知青「革命」的情緒相對還是比較高的，想法也單純，不像現在，首要考慮的是工資待遇如何。當時流行的口號是「農村是廣闊天地，知識青年在那裡是大有作為的」，知識青年大都抱著一顆熱心，看能不能在兵團能有什麼作為，能做什麼貢獻。如有一次，一位廣州知青問我，「兵團戰士有沒有軍裝穿？」「有沒有槍拿？有沒有仗打？」。對這類問題我們回答都比較「正統」和「革命」。如對上面所提問題，我當時的回答是，「工作服就是兵團戰士的軍裝。」「拿膠刀也一樣幹革命，兵團戰士的戰場就是膠林。」對於問農場生活「苦不苦」的提問，我們的回答更響亮：「革命不怕苦，越苦越革命。」「到海南就是來吃苦的。」當時給我的感覺是這些新戰友對我的條文式的回答還是蠻佩服的。都點頭說是。

　　知青到我們接待站，離開家也都只有兩三天時間，所以心情大都還處於一種興奮狀態，比較樂觀。晚上的活動基本上是「話別」，因為從第二天起大家就將分赴各農場，各自走向自己的工作和生活崗位了。有一次從汕頭來了一批知青，晚上他們有五六個人拿出隨身帶的「曼多林」（八弦琴）邊彈邊唱，情緒高漲，一直彈唱到近十二點，我催了幾次他們才勉強分開去睡覺。他們基本上是用潮汕方言在唱，歌詞我聽不懂，但樂曲和歌聲給我留下了非常深刻的印象，這是我第一次直接欣賞「曼多林」的彈唱神韻。在他們的影響下，我後來也托人幫買了一把「曼多林」學習彈唱，儘管技藝不成，但「曼多林」還是保存至今。

　　當然，畢竟是從城市裡來，對海南農場生活的艱苦通常認識不足，碰到現實困難後思想也會有反復的。記得有一次我隨車送一批從梅縣地區來的知青到屯昌縣黃草嶺農場，大約上午八點左右從海口出發，走中線，開始公路較好，汽車也不顛簸，（貨車）車廂內的氣氛很熱鬧，大家有說有笑，用客家話唱著一些自編的山歌。我大約聽懂一些，其中有一段套用《白毛女》中「北風吹」曲調的歌詞，我現在還記得幾句：人家有錢抽前門，我家沒錢抽捲煙，花上一角二分錢，買了一包大鍾煙……說說笑笑，十分熱鬧。走了兩個多小時後，汽車離開中線國防路，轉進通往屯昌縣的公路，開始顛簸起來，加上近午，帆布篷給太陽曬了幾小時，車廂內越來越燥熱。隨著車廂內溫度的升高，人們的情緒卻越來越降低，歌聲沒了，抱怨聲開始出現了。十二點多，好不容易顛到黃嶺鎮，人們以為到了，誰知被告知，「離團部還有二十公里」，大家的情緒一下子跌到底點。進場的路更難走，汽車一顛三搖晃，開始有人因受不了長時間的顛簸，嘔吐起來了，還有幾個女知青竟然哭了起來。見此情況，我只好安慰性地鼓勵他們，說海南颱風多，雨水多，公路被水沖毀的嚴重，說不定你們一到團部，明天就組織你們修路呢？這話一說，馬上有人出反應了：「明天就要勞動呀？」我當時回答「你來兵團是革命還是來享福的？」（這也算是在做思想工作！）有的則半開玩笑地說，「算了，我們明天跟車回去。」我也半開玩笑地說「回不去了，這汽車就是你們團的。」大家無話。

　　語言誤會。海南人講普通話有個特點，「是、一、四、七」這幾個字的讀音分不清，全都是發一個近似「細」的音。為此也鬧過一次誤會。我們接待工作的程式，是在知青達到接待站確定人數後，將落實的人數用電話告農場次日來車接人。有一次好像

是安排廣州來的知青，安排到中部（四師）某團，只有一個人，負責通知團部的是1名海南籍的女同志（原農墾局留守家屬），說的普通話帶很重的海南音。農場方面接電話的又是個客家人，說的普通話也不標準，也不懂海南人說普通話的特點，發生了誤會。下面是當時雙方的對話：

農場：「我們團這次分來幾個知青？」

接待站：「分了一個。」

農場：「什麼，只是一個？」

接待站：「不是十一個，就是一個！」

農場：「哦，九十一個呀。」

接待站：「對，就是一個。」

對方把「只是一個」聽成「十一個」，把「就是一個」聽成「九十一個」。

第二天，我正在分派運送車輛任務時（兵團汽車連每次都派出若干台汽車支援那些分配知青多而車輛又不足的團），那個農場浩浩蕩蕩來了三台車，兩台四噸的大車，一台兩噸半的小車（這是按九十一個人的數量派來的車，因為當時運送知青的汽車規定四噸車坐三十五人，兩噸半的車坐二十五人）。農場來人興沖沖地問我，「分給我們團的知青在哪裡？」問清楚單位後，我告知他，「哦，四師×團的，1名，就在那邊等呢。」說完我指著不遠處一個正坐在行李包上的女知青「就是她。」「什麼，就是她，只有1名呀？」來接知青的人愕然了，「不是說九十一個嗎？」「誰說的？你們團上次才分了幾十人，怎麼會這下子又給你們團九十幾個呢？」「昨晚你們電話裡明明白白地說，對，九十一個嘛！」他一句一頓地把後半句重複說了一遍。我也莫名其妙了。把昨晚值班的服務員找來仔細瞭解，才知道是因「海南普

通話」的發音上出了毛病。我笑著對那位農場幹部說，你不知道海南人講話是一四七不分的？她說的「九十一」其實是說「就是只有一個。」一場誤會，誰也不好說誰，事到如此，只好安排兩輛大車臨時跑去秀英倉庫看有沒有東西要拉回團，小車就拉1名知青「放空」回團。倒是這名知青「因禍得福」，一個人坐車頭去團部，享受了「團級待遇」。

這事發生後，我們接待站定下一條規矩：接聽電話一律安排我們知青值班，不再敢安排原來招待所的人員（家屬）值班了。

搶救食物中毒者。知青接待工作主要在八、九月份，進入十月後我們的接待工作也告一段落，有點空閒了。兵團政治部除了叫我們學習「毛主席著作」，提高思想覺悟外，利用當時招待所的接待能力，還為海南軍區召開「黨代會「做了一次接待。那次對兄弟單位的接待工作我們是十分認真的準備，也很賣力，但卻出了個意外事故。

海南軍區「黨代會」的代表住我們招待所，吃也由我們負責。記得是大會開始的第二天晚上，晚飯後不久，就聽到反映說有幾個代表肚子不舒服，叫我們幫忙叫大會醫生。我和兩個同事到代表住的房間，看見有幾個代表捂著肚子說肚子痛，老拉稀。這幾個代表是榆林港的，年紀和我們相仿，大家比較熟悉，所以見面我們就開玩笑說，「夥計，今晚什麼好東西吃多了，搞到現在鬧肚子？」「來，我們扶你上個廁所，等下就好了。」可是我們扶著他們，看見他們那痛苦的樣子，就覺得他們不是一般的鬧肚子。而且發現上廁所的人越來越多，就感覺情況有點不妙，馬上向鄭指導員報告。一會兒，會議值班醫生來了，他一看這情況就說，不好，可能是食物中毒！我們馬上把情況向上級報告。

果然，不到半個小時，整個招待所的氣氛就全變了，鬧肚

子的人越來越多，這時大概是七點多快八點鐘的樣子，兵團司令部和衛生部也來人了，海南軍區政治部也來了人，海口駐地的部隊陸軍醫院和海軍醫院的醫生也來了，成立了個臨時指揮中心。他們聚集在一起討論了一下，確定這是集體食物中毒，當即定下三條：一馬上搶救病人，送附近醫院；二給沒有發病的代表服用黃連素，按常用量加倍（六粒）口服；三、封存晚餐的食物及用具，待查原因。同時通知現有的開水不能喝。當時是為了防止有人搞「階級破壞」，毒害「黨代會代表」，所以先將代表們房間的開水禁止飲用，臨時（派人監督）另外煮開水。

我跑去叫來燒開水的老頭（好像姓翟），也帶有「監督」的意思。原來燒水的鍋爐給封了，臨時用一個水壺燒。翟老頭一邊燒水，一邊嘀咕：怎麼回懷疑我燒的開水呢？天天都是這樣燒，也沒見出問題，我也不會放毒啊！儘管嘴上這樣說，翟老頭心裡還是很緊張的。我注意到他加水時手都有點抖。我在旁邊安慰說，還沒有找到原因，只是從安全角度考慮。我也認為不會是開水的問題，這不，我們也是喝這裡打的開水，也沒有見我們誰鬧肚子呀？水一燒開，我們馬上帶著水（壺），到代表房間逐個分派吃藥。派藥時，還只有一部分代表發病，一些沒發病的代表，主要是些年輕人，還說牢騷笑話：「他們幾個貪吃鬧肚子，害得我們也跟著吃苦（藥）。」黃連素是很苦的藥，我們邊派藥邊勸他們，「吃吧，有好處的，等下說不定你也要去廁所。」

這也不幸給我們說中，這邊廂預防藥還沒有派完，那邊廂新增的病人越來越多，病情也越來越嚴重。我清楚記得，有位團長，中等身材，胖胖的，人很和善幽默，開始我們在救助其他早期發病的代表時，見到他在一旁幫手鼓勵病重的代表要堅持住。我笑著問他：「胖團長，你怎麼樣？」團長笑著說「只上了幾躺

廁所，還可以堅持。」等我們去處理其他病號大約二十分鐘不到的樣子，突然有人說：「快，團長不行了。」我們趕快跑去，在廁所裡找到胖團長，他已經沒力氣站立了，臉色發白，見到我們他有氣無力地說：「快，小夥子，我，我也不行了。」我們立即把他扶出廁所送上救護車。

病情發展非常快，大約九點左右，已經有四五十個代表發病，開始用車往附近部隊醫院送，後來病人太多，兩輛會議用的吉普車汽車來回跑不及，醫院床位也緊張，附近幾家醫院包括海軍醫院床位全滿了。指揮中心決定就地進行搶救。位於反帝路七十八號的老農墾局辦公樓，解放前是教會醫院，它的樓內過道特別寬（據說本來就是為安置臨時病床用的），這下可發揮作用了，我們倉庫有很多備用的睡床，我們把它搬出來放在寬寬的過道兩旁，每張床頭支上一根掛蚊帳用的竹竿，用來掛藥瓶。很快，一張張臨時病床就鋪在了各樓層的過道上，搶救氣氛顯得更濃了。

十點來鐘，或許是服了預防藥的原因，新增的病號沒有了，總的病情基本控制了。記得當時我們統計了一下，一百多代表，輕重病人合起來約有八十來人，病情較重送進醫院的有近五十人左右。進院的，大部分一、兩天後就出院了，少數重病號是醫治了四天後才出院。前面說的胖團長，他屬於較重的，出院回來那天，我們見到他，又跟他開玩笑說：「團長，還可以堅持吧？」團長笑笑說，「沒問題，就瘦了幾斤。」

事後查明，惹禍的是一批榆林港送來的大紅魚。為了慶祝軍區黨代會召開，榆林港特地弄了一批大紅魚送給大會（那時叫向大會「表忠心」）。頭天從榆林港用汽車送到海口，那時還沒有高速公路，汽車從榆林港出發，走東線，飛跑一整天，到了海

口已是晚上。當天吃不上，第二天中午的菜譜已確定，只好安排到第二天晚上吃。這批紅魚在路上跑了一整天，當天晚上臨時處理了一下（裏麵粉油炸），次日又放上一天晚上才吃。由於冷藏工作有沒做好，出現變質，產生一種特別的細菌（名字我記不起來了），吃了就容易出現急性胃腸炎。但事情也怪，海南籍的代表都沒有生病，他們對這病菌有先天抵抗力。榆林部隊的代表生病最厲害，不僅因為他們基本上是內地人，而且還因為他們吃得多！他們吃飯坐的位子在餐廳的最後面，靠近廚房門口，大概是平時生活比較艱苦，又都是小夥子，按規定上的菜他們一下吃個精光，所以我們常常偷偷地將備份的菜送給給他們加菜。好像那晚上也給他們多弄了幾塊紅魚。由於這紅魚較珍貴，數量也不多，當晚沒有給我們工作人員吃，所以我們工作人員也就沒有中毒的。

接待工作結束。知青到來的特點是比較集中，所以我們接待站的任務也是非常重，帶有突擊性。在我的一本舊筆記中查到這樣一段記錄：一九六九年七月二十五日早汕頭市一千二百，二十六日走；一九六九年八月八日早，汕頭市六百五，十九日走；一九六九年八月十三日晚潮安地區八百三十，十五日走；一九六九年八月十九日下午廣州南片八百，二十日走；一九六九年八月二十日中午廣州東片六百，二十一日走。

一九六九年正是大批知識青年上山下鄉「接受再教育」的最高潮（也是最後的高潮），「安置辦公室」在忙完一段後，年底（十一月二十號左右）就進行了「精簡」，只留下十來個人。當時如能留在海口工作應是件天大的好事，大家都在想辦法留下來，可我當時卻相反，認為自己是「是從廣州大城市來的，應下到農場接受工農兵再教育，不應又留在海口這樣的大城市。」於

是主動「創造」了個條件：在臨解散之前的學習總結會上，有意識地不發言（平常我是發言的積極分子），大家輪著發言，到最後就剩我了，老朱說：「小邢，輪到你了，看看你有什麼好經驗？」「我學習不好，沒有什麼好經驗，不說了。」我一反常態的回答，把老朱搞蒙了，不知怎麼回事。他繼續叫我發言，我不但沒有發言，反而借題跟老朱頂撞起來，弄得老朱幾乎下不了臺，幸虧巫宗文從旁調和了一下。

事情發展的結果很明顯，我成為返回人員名單上的第一位，我「如願以償」。名單一宣佈我就馬上高高興興地買了張汽車票回團了。留在海口工作的巫宗文後來寫信告訴我說，其實當時內定我是留下的，老朱還是蠻喜歡我的。說真話，我與老朱也沒有任何個人恩怨，對他我也是很尊重的。在總結會上給他難堪，一點惡意也沒有，只是想讓他把我送回農場就行。後來有次出海口，曾到招待所去過找老朱，但沒有見到，最後聽說老朱調回老家四川去了，真遺憾！

沒能留在海口工作，一點也不覺得後悔，回想起來，只是覺得好笑，當時的思想就是這麼幼稚！用現在的話來說是「左得可愛」。反帝路七十八號的兵團接待站忙完那一段後，後來改名為兵團第一招待所。三年後的一九七二年八月底，我作為兵團第一批選送的「工農兵學員」離開海南（海口）的前一晚，恰好又住在第一招待所，與當年一起工作過的戰友在相逢中話別，別是一番心情：當年如果我不「犯傻「必定與他們一同工作至今，但如果不是當年被返回農場，會有如今到廣州讀大學深造的機會嗎？

為了迎來送往遠行的知青，一些縣市也設置了「臨時中轉站」。據南京知青在〈插隊十年〉中回憶：……大約在晚上七八點鐘，終於來到了泗洪縣城青陽鎮。縣裡組織了很多幹部職工和

學生夾道歡迎我們。吃過晚飯以後，通知我們去開歡迎大會。當時縣裡還沒有一個像樣的會場，汽車把我們拉到一個部隊的禮堂。我們到時，可能與會人員早已等待多時了。從正襟危坐的部隊官兵和群眾中穿過，安排在專門預留的主席臺就座，確實有一點風光一時的感覺。可能縣裡希望能夠給我們一個豪華的精神盛宴，在例行的歡迎儀式和講話之後精心安排了大量的文藝節目。

可惜我們這些學生經過整整一天的顛簸，都已經疲勞不堪，再加上幾乎所有的節目都是黃梅戲、泗州戲等地方方言劇目，一點也聽不懂。所以文藝節目開演後沒有多久，就有一些同學悄悄溜出會場，試圖溜回住處睡覺。我們的這一舉動大出主辦者意料之外，也使他們頗感尷尬。不過魔高一尺道高一丈，他們早已經把外面的大鐵門鎖死（我想原意大概並不是提防我們溜走，不過是為了安全，沒想到起了意想不到的作用），一個工作人員更是在大門邊上對我們這些不守規矩的新農民大大訓斥了一番。於是大家只好灰溜溜地返回會場。又過了一段時間才得以陸續溜出來。

我們的臨時住處是在縣委黨校。當時大多是陳舊的木結構兩層樓房。由於屬於「臨時中轉站」，行李鋪蓋仍在行李車上堆著，縣裡給我們備下了一批棉被（事後知道是臨時向當地居民租的），在樓板上鋪一層蘆席作為地鋪。不知是哪位經驗豐富的同學鋪開被子仔細地翻看了一下，發現了好幾個肥肥的蝨子，於是大家都驚慌不知所措，一個個席地而坐，再也不敢碰被子一下了。也有個不在乎的，看我們都不拿被子，乾脆鋪三蓋四舒舒服服地睡起來。時間一分一分的過去，終於有人熬不住了，和衣裹著被子躺下，於是陸續有人效法。到第二天早上，從朦朧中醒來，發現一個個七倒八歪，什麼睡相都有，更沒有一點斯文可言，叫人忍俊不已。

　　原內蒙知青禹傳蘭在《紮旗知青接待站》中回憶：大家都沒忘吧，反正我是永遠都不會忘記那坐落在魯北街裡的知青接待站。因為去魯北鎮的次數較少，具體方位說不太准了，但那院落還依稀記得：一棟平房帶院套，院內有水井，角落有茅廁，堆放著不少柴禾。男生這邊好幾間打通的屋，一溜通炕，接著電燈也備著小油燈。外屋有兩口大鍋，取院內柴垛的柴禾就可以燒水做飯。對過是女生的領地了。管理員（應該這樣稱呼吧？）是位老人家，可惜實在想不起來大爺姓什麼。是位慈祥的老人，善解人意不論男女只要表明是知青身分，大爺就會安排你位置，告訴你怎樣洗漱、吃飯、就寢，不用登記的。鋪蓋少了點，炕總是熱的，即便冬天和衣睡也沒事。

　　在這裡清一色的知青，沒人帶老鄉來住。加上大爺的性格好隨你們怎樣發洩，於是有人肆無忌憚了：牆上刻了不少的字，有「文化」也有髒話；有在這「拔份」的，「較碴倍兒」的，反正也是當年知青文化的一部分，回想起來也挺親切的。比起大車店來氛圍更適合知青們。接待站給我們提供了極大的方便和溫暖，知青們在這裡相互的交往、交流，非常好的落腳點。現在出門住酒店、賓館，裝出斯文模樣，拿著一副派頭，假！沒當年親切。

　　在接待站住過幾次。印象比較深的是那年去五區修道，完成任務以後回村到魯北已是下午了。老闆子和老鄉去住大車店，我和劉永等知青就去了接待站，和大爺打了招呼以後一看天還早上街去逛逛。發現了一個賣魚的——活鯽魚七八兩的個兒，兩毛一斤，反正也準備打打牙祭改善一下，於是湊錢（雖然便宜也買不起呀！也算原始的AA制吧）買了六七條，又買了一些肉餡和一大塊熟牛肉拿回了接待站。大爺幫我們收拾好了魚，我們把拌好的肉餡搋進魚肚內由大爺提供油和佐料，下鍋了煙霧騰騰，香氣

襲人。切好了牛肉，擺上燉魚，大爺拿來一磅燒酒——混濁的帶
著鐵銹的顏色。和大爺盤腿坐在炕桌旁，土酒、土菜推杯換盞，
美！香！酒足飯飽，大爺拿了個舊氈子，哥兒幾個橫著鋪睡得
沉。只能去比朱洪武的珍珠翡翠白玉湯了。

那年（一九七〇年）回北京，與全國各地的知青聊起了我們
的接待站，他們無不佩服。除了紮旗的知青他們沒那緣分！離
開紮旗以後也不知接待站怎樣了，但美好的回憶永留在了我的
心裡。

除了設立知青接待中轉站之外，各級政府還紛紛成立了知
青辦公室，統籌管理協調日常的知青安置生產生活工作。網友見
仁見智在《說不完的上山下鄉》中回憶：一九六八年十二月二
十二日，毛澤東發出重要指示後，為了適應這種新形勢，鐵嶺地
區的知識青年上山下鄉管理機構應運而生，上山下鄉運動也很快
形成高潮。一九六八年，瀋陽專區革委會成立後，決定由革委會
政工組畢業生工作辦公室負責領導全區知青上山下鄉工作。辦公
室負責人孫紹謙、孫翔。辦公室有工作人員2名、軍代表2名。各
縣也設立「畢業生工作辦公室」，與地區「畢業辦」形成對口單
位，統一管理全地區知識青年上山下鄉工作。

一九六九至一九七二年，鐵嶺地區知青工作日益繁重，知
青工作人員也日益增多。大致分為秘書、動員安置、管理教育三
項業務辦公，為以後成立地區知青辦奠定了基礎。一九七三年三
月，中共鐵嶺地委決定成立鐵嶺地區知識青年上山下鄉工作辦公
室。五月，將地區知青辦編制增至十三人，並要求知青辦逐步將
知識青年下鄉工作的人、財、物統管起來。與此同時，各縣也相
繼成立知識青年上山下鄉工作辦公室，公社一級設專職知青工
作助理，大隊班子指定1名副書記做再教育工作，地區、縣、公

社、大隊四級管理知青工作的機構逐步完善，形成了知青工作層層有人抓，上下有人管的局面……

自一九七三年成立鐵嶺地區知青辦以後，知青辦逐漸成為全面管理知青工作的綜合部門。有人稱之為「知青之家」。其基本職責為：一、負責協調安置。包括上山下鄉的宣傳動員，溝通落實插隊地點，解決知青與當地農村的一些矛盾與問題；二、負責知識青年專項資金管理。包括青年集體房舍修建與規劃，生產或生活、文化教育方面的設施投入支出等；三、知青的教育。包括社會教育、典型宣傳培養，組織青年學習馬列主義與毛澤東著作，組織知青文化學習，辦知青業餘大學等；四、知青管理。包括派遣知識青年帶隊幹部，知青升學、參軍、返城等各方面的管理。

第八章
廿餘年狂潮造成的惡果及反思

第一節　最後一批知青話題引申的秘聞

　　二〇〇九年十二月二十二日《桂林晚報》發表了一篇配文照片——〈最後一批知識青年上山下鄉〉，其中作者說：這是我在一九七七年夏天拍的，用的是上海產的4A雙鏡頭相機，抓拍的是平樂縣二塘公社歡迎知識青年上山下鄉的情景。現在來看，這是最後一屆上山下鄉的知識青年了。隨著一九七八年國家開始改革開放，「上山下鄉」成為歷史名詞。

　　我還記得拍照那天是一個上午，兩台中型拖拉機上站了近百名年輕人。當時的上山下鄉歡送活動都有舞獅子表演，隆重熱鬧。知識青年每人得到一個鍅桶和一頂帽子，公社領導給每人戴上一朵大紅花。

　　該帖子上網後，引起了不少網友的興趣，許多網友對這「最後一批知青」提出了自己的佐證和看法。甘肅省蘭州市網友gslzcxp說：我就是一九七七年插隊的知青，在甘肅並不是最後一屆，七八年的八、九月份還有一批知青，他們才是中國歷史上最後一屆知青。

　　遼寧省撫順市網友mxy0723說：歷史珍貴的照片，反映了當時下鄉知識青年的天真。東北最後一批下鄉青年好像是一九七八

年，下鄉幾個月後就都回到城市裡，在父親的單位集體服務公司工作。

老區百姓在〈邯鄲知識青年上山下鄉運動大事記〉三講述：一九七七年十二月二十二日，北京市知青辦通知河北省知青辦，再支援邯鄲（北京）知青手扶拖拉機一台。是年，應屆畢業生按政策留城三千餘人，全市實際動員知青下鄉人數為五千一百三十人，這是邯鄲市最後一批下鄉知青。除邯鄲外，一九七八年全省知青下鄉人數為八千一百人；一九七九年為一千九百人。

青島知青滴定管在〈青島滄口地區的知識青年上山下鄉〉講述：一九七九年，知識青年上山下鄉由集體插隊的形式改為創辦獨立核算的知青場隊、農業生產基地或農工商聯合企業。區知青辦與西流莊公社商妥，在水清溝創辦了青島市滄口區西流莊公社知青大隊，安排區屬單位的職工子女一百零八人。這是最後一批下鄉的知識青年。

顯然，前面《桂林晚報》所說的最後一批知識青年上山下鄉，指的是本地區而言。雖然在許多人們的意識裡，認為知青上山下鄉應該是在一九七九年甚至更早就中止了，但據半官方的資料證明：在一九八○年，全國仍有十五萬五千名青年下鄉，主要去郊區知青農場，其中三分之一是在遼寧及黑龍江兩省，有十個省完全沒有下鄉。這十五萬五千名知青一般都不計算在下鄉運動的統計內，大概是因為他們在農村的時間太短，這個數字也從來沒有正式公佈過。

其實，就在一九八○年胡耀邦等領導不主張再搞上山下鄉之時，有關部門還在推廣湘潭市知青場隊經驗、新財政體制下的知青經費管理等，北京市還制定了實行上山下鄉新辦法。國務院知青辦還編印了《真實的故事》等書，制定了〈關於調整知青場隊

稅收規定〉，提出了年內要辦的四項工作，並且還在牡丹江召開知青場隊經驗交流會。

北京市在一九八〇年專門發文，實行上山下鄉的新辦法，要求做好現在郊區下鄉青年的工作。其中在計算工齡問題上要求，知青場隊的下鄉青年，一九八〇年以前下鄉的，從一九八〇年一月一日起計算工齡，一九八〇年春季下鄉的，從下鄉之日起計算工齡，分散插隊青年以及由於各種原因不能堅持在場隊的青年，應區分不同情況，確定計算工齡的辦法。但是在戶糧關係問題，去年和今年春季下鄉的青年，已轉為農業戶糧關係的，一律就地恢復城鎮居民戶糧關係。回城和招工問題，則要求去年和今年春季下鄉的青年，按照回城政策，於明年九月份辦理回城手續，並優先安排招工，儘量縮短待業時間。為了不影響已下鄉知青的安定，七八屆和歷屆應下鄉不下的畢業生，在明年九月份以前不得納入招工範圍或在城鎮作其他安排。

同時按中央（1978）74號文件要求，繼續抓緊安置北京市郊區剩下來的大體還有三千人左右的老知青，力爭在今年或者稍多一點的時間內，完成這一任務。但安置老知青辦法荒唐可笑，一是由當地全民或集體企事業優先招工。二是縣辦國營農、林、牧場安排。三是按照兩利原則，在社辦知青場隊和社辦企、事業中安排。四是要求新辦知青場隊和農工商聯合企業，吸收老知青作為骨幹力量。與當地農民結婚的女知青，如不能外出參加工作，可安排其愛人頂替，本人今後不再享受知青待遇。病殘的下鄉知青，要特別予以照顧。對於那些立志參加農業建設，願意在農村安家落戶的，要熱情關懷，積極支持，幫助他們解決實際困難。

造成上山下鄉運動這一特殊的不平衡現象，主要還是一九七八年底至一九七九年底政府一些高層領導對上山下鄉從猶豫不定

到有限的再確定。有資料證明：雖然到一九七八年，所有的領導人都意識到下鄉運動的政策不能再繼續下去了。它引起了人民群眾太多的不滿情緒，而從一九七三年起在財政上的竭力支持也無助於根本上解決問題。當時政府機關裡相傳一句新流行語：「國家花了七十億，買了四個不滿意」。李先念公開承認是他先講出「四不滿意」的（青年不滿意，家長不滿意，社隊不滿意，國家也不滿意）；但領導人也非常清楚，突然宣告停止下鄉運動，然後讓仍在農村的八百多萬知青大批返城，這一定會給城市帶來嚴峻的問題，造成工作職位與糧食供應的極度緊張，那是很危險的。因此，最高領導人，聯同領導小組與知青辦，就決定逐步進行，縮小下鄉範圍，首先只讓困難最多的知青回城，尤其是一九七二年底前下去的那些，而國營農場知青則不得回城，他們算是國家職工，所以不再需要分配。

正是面對龐大回城的知青群體和應屆畢業生就業的壓力，一九七七年十二月十二日到一九七八年一月十三日期間舉行了研究知青問題的座談會。這次座談會是由知青辦組織的，來了全國各地的知青辦負責人，有些與會者針對下鄉運動提出了很尖銳的根本性的意見。這些離經叛道的抱著懷疑態度的人很快就讓中央拉回正道上來，最後座談會又再繼續為下鄉運動唱讚歌。

一九七八年一月二十五日《人民日報》第一版公開發佈這次會議結論的一篇文章有一個很明確的題目：進一步做好知識青年上山下鄉工作。譴責四人幫既徒然破壞運動又反對知青跟工農相結合。該會的最終結論顯然就是一切照舊、按既定方針辦：「有一部分上山下鄉的知識青年將要繼續升學，或者回到城市參加工業、商業等方面的工作。但是大多數知識青年將要繼續留在農村，參加建設社會主義新農村的工作。」

　　座談會還宣佈將要召開的全國知識青年上山下鄉工作會議應該「總結十多年來知識青年上山下鄉的經驗，解決好這方面的問題，推動這一社會主義新生事物的發展」但到了年底真的舉行該次大會時，就再也不談什麼發展「社會主義新生事物」了。因為隨著「真理標準」的討論使上下各階層的許多人有機會批評指責下鄉運動，反映人民群眾對上山下鄉運動的抵制態度，而一九七八年十二月，著名的中共十一屆三中全會從根本上改變了人們對上山下鄉的認識。在三中全會後的一個理論務虛會上，知識份子于光遠、邢賁思則直截了當地抨擊上山下鄉這項政策。

　　從具體執行的情況來看，一九七八年跟一九七七年截然不同。年初像過往一樣，為知青組織了春節慰問活動。回北京探親的知青甚至得到機會去瞻仰毛澤東陵墓，有的則參加各種大會或研討會，所有這些的目的不外乎是要加強「他們留在農村幹革命的決心」與上一年比較，這些會議上宣佈的下鄉青年數量目標是降低了，不過降幅並不驚人（如湖北省估計有五萬人下鄉，而上一年有「六萬多」）。同年五月知青辦公室要求各省市按照四個現代化的原則來準備安置畢業生，增加留城的名額。因此大部分省市都添補了可免下鄉的青年類別，但並不是統一的。

　　從全國來看，一九七八年究竟有多少知青下了鄉？只有一個官方數字，是陳永貴一九七八年底在全國會議上做的報告中提及的：到那個時期為止，一共有一千七百萬知青下了鄉。而一九七七年底宣佈的數字是「一千六百多萬」，那麼這就意味著一九七八年下鄉的人數稍微低於一百萬。一千七百萬這個數字後來在中國或外國被反復引用，其實那不過是一個泛泛的估計，而且陳永貴也沒有說清楚這個數字是不是包括文化革命前下鄉的。根據國家統計局統計司後來的資料顯示，一九七八年僅有四十八萬零九

百名知青下鄉，只相當上一年下鄉總人數的28%。而知青辦本來預計的是減少一半。全國各地計畫下鄉的人數比這個預計要低：六十萬。實際上，最後的下鄉人數還要低，這就說明抵制的力量相當強。

就在動員一九七八年畢業生下鄉運動達到高潮的同時，全國知識青年上山下鄉工作會議在一九七八年十月三十一日開幕，至十二月十日閉幕。就在這次會議的前夕及會議期間，有關從根本上質疑這場運動的意義及其前途的消息，開始在報刊上有所披露。一九七八年十一月二十三日《中國青年報》在第一版刊登了一篇質疑上山下鄉的評論員文章。該報「評論員」對上山下鄉運動的歷史作了一番梳理，將一九五〇年代以來開展運動的必要性僅僅歸結為城鎮就業形勢所迫。文革前的下鄉運動並「沒有產生什麼大的問題」，但是卻指出了文革中的上山下鄉運動存在許多「嚴重問題」：大多數知青無法生活自給，在婚姻、住房、醫療以及學習上遇到的種種困難，這種情況使那些年輕人變得消極，甚至失望，也導致群眾極度不滿。此外，少數幹部腐敗墮落，利用運動「大發知青財」，侵吞知青安置費，仗著手中有權可以決定調動就強制要求紅包及其他好處，助長了「走後門」的惡劣習氣，敗壞了社會風氣，腐蝕了一部分青年。「總之，林彪、「四人幫」對經濟、教育、作風等方面的破壞及其惡果，在知識青年上山下鄉這個問題上得到了集中的反映。」

為了提出另一項下鄉政策，「評論員」竭力數說強迫全體知青下鄉插隊一輩子是違反馬克思主義，也是違反毛澤東思想的。對一個青年來說，重要的是為工人農民的根本利益工作，就是說獻身於四個現代化。在這樣的情形下，一個知青無論調到工廠、學校還是部隊，他也不是四人幫說的「半截子革命」。甚至都沒

有必要讓城鎮青年都到農村去作短期鍛鍊。既然「與工農相結合」不是絕對需要下鄉，那麼為縮小「三大差別」，四人幫所搞的城鄉勞動力大調換也未必像他們所說的那樣不可或缺。把農民招進城當工人，再加上把大批城市青年送到鄉下去，事實證明那不是個解決辦法，因為「他們干擾下的上山下鄉搞了那麼多年，三大差別不是一點也沒有縮小嗎？」。

有了這樣的對四人幫式的上山下鄉運動的批判，就可以提出新的政策：教育及經濟制度施行改革以後，「上山下鄉的人數就必將愈來愈少，以至最後不搞現在這樣的上山下鄉」。不過，作者強調：「這需要一個過程，不可能很快就做到」。一部分知青還應該繼續下鄉，但是他們的條件會有所改善。同時也會更加擴大升學和留城就業的可能性。

這篇文章是十一月二十三日正好在已經開了三週多的全國會議期間發表的，中央電臺在當天就對外廣播了其中幾段很長的段落，即刻在知青中引起軒然大波，他們覺得是報紙第一次說出他們的「心裡話」，在上海一些回城要求分配工作的知青還張貼大字報表達同樣的意見。同樣的，雲南一個農場的上海知青致電上海市委，要求火速派調查組去處理問題，為他們「平反昭雪」。他們認為自己是受害者。林彪、「四人幫」把他們騙了，給「弄」到雲南，到了農場幾年以來，「四人幫」的「地方代理人」又欺負他們並進行政治的迫害。

那篇文章反復強調知青遭受的苦難，又把上山下鄉運動和「四人幫」的陰謀聯繫在一起，這無疑是在多處地方開始蔓延的知青造反之火上加油。其實，對中央級領導與知青辦公室的負責人來說，這篇文章像是晴天霹靂，始料不及。作為會議初期發表的第一篇文章，是可以代表官方意見的，然而，它卻與高層領導

從年初起就審慎制定的戰略方案大唱反調。

要讓大家都能接受一部分知青得繼續留在農村以及在「若干年」內仍然有成批新的知青下鄉，那就必須進行改善工作，會議將會提供細節。負責人們當然知道，這份「理性」的但又無法保證何時能解決所有問題的方案是不會滿足知青的要求的。不過，重要的是不能承認上山下鄉運動是一項錯誤的使知青受了害的政策，從而讓他們有更多激烈的要求。所以就決定，一方面對過去的政策以及知青的貢獻作一個正面的積極評價（承認某些問題是四人幫干擾造成的），另一方面，繼續加強宣傳工作鼓勵青年下鄉。

私下裡，這些高級領導人毫不猶豫地狠批上山下鄉運動的構思，全部歸結為四人幫的毒害。副總理李先念就宣稱：「那種認為只有去農村接受貧下中農再教育，才算是教育，我歷來不同意（可惜他從來都沒有敢跟毛說）。如果說只能接受貧下中農再教育，不能接受工人階級的再教育，那我們的黨就不是工人階級先鋒隊的黨，而是貧下中農先鋒隊的黨。四人幫認為要消滅城鄉差別，就要把城市青年放下去，然後把農民招進城。不從發展經濟著眼，城鄉差別怎麼縮小？」

若改革派領導人的確有一個指導思想，那就必須闡述清楚，而且讓人接受。那個中央工作會議舉行了四十一天，從沒有開過這麼長時間的會，可見爭論有多激烈，要處理的問題有多複雜。因為政治局勢發生了變化，各種不同觀點就得以表達。但是，最後作出的決定都符合領導人表示過的意願。至於今後是否會放棄上山下鄉，《紀要》重複《中國青年報》有關將來「不再搞現在這樣的知識青年上山下鄉」的諾言，但是在《人民日報》有關這次會議的文章中只有很含糊的這樣一句話：「隨著四個現代化的

實現，知識青年問題是可以解決的。」不再說上山下鄉是畢業生的「主要出路」，不過一再肯定在現時一部分畢業生還必須繼續下鄉，因為「如果盲目增加職工人數，超過農業可能的負擔能力，就要受到經濟規律的懲罰」。

但是，這次會議也放寬了畢業生的留城政策，准許多子女的家庭可以留下一個。另外，礦山、林區、小集鎮和一般縣城不再列入上山下鄉範圍。運動今後只涉及一百八十九個大中城市，而且那些認為有能力在當地安置所有本地區畢業生的城市可以不再派青年下鄉。

對那些仍需上山下鄉的學生來說，安置方法改變了：他們不再分散單獨插隊到公社裡去，而是去知青隊及知青農場，或者去經濟獨立核算的集體所有制農業基地。這些場隊和基地在一九八五年以前實行「三不政策」：即不繳稅，不上繳利潤，不負任農產品統購、派購任務。此外，鼓勵市政當局協助城市工廠企業支援這些場隊基地，使知青能同時從事農業和工業的生產活動。很明顯，各種各樣的調整措施的目的無非是為了保證知青能有合情合理的收入。

至於那些在鄉知青，在國營農場的當時還剩下兩百多萬應留在原地。由於他們是作為國家職工招進來的，所以無權因困退或病退要求返城。然而很例外，他們可以「商調」回城，不過如何進行則沒有詳述。相反的，有實際困難的插隊知青，可以安排進城鎮或農村的工廠企業，享受固定工資。一九七二年底以前插隊的老知青（估計有一百三十萬）有優先權，在「兩年之內」安排完畢。四十五萬已經在農村安家的已婚插隊知青，原則上就地安排有固定收入的工作。總的來說，儘量把知青集中在知青農場，如果所得口糧太少，國家補助。經費方面，每人安置經費增加

100元。儘管下鄉人數會減少，但國家保證財政預算仍然是每年
十億，用以改善知青的生活條件。要求加強各級領導小組，小組
必須認真做好工作。

第二節　迴光返照的清理滯留知青運動

　　最為有趣的是，第二次全國會議將上山下鄉的討論評價僅僅
局限在就業問題上，宣告毛澤東發動的上山下鄉運動壽終正寢。
但這絕不意味著放棄下鄉運動，正是百足之蟲死而不僵。當局明
確表示已經決定，只要城市就業機會還不足夠多，上山下鄉就得
繼續下去。

　　有資料顯示：第二次全國會議雖然制定了相應明確的政策，
但是並沒能讓主要的當事人接受。只能令知青年更加堅定決心要
全盤否定下鄉運動。當局準備將來完全停止上山下鄉，許多青年
本來就覺得自己是犧牲品，現在更加喊冤叫屈了，他們中間有些
在未來相當長的時間內還得被迫繼續下鄉，更不用說那些把生命
中的十年（甚至十幾年）在農村而仍滯留在那兒的知青，這次會
議並沒有對他們何時能返城作出任何保證。插隊的知青也許還有
點兒理由懷抱希望，可那些在農場的所能看到的機會是微乎其
微了。

　　從一九七九年二月初開始，節慶假期過去了，大量回城知
青滯留城市，這給社會秩序造成危險，負責人就開始給這些知青
施加壓力，要他們「回到工作崗位上去」。二月九日上海《解放
日報》在頭版刊登了一些知青和家長的來信，號召回到農村去。
二十四日在《吉林日報》也刊登了同類的信件。後來就提出農場
因缺乏勞動力而無法完成春耕一事，用以說明所有「閒散」知青

即刻回鄉的必要性。各城區組織召集知青參加「圓桌會議」，並派負責人上門勸說他們必須回到鄉下去。最死硬的那些就得經常向幹部「交心」。而那些幹部並不僅僅限於作思想工作，有的情況下，他們還跟地方政府聯繫，試圖解決知青的問題（比如住房）。

在遼寧，還開了一次省級會議，學習「鞍山經驗」，這個模範城市在六月底成功地將86%非法返城的知青遣返回農村，還將65%的一九七八年畢業的定為需要下鄉的學生送走。一九七九年畢業生進入就業市場，這就使動員工作更顯急迫。當局為了配合思想工作，還公開採取經濟制裁措施。遼寧省黨委就決定那些態度強硬的青年不得在學校求職，也分配不到工作，哪怕是臨時工。瀋陽市政府宣佈，在下放工作完成之前所有已經得到的職位均屬無效，禁止任何招工。一九七九年畢業生必須在九月底前走，而前幾屆的則在七月底前走。

儘管如此，到十月底，當局還在被迫採取措施加強動員。政府當局在整個一九七九年期間還得跟家長，特別是跟幹部的抵制行動抗爭。報刊經常揭露一些官員，包括那些剛被平反的幹部把自己的子女「一個一個全都弄回大城市，弄回自己身邊」。《文匯報》登載了一小段連環圖，嘲笑那些總是為自己當年上山打遊擊、下鄉搞土改而自豪的幹部，他們今天卻不願意自己的子女上山下鄉。一位模範幹部（甚少代表性）這樣說：「如果我利用職權把女兒調回城市，又怎樣能夠動員別人把兒女送到農村呢？」顯然當時，大部分的幹部不願意觸及這個敏感的問題。

政府當局還得面對鄉下及農場的農村幹部的抵制。《人民日報》一篇題為〈不要「擠」知識青年〉的文章揭露一些地方幹部利用「知青點」的青年回家探親的時機，將他們的住房、工

作、甚至儲備下的糧食及生產工具都分給了當地的農民青年，因為他們是「永久牌」，不是「飛鴿牌」。同樣的，一些從西雙版納農場自行退職，後來又被政府勸說返回崗位的知青，一回來就發現自己的職位已經被人霸佔了。這種情況當然不利於鼓勵知青回鄉。農場幹部傾向於用較順從的農民來替代知青，這些農民也不大可能在職位調動晉升上跟他們競爭。然而，政府依舊施加壓力，頒佈指示，試圖阻止幹部們的這種抵制破壞他們的政策。

當局還重新啟動宣傳機器鼓勵上山下鄉，在意識形態領域裡竭力重新樹立到農村勞動光榮的正面形象。以此來應付社會對上山下鄉運動的抵制。把下鄉運動重新提到官方任務的首要地位還反映在《人民日報》又發表了大量有關文章上。從一九七八年的十一篇，增加到一九七九年的六十四篇。然而，各級負責人在整個一九七九年期間都花了大量時間為繼續實行那項政策而作辯解。

針對有些知青說上山下鄉運動是「四人幫」極左路線產物，是必須糾正的「錯誤」思想。政府則不斷地向他們解釋，說那是毛主席早在文化革命前就提出來的正確政策。對於另有一些知青說下鄉運動違反歷史發展的客觀規律，他們返城是「實現四個現代化的必要」，當局則反駁說那是適合中國發展條件的一項政策，知青留在農村有助於實現農業現代化。

在此同時，政府當局也嘗試再次弘揚曾經激勵過文革前運動先驅者及後繼者們的理想主義犧牲精神。有了這種大公無私的精神，就真的能為農村的發展「大有作為」，這種論調成了一九七九年發表的眾多文章的主旋律，介紹不同類型的知青模範。通常是想法讓那些想回城的知青死硬分子「感到羞恥」。

為了令這種「羞恥感」更加突出，當局毫不吝嗇地大肆表揚

模範知青。我們已經談過省一級與全國都召開了「先進知青」大
會，在此之際，報刊給某些知青送上一大堆讚美頌揚之詞，有的
照片還登上了報紙頭版。毋庸置疑，當時得到最大榮譽的是楊永
青。她是一九七九年以政治連載故事的形式出現在舞臺前方的。上
海當局正在與知青有組織的暴力抵制對抗的關鍵時刻，報刊挖掘
出了這個一九六四年志願到新疆去的上海女青年。她一九七二年
沒有跟隨丈夫與孩子返回城市，而選擇留在當地。楊的例子之所
以更理想，是因為一九七七年她還成功地說服了丈夫回到新疆。

不過，文章倒也沒有隱瞞，楊已經不在石河子農場工作了，
已經上調到烏魯木齊市，當上了新疆共青團的副書記。但，到了
三月，正當遣返知青回鄉的工作進行得如火如荼，而王任重號召
青年奔赴邊區參加發展建設之時，報刊發表了楊永青致王任重的
一封公開信，請求回到農業生產第一線及參加戈壁沙漠的綠化工
作。想到「身教重於言教」，她願繼續發揚當年激勵她的精神，
讓那「一小部分」吵著要回上海的新疆知青好好反思一番。「組
織」接受了她的請求。

在此一震撼信件之後，連載故事照舊，三月三十日刊登了楊
收到的來信片斷，是各個地區的青年寫來的，他們決心要學習她
的榜樣，後來又刊登了烏魯木齊市共青團為她召開的歡送大會的
報導。五月八日她的照片上了《人民日報》第二版。第二天報章
報導了上海市為知青顧生髮召開的歡送大會，顧為楊的事蹟深受
感動，雖然他已經合法地在城裡找到了一份工作，但他還是同意
回到新疆去。十四日，登載了回到「農業生產第一線」的楊永青
寫給她的「青年朋友」的一封信，是作為對收到的眾多支持鼓勵
來信的回覆。她在信中重複雷鋒的老話，表示，「四化建設需要
我們戰鬥在各條戰線上的青年，像一顆顆螺絲釘，牢固地釘在自

己的崗位上」。她的態度值得《紅旗》雜誌大書一筆，一九七九年八月號發表了長文樹她為榜樣，據我們所知，這是最後一次。但中央政府不想令大眾厭倦或令其他的模範嫉妒，就沒有邀請她參加八月底的大會。

據報載：一九六三年，在華夏大地愈加高昂的激情的鼓動下，24歲的楊永青，寫下「衝破萬重關，創業在新疆，一心為革命，誓死不回頭！」的血書，拒絕和父母一道從上海移居香港，又辭去無線電商店營業員工作，和大批上海知青來到了新疆生產建設兵團農八師石河子一四五團，開荒、種地、當教師。

一九六五年七月五日，周總理來新疆視察，在石河子親切接見了上海知青代表楊永青和她的同伴。據楊永青回憶，當時，周總理得知楊永青從一個條件優越的家庭，不遠萬里來支邊，感慨道：「你來得不容易啊，一定要珍惜現在。」周總理對大家講，「一個人的出生是不能選擇的，但是前途可以選擇。」

不久，《中國青年報》發表了〈周總理和陳毅副總理在新疆勉勵知青把畢生獻給祖國建設〉的報導。周總理的「一個人的出生是不能選擇的，但是前途可以選擇」這句話成為「出身不由己，道路可選擇」的著名論斷……

在調任共青團新疆自治區委兩年後，楊永青為了配合形勢宣傳，寫信給自治區黨委堅辭請求回到一四五團工作，而後又被調任自治區團委任副書記、科協黨組副書記。

楊永青後來嫁給一位從事勘探測繪的軍人，生有一女一男，於一九九六年回到上海。適逢拆遷，以有限的積蓄買得市郊一間房屋。丈夫復員後，經商受騙，失去大筆資金和公職，靠楊永青微薄的退休金維持全家生計。丈夫患肺癌，治病花費巨額資金卻仍然去世，這讓本來拮据的家庭雪上加霜。

34名被邀模範的挑選反映出當局想要在文革前後的知青之間保持平衡，在不同「專業」之間也同樣（如邊境地區與內地之間，科學試驗工作與管理工作之間等）。但重點放在邊境地區工作的重要性上，甚至還重新評估了歷史上昭君出塞的意義，正巧曹禺根據這一英雄人物所編寫的話劇上演。王昭君一般都是被描寫成一個可憐的哭哭啼啼的後妃，作為犧牲品被漢帝送去與匈奴和親。但曹禺聽從了周恩來一九六〇年提出的建議，在一九七八年完成了新劇本，「還王昭君笑盈盈的真面目」。根據曹再創造的形象，昭君是自願為漢朝與少數民族的友誼獻身的。周恩來的姪女周秉建當年也是知青模範，也被邀參加六月的大會，她在當時發表的一篇談話就顯示出這種重新評估並不是偶爾產生的。

一九七九年底，宣傳部門依舊不遺餘力地介紹各類模範，在十二月底的最後三天，《人民日報》連續登載了一篇文學報導式的長文，是表彰吉林知青趙軍翔的事蹟，一九六四年當趙高考完全有希望成功之時，他卻毅然決然地自願插隊到市郊的一個生產隊。最後還為1名應邀出席八月全國大會的充滿犧牲精神的理想主義青年模範作了一個感人肺腑的介紹。然而，這不過是下鄉運動所能點燃的最後幾把火。當局已經費了九牛二虎之力讓知青留在農村，返回農村或者到農村去工作，儘管如此，也沒有能力阻止運動在下坡路上急劇地往下滑，該年回城知青及下放知青的人數就清楚地說明瞭這個事實。

知青在一九七九年是像逃離地獄般地以驚人的速度於紛紛亂亂之中返回城市的。他們或者採用「頂替」父或母的方式，或者請求病退困退。由於知青及家長雙方共同施加壓力，這兩種申請的批核都很寬鬆。這種速度大大超過了官方的預測（雖然預測與前幾年相比已經相當大膽）。河北省政府在國營與集體單位為知

青預留了六萬個職位，但到六月底就已經有十萬八千名知青列入了招募名單。從全國來看，大約有四百萬知青在一九七九年被接受重新遷入原居城市。一九七八年兩百五十萬回城青年中的一大部分是在年底才離開農村的，這就意味著中國出現了一次與一九六八年底到一九七○年初的從城市往鄉下的人口移動很相似，但是朝相反方向移動的人口遷徙潮。

十年後的這一大浪潮所涉及人數甚至會略高於前一次，山西省的統計顯示，在一九七九年知青點的數量比知青還要多，也許那股遷徙潮流的飛快速度可以解釋這一現象。知青當時成群結隊，什麼都顧不上，搶在第一時間離開農村，以至於關閉知青點的工作都無法跟上那個速度。大約五百萬知青在這個時期離開了農村，而在一九七八年底到一九八○年初這一時期，有差不多六百萬青年回了城。在上海，雖然市政府盡了力，還是有大約四十萬知青在一九七八到一九七九年間回來了，這數字相當於一九六八到一九七七年間下鄉知青總人數的37%。

相反，一九七九年下鄉的人數遠遠低於預先的估計。本來預計遣送八十萬下鄉，十一日甚至公佈最理想的數字是一百萬，因為當年中學畢業生人數為三百多萬，而可提供的城市工作職位數量大約為兩百多萬。政府當局當時沒有提供任何有關夏天之後的動員所得到的實際結果的資料，不過省一級的有足夠說服力的數字倒是公佈出來了。比如在遼寧，本來決定要比往年付出更大的努力來搞好動員，結果到了十月份只送走了一萬七千名知青，而在下鄉人數已驟降的一九七八年同時期是三萬名。到月底，政府宣佈動員了二萬四千人。

上海的情況也很說明問題。一九七九年十月初，勞動局組織了一次會議，準備十月十一日開始的一九七八年畢業生的分配工

作（晚了一年）。九萬名待分配的學生中，三萬多名得去市郊的
國營農場。十一月底，政府宣佈六萬名分配在城裡的都登上了工
作崗位，還斬釘截鐵地說在不久的將來國營農場會招收更多的青
年，但完全沒有提到，預計要去農場的三萬人實際上成績不佳，
下去的人數少得可憐，這才會三緘其口，一字不提。

我們掌握國家統計局社會統計司的其他不完全數字與後來提
供的一九七九年的全國數字所反映的總趨勢相吻合：二十四萬七
千七百名知青下了鄉，還不到預計數字的三分之一。顯而易見，
大部分新畢業生都以消極但有效的抵制手段對抗下鄉政策，而地
方當局既沒有辦法亦沒有決心來跟這種消極抵抗力量抗衡。到了
一九八〇年，當局在現實面前低頭了：上山下鄉運動是沒有可能
繼續下去的了。社會上各種形式的抵制與抗爭在一九七九年發展
到了登峰造極的地步，這就促使了政府最終放棄了這場運動，而
且也停止了傳統上為其辯護的毛式話語。此時，對數量龐大的一
大批畢業生的安置問題，才真正轉變成為純粹的城市就業問題。

一九八〇年頭兩個月，還有一些有關下鄉運動的宣傳，《人
民日報》一九八〇年發表的有關下鄉運動的十五篇文章裡，九篇
是在一月和二月出籠的，但調子是絕對地「現代化」了。介紹的
模範知青及模範知青隊都在經濟上賺到了錢，那是因為他們在農
村現代化中取得了成就，主要是農業機械化和工商行業的發展。
宣傳文章強調他們比在城裡生活得好：新疆的某一個隊的知青在
一九七九年每人平均收入高達1005元（當時模範紅旗農場只能分
450元），另外一個隊居然擁有一個藏書三千的圖書館，那兒的
知青都在撰寫科學實驗的文章。主要是突出農場生活能真正吸引
青年人的一切。屬於江西一個知青農場的一個農工商聯合公司還
進行了幹部制度的「大膽改革」：所有在公司一級以下的幹部都

是通過不記名投票「民主」選出來的，每半年重選一次。有良好
業績的會獲得獎金。

下鄉運動雖然呈現出新面貌，但不能完全抹掉過去的殘餘
痕跡。春節臨近，一年一度的「慰問活動」在某些地方繼續進
行，對象是已在邊境地區安家落戶的知青。此外，一直到八月，
召開了幾次「先進知青」大會。與王震有密切關係的「保守派」
王恩茂，當年任吉林省委第一書記，他以最強硬的態度重新肯定
下鄉運動的傳統價值。夏初，那正是每年出現新畢業生分配問題
的時候，王恩茂組織了一次有關下鄉問題的工作會議，根據他的
意思，目的是要統一對該問題的「不同意見」。他在講話裡重申
上山下鄉是一項正確的政策：「問題就是：今天的知識青年需要
不需要下鄉呢？我的回答是肯定的。我要說，過去需要，今天需
要，將來還是需要。」

王雖然死守傳統、墨守成規，儘量維護下鄉運動的原則與價
值，但他也意識到必須改變形式。他大談一九七八年以來運動中
湧現出的新鮮事物，可又明確指出「下鄉知青的戶口及糧油關係
應該不變（即留在城市）」。即使用這樣的辦法作了點兒革新，
王的思想觀念在當時已經散發出一股前朝舊時的黴味兒，就像他
還堅持農業生產勞動集體化的立場。

而他的屬下從他的講話裡只挑取了改良的那一部分。兩個星
期後，《吉林日報》在頭版宣佈四平市決定改變政策。知青辦公
室有一筆原本要作為安置費發給一九八〇年應該下鄉的3000名畢
業生的資金，「考慮到過去的經驗」，現在準備將這筆款項借貸
給郊區的二十家工廠企業，他們答應以合同的方式招聘知青。如
果他們能保證知青在該廠的全部勞動力中的百分比不低於六十，
那麼就可以豁免稅項直至一九八五年。一年之後，這些工廠將可

以轉換成市屬的集體企業。文章還解釋說：「對知青來說，與去農村插隊相比，在工廠工作的好處更多。他們現在對工作有興趣，努力學習文化和技術，成為對四個現代化有貢獻的人」。

另一方面，越來越多的負責幹部認為下鄉運動的新辦法太昂貴，對它進行資助簡直就是個「無底洞」，還不如拿來發展集體所有制的工業生產更見效。根據四川某縣的一項調查，安置1名知青在知青農場需要1900元，安置在公社或大隊的工廠需要1300元，但安置在鄉鎮集體企業只需500元。利用過去安置知青的經費來幫助他們在城裡找工作，這筆款項可由財政部門直接轉給勞動部。實際上，後來預算給下鄉運動的經費是撥到了負責招工的部門名下，而且比原來估計的多得多。

農民的消極抵制也肯定起了作用，令官方改變了立場。隨著一九八〇年的去集體化政策，農民有了更大的自主決定權，因此欲將無法接受的事情強加給他們，比起過去是難上加難。在財政經費上略加安排調整固然可行，但無論對國家還是對城市單位都過於昂貴。在這種情勢下，當局開始放棄繼續進行下鄉運動的念頭。如同往常，在最高領導人會議上作出了有關政策改變的高層決定，然而內容卻不公開。在一九八〇年五月胡耀邦就在一次中共中央書記處會議上宣佈：「要把城市青年上山下鄉種地的辦法改過來。要用其所長，不要強其所難。過去的辦法是一舉兩害（他指的是對知青與國家兩者都有害無益），現在要一舉兩得。」

談到政府改轉向的問題時，胡並不回避社會抵制所起的決定性作用：「回頭看看上山下鄉的做法，家庭不接受，農民不歡迎，社會有阻力。我不說過去錯了，過去在那種歷史條件下，那樣多的人下去，是有成績的。但是小孩子不願當農民，就連去上海郊區也穩定不住。」

　　得過了好幾個月以後，某些省市才陸續宣佈結束下鄉運動。八月初，湖北省政府作出決定，凡是有可能的地方，都應該把知青安置在城鎮，包括那些本來認為是可以繼續下鄉運動的市縣。一九八〇年十月底，長春市宣佈所有的中學畢業生今後都可以留在城裡，包括前幾屆沒有下鄉的學生。十一月，陝西成為首個公開宣佈結束知青下鄉的省份。所有畢業生都應該可以在城裡找到工作，一般是在集體經營的工廠單位，特別是在服務行業。第二天，北京市政府宣佈，經決定從夏天開始不再進行「強制」下鄉，只是提倡「自願」下鄉。另外，市政府宣佈一九七九年秋下鄉的一萬名知青可以在一九八一年九月前回來。在這個日期之前，禁止招募那些本應該跟他們一起下鄉但拒絕走的，為的是要將優先權給予那些接受下鄉的青年。

　　長春、陝西和北京的例子在全國都完全有代表性。雖然消息從來沒有正式公佈，但一九八〇年無疑就是全面放棄下鄉運動的一年。青海由於遠離中央地區，跟得總是慢一點兒，到十二月政府也通過了有關在市郊建立知青農場的報告，但那是過了時的一役。因此可以說，上山下鄉運動在經過最後的迴光返照，這一場大規模的人口遷移總體上來看是到達了終結期。

第三節　　廿餘年上山下鄉知青人數統計

　　作者kerriakerria在〈知青上山下鄉資料資料〉披露了一九六二年至一九七九年全國城鎮知識青年上山下鄉人數。

　　一九六二年至一九六六年上山下鄉人數一百二十九萬兩千八百人。其中：國營農場八十七萬零六百人；插隊或集體農場為四十二萬兩千兩百人；

　　一九六七年至一九六八年上山下鄉人數一百九十九萬六千八百人。其中：國營農場一百六十五萬九千六百人；插隊或集體農場為三十三萬七千兩百人；

　　一九六九年上山下鄉人數兩百六十七萬三千八百人。其中：國營農場兩百二十萬四千四百人；插隊或集體農場為四十六萬九千四百人；

　　一九七〇年上山下鄉人數一百零六萬四千人。其中：國營農場七十四萬九千九百人；插隊或集體農場為三十一萬四千一百人；

　　一九七一年上山下鄉人數七十四萬八千三百人。其中：國營農場五十萬兩千一百人；插隊二十四萬六千兩百人；

　　一九七二年上山下鄉人數六十七萬三千九百人。其中：國營農場五十萬兩千六百人；插隊十七萬一千三百人；

　　一九七三年上山下鄉人數八十九萬六千一百人。其中：國營農場八十萬六千四百人；插隊八萬九千七百人；

　　一九七四年上山下鄉人數一百一十九萬一千九百人。其中：國營農場十八萬六千六百人；插隊三十四萬六千三百人；集體農場一百七十二萬四千八百人；

　　一九七五年上山下鄉人數一百六十三萬四千五百人。其中：國營農場二十三萬七千三百人；插隊四十九萬六千八百人；集體農場兩百三十六萬八千六百人；

　　一九七六年上山下鄉人數一百二十二萬八千六百人。其中：國營農場二十三萬六千六百人；插隊四十一萬五千一百人；集體農場一百八十八萬零三百人；

　　一九七七年上山下鄉人數一百一十三萬七千九百人。其中：國營農場十五萬九千九百人；插隊四十一萬九千人；集體農場一百七十一萬六千八百人；

一九七八年上山下鄉人數二十六萬零四千人。其中：國營農場三萬一千三百人；插隊十八萬九千兩百人；集體農場四十八萬零九百人；

一九七九年上山下鄉人數七萬三千兩百人。其中：國營農場一萬零一百人；插隊十六萬四千四百人；集體農場二十四萬七千七百人；

總計歷年上山下鄉人數共一千七百七十六萬四千八百人，其中：國營農場一千兩百八十二萬兩千一百人，插隊兩百零三十萬零八百人；集體農場兩百九十一萬一千九百人。

以上所謂插隊知青：是指在農業、牧業、漁業生產隊落戶的城鎮知青；在工分制定點軍馬場、工分制土方工程隊、工分制灘塗作業區等納入農業人口管理的單位落戶的城鎮知青；通過投親轉插方式回老家生產隊或親友所在地生產隊落戶的城鎮知青（不含農業戶口回鄉知青）。

所謂國營農場知青：是指在農墾系統、僑委系統安置農場、林業系統營林場（採伐場除外）落戶的城鎮知青以及在各軍區生產建設兵團落戶的城鎮知青等。這些知青的身分可以是工資制農工，也可以是工分制農工、供給制軍墾戰士或半供給制軍墾戰士（生產建設兵團的現役軍人除外）。

所謂集體農場知青：是指自一九七四年起，在部分地區開始組建除管理人員外均為城鎮知青的，相當於公社或生產大隊的獨立核算制「集體農場」。在這種農場落戶的城鎮知青即「集體農場知青」。

插隊知青、國營知青和集體農場知青在落戶地從事的具體工作，可以是農業、牧業、漁業、營林和養殖勞動，也可以是「離土不離鄉」的礦業、土方、社隊工業和商業勞動，以及當地基層

的醫療、教育和管理工作（包括實行工分加補貼制度的各級幹部）。

據上統計，一九六二年至一九七九年上山下鄉知青總人數是一千七百七十六萬四千八百人，如果再加上一九八〇年的十五萬五千名下鄉知青和建國初期至一九六二年期間上山下鄉的一百多萬知青，這二十六年間全國有近兩千萬知青上山下鄉。但在許多文章中，我們往往看到有人提及的上山下鄉知青是三千萬。那麼，這「三千萬」知青的說法又是從哪兒來的呢？

從廣義的知青說「三千萬知青」也不算錯。但是，如果按照「知青」這辭彙僅指城鎮上山下鄉知識青年的通常用法，說「三千萬知青」就不對了，因為這個三千萬包括了回鄉知青。自一九六二年至一九七九年，城鎮上山下鄉知識青年一千七百七十六萬四千八百人；相同時間從高小或初中（包括農業中學）畢業的農業戶口回鄉知識青年一千兩百四十三萬兩千兩百人。將下鄉知青和回鄉知青這兩種「知青」加起來，一共是兩千九百四十九萬七千人，四捨五入後可以說是三千萬。

另據有關資料顯示：一九八〇年底還有九十六萬知青滯留在農村，幾萬名在農場。在十二年來上山下鄉的知青大軍中，這個數目其實只占很小一部分（6%或7%）。即使把已在接待地區市鎮獲得有固定工資的非農工作的幾十萬老知青都包括在內，也總共不到10%。

第四節　為安置知青而動用流失的經費

據〈中國知青史——大潮〉的〈解密文革期間下鄉知青的安置費有多少〉中介紹：城鎮知識青年在農村沒有任何生活基礎，

下鄉後會在住房、口糧等方面遇到各種具體問題，國家在知青下鄉時撥付一定安置費用，並採用一些補助措施，都是為了使知青能比較順利地渡過生活上的難關，儘快在農村穩定下來。插隊知青與兵團（國營農場）知青的所有制形式不同，安置經費的數額與撥付途徑始終各有成規。

　　文化大革命前，國家有關部門已就安置經費形成一套比較完整的制度。一九六八年底上山下鄉運動一下子掀起高潮。在國家沒有及時就安置經費與物資補助做出統一規定以前，各省市已參照文革前的舊例制定了本地的補助標準。如江蘇省南京市規定，城鎮知青單身插隊、插場（指到農場）的，安置費平均每人220元；成戶插隊的平均每人130元。主要用於建房，其餘用於學習材料、旅運、生活補助、生產、生活用具、合作醫療等。城鎮回鄉人員的旅運費由動員地區發給，安家落戶確有困難的，由安置地區酌情補助，平均每人40元。（見江蘇省革命委員會：〈關於下鄉上山工作中幾個問題的通知〉，一九六九年二月十三日）。南京市規定的安置費標準，略低於「文革」前的國家規定。吉林省規定，對下鄉插隊知青，每人撥安置費250元；對插場知青，每人撥安置費400元。（見《吉林省勞動誌》，一九九二年鉛印本，第八十頁。）湖北省規定，對下鄉插隊知青，每人撥安置費230元。（見《武漢勞動誌》，一九九一年鉛印本，第兩百九十頁）。兩省分處南北，故插隊知青的安置費略有差異，但是都沿用了文革前的舊章。這應是多數省、市、自治區的做法。

　　一九六九年國務院召開的跨省、區安置協作會議上，對知識青年安置的開支標準，制定出幾條原則。同年，在全國計畫座談會期間徵求了意見。儘管這些原則的具體內容不詳，但從後來出臺的正式文件可以得知，不過是文革前舊制的翻版。一九七〇年

八月，財政部綜合各省、市、區的意見，根據一年多來運動的進展狀況，經與主管部門研究，對安置費的開支專案和標準，作出統一規定：國家撥付的安置費，主要用於城鎮下鄉人員的建房補助、生活補助、工具購置補助、旅運費和學習材料費等。安置費以省、市、自治區為單位計算，平均每人不超過下列標準：

單身插隊、插場的，南方每人230元，北方每人250元。

成戶插隊、插場的，南方每人130元，北方每人150元。

參加新建生產隊、新建擴建國營農場和集體所有制「五七」農場的勞動力，每人400元（含部分建設資金）。

家居城鎮回鄉落戶的，每人補助50元。

不難看出，除進入國營農場（包括生產建設兵團）知青的安置費由從前的1000元至50元改為一律固定在400元外，有關插隊知青的安置費標準與文革前規定如出一轍。

同時，對知識青年跨省安置的路費、到高寒地區插隊的冬裝費重新做了規定：組織跨省、跨大區下鄉的，每人分別另加路費20元、40元，從關內跨省到高寒地區插隊的，每人補助冬裝費30元（到國營農場的，由本人自理）。（見財政部：〈關於安置經費的開支標準和供應渠道的試行意見〉，一九七〇年八月二十日）。

安置經費屬國家專款專用，由各省、市、自治區財政部門按照已經下鄉的人數，規定的開支標準和實際花錢進度，分期分批地進行撥付。除動員地區使用小部分外，其餘歸安置地區縣、社統一掌握使用，不發給個人，不准挪作他用。並提出，在一個省、市、自治區範圍內，最好按照不同地區的經濟條件，規定幾個不同的補助標準，不要平均分配。

安置費中動員地區使用部分又稱動員費，主要用作知青下鄉

時的交通費、途中食宿補助、困難補助等。各地標準不一，約在
15~35元左右。安置地區使用的部分主要用於建房，以及購置小
農具和家具，糧、油、醫藥等生活補助。生活補助原則上為一年
如福州市知青，安置費每人230元，其中動員費35元，分到安置
地區的經費為195元，用於下鄉第一年的生活補助，購買農具、
家具，建房，醫療，以及生活困難補助等（見國務院知青辦調查
組：〈福建省上杭縣古田公社知識青年上山下鄉情況調查〉，一
九七九年五月十七日）。又如武漢市知青，安置費每人230元，
其中動員費（交通費和衣被補助費）15元留市，其餘215元由省
撥接收地區，交生產隊掌握使用（見《武漢勞動誌》，一九九一
年鉛印本，第兩百九十頁）。

　　為了管好用好安置費，國家還制定了「財務公開，民主管
理，群眾監督」的原則。要求下撥到生產大隊的安置費，由黨支
部和革委會領導下的「三結合」小組負責進行監督；安置經費要
單獨立賬，專款專用，嚴格收支手續。對於安置經費的收支情
況，要定期公佈，接受貧下中農和下鄉知識青年審查監督。（見
中央安置辦公室、財政部軍管會、中國人民銀行總行軍代表：
〈關於加強安置經費管理使用的通知〉，一九七〇年六月二十三
日）。

　　加入生產建設兵團（國營農場）的知識青年，按國家規定每
人安置費平均400元，跨省、區者分別遠近增補旅費20、40元，
其安置費的用途與插隊知青有別，除用於支付旅費、發放津貼
費、伙食費、購置個人物品外，建房費統一納入兵團（國營農
場）基建計畫以甘肅省農建十一師為例，自一九六四～一九六九
年的六年間，國家共撥給安置費兩百四十九萬六千元，其中60%
用於基建，15%-20%用於生產，20%-25%用於安置。（見《甘

肅省志‧農墾誌》，甘肅人民出版社一九九三年版，第八十四頁）。在各兵團，國家撥付的知青建房投資是列入行政用房計畫合併下達的。因此，即使國家撥付的知青建房費不能及時到位，因各兵團均領有巨額基建投資，所以並不至於妨礙知青住房的建設進度。以內蒙古生產建設兵團為例，一九六九年共接收知青五萬餘人，應撥付安置費2000000元以上，實際只撥款1152000元。儘管安置費未如期兌現，加入兵團的知識青年基本都有房住，原因是「國家給兵團基建投資中安排了一部分連隊用房」。（見何嵐、史衛民：《漠南情》，法律出版社一九九四年版，第二十四頁）。兵團（國營農場）知識青年安置費用中占很大一部分的建房費，因與國家下撥的基建投資混在一起而難以理清。不過，雖然他們的住房質量普遍較差，畢竟還都有房住，比起許多插隊知青因沒有房子住，而不得不借農民房、住牲口棚或分散住到農民家中的情景，實在是強了許多。

據青島史志辦在〈第四節：知識青年上山下鄉生活待遇〉中介紹：一九六四年，青島市貫徹山東省安置下鄉青年領導小組辦公室、民政廳、糧食廳〈城市知識青年和閒散勞動力下鄉回鄉參加農村社會主義建設安置工作中若干問題的試行規定〉，城鎮知識青年下鄉、回鄉由市發給每人鋤、鐮、鍬、钁各一件。一九七三年起，從國家撥發的安置經費中，按人均50元的標準，作為購置農具、家具、炊具等的補助費用。

口糧。一九六四年，對插隊、回鄉的知識青年，註銷其城鎮糧食供應，由市糧食部門發給原定量兩個月的糧票。參加勞動的按每人每日半斤標準發給勞動補助糧票。知識青年下鄉參加正常勞動的，全年分配的口糧不低於六百市斤，低於這個標準的由國家給予補助。一九七三～一九七八年，青島市撥發補助口糧

一千一百二十萬四千五百斤。安置在生產建設兵團和國營農、林、牧、漁場等單位的知識青年，享受所在單位職工的糧油標準待遇。

生活費用。一九六四年，按每人每月6~5元的標準發給3~6個月生活費。參加社隊分配後，達不到標準的，再進行差額補助，直到再分配為止。一九七三年參加社隊分配前的生活標準提高到9~11元。

棉布和棉絮補助。一九六四年，國家規定知識青年上山下鄉棉布、棉絮補助標準為人均二十五尺，棉絮2.5斤。根據實際困難程度由市里統一調劑使用。一九七三～一九七八年，全市共發放補助棉布票二十一萬尺，棉絮票二十萬斤。

住房補助。下鄉知識青年的住房標準為8~10平方米／人。每年國家都統一下撥建房經費和建材物資專項指標，一九七三～一九七八年，青島市共補助木材3258立方米，累計建房一萬一千九百五十八間。

醫療待遇。一九七三年以前，下鄉的知識青年因病、傷的醫療費用由當地合作醫療部門和人民公社生產隊補助，民政部門救濟和從知識青年特殊經費中補助。因工致傷、致殘，由生產大隊和動員單位共同負責治療，並保證不低於當地一般農民的生活水平，因工死亡的從特殊經費中一次性補助親屬300元。一九七四年後，醫療費按每人每年10元，從安置經費中撥給生產隊醫療機構或知青點統一掌握使用。一九七九年，醫療費標準升為每人每年15元。

知識青年上山下鄉經費由國家撥發。青島市每年按計畫動員、安置人數編報預算領取，年終編報決算核銷，結餘部分允許跨年度使用，青島市和各縣知青辦均配有專職財會人員。一九七

四年後，執行山東省制定的上山下鄉經費管理暫行辦法、經費會計核算辦法和知識青年小組核算辦法等，經費使用主要由人民公社或生產大隊負責。

一九六四年，城鎮知識青年上山下鄉以自力更生和群眾互助為主，國家幫助為輔。下鄉知識青年的安置經費主要用於建房、生活補助、農具購置等。安置經費採取調劑使用的辦法，不搞平均分配。安置經費的標準為：插隊的每人每年242元，回鄉的55元。一九六八年，分別調整為240元和50元。一九七〇年，插隊標準提高為250元。一九七三年起，知識青年上山下鄉、回鄉的均按每人500元的標準撥付。開支範圍：建房補助費230元，生活補助費170元，農具、家具、炊具補助費50元，學習材料費10元，醫藥費10元，動員費30元，由青島市和安置縣統一掌握使用。安置在生產建設兵團和國營農林牧漁場的每人安置費400元；安置在集體所有制的知識青年農場（隊）原執行500元標準，一九七八年起，每人增為600元。市知青辦除留下動員費外，餘下的撥給安置單位使用。

對此，裴耀松在〈永安縣首批知青上山下鄉見聞〉中回憶證實了這一做法：知識青年上山下鄉是當時涉及面廣、政策性很強的一件頭等大事，中央和省都出臺了一些政策，除專門設立管理機構外，還在經費上對上山下鄉知識青年的安置予以保證。如省裡的文件規定：單身插隊，跨專區、市安置的平均每人230元；本專區、縣安置的平均每人200元。開支範圍包括車船旅運費、被服用品補助費、房屋修繕費、小農具和家具購置補助費、生活補助費等。生活補助費對知青給予不超過一年時間，按到達安置地區時計算，頭七個月每人每月8元，後五個月每人每月7元（此後又有調整）。糧油、日用品的供應。

　　筆者在「四個面向」辦公室工作時，僅瞭解那段時間的有關規定：一九六九年省革委會規定上山下鄉人員戶糧關係應遷到所在勞動單位，其口糧除原住地按原定量發給當月剩餘口糧的糧票外，再發給一個月口糧的糧票。從第二個月開始，由安置地區糧食部門繼續發證供應到新糧登場，供應標準每人每月成品糧全勞力三十三斤、半勞力三十斤，到新糧登場後，由當地勞動單位按當地社員實際吃糧水平負責供應。一九六九年四月開始，省革委會又下達文件，在原定量基礎上，從四月起每人增加四斤勞動補貼糧，直至新糧登場。此外，還發放諸如布票等以購買日用品之所需。

　　由於當時物質匱乏，國家財政困難，上山下鄉運動初期還未形成一整套的各項制度，在執行時肯定各地會有差別。「老三屆」初、高中畢業生上山下鄉剛開始時沒有任何收入，仍要靠父母資助。而大中專畢業生，如師範畢業生下鄉前一個月便已發放每月31.5元的工資，下鄉後每月照發工資，每月的糧食定量也有保證，生活上自然有了保障。

　　儘管國家為了管好用好安置費，在一九七〇年六月二十三日下發了〈關於加強安置經費管理使用的通知〉，還制定了「財務公開，民主管理，群眾監督」的原則。要求下撥到生產大隊的安置費，由黨支部和革委會領導下的「三結合」小組負責進行監督；安置經費要單獨立賬，專款專用，嚴格收支手續。對於安置經費的收支情況，要定期公佈，接受貧下中農和下鄉知識青年的審查監督。然而，在實際下撥使用過程中操作中，由於對知青經費管理鬆弛，相當一部分錢被農村基層幹部貪污挪用或挪做它用，使知青沒房住等問題變得比較突。

　　一九七八年春，吉林省做了一項調查，發現全省被挪用的經

費400多萬元，還未計算用於個人的需要，請客吃飯，等等。此外，兩萬八千多間知青住房（占全部住房的22.8%）被幹部或公社社員佔用了。在安徽做的另一項調查揭露出同類的問題，甚至還有虛報下鄉知青人數，目的不外是冒領經費⋯⋯

關於這點，知青陛下在〈我的知青經歷〉有所揭示：⋯⋯上級撥專款給知青蓋房子。生產隊用這些錢在村外給我們蓋了三間簡易房，還順帶蓋了一間大倉庫，本末倒置，倉庫比三間住房加起來還高大。我們男女各一間還有一間小廚房。我們兩間宿舍的隔牆只有一人多高點，站在床上就可以翻過去，房頂上每根木掾上都是一個大洞，小鳥自由出入，農民自己家的都是堵住的。冬天睡一晚上早晨起來被頭上會有薄薄一層冰，那是哈出來的氣造成的。爺爺當年去我那體驗了一晚上，早晨起來驚訝的大呼：「被子上還結冰呢！」廚房窗戶就乾脆是個大洞，刮大風做飯時燒不著火還要用草帽或鍋蓋堵著。

類似這樣挪用知青安置經費的事例，在知青網中人的〈另類解讀1221指示的一位「農村同志」〉一文中也可以得到印證：⋯⋯一九六八年十二日二十一日晚上，我們正和支書、大隊長烤火，應當就是在離我們住地不遠的大隊部，正好聽到有線廣播中傳來了毛澤東的「知識青年到農村去」的最新最高指示，於是就一起進行了學習。

在當天日記裡有並不怎麼起眼的一句話──「我深深感到，插隊落戶這條路走對了，我堅決走到底！毛主席為我們撐腰，我們誓為毛主席爭氣！」──粗看只不過是一句那個年代的「應景語」，實際上包含著許多難言之隱。因為，我們已經背了一個月「小牛鬼蛇神」黑鍋！乍一聽到「最新指示」，真有獲得平反的感覺：「毛主席為我們說話了！」自從那晚之後，在那個「一句

頂一萬句」的時代，「小牛鬼蛇神」的說法果真從此銷聲匿跡
了。我們也似乎從此有了一個欽定的統一稱呼「知識青年」，也
不再自稱「紅衛兵、插隊青年、革命青年」等等了。

　　然而，面對知識青年的揚眉吐氣，很快又傳出新的說法了：
「毛主席讓你們來，毛主席也會叫你們回去的。」是誰竟敢如此
大膽、口出狂言？不是別人，正是那天晚上和我們一起收聽廣
播、一起學習「最新指示」的大隊支部書記！

　　這位「農村的同志」，擔任大隊書記十餘年，那年剛滿50虛
歲，算不上已經上了年紀，但大家還是按照當地對上了年紀的男
子的稱呼，尊稱他為「老大」。「老大」不愧在農村基層領導崗
位久經磨練，以至於對最高指示也有另類解讀、獨特見解！如果
要較真的話，「老大」講錯了嗎？沒有。「最新指示」中，確確
實實沒有要求知識青年紮根農村一輩子啊。

　　「老大」對「知識青年會回去的」不僅僅是這麼想的、這麼
說的，也真是這麼做的！──知青安置費被「老大」挪用，買回
了一台拖拉機──全縣第一個生產大隊擁有自己購置的拖拉機！
當時，全大隊60餘名知青的安置費共計兩萬多元，加上大隊已有
的一些積累，買「豐收─27」型輪式拖拉機就不差錢了！也許，
在那裡的城裡人居然真會如此長時間地下放，是「老大」沒有見
到過的現象，而且還沒有出現「號召回城」的明顯跡象。所以，
到我們下鄉後四年半，一九七三年上半年，總算開始啟動「知青
住房建設」。若這一年沒有李慶霖的信，工程的完工可能還會遙
遙無期……

　　為此，有的知青不怕撕下臉面，勇敢地維護自身權益。合
肥知青李健在〈將安家費掌握在自己手裡的知青小組〉中講述：
「老三屆」畢業生上山下鄉時，國家給予每位知青：280元人民

幣的經費和0.3立方米木材計畫、而且不包括知青家長所在單位
給予的現金或物質上的幫助。

經費的使用是這樣分配的：從學生在校通過志願、並自報
去向地後；由學校和本地政府部門聯繫接收方的縣和公社落實接
收任務後；再由學校和本地政府的有關部門組織運輸工具，在與
接收方具體商定好交接日期後、由學校送學生到落戶地。此時人
和檔案、當面全部現場移交給接收方後，學校和知青原籍地政府
方完成任務。完成這段任務國家規定為：60元整費用，由學校和
原籍地政府從280元總額中扣去；接收地縣政府，負責將每位知
青分配和送到落戶地所在的公社，國家從總額中撥給縣政府30元
整；分到公社、大隊、生產隊後總額中又少了10元錢，是那一級
單位拿的？我估計可能是公社和大隊的管理經費。

這剩下的錢就是國家撥給每位知青實際的安家費，那就真正
屬於由我們個人支配了。這筆款項最後則全部撥到所落戶的生產
隊帳戶上，這就是我們的錢！當時，百分之百的知青都知道：國
家給每1名知青下撥了280元經費和0.3立方米的木材給予安家。
但是，百分之九十九的知青們，不知道這錢可以由自己按政策進
行支配使用？或者知道了但是又不知道怎樣去要！

還有，那就是因為有的大隊生產隊知青人少、勢單力薄，大
隊生產隊賴著就是不給，而後與之產生解不開的矛盾！也有的知
青乾脆不管不問了，有問題、有困難我就找你解決。所以，絕大
部分的知青都依仗大隊和生產隊；沒有屋住、沒有吃喝、沒有鍋
碗瓢盆、沒有農具和用具都是找他們要，讓大隊生產隊來安排，
完全沒有自治性，也不知道屬於自己的經費是如何使用的。同
時，也給今後知青和農村基層組織之間的關係，埋下了相互不信
任的種子……

　　國家給每位當年「老三屆」知青下撥的280元安置經費和0.3立方米木材計畫，使用和分配目錄：（筆者當年調查、經歷過的事實）其中農具費：30元；生活補助費：40元（從一九六八年十月起每月每人生活困難補助金：5元，至六九年六月止）；房屋建造費：110元（木材計畫：每人0.3立方米，主要是用於房屋的建造使用，也可製作大農具）。

　　我們是一九六八年十一月初在縣委招待所被分配到毛壩公社萬元大隊。當天，就被拉到大隊在「龍湖」的墾荒地。（當年安徽省地圖上標注為「龍湖農場」位置在宿松縣城南偏東大約二十五裡左右）我們在那裡等待，最終可以分配到一個什麼樣經濟條件的生產隊裡落戶。我們在「龍湖」墾荒隊待了大約半個月，被分到了孫屋生產隊。

　　我們共計八個同學全部都分在一個生產隊，這是我們要求的；正是有了這八個人都落戶在一個小組、從此的兩年多的時間裡，我們共同演義了一曲團結和睦、吃苦耐勞並與貧下中農打成一片完全融入到中國農村的最底層。那時與農村的夥伴一同進城，穿著一樣且不要說話，沒有人能認出你是合肥來的下放學生；有的同學宿松當地的土話學的好、講的好，那就根本認不出您是學生。

　　我們八個人：共同組成一個小組、共同落戶在一個生產隊；同吃一鍋飯、同在屋簷下；同勞動、同生活，一起度過兩年多的農村勞動和生活時光；同日下放農村、同日上調回城。我們八個人曾出席過縣、地區、省三級「知識青年上山下鄉先進個人、先進集體代表大會」。我們八個人共同組成的一個「家」且自始至終沒有分家，在安徽省是沒有先例的。

　　我們八個人的故事是一本「小說」，我們八個人的故事是一

部「電影」。我們八個人的經歷是艱苦曲折的；生活是豐富多采的。也是今天的青年們所無法體驗到的。

我們落戶到宿松縣毛壩公社萬元大隊孫屋生產隊後。首先和生產隊長商談的問題是如何安家和儘快地投入到生產勞動中去。我們談到了國家給的安家費，請他如數交給我們。開始隊長模棱兩可不肯給。我們和他交涉了兩天，始終堅持一個毫不動搖的理由：那就是錢是國家給我們的！任何人都不能截留！你要不給！我們就到公社、縣委、省委告你！看你給不給！

隊長一聽要告他！立馬來了一個一百八十度的大轉彎，同意給！但是，提了幾個條件：「第一、木材計畫、生產隊挪用了0.6立方米做了水車、犁耙等農具，就算你們貢獻的，不追究生產隊擅自挪用國家計畫的責任。第二、房子就不用蓋新的了，現在你們住的三間瓦房是一個孤兒的祖屋，他已經被『洲上』人家招婿去了，房子就賣給你們吧！怎麼轉賣、我們再作商量。」

聽了隊長的檢查和安家建議。我們簡單地商量了一番又巡視檢查了一遍那三間舊房：屋頂為木結構小瓦房屋；只是四面牆體是土牆、地也是泥土地；牆基是石頭壘的高出地面大約50釐米；三間屋中間一間屋是「堂屋」兼廚房灶頭，左邊一間女同學住、右邊一間男同學住；左右兩間屋、只有朝南面牆上，各有一扇用松木棍釘的「窗」但沒有玻璃、更沒有在今天氾濫成災的塑膠薄膜來充當「玻璃」，只用稻草簾遮擋著；而中間一間屋，只有一扇大門沒有窗戶。我們看看隔壁吳有保家的三間屋，基本和我們的三間屋差不多。按照當時的市價，這屋在當地是無人買的。我們八個人商量後、決定最多出價300元，高了不買。

最終按照隊長的要求：拿我們剩餘的那1.8個立方米的木材計畫、全部買成杉木原材後與這位孤兒交換，生產隊作為中間證

人。我們的交易成功，最後只花了大約200多元買了這三間屋。其實，在當時所有人都非常關注那批木材計畫指標。這是用多少錢都買不來的。實際上生產隊和有關人員早就盯上這些木材指標了。

最後，我們從生產隊手中共計拿回安家費和生活困難補助費為：總額：每人180元x8人=1440元。減去：六八年十一月、十二月兩個月生活困難補助費每人每月5元x2=10元x 8人=80元。減去：購買1.8立方米杉原木約230元、午飯費約20元共計：250元；再減去農具費：每人鍬、鋤、榜、耙、扁擔、土筐、稻籮、糞桶、沖鍬（當地挑柴工具）等；減去廚具費：每人三個海碗，集體兩口大鐵鍋，四個焙水罐、兩擔水桶、兩口水缸等等，以上二項費用約：240元。

合計應減去：80+250+240=520元（我們從隊長手裡拿到並存進縣人民銀行的錢我記得：超過1100元以上，就是除去前兩項330元計為：1110元。而後我們邀請隊長、幾位農民好弟兄一同到縣城買農具、廚具合計為：520元。即：1440元-520元=920元。

這些錢，以後就成了我們八個人、每隔六個月就回一趟合肥的路費和每月的生活補助費。一直使用到一九七零年十二月三十日，我們被確定全部招工上調回合肥後，才將剩餘的錢每人又分了15元作路費。然後剩下大約有40多元錢，我們買了四十多斤豬肉、十多斤地瓜幹燒酒、又從自留地裡搞了幾十斤蘿蔔、白菜等蔬菜，請了全隊二十三戶老鄉、每家來一位整勞力。舉行了一個告別宴會，場面至今難忘、非常感人。（當時的豬肉農村的價格是每斤七毛四分、地瓜幹燒酒每斤八毛八分。）

那次宴請，動用了我們全部的碗、盤並將我們十六只臉盆、腳盆洗淨後全部充當大菜盆。吃完後，大菜盆和所有農具、廚房

用具、個人臥具、多餘的衣服全部都送給了農民弟兄；三間大瓦屋全部交給生產隊充作了公房。從此，告別了朝夕相處兩年零兩個月的宿松縣和我們的「第二故鄉」；告別了我們青年時期最值得紀念和回憶的歷史經歷；告別了那段難忘的「廣闊天地大有作為」的農村生活；告別了那些視我們為「人上人」的淳樸、忠厚、講友情也非常愚昧可愛的老農們。

據說，在這十年中給知青的財經補貼是三百億，我們粗略推算過，當年的三百億，在現在也可以是三萬億或是上萬億，用這些資金對付一千六百七十多萬的知青補習二三年完全不成問題。為何要急忙打發這批「文革有功」的學生上山下鄉呢？再退一萬步來說，如果當時用這三百億（相當於現在的三萬億）的基礎投資新建密集型的國有企業，也可以解決上千萬個崗位。這些人留在城市又怎麼可能吃閒飯？完全是在胡說八道的騙人。

第五節　上山下鄉狂潮造成的惡果反思

據〈知青一代三十年坎坷：從「下鄉」到「下崗」〉資料揭示：在一九六七年末至一九七二年的第一次上山下鄉高潮中，他們中的七百一十五萬六千八百人去了農村，以年齡較小的初中生為主體，包括大部分老三屆初、高中生和六九～七二屆的初中生。在一九七三～七七年的第二次高潮中，他們有八百五十八萬六千六百人去了農村，以文革中的高中生為主體。

知青一代雖有蔡立堅那樣去杜家山當新社員的榜樣和北京紅衛兵曲折等去內蒙與牧民相結合的前驅，但把上山下鄉變為一代人的運動卻是毛澤東的旨意。毛有讓城市知識青年接受貧下中農再教育的思想，然而這場運動的根本意義在於以農村的空間解決

城市積年成災的就業問題；此外，在開始時它也是為把武鬥尾聲中在城市游蕩而成為社會麻煩製造者的紅衛兵中學生掃地出城。這場再教育運動是知青一代和整個中國文化教育的大倒退。將上千萬的城市知識青年經年地下放在農村，不啻於把他們往農民的水平拉齊；使這代人在學時數量和知識結構上只擁有不完整的中等教育。

從一九六六年八月開始，當這代人在中學和小學「停課鬧革命」時，他們中沒人意識到不完整的教育將從此陪伴他們終生。他們是響應毛主席的號召而向所謂舊教育制度造反，但當他們批鬥老師和毀壞教室時，他們摧毀的是共和國經年才建立起來的正規教育秩序。因此當一九六七年十月中共中央號召大中小學「複課鬧革命」時，「複課」實際上已沒有可能。學校裡缺乏複課的物質條件，老師們難以在批鬥過自己的學生面前重執教鞭。更大的問題是，除了政治性文件以外沒有知識可學。中央要求複課的主要任務是學習毛主席的著作、語錄與文革的文件，批判資產階級教科書和教育制度，在此同時安排一定的時間複習數學、物理、外語和必要的常識。可正規的課程已在紅衛兵對「智育第一」的譴責中被批判，革命化的課本還沒編出來。而自毛澤東於一九六六年五月為教授和專家冠以「資產階級」之後，知識份子已成賤民，擁有知識已成罪過。在這些條件下，即使複課也難以學習正規知識。因此當老三屆從一九六八年末率先大規模下鄉時，他們擁有的只是不完整的教育。

老三屆走了，但毛澤東式對知識的鄙視仍在學校中繼續。一九六九年中央教育部門在批轉一份農村教育的報告時，認可了農村中學只應有五門主課：毛澤東思想、農業基礎知識、革命文學與藝術、軍訓、勞動。這種課程設置不單貶低了學術知識，更

把農村青年的視野限制在農業基礎知識上，這無疑是對他們持續的歧視。然而，中央教育部門卻將這種課程設置作為中國中等教育的新方向在城市推廣。當城裡的青少年在一九六九年和一九七〇年升入中學時，他們得有這五門課，再加一門顯示城市人高貴性的主課：工業基礎知識。實際上，由於要經常去工廠、農村、部隊學工、農、軍，他們也沒能中規中矩地學這六門課。正如他們中的一位指出：「我這個六九屆的初中生，其實也就是小學水平。只在初中的教室裡坐過三個月。」不幸，一九六九年和一九七〇年的初中生正趕在上山下鄉運動的浪尖，大多數被下放「一片紅」大潮卷去了農村。

一九七〇年之後的中學生曾一度有過正規化教育的希望。一九七〇年開始的城市高中普及為正規化提供了制度基礎，一九七一年的林彪事件使老百姓對毛澤東革命的希望幻滅，一九七二年的尼克森訪華和西方國家紀錄片的上映更使中國人為國家的落後感到震撼。在這種背景下，革命化教育失去了魔力，而正規化教育在學者的吶喊中、官員的支持下、人民的呼喚裡開始回潮。但回潮很快在毛澤東主義的激進政治家們攻擊下化為泡影。一九七三年激進政治家們以招收「白卷英雄」張鐵生入學而將勞動凌駕於知識之上；以支持尚未懂事的小學生黃帥的「反潮流」而將師生秩序摧毀；以馬振扶公社中學一個女生英語考敗後的自殺而對其校長和老師的審判將教育紀律破除。伴隨著他們的一波波攻擊，一九七三～七六年中許多中學的門窗再度被毀，正規教育煙消雲散；毛澤東式對知識的鄙視在「寧要社會主義的草，不要資本主義的苗」的口號中被推向極端；而學生中流行的則是「不學ABC，照樣當接班人」。當從這種環境中畢業的高中生在一九七三～七七年間大批下鄉時，他們有著過多的畸形政治知識，過少

的正規基礎教育。

　　然而，當田野取代了課堂，經年的勞動取代了文化，知青們既有的科班知識也隨之從記憶中褪去。一九七〇～七六年中國的大專院校總共招收了九十四萬基於推薦制的工農兵學員，其中知青學員的人數可能有約三十萬人入了大學門。一九七七年恢復高考後，一九七七～七九年有四十三萬九千知青從農村考入大學。加上很多已回城再考上的知青，中國大學裡一九七七～七九級中可能約有五十五萬是知青一代人。

　　這樣，從一九七〇年起的工農兵學員到一九七七～七九級的大學生，再從一九七九年起的電、函、夜大和大專班拖拖拉拉進入一九九〇年代，知青一代人按寬鬆的估計大約有一百一十五萬最終受過高等教育，而另外的一千五百三十二萬除了約五十萬人在文革中上過中專、中技外，只能永遠擁有不完整的教育。

　　問題是，隨著改革的開始，教育水準變得日益重要，大專的文憑成了晉升的依據。一九七九年中國政府開始把教育程度作為基層以上提拔官員、企事業領導的一項指標，而一九八三年乾脆把大專文憑作為提拔的一項基本依據。這種提拔政策無疑對中國各階層領導的現代化富有意義，但它卻無視歷史，把知青一代人下鄉的苦難化為了他們後天的缺憾。儘管這一代的一千五百多萬人依然年輕、有豐富的社會生活經驗和良好的工作表現，但如果沒有大專文憑，他們永遠登不上晉升的階梯。

　　隨著改革的深入，至一九八〇年代中期，高水準的教育成了每一種正當職業的基本要求，就連服務性行業也不例外。一九九〇年代中期，北京一家茶葉店要求應聘者不但要年輕，粗通茶文化，還得懂英語。鄧小平的改革根本性地改換了毛澤東的革命社會的目標，而在這改換裡，知青一代下放的積累變成了無用的資

歷。面對教育程度日益增高的要求和改革快速變化的節奏，知青一代缺乏應變的基礎，成了改革社會中「沒本事」的人。最慘的是這代人約有一半是六六～七二屆的初中生。在14~17歲之間，他們以大致小學的教育程度去了農村；而在40歲左右下崗後，他們成了褓姆、攤販、鐘點工、飯店服務員。不完整並且水平太低的教育使他們無法競爭改革帶來的新機會，而改革前進時他們下了崗，被拋在後面端盤、練攤、搬煤氣。

　　《失落的一代》則揭示更深刻明白：早在一九六三年周恩來就計畫十八年內動員三千五百萬知青下鄉。上山下鄉乃是中共政府在實踐中摸索出來的解決失業之策——借助紅色意識形態，將無法解決的失業大包袱甩給農村。若不是上山下鄉在一九八〇年被終結，還會有更多的知青上山下鄉。

　　值得一提的是，上山下鄉的終結，並非中央主動認錯，而是「社會上各種形式的抵制與抗爭，在一九七九年發展到了登峰造極的地步，這就促使政府最終放棄了這場運動。」包括農民的消極抵制。為了維持「安定團結」，政府必須在上山下鄉問題上言行二元化。一九七八年李先念說：「國家花了七十億，買了四個不滿意。」青年不滿意、家長不滿意、社隊不滿意、國家也不滿意。鄧小平也認可。對上山下鄉的荒謬性一清二楚，但決不能承認政策錯誤，在宣傳上還得讓知青認為在廣闊天地得到「寶貴的再教育」。副總理紀登奎明確表述高層共識：「我們的指導思想是宣傳下，做到不下。不宣傳上山下鄉就不能安定，就要亂套。」

　　據《失落的一代》一書提供了一系列資料：八十萬知青被永遠留在「廣闊天地」。一九八〇年仍有十五點五萬知青下鄉、與農民結婚的知青總數四十三萬。得到下鄉豁免權中，幹部子弟百分之四十二，工人出身百分之三十一，普通家庭百分之四，出身

不佳百分之一。文革十年，大學生減少一百多萬，技校生減少二百多萬，整個中學教育停頓，有的地區因初中生全部上山下鄉，停辦高中。

為安置知青，國家投資每人500元，農村插隊每人178元到303元，農場每人690元到1119元。內蒙昭盟送知青下鄉人均每年1000元，相當中級幹部年收入，但知青卻根本做不到自給。四川某農場安置1名知青需1900元，而安置在社隊工廠1300元，進鄉鎮企業僅需500元，知青下鄉成了比開工廠還昂貴的事兒。還買來四個不滿意，引發對懷疑社會主義優越性的「三信危機」對馬列主義的信仰危機、對中共的信任危機、對社會主義的信心危機。據港府統計，僅一九七〇到一九七五年，至少十萬大陸青年逃港。真是何苦來哉?!

上山下鄉運動是文革的衍生物，從一開始就不得人心。早在這一運動轟轟烈烈的初期，就有先見之明的智者預告了這是註定要失敗的運動。他們在上山下鄉最為狂熱的時候，就大氣凜然地指出這一禍國殃民運動的深遠危害，預見必將產生的惡果。據作者jnllx所講述的〈陸蘭秀關於知識青年上山下鄉問題的公開信〉。全文如下：

為知識青年上山下鄉問題給革命家長和各級領導同志的一封公開信。

這幾天，滿城敲鑼打鼓，滿街都是大幅標語，鼓勵知識青年上山下鄉。

從六六屆畢業生上山下鄉起，到今年已第四年了。把初中、高中、大學畢業的子女送到農村去，立志務農，接受貧下中農的再教育，革命的家長們，你們覺得這樣做

對不對？中國已有百分之八十的農業人口，農村人口不是嫌少了，而是嫌多了。而且農民至今還是集體所有制。列寧早就下過結論，農民是屬於小資產階級範疇裡的。雖然貧下中農是工人階級最可靠的同盟者，是農村的半無產階級，但他們自身還是應該向無產階級學習。為什麼不把知識青年直接送到工廠礦山，立志務工，直接接受工人階級的再教育？何況，將來工業發展，工業的技術革新和技術革命，正需要大批有一定文化水平、特別是有一定科學知識的工人呢？

歷史的事實證明：從來沒有一個農業國，可以發展成為世界上最先進、最強盛、能左右世界局勢的國家；而只能長期處於落後狀態，受到資本主義國家的變相剝削，成為他們的變相殖民地，永遠不得翻身。要想使中國強大起來，必須大規模發展工業；而大規模發展工業，需要大量工人。中國城市人口占百分之二十，工人人口占多少我不瞭解，但數量肯定是不算多的。如果前三屆畢業生都分配到工廠、礦山學工，到現在多是相當成熟的工人或徒工了。

而現在他們卻都在農村。以後國家大規模發展工業，需要大量的工人和技術人員時，他們就會發現自己走錯了路。而發生這種錯誤，並不是他們的責任。現在毛主席從文化大革命這種反面教育出發，號召知識青年上山下鄉。知識青年們單純幼稚，他們熱愛毛主席，把一切時髦的口號都當成真理，而不能分辨什麼叫馬列主義，什麼叫修正主義。於是，他們在反面教育的美麗詞句蒙蔽下，被送上了歧途。而他們的父母呢，或者單純得和他們的子女一

樣，把謬誤當成真理；或者不敢提出反對意見，怕在反面教育的強大壓力下，被當作階級敵人處理，更害了子女。有人認為，把大批城市人口疏散下鄉，是消滅城鄉差別的一種簡捷途徑。我並不反對把城市的閒散人口疏散下鄉；但如果把大批知識青年疏散下鄉，試想一想是什麼情景呢？農業人口增多了，工業人口相應地減少了，農業裝備也就更困難了，農業就只好長期處於原始落後狀態，形成先進的工業、落後的農業的畸形發展，工農業的矛盾就更突出了，城鄉差別能從本質上消滅么？消滅城鄉差別的正確途徑，應該是工業不斷發展，突破城鄉界限向農村滲透，農業生產不斷被工業所代替，工業面積日益增大，農村面積日益縮小，青年農民不斷流向工業，穿上工裝走進工廠、礦山，最後剩下必要的農業，被強大的工業裝備起來，農民成為農業工人。這才最後從本質上消滅了城鄉差別和工農差別，甚至消滅了工人和農民思想感情上的差別。

蘇聯十月革命以後，列寧說，有一百萬俄國農民，被德軍俘去送到德國的工廠做苦工，結果卻為蘇聯培養了一百萬產業大軍，在蘇聯的工業化中發揮了極大作用。我們國家一窮二白，舊社會沒有給我們留下大批的、數以百萬計的、成熟的產業軍，只有靠我們自己培養。現在又到了應屆畢業生分配的時候了，還有很多機關單位精簡機構，號召青年上山下鄉。做家長的、做老師的、做領導的，請考慮一下，能不能讓這些青年都到工廠、礦山當工人？如果說，從戰略出發，城市應該疏散人口，那麼，是否可以讓這些青年跟隨工廠一起遷移呢？如果說，為了減輕國家

負擔，才把他們送到農村中去，請想想，每人每月15元生活費，只相當於4美元，世界上那裡去找這麼廉價的工人呢？何況，他們的勞動還能產生價值？各宣傳機構，是否也能考慮一下宣傳的內容呢？記得過去報紙上還對已分配到工廠的學生堅決要求下鄉進行表揚，這種宣傳方向就更不對了。

關於這個問題，我曾向這裡的負責同志寫過彙報，希望能反映到毛主席那裡去。但下面的意見不一定能及時反映上去；即使反映了，一手一足之力也不容易引起注意。這幾天在鑼鼓喧天的報喜聲中，我不能不給革命的家長和各級領導同志們寫這封信，要求大家一起，本著對下一代負責的態度，來思考這個問題。

毛主席說過，對錯誤的領導應堅決抵制，不應無條件服從。又說，真理在誰手裡就聽誰的，不管他是掃大街的，挖煤的，還是挑大糞的。這是毛主席的群眾路線。如果革命的家長們，各級領導同志們，認為我的意見是對的，或至少方向是對的，就請把城市裡的歷屆畢業生和各單位精簡下來的青年分配到工廠去學工。這樣做，可能會暫時增加一些工廠的負擔，但工人同志們想到國家發展的前景，是會樂意承擔這樣的培訓任務的。各地農村的同志們，為了同樣的目標，也是會樂於讓這些知識青年回到工廠裡去的。而且他們自己的青年，在不遠的將來，也會穿上工裝，走進工廠去的。

當前，負擔大批知識青年的生活費用，國家可能有困難。關於國家財政收支的情況，我一點也不瞭解。但我想革命的家長們，為了國家的長遠利益，暫時再繼續負擔一

段時間子女的生活費用，是可以諒解的。相信這個問題，以後會得到合理的解決。文化大革命中，很多政策都是反面教育。毛主席向來是允許大家獨立思考的。請求革命的家長和各級領導同志一面這樣辦，一面給毛主席打報告，寫決心書，向毛主席表態。我一定和大家一起，再給毛主席寫彙報，把情況講清楚。

　　一個人說話不一定有效，大家一起來做工作，效力就大了。毛主席最善於聽取群眾的意見。全國革命家長、各級領導同志一起來做工作，群起而促之，相信毛主席是會接受大家意見的。

　　　　　　　　陸蘭秀　一九六九年十一日二十二日

　　看了信中言簡意賅、一針見血的講話，使我在拍手叫好的同時，又聯想到上世紀的六十年代動員知識青年上山下鄉時，其中就有一個頗具煽動性的口號，說是為了消滅「三大差別」。但實際上，這種逆歷史潮流或逆經濟規律而動的反現代化做法。結果不僅沒有解決「三大差別」問題，也沒能培養出所謂的「反修防修」紅色接班人，反而降低了全民族的整體文化素質，使國民經濟發展和廣大知青群體等方面受到了極大的傷害。

　　遺憾的是，當局不僅沒有聽取陸蘭秀赤膽忠心的勸誡，反而以反革命的罪名將其槍殺。更加可悲的是，至今還有一些老知青愚呼「青春無悔」，竭力為當年的苦難尋找浪漫價值，渾然不知上山下鄉運動對知青對民族國家造成的巨大損失。

　　不過，無悔必有悔。知青上山下鄉乃是標準的飲鴆止渴，也是極左學說在紅衛兵一代身上崩潰的起點。上山下鄉使他們走近現實，使他們成為思想最解放、追求自由最堅定的群體。當年，

各地知青返城請願成為最大的「社會不安定因素」，迫使政府不得不結束文革的那一套禍國殃民政策，從而推動「工作重心的轉移」。如今，千萬知青也在以血淚的回憶，如同否定文革一樣，堅決徹底地否定上山下鄉運動！

知青吳道平在〈我們沒有自願：「上山下鄉」四十週年祭〉說：四十年前，一九六八年十月十八日，我們，江南一所著名中學的一千多個學生，被學校的鄰居，江蘇省軍區教導大隊的軍人們用幾十輛軍用卡車，送到農村去插隊。那一天萬里無雲，秋高氣爽，黃葉滿地。我們的心情卻和秋色相反，烏雲密佈，沉重、陰鬱、惶恐：我們青春的夢想在這一天破滅，我們感覺到自己正在滑向一個無底的深淵。

我在農村插隊總計八年半又四天。八年半的插隊生涯把我從一個曾經是「少年壯志，海闊天空」的少年折磨成渾身傷痛，身心俱疲，不敢有夢的青年。學生的時代，我們曾經憐憫那些為謀生整天奔忙的芸芸眾生是「做穩了的奴隸」，八年半在農村的生活，卻使我們羨慕那些「做穩了的奴隸」，反而痛惜自己「想做奴隸而不可得」了。我們一千多同學的青春還沒來得及閃光，就葬送在黃土中；一千多同學的夢想從未有實現的機會，就被無情地扼殺——我們同學的父母每一天錐心刺骨的掛念，這一千多個家庭經受著長期的煎熬。而全國像我們一樣的青年有一千多萬，「知青」家庭有一千多萬戶！從東北的北大荒到雲南邊疆的橡膠園，從陝甘的黃土高原到東海的崇明島，全國的農村、農場，到處留下了「知青」的血淚。

歷史上的這一段，無論如何逃不過「史筆」的。那麼，歷史將會如何評價這場運動呢？

不同的經歷、不同時代的人，自會有不同的評判標準。但

是，歷史事件評判的最終標準是人，是人的生存與發展，是具體歷史事件對人的生存和發展所起的作用。評判這場運動的標準也只會是「上山下鄉」對我們這代人的生存與發展所起的影響。四十年過去了，當年的20歲左右的「插友」，如今都已60歲上下了，時間已經完全可以對「上山下鄉」運動作出的評判：

我們中的絕大多數，一輩子沒有接受過高等教育，一輩子沒有有過理想的職業，一輩子沒有有過稍稍富足的日子，許多人一輩子沒有有過愛情，有人一輩子生活在「上山下鄉」的陰影中，還有人因病或自殺過早地離開了人世。在同日下鄉的一千多人中，後來能夠通過七七、七八年高考進入大學的竟然不足四十人，能夠出國留學的只有五、六個。我們那可是一所高考入學率曾有過近100％記錄的中學啊！一九九二年，我回國和同班同學聚會，發現他們中的多數已經下崗、退休，無所事事地在麻將和電視劇中打發餘生。當年的正值青春年華的少男少女們，生命中從未有過閃光的日子，就已經滿頭華髮，被社會遺忘。我們在相對唏噓之外，還能說些什麼！如果沒有那場運動，他們怎會潦倒至此！

我們是被犧牲、被蹂躪的一代。和祖輩、父輩相比，我們和他們一樣經歷過三年大饑荒的飢餓，多數人卻沒有享受過他們曾經有過的受教育、求職、遷徙的自由；和我的後輩相比，我們中的多數沒有像他們那樣能夠享受物質的豐富。國家歷史上所犯的錯誤，不公正地、過多的由這一代人來承擔了。

我知道，這不可能成為大家的共識：當年政策的制定者、執行者及其後來的繼承者，為了維護意識形態上的連續性，不會對我們說一聲「對不起」。當年的受害者也往往怕揭開創傷，有意無意地要在創口刷上一層色彩，使鮮血顯出玫瑰色來。

今天，有人或許會說，當時你們不也曾經向黨表忠心，要到農村去戰天鬥地、改造自己嗎？不也曾經發誓要把壯麗的青春獻給祖國的農村，立志做革命大業的接班人嗎？

是，當初是有一些人這麼做了。那是由於他們太年輕，對現狀缺乏瞭解，對統治者無條件的信任，確實想過到農村去幹一番事業。記得北京還有人到天安門去宣誓，決心去延安插隊，走老革命的路，等等。

但是，我相信懷有那種浪漫豪情的人只是少數，而且他們是在真實資訊被封鎖的情況下做出的錯誤判斷，是受到了愚弄。在和我一起插隊的一千多位同學中間，我從沒有見過這種「豪情」，哪怕是裝出來的。因為農村的實際情況無法被完全封鎖，我們還是瞭解一些；因為我們知道自己不是什麼「接班人」；因為我們知道，有資格成為「接班人」的少數同學，根本就不在我們之間，他們早已經由父輩安排參軍就業，和我們分道揚鑣了。

是，當年我們都是「自願」。但我們有可能不「自願」嗎？很難。當時動員的手法，就是非讓你「自願」不可。最簡單、最客氣的辦法是所謂「車輪戰」，三班「工宣隊」一天二十四小時守在你家裡動員，不讓你和家人睡覺，直到你「自願」為止。兩三天下來，鋼鐵的人也受不了，何況是血肉之軀？不「自願」就發瘋。鄰居家的孩子因為數天「車輪戰」而神經失常，操起把菜刀來要和工宣隊拼命，結果被捕判刑。我們學校有一個被大家稱為「聰明美麗而又最大氣的」女同學，不過在給叔叔的信中說了句「不知命運的小舟，將把我們帶向何方」，竟然被套上「破壞和對抗上山下鄉運動」的罪名而在全校批判，你說我們有什麼辦法不「自願」？

後來讀到張正隆的《雪白血紅》才知道，這是統治者幾十

年行之有效的手法：當年在東北招兵買馬，也就是用這套「車輪戰」而讓農民「自願」參軍的。甚至會在大熱天燒一熱炕，讓農民坐在炕上烘烤，直到「自願」參軍為止。當年史達林統治下，布哈林、季托維也夫們，不僅「心甘情願」地承認自己是國際帝國主義間諜，還懇請法庭判處他們死刑。連冤死都能讓你「自願」。

那些真的曾經豪情滿懷的下鄉的「知青」們，在資訊被封鎖、被歪曲、被捏造的情況下做出的選擇，也算是「自願」？即使退一步承認那是「自願」，他們中的絕大多數？？只是我不願意把話說絕，才沒有講百分之百？？很快就發現自己上當受騙，很「自願」回到城市來。那時，有人考慮過他們的意見嗎？

或許有人會說，農村嚴酷的環境鍛鍊了我們，使得我們更懂得社會，更懂得生活，生存能力更強。

是，這些都沒有錯。我自己經受過那場血淚生活的磨練，到海外來遇到一些挫折，就真看成「小菜一碟」，用美國人的說法，是「蛋糕一塊」（a piece of cake）了。有一年母校的人事處長到美國來交流訪問？？她本人也曾是插隊知青？？看到我這麼個書生竟然能自己裝修房屋，踢天弄井，就曾說過，「還是上山下鄉鍛鍊人啊」這樣的話。

但是，磨練了意志，學得了謀生能力，都無法補償我八年的青春時光，無法補償那八年多在絕望中所受的煎熬，無法補償消失了的夢想、失去的愛、損害了的健康；更重要的，運用暴力強制我的意志、限制我的自由，對我人格的污損和造成的精神創傷更是永遠無法補償。如果在自由、青春、教育、理想的自主追求和生活經驗的被動獲得兩者之間讓我選擇，我當然毫不猶豫地選擇前者，我想大多數同輩人也會做同樣的選擇。

　　或許有人會說，我們的青春時代有過人生一場非常特殊，前無古人，大概也後無來者的經驗，值得珍視。

　　是，對我們來說，這是人生非常特殊的經驗。但，「特殊」本身就意味著不是人的全面發展的自然需要！而越是慘烈的經驗越特殊：「勞改」，「古拉格」的經驗夠特殊吧？有人喜歡嗎？殺頭、抄家特殊吧？除了金聖歎以外，會有人說「殺頭，至痛也；籍家，至慘也，而聖歎於無意中得之，豈不快哉」？

　　現在或許還有人會說，當年讓我們「上山下鄉」，本來是出於好意，是讓我們經風雨見世面。證據是毛太子當年不也是被送到農村去鍛鍊的嗎？

　　是，有些太子、公主們是去過。那真是出於他們父輩的苦心，那是為了讓他們將來接班的時候不致像阿斗、晉惠帝那樣輕易丟掉政權。他們去，有明確的目標和既定的程式——下農村，進工廠，去部隊，進學校，學成文武藝以繼承他們的事業。因此對他們不需要強迫、欺騙，他們自然也不會不自願。對我們則從插隊的第一天起就明白無誤、板上釘釘地說清楚了：我們將在那裡一輩子，那培養接班人「程式」的第一步對我們來說永遠不會結束！如果不是人亡政息、天下巨變，這程式的第一步也確實沒有終結之日。這兩種「下鄉」還有什麼可比之處？

　　或許說，我們這一代人的犧牲，是為了解決當時國家的在經濟、政治上的困境，因此也為國家、民族作出了貢獻。

　　是，我們是為國家、民族，也為統治者的錯誤作了犧牲。但我們的犧牲不是出於自己的意志。當年譚嗣同拒絕逃亡，喊出「今日中國未聞有因變法而流血者，此國之所以不昌也。有之，請自嗣同始」而毅然走向死亡，為變法犧牲，是求仁得仁，自願

如此，因此了無遺憾。而我們和他毫無共同之處，因為我們是被迫犧牲的。

因此，不管現在，還是將來，如果有人試圖從這場血淚斑斑的運動中尋找什麼「積極因素」，什麼「閃亮點」，都是毫無作用的：一場以強迫為手段而戕害了一千多萬青年的運動既不合理，也不合法，更不人道，在歷史上當然不會得到正面的評價。手段的卑鄙從來都只反映目的的卑鄙。《赫魯雪夫回憶錄》中有個故事。當年他還是蘇共第一書記的時候，去訪問一個集體農莊。一個農民對他說，「赫魯雪夫同志，你們是想用棍子把我們趕進天堂。」改革者赫魯雪夫聞之大受震撼，因為他懂得「棍子」本身就是對「天堂」的嘲弄。強迫婚姻不合法、不合理、不人道並不在於婚姻的雙方不般配，而在於不是出於當事人自己的意願。即使是一個天堂，人們也不願意自己被棍子趕進去，人也應當有選擇進去還是不進去的自由。何況當年趕我們去的地方，連面目猙獰、手操刀棒，心如蛇蠍的人，也不好意思說是天堂。

今天，拿一千條冠冕堂皇的理由，一萬種所謂積極的因素，想為那場運動辯護都是徒耗心力：判定那場運動是國家恥辱、青年災難的性質，只需一句話：「我們沒有自願！」。

Do歷史40　PC0522

中國知青半個世紀的血淚史（一）
──青春沸騰的瘋狂

編　　纂／自由兄弟
責任編輯／林千惠
圖文排版／周妤靜
封面設計／王嵩賀

出版策劃／獨立作家
發 行 人／宋政坤
法律顧問／毛國樑　律師
製作發行／秀威資訊科技股份有限公司
　　　　　地址：114 台北市內湖區瑞光路76巷65號1樓
　　　　　電話：+886-2-2796-3638　傳真：+886-2-2796-1377
　　　　　服務信箱：service@showwe.com.tw
展售門市／國家書店【松江門市】
　　　　　地址：104 台北市中山區松江路209號1樓
　　　　　電話：+886-2-2518-0207　傳真：+886-2-2518-0778
網路訂購／秀威網路書店：https://store.showwe.tw
　　　　　國家網路書店：https://www.govbooks.com.tw

出版日期／2015年9月　BOD一版　定價／520元

|獨立|作家|
Independent Author

寫自己的故事，唱自己的歌

中國知青半個世紀的血淚史. 一, 青春沸騰的瘋狂 / 自由兄
弟編纂 -- 一版. -- 臺北市：獨立作家, 2015.09
　面；　公分
BOD版
ISBN 978-986-5729-98-1(平裝)

1. 中國史　2. 知識分子

628.7   104013187

國家圖書館出版品預行編目

讀者回函卡

感謝您購買本書，為提升服務品質，請填妥以下資料，將讀者回函卡直接寄回或傳真本公司，收到您的寶貴意見後，我們會收藏記錄及檢討，謝謝！如您需要了解本公司最新出版書目、購書優惠或企劃活動，歡迎您上網查詢或下載相關資料：http:// www.showwe.com.tw

您購買的書名：_____

出生日期：_____年_____月_____日

學歷：□高中 (含) 以下　　□大專　　□研究所 (含) 以上

職業：□製造業　□金融業　□資訊業　□軍警　□傳播業　□自由業
　　　□服務業　□公務員　□教職　　□學生　□家管　　□其它_____

購書地點：□網路書店　□實體書店　□書展　□郵購　□贈閱　□其他

您從何得知本書的消息？

　□網路書店　□實體書店　□網路搜尋　□電子報　□書訊　□雜誌

　□傳播媒體　□親友推薦　□網站推薦　□部落格　□其他_____

您對本書的評價：(請填代號　1.非常滿意　2.滿意　3.尚可　4.再改進)

　封面設計____　版面編排____　內容____　文／譯筆____　價格____

讀完書後您覺得：

　□很有收穫　□有收穫　□收穫不多　□沒收穫

對我們的建議：_____

_____

_____

_____

....

（請沿線對折寄回，謝謝！）

姓　　名：＿＿＿＿＿＿＿＿＿　年齡：＿＿＿＿　性別：□女　□男

郵遞區號：□□□□□

地　　址：＿＿＿＿＿＿＿＿＿＿＿＿＿＿＿＿＿＿＿＿＿＿＿＿

聯絡電話：(日) ＿＿＿＿＿＿＿＿＿＿　(夜) ＿＿＿＿＿＿＿＿＿＿

E-mail：＿＿＿＿＿＿＿＿＿＿＿＿＿＿＿＿＿＿＿＿＿＿＿